工 程 建 设 施 工 企 业
质量/环境/职业健康安全

四标整合管理体系教程

北京中建协认证中心有限公司　主编

中 国 建 筑 工 业 出 版 社

图书在版编目(CIP)数据

四标整合管理体系教程/北京中建协认证中心有限公司主编. —北京：中国建筑工业出版社，2012.5

ISBN 978-7-112-14242-2

Ⅰ.①四… Ⅱ.①北… Ⅲ.①质量管理体系-国家标准-中国-教材②建筑企业-质量管理体系-国家标准-中国-教材 Ⅳ.①F273.2-65②F426.9-65

中国版本图书馆 CIP 数据核字(2012)第 072338 号

本书共 14 章，包括的主要内容有：一体化管理体系、质量管理体系 GB/T 19001—2008 标准理解与实施、工程建设施工企业质量管理规范 GB/T 50430—2007、环境管理体系 GB/T 14001—2004、《职业健康安全管理体系　要求》GB/T 28001—2011 标准的理解与实施、一体化管理体系文件编制、内部审核、一体化管理体系认证审核、审核内容与案例分析、增值审核和管理成熟度评价、工程建设施工企业一体化管理体系的法规要求等内容。文后还有："四标"一体化管理体系内审员培训练习题。

本书内容广泛，理论明晰，结构严谨，文字简明。尤其对《工程建设施工企业质量管理规范》重点章节进行了理解要点的归纳。书中还配插了大量图表和案例，具有较高的理论水平和较强的实用性。

本书适用于建筑施工行业贯彻"四标"或"三标"使用，可供广大企、事业单位的管理人员，咨询机构咨询师，认证机构审核员使用，也可作为各类组织的管理体系内审员培训教材。

* * *

责任编辑：胡明安
责任设计：董建平
责任校对：王誉欣　刘　钰

工程建设施工企业
质量/环境/职业健康安全
四标整合管理体系教程
北京中建协认证中心有限公司　主编

*

中国建筑工业出版社出版、发行(北京西郊百万庄)
各地新华书店、建筑书店经销
北京天成排版公司制版
北京云浩印刷有限责任公司印刷

*

开本：787×1092 毫米　1/16　印张：25½　字数：615 千字
2012 年 5 月第一版　2013 年 4 月第二次印刷
定价：**58.00** 元
ISBN 978-7-112-14242-2
(22307)

本书编委会

主　　任：王海山

主　　编：张文义　王　丽

副 主 编：曹云峰　谢耀京

主　　审：于　斌

副 主 审：程　俊

编　　委：曹继明　曹云峰　程　俊
程同庆　戴秋棠　韩　菲
姜　涛　李雨坤　倪　超
田冬妮　王庆贺　王　燕
王玉莲　谢耀京　伊　雪
于　斌　于　艺　赵洪朋

主编单位：北京中建协认证中心有限公司

参编单位：北京海德国际咨询有限公司
北京先锋海德管理顾问有限公司

前　言

住房和城乡建设部、国家认证认可监督管理委员会于2010年6月10日联合发布了“关于在建筑施工领域质量管理体系认证中应用《工程建设施工企业质量管理规范》(GB/T 50430—2007，以下称《规范》)的公告”第〖21〗号公告。规定了在建筑施工企业认证中，应依据《质量管理体系　要求》(GB/T 19001—2008)和《规范》执行认证工作，建筑企业既要满足ISO 9001的一般要求，更要符合《规范》的专业要求。众所周知，建筑施工安全问题日益突出，逐渐成为影响企业生存和发展的重要因素。《规范》是质量管理体系认证的行业性国家标准，和质量管理体系(QMS)、环境管理体系(EMS)、职业健康安全管理体系(SMS)具有许多共同的要求，其原理、方法和体系结构也基本一致。所以，将上述三个管理体系、四个标准进行整合就成为可能。

ISO 9001—2008在其“范围”中指出：“标准在修订工作中适当考虑了GB/T 24001—2004标准的内容并增强两个标准的相容性。标准不包括其他管理体系的特定要求，然而标准能使组织自身的质量管理体系与相关的管理体系相协调或整合。”也就是说，如果组织已经建立并运行着质量、环境、职业健康安全三标一体化管理体系，那么，无需从头做起，在现有管理体系的基础上将《工程建设施工企业质量管理规范》整合到三标一体化管理体系中去，就可以成为“四标”整合管理体系。对于一个组织来说，这无疑是经济、快捷的强化管理之道。

多年来，我国广大建筑施工企业积极贯彻ISO 9001、ISO 14001、OHSAS 18001三个国际标准，建立了有中国特色的质量、环境、职业健康安全三标一体化管理体系，无论是规范企业管理、提高经营管理水平，还是与国际接轨等方面，都取得了显著的成效。随着建筑业在国民经济中的支柱产业地位的不断显现，建筑施工质量问题也越发受到各级政府和监管部门的高度重视。事实上，《规范》的应用寓于质量、环境、职业健康安全以及其他所有活动和服务中，更具行业和本土特色，将更加有助于推动质量、环境和职业健康安全管理体系的有效运行。所以，把《规范》整合到“三标”管理体系并形成“四标”一体化管理体系是势在必行的事了。而且，GB/T 50430—2007标准在制定过程中，已经考虑到了与GB/T 19001—2008、GB/T 24001—2004和GB/T 28001—2011的相容性，其基本思想、体系要素和标准结构都非常接近ISO 9001。GB/T 50430—2007也要求体系文件化，规定管理职责，提供资源。对这些要求的满足在建立、运行一体化管理体系时已经积累了丰富的经验，如果纳入《规范》特有的要求，进行有机的整合，就成为“四标”整合管理体系了。

本书共分14章。第1章是一体化管理体系概论，分述质量、环境、职业健康安全、

《规范》四个标准的基本思想、原则以及标准的发展过程。在此基础上，论述管理体系整合的方法、特点、意义和建立“四标”整合管理体系的可行性。第2至第8章是四个标准内涵的释义，按照标准条文顺序逐条阐释条文要点，并辅以实例，为有意建立“四标”整合管理体系的组织提供实施指南。第9至第11章是针对管理体系在建立、整合管理体系过程中经常遇到的一些问题做了深入的探讨，对包括体系策划、运行、评价、文件编写、风险因素分析评价、内部审核、管理评审和体系认证等在内的有关事项，进行了详细的评述，具有较强的实用性和可操作性。第12章是实施案例，介绍了建筑施工行业在近些年贯彻质量、环境和职业健康安全管理体系的经验。第13章详细介绍了增值审核的理论、方法，辅以增值审核案例，有效解决管理体系运行有效性的问题。第14章是建筑施工行业应用质量、环境和职业健康安全相关法规知识。

本书内容广泛、理论明晰、结构严谨、文字简明，尤其对《规范》重点章节进行了理解要点的归纳。书中还配插了大量图表和案例，具有较高的理论水平和较强的实用性。

本书适用于建筑施工行业贯彻“四标”或“三标”使用，可供广大企、事业单位的管理人员，咨询机构咨询师，认证机构审核员使用，也可作为各类组织的管理体系内审员培训教材。

本书由北京中建协认证中心有限公司主持编写。在编写过程中得到了中国建筑业协会和相关编写单位，如北京海德国际咨询有限公司、北京先锋海德管理顾问有限公司的大力支持，在此一并表示感谢。

编者

2012年2月于北京

目录

第1章　一体化管理体系

1.1　一体化管理体系的概念

1.1.1　概述

随着GB/T 19001标准和GB/T 24001标准的颁布，特别是GB/T 19001质量管理体系认证和GB/T 24001环境管理体系认证的深入发展，愈来愈多的组织开始关注将质量管理体系（以下称“QMS”）和环境管理体系（以下称“EMS”）以及职业健康安全管理体系（以下称“OHSMS”）结合起来，建立一体化的管理体系，由认证机构对一体化管理体系实施一体化审核，即通过一个审核组的一次现场审核，同时颁发QMS、EMS、OHSMS等多张认证证书。这可以大大减少组织的管理成本，提高组织管理体系的运行效率。

自ISO 9000系列标准颁布以来国际社会逐步认识到，制订一套规范的、统一的管理体系对于推动组织管理活动的规范化及其持续改进所具有的重大意义。特别是ISO 9000所引入的管理体系的思想与方法，对于解决众多广泛关注的各种管理问题提供了很好的借鉴作用。OHSMS标准和ISO 14001在许多方面借鉴了ISO 9000的管理思想，所以三个标准之间有很强的兼容性。2010年，我国建筑业企业国家标准GB/T 50430—2007《工程建设施工企业质量管理规范》（以下称《规范》）也已颁布实施并作为中国建设相关行业管理部门的认证采信标准，《规范》可以让组织很容易地在现有质量管理体系、环境管理体系和职业健康安全管理体系的基础上，使原有组织运行的三个管理体系有机地结合起来，在建设相关组织内建立由GB/T 50430、QMS、EMS和OHSMS共同组成的“一体化管理体系”。

随着全球经济一体化，企业通过各种管理体系认证，一方面可以得到进入国际市场的准入证，遵从WTO的游戏规则，与国际社会惯例接轨，消除贸易壁垒；另一方面，可以完善现代企业制度，有效提高产品质量，提高顾客信任度；预防污染，改善环境，实现企业对社会的承诺；改善劳动条件，促进职工身心健康，提高劳动生产率。

进行ISO 9000、ISO 14000、OHSAS18000管理体系认证，是企业发展的必然选择。一体化管理体系是提高企业综合管理水平，减少资源浪费，提高效益的有效途径。

1.1.2　一体化管理体系的概念

在同一个组织内，将两个或两个以上管理体系根据需要有机地结合成一个统一的管理体系，其内容包括其整合标准所规定的全部要求，这样的管理体系我们称为一体化管理体系。

通常，我们将质量管理体系、环境管理体系、职业健康安全管理体系中的2个或2个以上的管理体系整合成的一体化管理体系称为“二合一”管理体系或“三合一”管理体系。

在《质量管理体系 基础和术语》标准的2.11中的描述为：“质量管理体系是组织的管理体系的一部分，它致力于使与质量目标有关的结果适当地满足相关方的需求、期望和要求。组织的质量目标与其他目标，如增长、资金、利润、环境及职业卫生与安全等目标相辅相成。”一个组织的管理体系的各个部分，连同质量管理体系可以合成一个整体，从而形成使用共有要素的单一的管理体系。这将有利于策划、资源配置、确定互补的目标并评价组织的整体有效性。组织的管理体系可以对照其要求进行评价，也可以对照国家标准如GB/T 19001和GB/T 24001等的要求进行审核，这些审核可分开进行，也可合并进行。当质量、环境和职业健康管理体系等被一起审核时，这种情况称为一体化审核。

GB/T 24004引言中描述：“环境管理是组织整个管理体系的一个有机组成部分。环境管理体系的设计是一个不断发展和具有交互作用的过程。实施环境方针、目标和指标所需的组织机构、职责、惯例、程序、过程和资源应与其他领域(如运行、财政、质量、职业健康安全)中的现行工作相协调。”在4.3.2.2条中的描述为：“为了有效地管理环境事务，对环境管理体系要素的设计或修订，应与现行管理体系要素有效的协调，并一体化。”根据以上描述，一体化管理体系的概念包含了：

(1) 一个组织的管理体系的诸多部分可以合成一个整体，是使用共有要素的一个管理体系；

(2) 质量管理体系、环境管理体系和职业健康安全管理体系分别是组织的管理体系的一部分，质量目标、环境目标和职业健康安全目标分别是组织管理总目标中的一部分，它们与其他管理目标如财务目标、人才发展目标等目标相辅相成，共同构成组织的管理总体目标。

1.2 一体化管理体系产生的背景

自1996年以来，一体化管理体系(IMS)一词在各种管理类文章中被越来越多地引用，从不同的方面对一体化管理体系的现状及发展进行了细致的描述。

企业的经营活动涉及质量管理、人力资源管理、环境管理、职业安全卫生管理、营销管理等方方面面，单纯采用一种管理模式必然难以满足客观需要。如果企业因为社会潮流和客户要求，一次次地建立独立的不同体系，会带来很多重复性的工作，会造成资源的浪费，不仅贯标的实际效果可能被忽视，而且也会影响企业综合管理水平和经济效益的提高。

据有关部门统计，截止到2010年12月31日，中国已颁发带有国家认可标志的质量体系认证证书196527张、环境管理体系认证证书43247张；职业安全卫生管理体系认证证书 26612 张。到 2011 年 10 月，获得国家认证认可合格评定的认证机构 126 家。《规范》的首张认证证书也于 2010 年 12 月由中建协认证中心颁出。其中，获 ISO 14001、OHSAS18001 认证证书的组织大都已经或同时获得了 ISO 9000 认证证书。因此，越来越多的组织面临着两个或更多管理体系整合的问题。同时，这也给认证机构提出了对综合管理体系实施一体化审核的要求。

随着 QMS、EMS、OHSMS 的深入实施，产业界和认证机构对一体化管理体系的反应非常热烈。中国境内的很多企业经过多年的贯标实践，也正积极推行 QMS、EMS、OHSMS 一体化管理体系。

认证机构也在积极推行一体化管理体系的认证审核。

1.3 企业建立一体化管理体系的必要性

1.3.1 质量是企业的生命

企业的生存依赖于顾客，这是市场经济的本质，也是 ISO 9000 标准的核心。企业只有识别了顾客的明示或潜在的需求，从产品质量的功能性、安全性、时间性、经济性、舒适性、文明性等方面加以准确的表述，并转换为企业共同努力实现的目标，成为被顾客所接受的产品和服务，从而在满足顾客的需求中，拓展企业生存空间。作为企业的经营者，从质量入手建立质量思维，增强质量意识，开拓质量视野；把质量作为企业经营永恒的战略、策略和主题，这是企业生存和发展的前提，是企业参与市场竞争的最基本要求，随顾客要求不断创新质量思维，开拓新型产品，增强企业服务能力，不断消除生存与发展的危机基础，这是企业实施 ISO 9000 的根本。

1.3.2 环境管理是企业可持续发展的需要

可持续发展是当今世界之潮流，未来之方向。在人类发展历史中，人既是建设者，也是破坏者。环境已成为世界关注的焦点问题。不少工业化程度较高的发达国家，更是采取限制行动，把环境与贸易联系起来，给众多发展中国家制造了新的“绿色壁垒”，从而使他们的产品更难进入世界市场，制约企业可持续发展的需要。把经济、市场与环境保护相联系是从根本上解决环境问题，实现可持续发展的重要途径。

实施 ISO 14000 的总目的是支持环境保护和污染预防，构筑“绿色通道”，减少贸易壁垒和促进环境改善，不仅仅是一个口号，一个话题，它更是一门系统的科学，更是一种意识、一种理念、一种生活方式。它是企业向社会承诺，对世界生存环境的贡献。

通过 ISO 14000 认证以后，据报道海尔冰箱每年节能降耗 1400 万元；上海宝钢 11 个月降耗 3.49 亿元……。企业在实施环境管理体系的同时，不但增强了市场竞争能力，也起到节能降耗的作用。

1.3.3 职业健康安全事关企业稳定大局

职业健康安全是每个员工关注的焦点问题。若忽视了职业安全卫生工作，因而造成的火灾、爆炸、坍塌等重大恶性事故频频发生，职业病人数居高不下，会导致企业经济效益上不去，发展变慢，甚至出现倒退。每年我国因工伤事故直接损失数十亿元，职业病的损失近百亿元。据粗略估算，近几年我国因此每年造成经济损失近800亿元。

企业通过实施OHSAS18000，强调通过系统的预防管理机制彻底消除各种事故和疾病隐患，以最大限度地减少事故和职业病的发展。该标准的指导思想就是：组织通过建立和保持职业健康安全管理体系，控制和降低职业安全风险，持续改进组织的职业健康安全管理绩效，从而达到预防和减少事故与职业病的目的。企业能够建立现代安全卫生管理制度适应社会生产力的发展，主动地遵守国家法律法规，提高企业国际竞争力，消除贸易壁垒，改善劳动条件，促进职工身心健康，是稳定员工大局，提高劳动生产率，实现企业长远发展的需求。

1.4 企业实施一体化管理的可行性

1.4.1 三个标准具有兼容的管理理论基础

1. 三个标准具有相同的管理原则

三个标准都采用了系统的、透明的管理原则，即领导的作用、全员参与、过程方法、管理的系统方法、基于事实的决策、持续改进、与相关方建立双赢的思想，指导建立并实施管理体系。

三个标准都遵循了PDCA原理(见质量、环境、职业安全管理体系模式图，图1-1～图1-3)

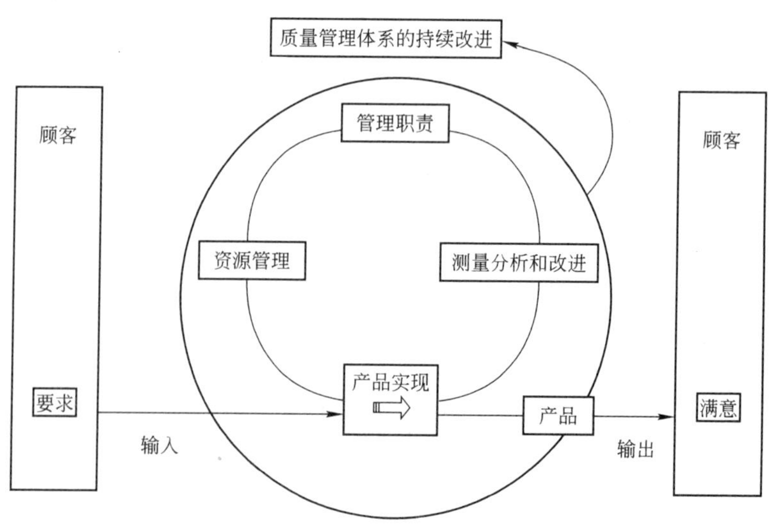

图1-1 ISO 9001质量管理体系模式

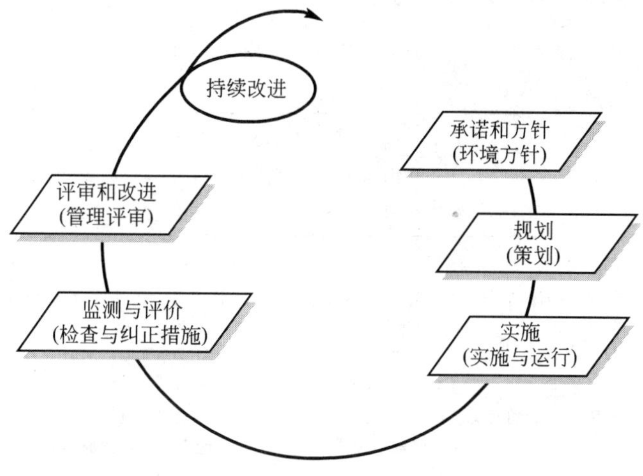

图 1-2　ISO 14001 环境管理体系模式

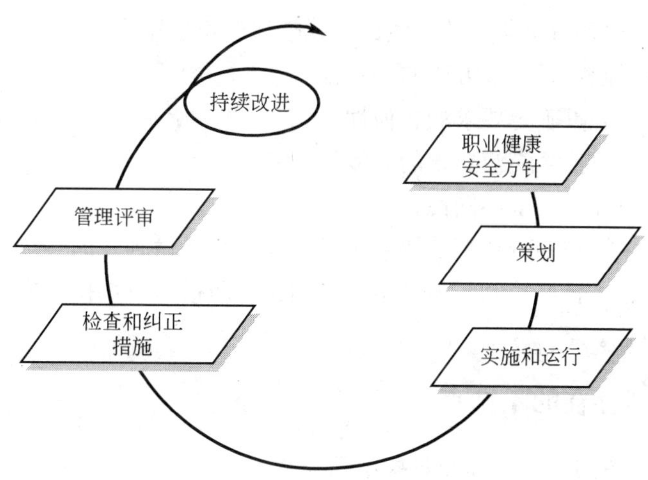

图 1-3　OHSAS 18001 职业健康安全管理体系模式

2. 三个标准共同强调适用领域的广泛性及采用标准的自愿性

三个标准都具有广泛的适用性，适用于任何组织和行业。实施标准都是本着自愿的行为，是推荐性的管理标准，不作强制要求，更注重使用标准的自发性，有效性。

3. 三个标准对体系总体要求、逻辑思路和框架结构相似性

(1) 三个标准对体系的总体要求都是按体系的策划建立→实施保持→监视测量→改进的四大部分做出相应的规定，遵循 PDCA 的过程模式，实现持续改进的思想建立。

(2) 三个标准均按照最高管理者承诺→确定方针、目标→建立文件化、规范化、科学化的管理体系→按规定要求实施运行并留下客观证据→测量检查运行效果，评价方针、目标、过程、结果的适宜性和有效性→纠偏和寻找改进的时机，以达到持续改进的要求的逻辑思路建立、实施和评价体系。

（3）三个标准编排结构的相似性见图 1-4。

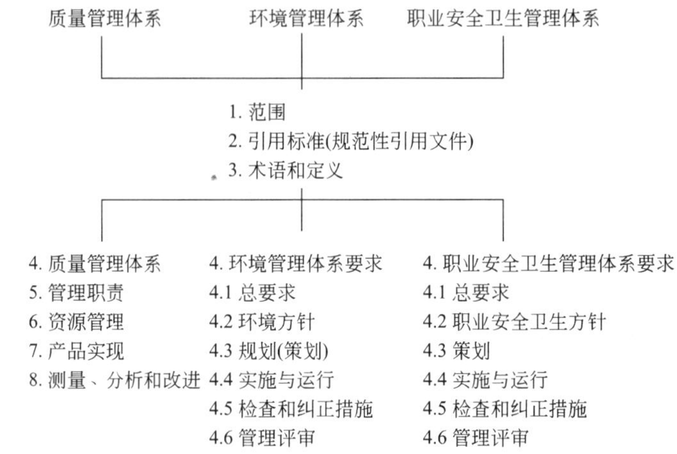

图 1-4　质量、环境、职业安全管理体系标准结构

4. 三个标准的内容有可兼容的公共部分，使体系可以整合

（1）方针、目标制定思路及方法的一致性；

（2）组织机构及职责确定要求的相似性；

（3）培训、能力与信息交流要求的一致性；

（4）文件、记录控制要求相同性；

（5）实施运行、控制的方法都是要求做到“写到就要做到”的一致性，思路相似性；

（6）管理评审、不合格控制、内部审核、纠正预防措施、数据分析改进等程序文件及操作方法要求一致性。

1.4.2　三个标准存在的不同点

1. 三个体系阐述的直接目标和对象不同

（1）质量管理体系：对产品有关的过程进行控制，以不断增强顾客满意度。

（2）环境管理体系：规范组织的环境行为，强调资源的合理利用，预防污染，倡导环境保护，以可持续发展满足社会的要求。

（3）职业健康安全体系：消除或降低企业的职业健康安全风险，改进绩效，预防事故发生，满足员工及相关方的要求。

2. 三个体系过程控制的切入点不同

（1）质量管理体系将产品生产的质量控制能力分为管理职责、资源管理、产品实现和测量分析改进四大过程，分别按顺序进行系统控制。

（2）环境管理体系从环境因素分析入手，建立、运行、控制、改进整个体系。

（3）职业健康安全管理体系从危险源辨识入手，建立、控制、改进整个体系。

3. 各个标准涉及的相关法律法规要求不同

由于各体系关注对象、目的的不同，其适用的法律法规要求不同，对法律法规的获取、识别、传达及更新的途径也不同。

1.4.3 三个体系标准之间关系

1. 三个体系标准的基本原理是一致的

(1) 系统论、控制(过程控制)论是三个管理体系共同的理论基础；

(2) 尽管三个体系的适用范围和目的对象不同，但它们都是通过过程模式，管理与控制体系的全过程，控制模式是相同的；

(3) 每个体系都强调预防为主，发挥预防功能是它们的共同特点；

(4) 在对要素管理方面，从注重技术解决发展到技术解决与管理职责解决并重；

(5) 三个体系都适用 PDCA 循环；

(6) 三个标准都鼓励与其他管理体系相融合，国际标准化组织在制定 ISO 9000 标准和 ISO 14000 标准时就预留了接口，OHSAS 18000 标准的制定也考虑了与 ISO 9000 和 ISO 14000 标准的兼容性。

2. 三个体系有相同或相似的要素

(1) 三个体系都要求建立文件化的体系并对文件进行控制；

(2) 三个体系都要求明确管理职责和权限；

(3) 三个体系都要求在相关的职能和层次上建立目标和指标，并通过具体的方案加以实施；

(4) 三个标准都强调要遵守相关的法律和法规；

(5) 三个标准都强调持续的体系改进；

(6) 三个标准都要求对不符合进行控制；

(7) 三个标准都非常重视建立纠正和预防措施；

(8) 三个标准都强调培训的重要性，不断提高员工的意识和能力；

(9) 三个标准都要求对记录进行控制；

(10) 三个标准都要求在管理层中指定一名管理者代表；

(11) 三个体系的结构基本相同。

质量、环境、职业健康安全管理体系的结构和运行模式如图 1-1～图 1-3 所示。可见，QMS，EMS，OHSMS 在结构构成的原则上是相互一致的，在构成的要素上大多数是相同的或相似的，在体系结构上是可以相互兼容的。这些就是三个体系有机结合的基本条件。

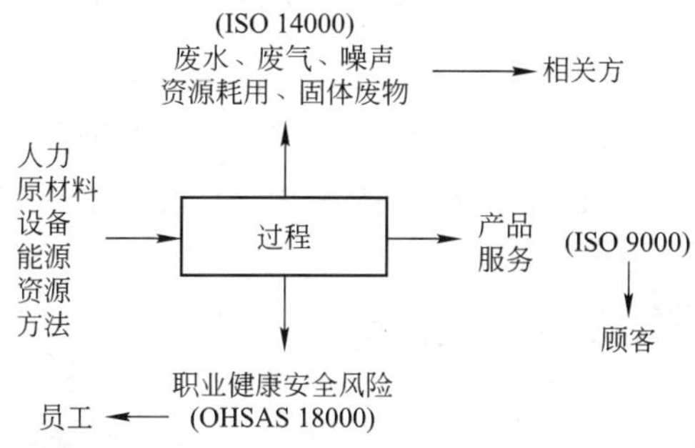

图 1-5　三个管理体系之间的关系图

1.5　企业建立一体化管理体系优势

1.5.1　为组织提供一个共同、连续的管理思路，提升企业文化价值

企业建立一体化管理体系，可以使制定的方针目标与企业的经营方针目标趋于一致。在企业员工间形成共同的价值取向，更能发动全员的积极性实现方针目标，减少内耗，增强协作，提高效率。

1.5.2　更有效地利用资源，降低管理费用，提高管理水平

企业建立一体化管理体系，必将促进组织机构的精简，共用文件的增多，实施体系活动合理。如分离的管理体系管理评审会每年要召开 3 次，管理体系整合后只开一个评审会，内部审核综合进行，减少审核频次及审核要求的不一致，使资源的利用更合理，管理费用降低，管理效益提高。

1.5.3　为企业提供更全面的现代管理方案

一体化管理体系采用了现代企业管理制度浓缩的精华，将世界先进的管理思想和方法为企业所用，缩短了企业摸索管理经验的过程，能够让企业管理实现跨越式发展。

1.5.4　为企业提供建立迅速敏捷的信息反应机制

过程/运行的全面监视提供满足质量、环境和职业健康安全要求的全面、互助的解决方案。使组织结构趋于扁平化、信息反馈及时化、处理问题有效化，有利于企业建立一个对信息作出快速反应的机制，适应当今“快鱼吃慢鱼”的时代要求。

1.5.5　降低审核费用，简化申请程序，减少不同体系审核的差异

一体化管理体系审核申请费用只需要分离型的 1/3，只办理一次申请程序。整合认证审核收费方法是：三个体系中其中一个体系按审核费原价收取，其余体系只收取 80%，仅认证审核费用开支节省 20%左右。同时减少审核访问次数，降低了企业接待管理等费用。缩小了不同体系审核要求的差异性，有助于企业管理。

随着经济全球化发展的要求，三个管理标准的制定的指导思想是：尽量为组织提供不同管理体系整合的可能性。因此，从企业发展的角度看，进行质量、环境、职业健康安全三个体系的整合可以在共同的管理原则及可兼容的各标准条款的基础上，兼顾各自的特殊要求，形成一个完整、有机的管理体系，建立精简而高效的整合型管理体系是优化管理的必然趋势。

1.6　一体化管理体系的重要意义

一体化管理体系的重要意义是：

(1) 有利于体系的系统管理；

1）方针和目标的协调及管理；

2）组织机构、职责和权限的统一、协调及管理；

3）人力、物力资源的统一管理；

4）能力培训的统一管理；

5）沟通、协商与交流的统一管理；

6）统一策划、编制管理体系文件；

7）数据分析、运行控制的统一管理；

8）内审及管理评审的统一管理；

9）持续改进的综合管理。

(2) 减少组织建立各种体系的工作量，降低审核成本。

(3) 对组织活动实施全面监视，有助于寻求互补的解决方案。

(4) 建立，实施并保持一体化管理体系，提高组织综合竞争能力。

1.7 如何策划一体化管理体系

一体化管理体系中各管理体系的有机结合不是指多种管理体系的简单相加，而是按照系统化原则形成相互统一、相互协调、相互补充、相互兼容的有机整体，才能发挥一体化的整体效益和效率。这种有机结合的原则在进行一体化管理体系策划和编写体系文件时应得到充分体现。

1. 一体化管理体系适用于同时进行多项管理

一体化管理体系可用于质量管理体系、环境管理体系、职业健康安全管理体系的多体系管理。

2. 综合管理策划过程

可对质量管理体系、环境管理体系、职业健康安全管理体系进行总体策划，统筹安排，从而免除了由于单个体系分别策划带来的重复或者遗漏而产生的体系管理缺陷。

3. 综合方针和目标

在策划组织的质量、环境、职业健康安全的方针和目标时，根据组织的发展方向、服务宗旨、技术和财务能力以及风险可承受能力，综合考虑，分步实施，保证组织总体目标的实现。

4. 综合的质量、环境和职业健康安全的风险评价

在识别产品质量实现过程、识别环境因素、职业健康安全危险源辨识的前提下，可根据组织的技术和财务能力以及风险可承受能力，综合进行风险评价。

5. 综合管理手册

在同一管理手册中描述质量、环境、职业健康安全三个方面的要求。

6. 共用的体系程序和作业文件

对三个体系共有的要素，可以编制共用的程序文件和作业文件，这样可以减少文件的重复编制和提高实施效率。

7. 使用具有综合能力和素质的复合型人才

一体化管理体系要求组织的员工和内审员同时具备三个标准对人力资源的要求，具有综合的管理能力。

8. 统一协调的运行与监测

组织在实施一体化管理体系时，可统一协调三个方面的运行情况，一并实施必要的监视和测量。

9. 具有综合的管理体系评价

组织进行内审、管理评审时，同时对质量、环境、职业健康安全管理体系进行综合的业绩评价，提高了对管理体系的运行评价效率。

10. 综合考虑体系的持续改进

组织在策划和实施体系改进时，可以综合考虑三个方面的改进需求来确定改进的优先顺序，以期获得组织的最佳业绩和达到组织的优先目标。

1.8 如何建立一体化管理体系

1. 一体化管理体系建立的基本原则

(1) 管理对象相同，管理性要求基本一致的内容可进行整合。如文件控制、记录、内部审核、管理评审等，三个体系的控制对象、标准要求基本一致，按此原则，都可以整合。

(2) 整合后的管理性要求应覆盖三个体系要求的内容，就高不就低，以三个体系中最高要求为准(以 GB/T 19001 管理体系为主线)。如 GB/T 24001 标准和 GB/T 28001 标准对管理体系文件没有明确要求编制管理手册，而 GB/T 19001 则明确要求编制质量管理手册，按本条原则就要求编制满足三个体系要求的综合管理手册。其他如“法律法规及其他要求”、“设备管理”等，三个体系要求均有差别，按要求最高的编制控制文件。

(3) 整合后的管理体系文件应具有可操作性。当在同一级别的文件中不能完全描述其全部具体要求时，应考虑引用下一层次文件进行描述的方式，使之条理清楚，可操作性强。

(4) 整合应有利于减少文件数量，便于文件使用；有利于同一协调体系的策划、运行与监视测量，实现资源共享；有利于提高管理效率，降低管理成本。

相对于三个分离型的管理体系而言，减少文件数量是一体化管理体系的优点之一，这个优点应充分体现在体系文件的策划与编制过程之中。

统一协调体系的策划、运行和监视与测量，实现资源共享，提高管理效率，也是一体化管理体系的重要特点之一。在进行一体化管理体系策划时，要从机构设置、定编定岗、资源配置、职能分配、运行控制、监视测量等方面统筹规划、精心组织、有机整合。

2. 建立一体化管理体系的基本分析方法

(1) 运用“5W1H”的思路分析确定整合的内容。5W1H 即 Who(谁来做)，When(何时做)，Where(何地做)，How(如何做)，What(做什么)，Why(为何做)。在进行一体化管理体系的建立和整合时，可以按照 5W1H 对三个标准中具有对应关系的活动要求进行分析。当 5W1H 中的一个相同、两个相同、三个相同、全部相同时，即可进行整合。

(2) 如果 Who(谁来做)相同，表明组织有复合型人才，三个标准要求同一方面的事都可由同一人来做的，即可整合“谁来做”。如三个体系标准都要求设立“管理者代表”负责体系的建立、实施和保持，整合后的一体化管理体系，可以只设立一个管理者代表，统一负责三个体系整合的一体化管理体系的建立、实施和保持。当然，对一体化管理体系的管理者代表要求要具有三个体系的综合管理能力，他应是一个复合型人才。

(3) 如果 Who(谁来做)相同，What(做什么)也相同，原来几个不同部门做相同的事，就可以合并由一个部门来做。如体系文件控制原来可能分别由企管部、环监部和安监部来做，现在整合后的一体化管理体系可能就由一个部门来管理就可以了。

(4) 如果 What(做什么)相同，而 How(如何做)不同，则可通过引用下一层次的文件加以详细描述。如系统集成公司对外包合同及承包方的控制，软件外包与工程外包的控制方式和方法不一样，就可以在程序文件的下一层次文件——三级文件中分别加以描述。

(5) 如果 Who(谁来做)相同，What(做什么)也相同，How(如何做)还相同，如“培训、意识和能力”均通过确定能力要求、对人员的能力进行评定、提供培训或其他措施、进行有效性评价、保持适当记录等程序来控制，就可进行完全整合。

(6) 如果 Who(谁来做)相同，When(何时做)，Where(何地做)也相同，而 What(做什么)和 How(如何做)不同，可将文件进行整合，这样可以一次培训到位，也方便使用。如操作人员使用的操作文件(作业指导书、工艺文件、操作规程等)，可以在同一份作业指导书中同时规定质量、环境和职业健康安全方面“做什么、如何做”的要求，而不必分别单独编写各自的质量、环境、职业健康安全方面的要求。

3. 运用过程方法

(1) 运用过程方法是 GB/T 19001，GB/T 24001，GB/T 28001 三个体系标准共同遵循的基本原则，也是我们建立和整合一体化管理体系的基本方法。我们建立和整合的管理体系，既包含有管理过程，也包括有产品的实现和提供过程。一个组织的管理过程中涉及质量管理、环境管理和职业健康安全管理的过程有：文件控制、记录控制、管理评审、内部审核、纠正与预防措施、培训意识和能力等。这些过程涉及三个标准的管理性要求基本相同，可以实现整合。

(2) 产品实现和提供过程几乎都涉及质量、环境和职业健康安全的要求，应对每一个过程所涉及的人、机、料、法、环中的质量、环境和职业健康安全三个方面的要求加以整合。结合组织的实际，在相应的体系文件中统一作出规定，在体系运行中按一体化的要求来实施。

1.9 一体化管理体系运行和持续改进

1.9.1 一体化管理体系的运行

建立一体化管理体系的目的是为了体系的有效实施和运行，通过实施运行发现体系的缺陷及薄弱环节，加以改进，在新的条件下进行新的实施和运行，发现问题再加以改进。这样实施运行—问题改进—再实施运行—再问题改进，周而复始，循环往复，体系在运行中不断改进，推动企业的质量管理、环境管理和职业健康安全绩效不断向更高境界发展。

在实施运行中一般应注意以下几个问题：

（1）培训。按体系要求程序分层次分阶段进行全员培训，培训的深入程度取决于员工的素质和组织产品活动过程的复杂程度，培训越深入，体系的实施运行就越顺利，可以说，培训效果的成功与否，直接影响日后体系是否正常运行。培训要将体系文件与实际操作结合起来进行，特别是增加的有关环境和职业健康安全方面的内容，除了操作技能方面的培训外，员工的质量意识、环境意识和健康安全意识的增强对整个体系的有效实施和运行起到决定性的影响。

（2）资源配备。三个体系同时运行，需要投入一定的、相适应的必要资源才能保证体系的正常运行。比如，虽然 GB/T 24001 没有强制性要求组织的环境绩效要达到多高程度，但是要求组织通过体系运行，不断改进自身的环境绩效，满足相关方和社会的要求，这就需要组织投入相应的资金、人员和设备来不断改进其环境绩效。对职业健康安全方面，更是员工所关心的，比如，相关作业人员(如有毒有害作业人员等)的健康检查、劳保防护用品等，都要投入一定的资金和资源，体系才能有效运行。

（3）内审员培训。一体化管理体系运行需要培训复合型的内审员。这是一体化体系运行的需要，在体系运行过程中，这些内审员将起到桥梁和指导作用。

（4）运行中要做好各种运行记录。记录是证实体系是否有效运行的客观证据，同时也是实施体系改进的依据。尽管做各种记录是一件很烦琐的事情。但如果体系需要获得认证，初次认证时一般情况需要提供至少 3 个月的体系有效运行的客观证据。

（5）做好内审和管理评审。内审和管理评审是检验体系运行的符合性、充分性、有效性的评价改进机制，是管理体系的重要组成部分。体系运行中，要充分运用这个机制，自我发现问题，自我解决问题，自我完善，自我提高。

（6）管理部门强有力的管理和指挥能力。一体化体系从管理范围、复杂程度、知识结构、实施要求等多方面对管理部门和管理人员提出了很高的要求，对管理人员的知识、能力、资格、权威、领导艺术、信息利用等都提出了挑战。

1.9.2 一体化管理体系的持续改进

持续改进是管理体系永恒的生命力，没有持续改进机制的管理体系是没有生命力的。持续改进要求组织不断寻求对管理体系过程进行改进的机会，以实现组织的管理体系所设定的目标。改进措施可以是日常渐进的改进活动，也可以是重大的改进活动。

一般从 6 个方面进行持续改进：

（1）定期或适时评审和调整组织管理方针。包括质量、环境、健康安全在内的组织的管理方针代表了组织的经营方向和宗旨，它要依据外界环境的变化而进行调整。定期或适时对组织的方针进行评审并做调整，使体系的运行始终朝着组织所期望的方向发展，为实现组织的战略目标提供体系保障。

（2）定期或适时评审和调整组织管理目标。目标是在某个阶段实现组织管理方针的具体表现，没有目标的管理方针只能是一句空话。目标具有阶段性，不可能一个目标贯穿整个组织的生命周期。对目标的实现程度应进行定期的考核、测量和评价，在评价的基础上提出下一阶段的新的目标，这样周而复始，体系运行就会不断改进，达到组织期望的目标。

（3）按要求进行内部管理体系审核。根据体系规定的周期或适当时机对体系运行进行符合性、有效性审核，能系统有效地发现体系运行中的缺陷和薄弱环节，通过对发现问题的原因分析，采取纠正和预防措施，并对纠正预防措施的实施效果进行有效性验证，这种体系运行、问题诊断、解决问题、改进体系的PDCA过程方法在内审中的运用，可以有效地推动体系持续改进。

（4）数据分析。任何改进都是建立在对体系运行的客观分析基础上的，进行客观分析的基础是体系运行的客观数据（或记录），因此，数据分析对体系的改进具有决定性影响。

（5）纠正和预防措施。纠正措施和预防措施的适用范围包括体系运行中所有问题项的解决。包括管理评审、内外部审核、体系运行中出现的不符合项、顾客和相关方投诉、事故事件等问题的解决，都要求分析原因，采取纠正和预防措施。对每一次不符合项问题的有效解决，包括对体系文件的修改，都是对体系的一次改进。体系运行就是通过这种日常的问题分析与解决，不断地推动体系持续改进。

（6）管理评审。管理评审是推动管理体系持续改进的最有效方式，通过组织的最高管理者亲自主持，对体系运行中的问题进行分析和评审，特别是针对组织外部环境的变化，提出组织的应对策略和改进方案并组织实施，保持体系的持续适应性。

事实上，仔细分析我们会发现，体系中存在三级监控机制，它对我们自我发现问题、自我解决问题、自我完善、自我改进起到很好的机制作用。一级监控是通过体系运行中的日常监视和测量来实现的，通常使用的程序有不合格品控制、纠正和预防措施这两个程序，通常由管理部门组织责任部门或责任人员来实施；二级监控就是内部体系审核，在规定的周期内，由管理者代表负责组织实施，对体系运行定期进行系统的、全面的正式评审，评价体系运行结果与体系标准以及相关法律法规的符合性、充分性和有效性，找出体系运行中的不足和薄弱环节加以改进；第三级监控就是管理评审，由组织的最高管理者亲自主持，从体系的组织结构、资源配置、方针目标，以及外部环境等全方位来审视现行管理体系的充分性、有效性和适应性，做出改进体系的最高决策，直接推动管理体系向更高更好的方向前进。

1.10 一体化管理体系的评价

1.10.1 一体化管理体系的初始评价

对于初次建立体系，并建立整合型管理体系的组织，可以对组织的现状进行整合型的初始评审（现状评估），从而为策划建立整合型的管理体系提供基本的依据。

在初始评审中，应重点对4个方面进行调查并得出基本评价：

（1）环境因素/危害因素/顾客要求的识别、评价和控制有效性的评价；

（2）相关法律、法规要求及符合性评价；

（3）组织管理状况（机构、职责、资源、管理制度等）的评价；

（4）事故（件）/质量指标、顾客满意度的统计、分析以及纠正措施、预防措施有效性的评价。

1.10.2 管理体系运行评价

管理体系建立并实施后，可能会发现不完善或不适应环境变化的情况。所以需要对它的适宜性、充分性和有效性进行系统的、定期的评价。对管理体系的评价包括以下四个方面。

1. 管理体系过程的评价

由于体系是由许多相互关联和相互作用的过程构成的，所以对各个过程的评价是体系评价的基础。在评价质量管理体系时，应对每一个被评价的过程，提出如下四个基本问题：

（1）过程是否已被识别并确定相互关系？

（2）职责是否已被分配？

（3）程序是否得到实施和保持？

（4）在实现所要求的结果方面，过程是否有效？

前两个问题，一般可以通过文件审核得到答案，而后两个问题则必须通过现场审核和综合评价才能得出结论。对上述四个问题的综合回答可以确定评价的结果。

2. 管理体系审核

所谓审核就是"为获得审核证据并对其进行客观的评价，以确定满足审核准则的程度所进行的系统的、独立的并形成文件的过程"。

质量管理体系审核时，"审核准则"一般是指质量标准、质量手册、程序以及适用的法规等。体系审核用于确定符合管理体系要求的程度。审核的结果可用于评定质量管理体系的有效性和识别改进的机会。体系审核有第一方审核（内审）、第二方审核以及第三方审核三种类别。

3. 管理体系评审

最高管理者的一项重要任务就是要主持、组织管理体系评审，就管理方针和管理目标对管理体系的适宜性、充分性、有效性和效率进行定期的（按计划的时间间隔）和系统的评价。这种评审可包括是否需要修改管理方针和管理目标，以响应相关方需求和期望的变化。从这个意义上来说，管理体系评审的依据是相关方的需求和期望。管理体系评审也是一个有输入和输出的过程。其中，审核报告与其他信息（如顾客需求、产品质量、预防/纠正措施等）可作为输入；而评审结论，即确定需采取的措施则是评审的输出。

管理体系评审是一种第一方的自我评价，又称自我评定。组织的自我评定是一种参照管理体系优秀模式（如评质量奖）对组织的活动和结果所进行的全面和系统的评审。

自我评定结果可以对组织业绩及体系成熟程度提供一个总的看法，它还有助于识别需改进的领域及需优先开展的活动。

1.11 一体化管理体系审核

1.11.1 审核方案

1. 审核方案的效率准则

一体化审核方案与一般审核方案的不同之处，主要在审核工作量的确定和人力资源的配备上。一体化审核的时间(审核工作量)要少于不同管理体系分别审核所需时间之和，多于分别审核任一体系所需时间。在确定一体化审核所需工作量时，先依据不同管理体系审核所需人日的准则要求，确定每个管理体系所需的审核时间，再依据管理体系的整合程度、不同管理体系的过程或要素可以合并审核的程度，以及审核人员的能力，适当减少每个管理体系的审核时间。有关专家分析，一般情况下，一体化审核所需时间是单独体系审核时间之和的60%～80%。

为了提高一体化审核的效率，认证机构需按照产品/服务特点以及审核的要求组成审核组，除审核应遵循一般原则(单一体系审核的要求)外，应选派具备多个管理体系审核能力和资格，熟悉有关法律法规和其他要求(包括质量、环境和职业健康安全)的审核员参加审核；审核组应具备专业能力，必要时包括技术专家；审核组长应具有丰富的审核经验和控制一体化审核的能力，能对一体化管理体系的有效性作出准确判断。

2. 文件审核满足三个标准的要求

尽管实施整合型管理体系的组织无需刻意区分不同管理体系的界限，但从审核的角度看，由于对不同管理体系依据不同的审核准则(标准)要求，整个审核过程都需要准确界定不同管理体系的界限，并判定文件所描述的整合型管理体系在总体上是否符合各管理体系标准的要求。审核人员主要需要考虑以下几个方面：

(1) 组织的方针和目标是否符合标准的要求？是否符合组织的实际？

(2) 是否明确各部门、各层次的职责和权限？

(3) 是否全部覆盖了三个管理体系标准的各项要求和要素？若有删减，理由是否充分？

(4) 管理体系文件结构是否协调，接口是否合理，文件的管理是否符合文件控制的要求？

文件审核的结论一般为：符合要求、基本符合要求和不符合要求。应注意，必须确保文件同时满足三个标准的要求，才能判定为符合要求。

1.11.2 现场审核

1. 现场审核及审核过程控制

一体化审核应以过程方法为基础，在确认受审核方对质量过程、环境因素、危险源已经进行重点识别后，以工作流程为主线，结合要素审核的方式进行审核。审核员应了解所审核区域的主要工作流程，识别并确定受审核方的关键质量过程、重要环境因素和危险源，围绕相关过程进行审核。对独立性较强的质量、环境及职业健康安全活动，可单独安排审核。

2. 过程控制

在审核过程控制中，应注意以下几方面的问题：

(1) 鉴于一体化审核的复杂性和特殊性，审核组内部的联络与沟通尤为重要。审核前，应召开一次审核准备会，明确每个审核员所负责的部分以及相互之间的协调，尤其要注意那些涉及多个管理体系的过程。审核组长应掌握审核的进展情况，确保对每个管理体系的审核按计划进行。必要时，及时调整审核计划和审核组成员分工。

（2）在一体化审核中，检查表的运用非常重要，审核员所准备的现场检查表应覆盖三个体系的要求。在环境管理体系和职业健康安全管理体系的 17 个要素中，虽然大部分要求是相同的，但在审核时也有不少区别。例如，对 4.3.1 环境因素（危险源辨识、风险评价与风险控制策划）审核时，既要审核环境因素的识别评价，又要审核危险源的识别评价，不能有任何偏废。

（3）审核人员可以通过交谈、验证、观察，获得过程是否有效的客观证据，在抽取样本时，总的样本数和某一部分的样本数应超过单一管理体系审核的样本数。尽可能选取可以同时反映质量、环境和职业健康安全管理状况的客观证据。

（4）应注意审核对关键过程、重要环境因素、危险源的控制情况。在很多领域，三个管理体系的侧重点是不同的，审核员需要在把握重点的同时兼顾其他。

（5）审核组小结时，需对违背审核准则的客观事实提出书面的不符合项报告，审核员应充分理解三个审核准则的各项要素和要求，分别确定不符合项。如果一个事实仅不符合 ISO 9001（或 ISO 14001、GB/T 28001）的不符合项；如果同一事实既不符合 ISO 9001 的要求也不符合 ISO 14001（或 GB/T 28001）的要求，也可以判定为一个共同的不符合项，并分别注明不符合标准的条款号。

（6）现场取证结束时，审核组要将现场收集到的审核证据与三个审核准则进行比较，作出组织的管理体系是否符合要求并有效运行等，分别对质量管理体系、环境管理体系、职业健康安全管理体系作出审核结论。

1.11.3　纠正措施的跟踪

对于文件性不符合项或通过受审核方提供文字材料、图片容易验证的不符合项，通常进行文件验证即可。对于仅提供文件材料，不足以确信纠正措施有效的不符合项，则需要验证现场整改结果，主要根据以下原则验证和评价纠正措施的实施效果：

（1）在规定的时间内完成整改，关闭不符合项；制定纠正措施计划并已付诸实施；

（2）不仅纠正不符合项，而且分析原因，制定纠正措施计划并已付诸实施；

（3）实施效果得到验证；

（4）注意考察某个单一体系的修改是否对其他体系的管理造成影响，这些影响是否得到相应的控制。

1.11.4　审核的意义及一体化发展趋势

1. 审核意义

（1）一体化审核可以降低组织有关的认证费用，减轻受审核方负担；

（2）实施一体化审核减少了对组织的产品实现过程和连续管理时间的中断；

（3）实施一体化审核协调了组织在日常管理工作中所涉及的相同或相近的要求，以及由于不同体系的分别审核而造成的审核间的差异。

2. 发展趋势

（1）一体化管理体系应成为三个标准的有机融合，而不是三个体系的简单相加。在一体化管理体系建立之前，应该形成 IMS 标准并作为建立一体化管理体系的依据。这一标准可能仍采用PDCA作为基本框架。

(2) 一体化管理体系建立的目的之一是为了减少工作量，建立一个体系，编写一本手册和一套程序文件，实施统一的内部审核管理评审。

(3) 一体化审核应由一次审核、三张证书，向一次审核、一张证书(IMS证书)过渡。

(4) 培养“三项全能”的一体化审核员将成为认证机构、培训机构的培训重点。质量、环境、职业健康和安全的单项审核/认证与一体化审核/认证将长期并存；在多数行业中，特别是高风险行业，单项审核/认证将逐渐被一体化审核/认证所取代。

总之，一体化审核有利于促进组织系统管理体制的形成，并通过对不同体系的审核，可以更加全面、更加准确和客观地评价组织的综合管理水平，有利于组织采取更为合理的措施，改进整体绩效，实现不断持续改进的目的。关于管理体系的运行、评价和审核等相关内容在以下的章节中有更详细的描写。

第2章　质量管理体系

2.1　质量管理体系的产生和发展

2.1.1　ISO 9000族标准的产生

1. 质量管理发展阶段

ISO 9000族标准是质量管理标准，它和质量管理理论的发展存在着密切的关系。质量管理发展的几个阶段：

(1) 质量的检验阶段

该阶段是针对最终产品质量，组织设立专职的质量检查部门，对产品进行检验，从成品中将废品剔除，以保证销售产品合格。称传统质量管理阶段。

(2) 统计质量管理阶段

该阶段是针对产品的形成过程，用数理统计的方法来控制生产过程并作为产品质量的管理方法。称统计质量管理阶段。

(3) 全面质量管理阶段

该阶段是“以质量为中心，全员参与为基础”的管理方法，即把组织中人的质量意识、经营管理、专业技术和数理统计方法有机的结合起来，形成完整的质量管理体系。是质量管理的高级阶段(从20世纪60年代起)。称全面质量管理阶段。

(4) 综合的质量管理

近些年提出的，其特点是将企业作为对象管理，以卓越绩效模式为标志的管理。

质量管理概念的发展，即对质量管理能力的判别，从对质量形成末端结果产品的管理→到对产品形成过程表象质量的统计学意义→最终质量形成的主观动因和各种要素的协调，成为对企业的综合管理，即质量管理的三个阶段。

2. ISO 9000族标准的产生

第二次世界大战后，美军方在生产武器的活动中，向生产厂家明确提出了产品的技术要求，产品生产后通过了最终检验试验，然而在产品的使用中却经常发生故障。美国的军方经思考后，除完善上述环节外，还要求生产厂家对产品的每一个生产环节进行控制，并提供相应的控制证据。这样的要求使美国军方获得空前成功。据此美国军方编制了MAL9858质量保证大纲，成为产品技术标准的重要补充。这一行动引起其民用工业和其他西方国家竞相效仿，均取得了极大成功。各国纷纷建立各自的产品质量管理标准，以规范质量管理行为。

然而随着国际贸易的发展，在涉及产品的责任问题时，则缺少了在质量管理方面的共同语言。国际标准化组织1979年成立了TC 176技术委员会(质量管理和质量保证技术委员会)，组织制定质量管理方面的国际标准。1987年TC 176技术委员会颁布了87系列ISO 9000标准，该系列标准的颁布开世界质量管理之先河，对世界的质量管理工作产生了深远影响。由ISO/TC 176编制的所有国际标准统称为ISO 9000族标准。

3. 我国对ISO 9000族标准的采用

我国等同采用ISO 9000族标准，即在标准的编写格式、技术内容、语言的使用等方面完全一致，编号为GB/T 19000族标准。

2.1.2 ISO 9000族标准的修订

国际标准化组织对国际标准定期评估和更改以满足相关方的期望。质量管理本身就是一个动态和不断发展的过程。87系列标准自颁布以来迄今，共进行了三次修订(以ISO 9001标准说明)：

1. 第一次修订

针对87系列标准的技术内容，仅作局部修改，总体结构和思路不变。引入一些新的概念，如过程、过程网络、质量改进等，为下一步修订作好准备。其修订的结果是ISO 9001：1994标准。

2. 第二次修订

这次修改在识别并理解质量管理和质量保证领域中顾客的要求基础上，制定有效反应顾客期望的标准；支持这些标准的实施，并促进对实施效果的评价。是在第一次修改的基础上进行总体结构、指导原则和技术内容等多方面的全新修改。其修订的结果是ISO 9001：2000标准。这次修改将当今世界范围内质量界普遍接受的八项质量管理原则全面融合在标准中；将ISO 9001标准和ISO 9004标准的编写结构一致化；所采用的基本结构语言与ISO 14000系列标准保持一致。使得标准更通用、更适用、更简练、更协调。

3. 第三次修订

国际标准化组织经过了广泛的调查，认为八年的实践证明2000版标准适应于组织当前的质量管理要求。故本次修订不引入新的要求；只是增强对ISO 9001：2000标准一些要求的澄清、明晰，并增强与ISO 14001：2004标准的兼容性(包括GB/T 28001：2001标准)。其修订的结果是ISO 9001：2008标准。

2.1.3 现行版ISO 9000族标准的结构

1. 核心标准

(1) ISO 9000：2005—GB/T 19000：2008 质量管理体系 基础和术语

该标准阐述了八项质量管理原则和十二项质量管理体系基础；规定了质量管理体系使用的共10个部分84个术语。该标准是ISO 9000族标准的理论标准。

(2) ISO 9001：2008—GB/T 19001：2008《质量管理体系 要求》

该标准阐述了建立一个有效的管理体系所需要的最基本要求；使用该标准的目的是为了有能力稳定地提供满足顾客和适用的法律法规要求的产品，并不断增强顾客满意；标准的结构是“过程模式”；建立以满足顾客要求为工作核心的过程导向模式。

(3) ISO 9004：2009　质量管理体系　业绩改进指南

该标准是提高组织管理体系完善和成熟程度的标准；标准以八项质量管理原则为基础，使组织理解并应用，从而改进组织的业绩；标准以提高质量管理体系的有效性和效率为目的，给出了质量改进中的自我评价方法。与 ISO 9004：2000 标准有较大变化。

该标准适合于所有运行质量和(或)环境管理体系及其他管理体系的组织，指导其内审和外审的管理工作；在内容和术语方面，兼容了 QMS 和 EMS(包括 OHSMS)的共同点；提出了审核原则、审核方案的管理、审核员的管理以及审核实施等方面的要求；其目的要使审核成为一项增值的活动。

2. 其他标准

ISO 10012：2003 测量控制系统

3. 技术报告

(1) ISO /TR 10005：2005　质量计划编制指南

(2) ISO /TR 10006：1997　项目管理质量指南

(3) ISO /TR 10007：2003　技术状态管理指南

(4) ISO /TR 10013：2002　质量管理体系文件编制指南

(5) ISO /TR 10014：2006　质量经济性管理指南

(6) ISO /TR 10015：1999　质量管理培训指南

(7) ISO /TR 10017：1997　统计技术指南

4. 小册子

质量管理原理选择和使用指南 小型企业的应用

2.1.4　质量管理体系标准的意义和作用

理解和认识实施质量管理体系标准的意义对于提高贯彻标准的自觉性，克服“两张皮现象”具有重要的作用。实施标准的意义概括为：

(1) 质量管理体系是组织风险管理的工具，其服务于组织的经营活动。

(2) 贯彻质量管理体系标准并获得认证证书既是市场的商业性需要，更是组织质量管理的需要。

(3) 质量管理体系标准仅仅是组织建立质量管理体系的一种规范性的指南，其适用于组织业务并控制其风险。标准提供了如何对企业的固有质量管理模式加以变革的方法。

(4) 质量管理体系的建立应是围绕组织的业务流程，研究业务流程所需的职责、运行、监视测量与改进活动，而不是根据标准条款要求，把本来完整的业务流程分解成一些孤立的程序。管理体系应是组织业务流程实现与管理的有益工具。

(5) 质量管理体系强调系统管理和体系作用，强调围绕目标、全员参与、管理部门互相协调和 PDCA 逻辑步骤循环，不断总结持续改进。

(6) 质量管理体系只有在长期有效运行的基础上，才会取得成效。

(7) 企业文化是潜在的并持续不断产生影响的力量。先进的管理理论在促进企业由合格向优秀迈进方面具有很高的价值。

(8) 在当前的情况下，市场经济要求组织按标准的要求建立质量管理体系，另一方面有些组织没有完全放弃或转变多年来形成的与管理体系标准不相适应的管理思想、经验和管理习惯。所以克服“两张皮”现象是组织在实施质量管理体系标准中的一项重要工作。

(9) 质量管理体系认证主要解决产品质量的稳定性问题。质量管理体系标准是组织管理能力的基础，但不是管理的最高要求。质量管理体系认证并不直接决定产品质量水平的高低，组织只有不断的改进其质量管理绩效，才能在不断提高管理水平的同时，有效的提高其产品的质量。

2.2 ISO 9000：2005 质量管理体系　基础和术语

2.2.1 八项质量管理原则

1. 八项质量管理原则的意义

为有效指导组织实施质量管理，帮助组织实现预期的质量方针和目标，必须有一套完善的、行之有效的、普遍适用、且能在全世界范围内被接受的管理理论。

ISO /TC176 的 SC2 征集了世界上一批最受尊敬的质量管理专家的意见，并归纳成八项质量管理原则。八项质量管理原则的意义：

(1) 是质量管理的基本理念；

(2) 是质量管理实践经验的高度概括总结；

(3) 是最基本、最适用的质量管理一般性规律；

(4) 是建立质量管理体系标准的基础。

八项原则为组织建立质量管理体系提供了理论基础，是组织领导者有效实施质量管理工作必须遵循的原则，八项质量管理原则也用于指导审核员、质量工作者学习、理解、掌握标准的要求。

2. 八项原则的理解和应用

(1) 以顾客为关注焦点

组织依存于顾客。因此组织应当理解顾客当前和未来的需求，满足顾客要求并争取超越顾客期望。

顾客是组织的上帝，失去顾客的组织必遭淘汰。

顾客关注的焦点就是其产品的质量和服务的全过程。因此，组织应识别顾客的需求和期望，把它作为组织在质量方面的追求，以此建立质量方针、目标，并通过一系列的活动，实现质量方针、目标，满足顾客的要求。

组织还应测量顾客的满意程度，并根据测量结果采取相应的活动或措施。

顾客的需求和期望是不断变化的，组织还应识别顾客潜在的需求，并具备满足顾客潜在要求的能力，以增强顾客满意。组织优秀的产品质量、到位的服务及诚信是增强顾客满意的最主要内容。

（2）领导作用

领导者应确保组织的目的与方向的一致。他们应当创造并保持良好的内部环境，使员工能充分参与实现组织目标的活动。

从某种意义上说，组织领导对建立质量管理体系工作的看法和态度，几乎可以决定一个企业质量管理工作的动机、态度、方式、力度乃至成效。领导重视并认真推动，则企业质量管理体系的建立工作就会顺利，并通过体系的运行而受益。

领导者应考虑所有相关方的需求、期望，明确企业战略地位与发展方向；通过建立质量方针为员工描绘清晰的远景，并确定富有挑战性的质量目标。

领导者应在组织的所有层次上建立价值共享，公平公正的道德伦理观念，和谐的人际关系，宽松的工作氛围，良好的企业文化，增强企业的凝聚力，以有助于带领员工为实现组织的方针、目标而奋斗。

领导者应为员工提供所需资源和培训，并赋予其职责范围内的自主权，以充分调动员工的积极性，发挥其主观能动性，为员工的发展提供条件，使员工更好地参与企业的运作和发展。

（3）全员参与

各级人员都是组织之本，唯有其充分参与，才能使他们为组织的利益发挥其才干。

该原则与领导作用密切相关，是领导作用的展开，其主要表现为全体员工应：

1）了解自己岗位工作的重要性及其在组织中的角色；

2）够识别对其活动的约束条件和对自身素质的要求；

3）自觉接受赋予的权力和职责并解决各种问题；

4）自主地分享知识和经验；

5）能清楚各自承担的目标并评估其业绩；

6）主动寻找机会增强自身的能力、知识和经验。

该原则主要是通过对全体员工进行质量意识、职业道德、敬业精神的教育，激发全体员工的积极性和责任心，以及提高其能力来实现组织的目标。

（4）过程方法

将活动和相关的资源作为过程进行管理，可以更高效地得到期望的结果。

过程是质量管理活动研究的基本单元，对质量管理体系的管理就是对每个过程的管理。标准将质量管理体系的构成分为四个主要过程（管理职责、资源管理、产品实现、测量分析和改进）；每个主要过程又由一系列相关过程组成，而每个相关过程又可能由更具体的子过程组成。

过程是一组将输入转化为输出的相互关联或相互作用的活动。

该原则强调要识别并管理过程的输入、输出、所配备的资源、所进行的活动。

过程方法的重点就是要有效地管理过程中所涉及的一组活动。

（5）管理的系统方法

将相互关联的过程作为系统来看待、理解和管理，有助于组织提高实现目标的有效性和效率。

相互关联和相互作用的一组要素，称为体系或系统。

管理学基本原则：任何管理都是对系统的管理，系统具有集合性、层次性和相关性。

管理体系就是建立方针和目标并实现这些目标的体系，而质量管理体系就是制定质量方针和质量目标，然后通过建立、实施和控制一个由诸多过程或过程网络构成的质量管理体系来实现这个方针和目标的体系。

管理的系统方法认为系统不是过程的简单总和，过程之间是相互关联、相互作用的。

管理的系统方法强调的是要管理体系中的一组过程，尤其要注意过程之间的接口和联系。

管理的系统方法应明确以下一些内容：

1）使用系统方法的主要目的是对组织的相关过程和体系进行整合，在确定所需过程的基础上，明确各过程的相互关系，从而充分利用组织的资源，提高管理体系整体的有效性和效率，为持续改进提供充分依据。

2）组织存在若干过程和子过程，过程又构成过程网络或系统，从而成为组织的管理体系。过程是管理体系的基本单元。

3）组织的产品质量特性（包括环境因素、危险源等）存在于过程之中，并通过过程的实施加以控制，以实现预期的目标。因此组织应对过程进行充分识别，确定并控制所需活动。

4）过程之间存在内在联系和相互影响，一个过程的输出可以成为其他过程的输入，并链接到整个网络或系统。管理的系统方法要求打破各职能部门之间、各过程和岗位之间的界限，尤其需要关注各个过程之间的接口关系。

5）将这些相互影响的过程网络构成系统，实施系统的管理和控制。这个网络运行称为管理的系统方法。

6）虽然各管理体系关注的重点不同，但产品质量、环境因素的控制，安全事故的预防等同时发生在已识别和控制的过程之中，故应通过对过程方法的应用，同时对这些相关因素识别和控制。

（6）持续改进

持续改进总体业绩应当是组织的永恒目标。

持续改进是增强满足要求的能力的循环活动，是不断螺旋式上升的活动。

持续的顾客满意是质量管理的动力，促使组织通过日常渐进的或突破性的改进，致力于提高管理的有效性和效率；以满足不断变化的顾客要求。

改进的对象是产品、过程、体系。

改进不必同时发生在组织的各个方面。

改进是循环活动，是没有止境的，持续改进是一项方向性原则。

（7）基于事实的决策方法

有效决策建立在数据和信息分析的基础上。

组织应采取措施收集与实现组织目标有关的数据和信息，并确保收集的数据和信息足够准确、可靠；

使用合理的方法(如使用统计技术等)分析数据和信息，发现有价值的内容，作为决策的重要依据；

在事实分析的基础上、权衡经验和直觉判断，做出决策。

（8）与供方互利的关系

组织与供方相互依存，互利的关系可增强双方创造价值的能力。

经济利益是组织与供方最紧密的关系，任何一个组织都会有自己的供方。

组织应识别和选择关键的供方，并确定控制和管理的方法。

建立供方关系时，要考虑组织的眼前利益与长远利益。

与关键供方或合作伙伴进行有益的公开交流，共享专门技术和资源。

建立清晰和开放的沟通渠道，确定联合改进活动。

鼓励、激发供方的改进和承认其成果。

（9）八项质量管理原则的相互关系

1）以顾客为关注焦点、持续改进是两项方向性原则，是建立体系的根本依据；

2）领导作用是关键性原则；

3）过程方法、管理的系统方法、基于事实的决策方法是三项方法性原则；

4）全员参与、与供方互利的关系是两项关联性原则。

2.2.2　十二项 QMS 基础

八项质量管理原则与十二项质量管理体系基础及 ISO 9000 族标准的关系：

八项质量管理原则是质量管理的基本理念；十二项 QMS 基础是应用八项原则为建立 QMS 提出的原则性要求；ISO 9000 族标准是以八项原则为理念，并充分运用十二项 QMS 基础，阐明质量管理活动的具体要求。

十二项 QMS 基础中，第 1、3、4 项是建立 QMS 的基本思路；第 2、11、12 项强调的是关系；第 5、6、7、8、9、10 项是建立体系的主要内容。

1. 质量管理体系的理论说明

阐明质量管理体系概念；明确质量管理体系研究的目的、对象和内容。

2. 质量管理体系要求与产品要求

（1）QMS 要求是为了满足质量管理的需要而提出的通用性要求，其不受组织情况、产品类别的影响；

（2）产品要求是指产品本身的外观、功能特性、物理特性等一些特定的要求，不同的产品有不同的产品要求(经常被包含在技术规范、产品标准、合同协议、法规要求等文件中)；

（3）QMS 要求是对产品要求的补充，对顾客而言，产品要求和质量管理体系要求互为补充，缺一不可。

3. 质量管理体系方法

为组织建立质量管理体系提供的一套系统而严谨的逻辑步骤和运作程序，是管理的系统方法 在质量管理中的具体应用。

QMS 方法的逻辑步骤：

（1）确定顾客需求和期望

1）制定方针和目标；

2）确定过程和职责；

3）确定和提供资源；

4）确定过程的测量方法；

5）应用测量方法，确定过程有效性。（以上步骤体现以顾客为关注焦点。）

（2）确定防止不合格并消除产生原因的措施

1）寻找提高过程有效性和效率的机会；

2）确定优先改进的过程或活动；

3）策划质量改进；

4）实施改进计划

5）监控改进结果；

6）评价实际结果；

7）评审改进活动，确定适宜的后续措施。（以上步骤体现持续改进。）

（3）这些方法使组织对其过程能力和产品质量树立信心，为持续改进提供基础，从而增进顾客和相关方满意，而使组织成功。

4. 过程方法

组织应系统的确定和管理组织所应用的过程，特别是这些过程之间的相互作用。

标准用过程方法模式图来描述质量管理体系：

四大过程，其中产品实现过程是直接过程；管理职责、资源管理、测量分析和改进是间接过程；四大过程是标准的核心内容；

过程方法模式图中的四个箭头表示的 PDCA 是要达到 QMS 持续改进；两个虚线箭头表达的是改进的重要的信息来源，其中顾客的满意度是重要的内容；产品实现是由一系列相关过程来完成，其中顾客的需求是重要的输入，输出应实施相关的测量、分析、改进活动，最终要达到顾客满意。该过程模式图体现了管理的系统方法。

过程方法和 PDCA 在管理体系建立、运行、控制和改进活动中起着至关重要的作用，体现的是过程模式。

称为 PDCA 的方法适用于所有过程，这一模式反应过程控制的基本规律。关于 PDCA 循环涉及到以下一些观念：

（1）策划

1）管理体系策划

将各管理体系实施有机整合，而非简单拼凑。其内容有：确定总方针、目标、指标，统筹安排组织结构、分配职责权限，整合资源的使用，对所有过程进行确定，统一协调运作。

2）产品实现过程的策划

对产品实现的全过程所作的总体安排。其内容有：了解顾客、法规要求，确定产品目标，配备必要的资源，给出文件和记录的要求，对监视和测量活动做出规定，确定产品接收准则，对产品设计，采购，生产和服务提供，产品验证，销售，交付和售后服务过程的控制。确定删减过程。

3）其他方面的策划

如测量分析和改进等过程。

（2）实施

1）对过程的控制就是控制过程的输入、转换的活动、输出、过程所需资源。

2）过程输入就是过程操作的依据和要求，包括目标指标、过程控制提供的相关依据（工艺文件、设备操作规程、施工组织设计、管理方案等）；过程转换就是使用所配备的资源，实施本过程需开展的活动。如按作业指导书、工艺文件的要求操作；实现制定的指标。过程的输出是过程实施的结果，实现预先制定的目标指标，是通过对过程的控制以达到增值的目的。

3）过程的控制应包括有形产品的控制，也包括无形产品的控制。过程的输出应包括预期提供给顾客的产品和任何中间产品。它们都属于过程的结果。

4）对过程的控制应以产品实现过程为主，同时也应对其他管理过程实施控制，如方针目标、资源配置、检测设备、测量分析改进、内审、管理评审等。

5）注意过程之间的顺序和过程之间的相互作用。

6）注意控制过程之间的接口，在过程控制中权衡各方面的相互关系及相互衔接是十分重要的环节，应作为过程管理的重要内容实施控制。

（3）检查

1）检查的对象应包括组织管理体系的所有过程。

2）检查的目的是评定组织管理体系的总体业绩和相关过程的有效性和效率。应依据所收集到的相关数据和信息，通过分析和汇总，发现管理体系和各过程运作中的规律和趋势，为改进提供充分依据。

3）识别过程控制和过程业绩的监视和测量准则，包括产品接收准则、供方评价准则、顾客要求、过程成本分析、组织总体业绩综合评定等。依据准则对过程的有效性和效率及管理体系的总体业绩进行综合评价。

4）检查方法依据组织的实际需要，针对不同过程做出具体安排。如通过管理评审或内审或顾客满意度调查评定检查组织总体业绩；对产品符合性通过检验试验方法进行；对过程能力通过内审、各种监督检查等方式进行。

5）检查的结果应做好记录，作为管理体系运行综合效果和持续改进的依据。

(4) 改进

1) 组织依据监视和测量所获得的数据和信息，与规定的过程要求进行比较确定管理体系总体业绩及各过程运作的有效性和效率。利用汇总和统计技术的应用，找出过程运作的规律和发展趋势，为改进提供依据。

2) 针对已识别影响过程运作有效性和效率的项目或存在的不符合等问题采取纠正和预防措施。

3) 按持续改进的理念，不断实施持续改进。改进目标的提高应以组织的实际需要和产品具体特点为准，目标不是越高越好，应掌握在适宜水平，同时考虑国家法律法规要求和组织实际状况。

5. 质量方针和质量目标

建立 QMS 的前提是制定质量方针和质量目标，以明确组织关注的焦点，确定组织应达到的结果，从而为体系的运行提出具体要求。

最高管理者确定的质量方针、目标应体现八项原则，并包括其在质量方面做出的承诺。

6. 最高管理者在质量管理体系中的作用

最高管理者必须履行的职责是：

(1) 建立组织的质量方针和质量目标；

(2) 建立全员参与的环境，促进方针和目标的实现(两个建立)；

(3) 确保整个组织满足顾客要求；

(4) 确保实施适宜的过程以满足顾客要求并实现质量目标；

(5) 确保建立、实施和保持一个有效的 QMS 以实现这些目标；

(6) 确保获得质量活动所必需的资源(四个确保)；

(7) 定期评审 QMS(一个评审)；

(8) 决定有关质量方针和质量目标的措施；

(9) 决定体系改进的措施(两个决定)。

7. 文件

文件是信息及其承载媒体。文件的价值在于传递信息、沟通意图、统一行动。

文件的作用可以有：实现预期的产品质量和质量改进；为组织各类人员提供培训；确保产品的重复性和可追溯性；为活动结果提供客观证据；依据各类文件评价质量管理体系的有效性。

组织应建立分层次的质量管理体系文件，包括质量手册、程序文件、作业文件、记录、质量计划等。

8. 质量管理体系评价

(1) QMS 是由过程组成的，对 QMS 的评价就是对所有过程评价的总合。对每一过程的评价从四个方面考虑：

1) 过程是否予以确定并做出适当规定；

2) 职责是否予以分配和落实；

3) 程序是否被实施和保持；

4）在实现所要求的结果方面，过程是否有效。

（2）质量管理体系评价的方法有：质量管理体系审核、管理评审、自我评价。

（3）质量管理体系评价的内容是：体系适宜性、符合性、充分性、有效性及效率。

9. 持续改进

是建立质量管理体系的一项基本原则，注重通过不断提高管理的效率和有效性实现其方针、目标；

采取的方法有：过程改进、纠正措施、预防措施等。

10. 统计技术的应用

研究产品和过程的变异性；

管理体系的评价一般采用描述性的统计性抽样，即推断性抽样，以抽取的样本调查结果推断总体情况；

运用统计技术可以寻找有效方法解决现存的问题，提高工作效率；利用相关数据进行分析做出决策，实现持续改进。

11. 质量管理体系与其他管理体系的关注点

质量管理体系关注的是产品质量，是为了通过体系的有效运行而增强顾客满意；其他管理体系可能关注的是环境管理、职业健康安全管理、财务管理、组织的经营利润等。

不同的管理体系可能存在共同的管理要求，如文件管理、记录管理、体系审核、纠正措施、持续改进等，所以不同的管理体系可以整合为一个一体化的管理体系。

12. 质量管理体系与卓越绩效模式之间的关系

卓越绩效模式指的是国际上先进国家的著名管理模式。如美国的鲍德里奇奖、欧洲的质量奖、日本的戴明奖、我国的全国质量奖等均采用卓越绩效模式作为企业管理评价的准则。

如我国卓越绩效模式一GB/T 19580《卓越绩效模式》强调组织在追求卓越的过程中应承担的社会责任，要求组织遵守法律法规和商业道德，评价环境绩效和职业健康安全绩效，平衡和满足相关方的利益，积极应对产品服务和运营中的风险，应对当前和未来对环境保护、能源消耗、资源综合利用、安全生产等方面的影响。实施卓越绩效模式有利于管理简约化，增强管理体系生命力，有利于管理系统化。它是当代企业管理先进理论和成功实践的集中体现，具有鲜明的时代特征，是组织实施卓越管理，实现卓越绩效的有效途径，是评价组织管理成熟度和整体绩效的系统方法。

质量管理体系与卓越管理模式具有相同的质量管理原则；而不同点是各自的应用范围不同：QMS是对管理体系提出要求并为改进提供指南；卓越模式是一种水平比较的模式，它包含定量评价组织业绩的准则。

2.2.3 质量术语

1. 概念

（1）概念：客观事物的本质在人们头脑中的反映。

（2）术语：用言简意赅的语言表达的概念，是专门用语，有严格规定的含义。

（3）标准共给出了10大类，84个术语。

2. 术语的理解和使用方法

（1）术语内容

一个术语表述一个概念，若某个术语概念的一些相关信息是重要的，但又不是基本特性的，则在定义表述之后加上注解。

例如，顾客满意：顾客对其要求已被满足的程度的感受。

注 1：顾客抱怨是一种满意程度低的最常见的表达方式，但没有抱怨并不一定表明顾客很满意。

注 2：即使规定的顾客要求符合顾客的愿望并得到满足，也不一定确保顾客很满意。

（2）术语的替代原则

当某个术语的定义中包含有另外的术语时，如用被包含的术语定义替代时，术语原意不应有变化。如：

要求：明示的、通常隐含的或必须履行的需求或期望。将"要求"定义带入"顾客满意"术语中，"顾客对其明示的、通常隐含的或必须履行的需求和期望已被满足的程度的感受。"术语的原意不变。

（3）术语概念之间的关系

1）属种关系 下层概念继承上层概念的所有特性，并包含有将其区别于同层和上层概念的特性(树形图)。如图 2-1。

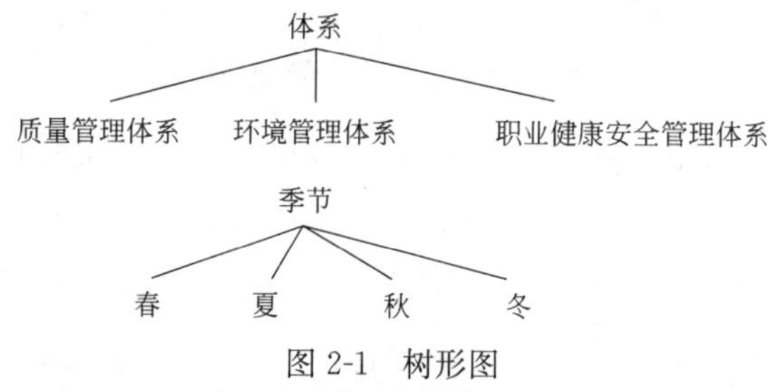

图 2-1　树形图

2）从属关系 下层概念是上层概念的组成部分(耙型图)。如图 2-2。

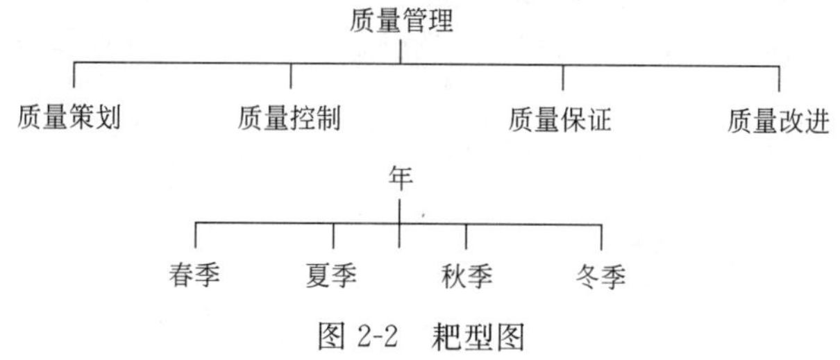

图 2-2　耙型图

3）关联关系 两个或多个术语概念之间存在着原因和结果、活动和场所。

4）工具和功能、材料和产品等关系。（双箭头）

如：过程↔产品　开会↔会场　阳光↔夏天

3. 几个重要术语

> 质量：一组固有特性满足要求的程度。
>
> 注 1：术语"质量"可使用形容词，如：差、好或优秀来修饰。
>
> 注 2："固有的"（其反义是"赋予的"）是指本来就有的，尤其是那种永久的特性。

【理解】（1）包括产品质量、体系质量、过程质量；

（2）固有特性是本身固有的，而不是人为赋予的；（对建筑物产品而言，其结构、层高、配套设施、外观、装饰等是固有特性，而地点、价格、交付期不是固有特性；对体系而言，其实现方针、目标的能力，管理的协调性等是固有特性；对过程而言，其过程能力、过程稳定性、可靠性、先进性等是固有特性。）

过程：将输入转化为输出的相互关联或相互作用的一组活动。

注 1：一个过程的输入通常是其他过程的输出。

注 2：组织（3.3.1）为了增值通常对过程进行策划并使其在受控条件下运行。

注 3：对形成的产品（3.4.2）是否合格（3.6.1）不易或不能经济地进行验证的过程，通常称之为“特殊过程”。

【理解】

（1）过程三要素：输入、输出、管理与活动。关系见图 2-3。

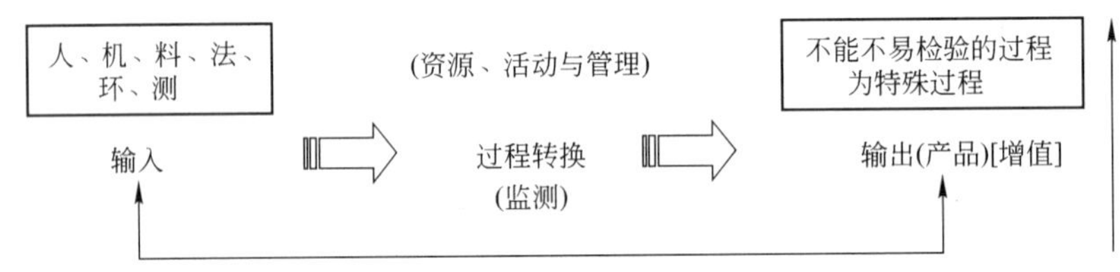

图 2-3　输入、输出、管理与活动

（2）过程的目的是增值的转换，是通过对活动的有效控制来实现的。

（3）过程和活动应加以区别：过程都具备明确的目标，而活动是过程转换中的组成部分，是过程转换中所实施的具体操作，是为实现过程目标所应开展的步骤。

产品：过程的结果。

许多产品由分属于不同产品类别的成分构成，其属性是服务、软件、硬件或流程性材料取决于产品的主导成分。例如：产品“汽车”是由硬件（如轮胎）、流程性材料（如：燃料、冷却液）、软件（如：发动机控制软件、驾驶员手册）和服务（如销售人员所做的操作说明）所组成。

注：有下列四种通用的产品类别：

服务（如运输）；

软件（如计算机程序、字典）；

硬件（如发动机机械零件）；

流程性材料（如润滑油）。

【理解】通用的产品类别：硬件、软件、服务、流程性材料或他们的组合。标准对“产品”做出了更清晰的说明，指出产品不仅指预期提供给顾客所要求的产品，还指任何产品实现过程所导致的预期过程产品。

体系：相互关联或相互作用的一组要素。

管理体系：建立方针和目标并实现这些目标的体系。

质量管理体系：在质量方面指挥和控制组织的管理体系。

【理解】 质量管理体系就是围绕建立质量方针、目标并针对设定的质量目标，确定并管理一个相互关联或相互作用的一组要素。

有效性：完成策划的活动并得到策划结果的程度。

9001 标准追求体系的有效性，指“做的事正确的程度。”

效率：得到的结果与所使用的资源之间的关系。

9004 标准强调的组织整体业绩改进，指“正确地做事的程度。”

> 合格：满足要求。
>
> 缺陷：未满足与预期或规定用途有关的要求。
>
> 不合格：未满足要求。
>
> 注 1：区分缺陷与不合格(3.6.2)的概念是重要的，这是因为其中有法律内涵，特别是在与产品责任问题有关的方面。因此，使用术语“缺陷”应当极其慎重。
>
> 注 2：顾客(3.3.5)希望的预期用途可能受供方(3.3.6)信息的性质影响，如所提供的操作或维护说明。

【理解】 区分不合格与缺陷的概念是重要的，因为缺陷具有法律内涵，涉及法律责任问题，使用缺陷应极其慎用。

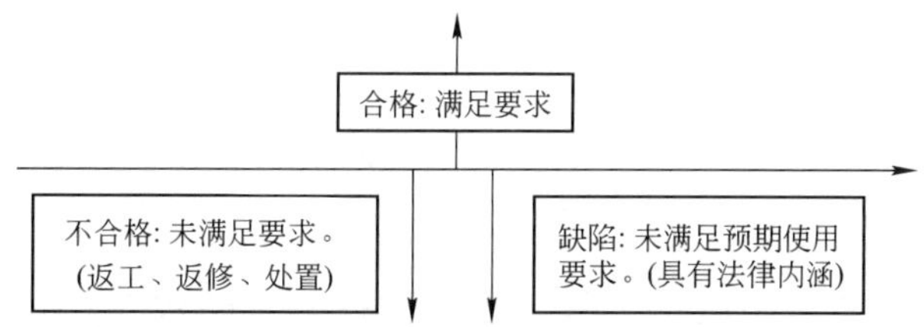

策划：致力于制定质量目标并规定必要的运行过程和相关资源以实现质量目标。

【理解】 标准中多次出现，主要围绕“活动、过程、产品、体系”四个方面。对于组织的策划活动要通盘考虑、相互对应、相互补充。

> 能力：术语标准中关于“能力”的术语共 3 个，分别涉及“过程/或体系、员工和审核员”等三个方面能力。
>
> **3.1.5** 能力 capability
>
> 组织(3.3.1)、体系(3.2.1)或过程(3.4.1)实现产品(3.4.2)并使其满足要求(3.1.2)的本领
>
> **3.1.6** 能力 competence
>
> 经证实的应用知识和技能的本领——<员工>
>
> **3.1.7** 能力 competence
>
> 经证实的个人素质以及经证实的应用知识和技能的本领——<审核>
>
> 纠正 correction
>
> 为消除已发现的不合格(3.6.2)所采取的措施

纠正措施　corrective action

为消除已发现的不合格(3.6.2)或其他不期望情况的原因所采取的措施

预防措施　preventive action

为消除潜在不合格(3.6.2)或其他潜在不期望情况的原因所采取的措施

注1：一个不合格可以有若干个原因。

注2：采取纠正措施是为了防止再发生，而采取预防措施(3.6.4)是为了防止发生。

注3：纠正(3.6.6)和纠正措施是有区别的。

注4：一个潜在不合格可以有若干个原因。

注5：采取预防措施是为了防止发生，而采取纠正措施(3.6.5)是为了防止再发生。

第 3 章　GB/T 19001：2008 标准理解与实施

ISO 9001：2008 标准在引言部分提出，采用质量管理体系应当是组织的一项战略性决策。组织质量管理体系的设计和实施受组织的环境及其变化、组织不断变化的需求、组织的目标和产品、组织的规模和组织结构等多种因素的影响。所以组织应在满足标准要求的基础上结合组织的实际情况建立质量管理体系。

为保证质量管理体系的有效运行以及持续改进，组织应采用以 PDCA 模式的过程方法建立并实施质量管理体系。

标准鼓励组织将自身的质量管理体系与相关的管理体系要求相协调整合，成为一体化管理体系。

1　范围

1.1　总则

本标准为有下列需求的组织规定了质量管理体系要求：

a) 需要证实其具有稳定地提供满足顾客要求和适用的法律法规要求的产品的能力；

b) 通过体系的有效应用，包括体系持续改进过程的有效应用，以及保证符合顾客要求和适用的法律法规要求，旨在增强顾客满意。

注 1：在本标准中，术语“产品”仅适用于：

—预期提供给顾客的或顾客所要求的产品；

—产品实现过程所产生的任何预期输出。

注 2：法律法规要求可称作法定要求。

【理解】

(1) 标准适用于组织的质量管理和对外提供质量保证；

(2) 适用于内部、外部评价组织满足自身要求的能力；

(3) 标准可证实组织稳定提供满足顾客和适用的产品法律法规要求的产品的能力；

(4) 通过体系的有效应用和持续改进，保证符合顾客和适用的法律法规要求而增强顾客满意；

(5) 标准对产品的概念作了进一步的明确，即产品不仅是提供给顾客的产品，而且包括产品实现过程中产生的如采购产品、中间产品等预期的过程产品。强调了组织要识别与产品有关的法定要求。

1.2　应用

本标准规定的所有要求是通用的，旨在适用于各种类型、不同规模和提供不同产品的组织。

由于组织及其产品的性质导致本标准的某些要求不适用时，可以考虑对其进行删减。

如果进行了删减，应仅限于本标准第7章的要求，并且这样的删减不影响组织提供满足顾客要求和适用法律法规要求的产品的能力或责任，否则不能声称符合本标准。

【理解】

（1）组织因产品的性质与标准的某些要求不适用时，可以考虑进行删减。

（2）删减的范围：仅限于第七章。

（3）删减的条件：不因为删减而影响组织提供满足顾客要求和适用的产品法律法规要求的产品的能力或责任。

（4）删减的细节和合理性，应在质量手册中表述。

实际操作时，确定质量管理体系的范围应包括两个方面：

（1）体系覆盖的产品范围；

（2）体系覆盖的产品实现的过程范围(即第七章是否删减，删减的条款及合理性)。

2　规范性引用文件

下列文件中的条款通过本标准的引用而成为本标准的条款。凡是注日期的引用文件，其随后所有的修改单(不包括勘误的内容)或修订版均不适用于本标准，然而，鼓励根据本标准达成协议的各方研究是否可使用这些文件的最新版本。凡是不注日期的引用文件，其最新版本适用于本标准。

GB/T 19000—2008 质量管理体系 基础和术语(idtISO 9000：2005，IDT)

【理解】　对引用文件的要求作了充分的说明。引用的标准：ISO 9000：2005《质量管理体系 基础和术语》。

3　术语和定义

本标准采用GB/T 19000中所确立的术语和定义。

本标准所出现的术语“产品”，也可指“服务”。

【理解】

（1）2000版标准中关于供应链的说明仍适用本标准。

（2）ISO 9000：2005 质量管理体系 基础和术语标准中的术语和定义。

（3）有关的服务也应视为产品。

4　质量管理体系

4.1　总要求

（1）组织应按本标准的要求建立质量管理体系，将其形成文件，加以实施和保持，并持续改进其有效性。组织应：

1）确定质量管理体系所需的过程及其在整个组织中的应用(见1.2)；

2）确定这些过程的顺序和相互作用；

3）确定这些过程的运行和控制有效，确定所需的准则和方法；

4）确保可以获得必要的资源和信息，以支持这些过程的运行和监视；

5）监视、测量(适用时)和分析这些过程；

6）实施必要的措施，以实现策划的结果和对这些过程的持续改进。

（2）组织应按本标准的要求管理这些过程。

（3）组织如果选择将影响产品符合要求的任何外包过程，应确保对这些过程的控制。对此类外包过程控制的类型和程度应在质量管理体系中加以规定。

注1：上述质量管理体系所需的过程包括与管理活动、资源提供、产品实现以及测量、分析和改进有关的过程。

注2："外包过程"是为了质量管理体系的需要，由组织选择，并由外部方实施的过程。

注3：组织确保对外包过程的控制，并不免除其满足所有顾客要求和法律法规要求的责任。对外包过程控制的类型和程度可受诸如下列因素影响：

① 外包过程对组织提供满足要求的产品的能力的潜在影响；

② 对外包过程控制的分担程度；

③ 通过应用7.4条款实现所需控制的能力。

【理解】 该条款是组织开展质量管理体系活动应掌握的总原则，是建立、实施、保持、改进质量管理体系总的思路和要求。标准提出三个方面的要求：

（1）组织应建立并保持文件化的管理体系。组织的QMS由众多与质量有关的过程构成，建立体系就是系统的确定这些相互关联和相互作用的过程，并用文件的形式加以描述。

（2）4.1a～f条是过程模式、PDCA逻辑步骤方法在质量管理体系的具体体现(三个确定，一个确保，两个实施)。

1）标准要求组织应确定“质量管理体系所需的过程”包括与产品实现有关的过程，以及这些过程之间的相互关系，确定对这些过程测量的方法，确保资源的获得，实施并监视管理体系活动，不断寻求体系改进的机会。体现了要求组织应按过程方法建立质量管理体系。

2）在标准的前言中强调了组织质量管理体系设计和实施要适合组织的经营环境，该环境的变化及与环境有关的风险。即组织的质量管理体系应密切结合其业务流程，并随环境的变化而作出及时调整。

（3）识别组织的所有外包过程。只要是组织质量管理体系所需要，且由组织的外部方实施的过程(包括产品采购和服务采购)，就应加以确定并实施有效管理。管理的类型和程度应根据其对提供符合要求产品的影响程度决定(见7.4)。

（4）标准该条款明确了外包过程，并提出对外包过程管理的要求；标准7.4条款规定了对外包过程如何进行管理控制。

4.2 文件要求

4.2.1 总则

质量管理体系文件应包括：

（1）形成文件的质量方针和质量目标；

（2）质量手册；

（3）本标准所要求的形成文件的程序和记录；

> (4) 组织确定的为确保其过程有效策划、运行和控制所需的文件，包括记录。
>
> 注 1：本标准出现“形成文件的程序”之处，即要求建立该程序，形成文件，并加以实施和保持。一个文件可包括对一个或多个程序的要求。一个形成文件的程序的要求可以被包含在多个文件中。
>
> 注 2：不同组织的质量管理体系文件的多少与详略程度可以不同，取决于：
>
> ① 组织的规模和活动的类型；
>
> ② 过程及其相互作用的复杂程度；
>
> ③ 人员的能力。
>
> 注 3：文件可采用任何形式或类型的媒介。

【理解】 该部分提出了对组织所建立的质量管理体系文件的通用要求。质量管理体系认为，只有形成文件化的体系，才是正规的，才具有可操作性、可检查性。

组织建立的质量管理体系文件包括：

(1) 形成文件的质量方针、质量目标。以规定组织质量管理的宗旨和方向。

(2) 质量手册。手册是对组织的质量管理体系进行纲领性描述的文件。

(3) 标准要求的程序文件和记录。标准要求必须形成的程序文件有：文件控制、记录控制、不合格品控制、内审控制、纠正措施控制、预防措施控制程序。除此之外，组织还应结合行业和企业情况考虑建立必要的其他程序。

程序文件通常描述跨部门的活动。

明确这些程序活动所需的有关记录。规定记录的填写、归档、保存的要求还应确定这些记录的格式。

(4) 为确保过程有效策划、运行、控制所需的文件及其相关记录。这部分文件可称之为作业文件，是文件的重要组成部分，对该部分文件组织应进行认真策划。当标准中出现“规定、安排、方法、准则、方式”等要求时，组织应考虑是否需要编制文件，以规范行为。

此类文件对体系运行的作用非常重要，其涉及到组织相当数量的文件，如：管理制度、规定、条例、办法、技术标准、规范、作业指导书、技术文件、图纸等。此类文件对管理体系运行重点的工程项目部尤其重要，作业文件中要明确活动控制的要求和方法。

一个好的文件应该既符合标准的要求，又结合组织的实际，具有较强的针对性、可操作性，在实施中便于监视和测量。

作业文件通常适用于某一职能内的活动。培训可以使作业文件得到简化，因为人员已通过培训获得了正确开展工作所需的必要信息。所以一些作业文件的内容完全可以纳入培训教材。

规定这些文件涉及到的活动所需的记录，规定记录的填写、归档、保存的要求还应明确这些记录的格式。

标准规定了质量管理体系的文件大致有上述四大类。

四类文件在质量管理中起着不同的作用，并从不同的侧面和层次描述质量管理体系，不同文件之间存在密切的关系。

组织编制的文件应具有以下特点：

适宜性：既满足标准要求，又适合组织自身具体情况。文件应结合组织的特点对标准的通用要求作出适合组织实际的具体规定；

有效性：按文件规定实施的结果，可确保达到活动或过程控制的目的；

可操作、可检查性：便于实施和检查。

文件应简约、有效、适用。

标准鼓励组织灵活的按过程控制要求并根据组织的实际情况编制文件。标准指出一个文件可以包括一个或多个程序的要求；一个形成文件的程序的要求也可以在多个文件中表达、体现。

组织建立的是一个文件化的 QMS，文件仅仅是工具，其目的是为了实施有效的质量管理。把文件的多少和其表面质量看得比 QMS 实际的有效性还重要是不对的。

文件的多少和详略程度由下列因素决定：

(1) 组织的规模，如人数多少；

(2) 组织的类型，如建筑业、服务业等；

(3) 过程及过程间的相互作用的复杂程度；

(4) 人员能力，如教育程度高低、技能的熟练；

(5) 文件可以根据组织的实际采用多种形式：纸质书面文件、电子文件、图片、声像等。

4.2.2 质量手册

组织应编制和保持质量手册，质量手册包括：

(1) 质量管理体系的范围，包括任何删减的细节和正当的理由(见 1.2)；

(2) 为质量管理体系编制的形成文件的程序或对其引用；

(3) 质量管理体系过程之间的相互作用的表述。

【理解】 质量手册一般是由组织的最高管理者批准发布的，是组织质量管理体系的纲领性法规文件，是对质量管理体系整体性描述的文件。质量手册的内容应包括：

(1) 阐述质量管理体系覆盖的产品、区域和过程范围，阐明删减的合理性；

(2) 为质量管理体系编制的形成文件的程序或对其引用；

(3) 对质量管理体系各主要过程及过程间的相互作用的描述；

(4) 质量手册的使用和管理要求等。

4.2.3 文件控制

质量管理体系所要求的文件应予以控制。记录是一种特殊类型的文件，应依据 4.2.4 的要求进行控制。

应编制形成文件的程序，以规定以下方面所需的控制：

(1) 为使文件是充分与适宜的，文件发布前得到批准；

(2) 必要时对文件进行评审与更新，并再次批准；

(3) 确保文件的更改和现行修订状态得到识别；

(4) 确保在使用处可获得适用文件的有关版本；

(5) 确保文件保持清晰、易于识别；

（6）确保组织所确定的策划和运行质量管理体系所需的外来文件得到识别，并控制其分发；

（7）防止作废文件的非预期使用，如果出于某种目的而保留作废文件，对这些文件进行适当的标识。

【理解】 标准要求建立文件控制程序，其控制应满足“两个批准、四个确保、一个防止”。

文件的类别可以包括：质量管理体系文件、技术文件、法律法规要求等。

文件是体系有效运行的工具，其作用是：沟通意图、传递信息、统一行动。对文件控制的两项根本要求是：

（1）文件发布、使用前必须得到批准，以确保文件是充分和适宜的；充分性是指文件的内容要点无遗漏、且与相关文件无矛盾；适宜性是指适合组织的情况具有可操作性。

（2）确保在使用处可获得适用文件的有关版本。文件用于规范人员的行为，所以必须发放到位，并做到动态管理。

除此之外，文件的控制还应做到：

1）对文件定期评审，必要时进行修改，评审、修改的文件再次得到批准；

2）对于中长期稳定的体系文件，建立识别现行修订状态的途径；

3）文件应适当标识，清晰、便于使用；

4）确保与质量管理体系有关的外来文件的识别和发放；

5）防止作废失效文件的非预期使用，保留的作废文件必须标识。

（3）组织文件的具体管理要求，如分类、编制、审核、批准、标识、分发、修改、换版、归档、保管、作废等应在文件控制程序中做出规定。

4.2.4 记录控制

为提供符合要求及质量管理体系有效运行的证据而建立的记录，应得到控制。

组织应编制形成文件的程序，以规定记录的标识、贮存、保护、检索、保留和处置所需的控制。

记录应保持清晰、易于识别和检索。

【理解】 组织应建立记录控制程序，对记录进行程序化的管理。标准中有23处提到了记录的要求。

记录是阐明所取得的结果或提供所完成活动的证据的文件。

记录的作用：提供产品符合要求的证据；提供体系有效运行的证据；记录还能作为采取纠正和预防措施的依据；用于可追溯场合的依据。

为确保记录起到证据并便于检索和使用，标准要求：

（1）记录的填写应字迹清楚，保持清晰，易于识别。所以记录应及时、真实、完整、不应随意涂改、并由授权人签字。

（2）记录的管理，包括标识、收集、分类、编目、组卷、贮存、保管，以便于检索、查阅、使用；记录应规定保存期，到期后妥善处置；记录的保存应有适宜的环境。

5 管理职责

5.1 管理承诺

最高管理者应通过以下活动，对其建立、实施质量管理体系并持续改进其有效性的承诺提供证据：

(1) 向组织传达满足顾客和法律法规要求的重要性；

(2) 制定质量方针；

(3) 确保质量目标的制定；

(4) 进行管理评审；

(5) 确保资源的获得。

【理解】 建立、实施、保持质量管理体系是一个系统工程，是全体员工都要参与的一项工作。其中最高管理者起着重要的作用。标准明确了最高管理者在质量管理体系中的五项职责。

(1) 通过各种途径提高全体员工的质量意识是最高管理者的一项重要职责，5.1.a—5.5.2c—6.2.2d 条款都强调了要提高全体员工的意识。全体员工是组织之本，在体系中真正起作用的是全体员工的意识和能力。所以提高全体员工的意识和能力使之充分参与管理体系活动，是最高管理者的一项重要工作。

(2) 最高管理者应确定组织的质量管理方针，明确组织质量管理的宗旨和方向。

(3) 最高管理者应制定组织的质量管理目标，明确组织在质量方面要达到的总体目的。

(4) 最高管理者要按照规定的时间间隔进行管理评审，评价组织的质量管理体系适宜性、充分性、有效性，并提出体系改进的要求。

(5) 为确保产品质量符合要求和管理体系的有效运行，最高管理者要确保获得充分的资源。

最高管理者的作用就是通过开展所承诺的五项活动来实现，是通过“5.3、5.4、5.6、6、7.2、8.2.1”等条款的实施加以证实。该条款的有效性可通过与最高管理者谈话及有关条款的实施情况来进行综合性评价。

5.2 以顾客为关注焦点

最高管理者应以增强顾客满意为目的，确保顾客的要求得到确定并予以满足(见 7.2.1 和 8.2.1)。

【理解】 以顾客为关注焦点是最高管理者应有的指导思想，体现在其确定的方针、目标中，更体现在其质量意识，尤其是领导的具体行动中。

最高管理者在组织中要确保识别、确定顾客的需求和期望；将顾客的需求和期望转化为组织的要求；通过 7.2.1 过程识别顾客的要求、5.4.1、7.1 过程将顾客要求转化为组织的管理活动，通过质量管理体系过程实施结果以及 8.2.1 监视和测量顾客满意度，不断持续改进管理体系，以增强顾客满意等一系列的活动展开体现这一原则的贯彻和实施。

5.3 质量方针

最高管理者应确保质量方针：

(1) 与组织的宗旨相适应；

(2) 包括对满足要求和持续改进质量管理体系有效性的承诺；

(3) 提供制定和评审质量目标的框架；

(4) 在组织内得到沟通和理解；

(5) 在持续适宜性方面得到评审。

【理解】 制定并确保质量方针的贯彻落实是最高管理者的一项重要职责。其要求是：

(1) 质量方针的内容

1) 质量方针应体现八项质量管理原则，方针应适合组织的实际情况并与组织总的经营方针一致，是组织在质量方面的宗旨和方向。

2) 质量方针应作出满足顾客要求、遵守法律法规、持续改进管理体系的承诺。

3) 质量方针应为质量目标的制定和评审提供框架。

4) 质量管理方针应体现组织在市场经济条件下的定位，应体现组织的特色；组织应对方针的内涵做出必要的解释，以便于员工统一认识，贯彻执行。

5) 质量方针是全体员工在质量管理方面的行为准则。

(2) 质量方针的管理

1) 质量方针应形成文件，在组织内传达沟通，使员工理解并贯彻执行；

2) 质量方针还应适时进行评价，必要时予以修订，以保持其持续的适宜性。

举例：

1) 用我们的承诺和智慧雕塑时代的艺术品。

2) 优质高效、重信守诚、持续改进、顾客满意。

3) 关注顾客要求，遵守法律法规；持续改进，增强顾客满意。以优质的服务，提升业主的生活质量，创造安全、温馨的居住环境。

5.4 策划

5.4.1 质量目标

最高管理者应确保在组织的相关职能和层次上建立质量目标，质量目标包括满足产品要求所需的内容(见 7.1a)。质量目标应是可测量的，并与质量方针保持一致。

【理解】 制定质量目标是最高管理者的职责。

质量目标是组织在质量方面所追求的目的，其实现情况是评价质量管理体系有效性的重要依据，质量目标应充分策划并强化考核其实现的情况。

应对质量目标进行有效的管理，“目标管理”是由三个步骤组成的，即制定目标，指导目标的实施和衡量目标实现的结果。

质量目标的内容要求：

(1) 目标应与方针保持一致(是方针的细化和展开)；

(2) 目标应在有关的职能和层次上分解(建立目标管理体系)；

(3) 目标应包含与产品有关要求(还可包括顾客满意度、返修处置率等);

(4) 目标应有可测量性(定量或定性的);

(5) 目标应具有激励性，是通过努力可以实现的，设定实现的时间，并建立激励机制。

对目标实施和实现的情况应定期进行评审，并定期评价其适宜性，必要时进行修订。

方针是组织中长期奋斗的方向，目标是中短期要实现的目的。组织要通过质量目标的实现确保质量方针的贯彻执行。

质量目标与工作标准是不同的，质量目标是在质量方面追求的目的，须经努力才能实现，是动态的，一个目标实现后，另一个新的质量目标将成为新的追求目的。而岗位职责工作标准是对工作的要求，是应遵循的规范，是按计划完成某方面的工作，但不反映其实施的关键活动和过程所达到的程度。

组织应设定质量目标的管理部门，对整个组织质量目标的建立、分解、实施、实现情况进行有效的管理和控制，并作为管理评审的重要输入内容。

5.4.2 质量管理体系策划

最高管理者应确保:

(1) 对质量管理体系进行策划，以满足质量目标以及 4.1 的要求。

(2) 在对质量管理体系的变更进行策划和实施时，保持质量管理体系的完整性。

【理解】 该条款要求对质量管理体系进行总的战略性策划，应由最高管理者负责。其目的是为了策划、实现质量目标，确定质量管理体系的过程及其相互关系，并形成分层次的质量管理体系文件。质量管理体系文件就是策划的结果。文件应满足 4.1 的总要求。

策划的具体内容有：确立适宜的质量方针、目标，分析生产流程，明确删减的要求，确定质量控制环节、控制方法，确定组织机构、职责分配、接口关系，配备适宜的资源，规定体系的运行规则，在实施的过程中进行有效的监测，评审目标实现情况，并根据评审结果不断寻求改进机会。这些活动应在相应的体系文件中规定。质量管理体系的策划应结合组织的实际情况，易于操作和检查。

在组织内部或外部的情况发生变化而引起体系变更前，组织应事先进行策划，以保证体系运行的完整性。而当组织的体制、管理体系发生变更时，组织更应加强对体系运行情况的控制和检查。

5.5 职责、权限与沟通

5.5.1 职责和权限

最高管理者应确保组织内的职责、权限得到规定和沟通。

【理解】 职责、权限的规定和沟通是体系运行的组织保证。

最高管理者应确定组织的体制架构、各部门的管理职能及所设定的岗位。

组织应明确各职能部门、各层次及各岗位在质量管理体系中的职责和权限，并形成文件。注意将体系的、业务的活动完全融合在一个文件中加以规定(尤其当建立整合性管理体系时，可在一个文件中明确不同管理体系的职责和权限)。

明确职责和权限是组织建立管理体系首先要解决的问题，要避免出现职责不清、接口不明的问题。

各部门和岗位之间通过各种方式相互了解有关的职责和权限，以使职责和权限规定的更合理，不出现管理的空白，使质量活动开展得充分、有效。

5.5.2 管理者代表

最高管理者应在本组织管理层中指定一名成员，无论该成员在其他方面的职责如何，应使其具有以下方面的职责和权限：

(1) 确保质量管理体系所需的过程得到建立、实施和保持；

(2) 向最高管理者报告质量管理体系的绩效和任何改进的需求；

(3) 确保在整个组织内提高满足顾客要求的意识。

注：管理者代表的职责可包括就质量管理体系有关事宜与外部方进行联络。

【理解】 最高管理者在管理层中指定一名管理人员为管理者代表，其可以是专职的、也可以是兼职的。管理者代表在质量管理体系活动中起着非常重要的作用，他代表最高管理者行使质量管理方面的职责。管理者代表的职责有：

(1) 按标准的要求建立、实施、保持、改进质量管理体系；

(2) 向最高管理者报告体系运行情况，并提出改进的建议；

(3) 提高全体员工的质量意识(与 5.1a 相呼应)；

(4) 就质量管理体系的有关问题与外部的联络工作。

管理者代表一般还是组织审核方案的授权管理者。

5.5.3 内部沟通

最高管理者应确保在组织内建立适当的沟通过程，并确保对质量管理体系的有效性进行沟通。

【理解】 内部沟通与 8.2 监视和测量及 8.4 数据分析密切相关。

数据和信息是管理活动的重要载体，沟通的过程是一个信息交流的过程，是双向互动的，目的是使员工了解体系的运行情况，取得共识，必要时采取措施以提高体系运行的有效性。

沟通的内容是体系运行的有关信息，如质量要求、质量目标、过程的实施、产品中的问题、内审和管理评审活动、采取的纠正和预防措施等。

沟通的职责、方式、时机、内容、部门等，应在相关的文件中明确规定。

信息是有价值的数据。因此，其流程是：确定收集的数据(内容、方式)→分析处理(得到信息)→信息有效传递，提供改进的机会。

5.6 管理评审

5.6.1 总则

最高管理者应按策划的时间间隔评审质量管理体系，以确保其持续的适宜性、充分性和有效性。评审应包括评价改进的机会和质量管理体系变更的需求，包括质量方针和质量目标变更的需求。

应保持管理评审的记录(见 4.2.4)。

【理解】

(1) 最高管理者按规定的时间间隔(不超过 12 个月)进行管理评审。管理评审的目的：

1) 适宜性：指质量管理体系适应内、外部环境变化的能力；

2) 充分性：指质量管理体系满足市场、顾客潜在的和未来需求和期望的能力；以及质量管理体系各过程展开的充分情况；

3) 有效性：指质量管理体系运行结果达到设定目标的程度，以及达到的结果与利用资源之间的关系。

(2) 管理评审应对管理体系作出全面的评价，并识别改进的机会和体系变更的需求。管理评审还包括对质量方针和质量目标的评审。

(3) 组织应保持管理评审的证据，包括：管理评审计划、管理评审输入、管理评审会议记录、管理评审报告、改进决议的落实及跟踪验证记录。

5.6.2 评审输入

管理评审的输入应包括以下方面的信息：

(1) 审核结果；

(2) 顾客反馈；

(3) 过程的绩效和产品的符合性；

(4) 预防措施和纠正措施的状况；

(5) 以往管理评审的跟踪措施；

(6) 可能影响质量管理体系的变更；

(7) 改进的建议。

【理解】

(1) 管理评审输入应为评审活动提供充分和准确的依据，是确保管理评审有效性的前提条件。

(2) 标准列出了 7 个方面的信息：审核结果、顾客反馈、过程业绩和产品的符合性、纠正和预防措施、以往评审跟踪情况、体系变更需求、体系改进建议等。

(3) 组织在进行管理评审时输入的信息应尽可能的充分。另外组织还可根据实际情况增加一些新的管理评审输入信息。

5.6.3 评审输出

管理评审的输出应包括与以下方面有关的任何决定和措施：

(1) 质量管理体系有效性及其过程有效性的改进；

(2) 与顾客要求有关的产品的改进；

(3) 资源需求。

【理解】

(1) 管理评审的输出为：管理评审报告及其改进措施的落实和跟踪。

(2) 管理评审报告应对质量管理体系的适宜性、充分性、有效性做出评价；并从评审输入的内容中找出体系运行与预期目标的差距，发现改进机会，最高管理者做出改进的决议。除标准要求的7个方面内容外，还可对组织在市场中所处地位及与竞争对手比较等问题进行评价。

(3) 组织应更加关注管理评审对体系提高所产生的实际效果，落实改进决议实施的部门和完成的时间，并提供对实施及有效性跟踪验证的证据。

6 资源管理

6.1 资源提供

组织应确定并提供以下方面所需的资源：

(1) 实施、保持质量管理体系并持续改进其有效性；

(2) 通过满足顾客要求，增强顾客满意。

【理解】

(1) 资源是建立质量管理体系并实现质量方针和质量目标，满足顾客要求的重要保障条件，是组织管理者的职责。

(2) 资源包括人力资源、基础设施、工作环境等方面。

(3) 资源的管理应是动态的，因为顾客的需求在变化，组织也需要持续满足要求。

(4) 资源不但指组织自有的，也可包括外来的，只要对组织质量管理活动产生影响的都应进行有效的管理。

6.2 人力资源

6.2.1 总则

基于适当的教育、培训、技能和经验，从事影响产品要求的符合性工作的人员应是能够胜任的。

注：在质量管理体系中承担任何任务的人员都可能直接或间接地影响产品要求符合性。

【理解】 人力资源是最重要的，从某种意义上讲企业的竞争就是人力资源的竞争。组织应确保与产品质量及质量管理体系有关的人员是能够胜任的。组织根据其现状和未来的发展战略，对人力资源管理应作出安排。内容可包括：

(1) 普查评价现有人力资源状况；

(2) 根据组织经营的发展，人力资源需求预测；

(3) 确定具体的人力资源管理规划方案及实施计划；

(4) 计划的实施及有效性评审。

6.2.2 能力、培训和意识

组织应：

(1) 确定从事影响产品要求符合性工作的人员所必要的能力；

(2) 适用时，提供培训或采取其他措施以获得所需的能力；

(3) 评价所采取措施的有效性；

(4) 确保组织的人员认识到所从事活动的相关性和重要性，以及如何为实现质量目标做出贡献；

(5) 保持教育、培训、技能和经验的适当记录(见4.2.4)。

【理解】 标准对全体人员的能力提出要求。能力指经证实的应用知识和技能的本领。人员的能力应从四个方面确定，即教育、培训、技能、经验。标准要求：

(1) 确定岗位人员能力的要求；(与5.5.1相关)岗位能力的要求，应反映取得令人满意的工作绩效所客观必须具备的条件；

(2) 识别现有人员与胜任要求的差距，采取措施以满足要求(培训、选拔、招聘、竞争等)。培训是一种满足能力要求的重要措施；

(3) 评价所采取措施的有效性，提供相关的证据，以证明人员的胜任情况；

(4) 通过培训和其他方法提高员工的质量意识和应具备的专项技术、技能(培训应包括专业技术以及有关质量管理意识两个方面)。

对培训的需求识别要全方位，考虑组织发展的需要，团队和员工个人发展的需求；考虑组织人员现状，所需要的质量意识、岗位技能知识等。培训应是全员的，包括：新员工、在职员工、管理层等。

组织应提供人力资源管理证据，包括：人力资源管理规划、实施计划及证据、人力资源管理台账、有关人员资格证明、人员能力胜任情况的评价、年度培训计划、培训实施评价记录等。

6.3 基础设施

组织应确定、提供并维护为达到符合产品要求所需的基础设施。适用时，基础设施包括：

(1) 建筑物、工作场所和相关的设施；

(2) 过程设备(硬件和软件)；

(3) 支持性服务(如运输、通信或信息系统)。

【理解】 为保证产品的符合性，应识别、提供和维护所应具备的基础设施。基础设施是管理体系运行的物质保证。

基础设施的提供应考虑：满足产品要求所需；满足员工工作所需；满足所有者和投资方所需；满足供方所需。包括基础设施的购置、配备等必要的投入；维护是通过一系列的维护保养活动，保持其过程能力。基础设施包括三个方面，对于建筑施工企业有：

(1) 工作场所：如临时设施(办公区、生活区)、仓库、堆料场、施工便道、施工用水、用电、用气、混凝土搅拌站、现场加工场等；

(2) 设备：包括硬件和软件。如施工生产设备、运输设施、周转材料、计算机及软件等；

(3) 支持性服务：维修服务机构及配套设施、有关的使用说明书，以及相关的信息等。标准明确了信息系统是重要的资源，其对质量管理体系的影响越来越大，成为组织提升管理的重要途径。

建筑施工企业基础设施中最重要的是设备部分(生产设备及软件设备)，组织应建立设备的管理台账，提供设备的管理档案、设备的操作规程、设备维修保养计划、有关的记录等。该过程是对职能管理部门设备的配置管理要求，以确保组织提供保证满足产品要求的设备。

6.4 工作环境

组织应确定和管理为达到产品符合要求所需的工作环境。

注：术语“工作环境”是指工作时所处的条件，包括物理的、环境的和其他因素，如噪声、温度、湿度、照明或天气等。

【理解】 工作环境对产品质量直接或间接的产生影响。工作环境指人员作业时所处的一组条件和环境。不同组织的过程和产品不同，工作环境的要求也就不同。工作环境主要涉及生产过程中对产品质量可能产生影响的因素。包括：

（1）直接影响产品特性的工作环境，如温度、湿度、照明度、清洁度、振动、防尘、防静电、周边环境等。

（2）设备正常使用所需环境，如振动、噪声、清洁度等。

（3）检测设备所需环境。

（4）提高生产效率降低劳动强度，考虑的人体功效，如设备定置的合理性、物流搬运路线等。

（5）提高员工满意程度的环境，如温度、通风、休息区域的舒适性、餐厅宿舍环境等。

（6）法规要求的环境。

这一条款的要求可能与环境、职业健康安全管理体系的要求相关联。

7 产品实现

7.1 产品实现的策划

组织应策划和开发产品实现所需的过程。产品实现的策划应与质量管理体系其他过程的要求相一致(见 4.1)。

（1）在对产品实现进行策划时，组织应确定以下方面的适当内容；

（2）产品的质量目标和要求；

（3）针对产品确定过程、文件和资源的需求；

（4）产品所要求的验证、确认、监视、测量、检验和试验活动，以及产品接收准则；

（5）为实现过程及其产品满足要求提供证据所需的记录(见 4.2.4)；

（6）策划的输出形式应适合于组织的运作方式。

注 1：对应用于特定产品、项目或合同的质量管理体系的过程(包括产品实现过程)和资源作出规定的文件可称之为质量计划。

注 2：组织也可将 7.3 的要求应用于产品实现过程的开发。

【理解】 产品实现过程是质量管理体系中产品形成并提交给顾客的全过程，是直接影响产品质量的过程。该过程包括策划、设计、采购、生产直至交付及售后服务等一系列活动，这是一个直接增值的过程。

不同产品由于类型和复杂程度不同，其实现过程有非常大的差异，故允许根据产品的生产特点对本章进行删减。

产品实现策划活动是保证产品质量满足要求的重要手段，是整个质量管理体系过程中一个重要的组成部分，是质量管理体系运行及体系审核的重要内容。

产品实现的策划是对组织质量管理体系的过程控制如何应用于某项具体的产品以实现质量目标的策划，即将质量管理体系的通用性要求转换成针对产品项目的具体管理要求。

策划应由有关职能部门或项目负责人完成。策划的结果应形成文件，该策划文件可称为质量计划、施工组织设计或施工方案等。

产品实现的策划文件应满足标准的要求，并结合组织的实际情况。建筑施工企业工程项目的策划文件应确定以下方面的内容：

（1）确定产品的质量目标和要求；

（2）建立组织机构，明确部门和岗位人员的职责和权限；

（3）明确资源的需求，包括人员、文件、设备、设施、环境等；

（4）确定并有效的管理生产过程，尤其应界定关键过程、特殊过程，并明确对这些过程控制的办法；

（5）确定产品所需的验证、检验、试验、确认、监视和测量活动，并明确产品接收准则；

（6）为证实产品和体系符合要求所需的记录；

（7）策划文件解剖了工程的重点和难点，明确了产品实现过程中质量管理体系活动的要求，包括生产中的支持过程和直接过程；

（8）策划的文件应随情况的变化而得到及时修改和有效的管理。

7.2 与顾客有关的过程

7.2.1 与产品有关的要求的确定。组织应确定：

（1）顾客规定的要求，包括对交付及交付后活动的要求；

（2）顾客虽然没有明示，但规定用途或已知的预期用途所必需的要求；

（3）适用于产品的法律法规要求；

（4）组织认为必要的任何附加要求。

注：交付后活动包括诸如保证条款规定的措施、合同义务（例如维护服务）、附加服务（例如回收或最终处置）等。

【理解】 组织在接收订单前要充分了解和确认与产品有关的要求，只有充分了解与产品有关的全部要求，才能通过满足要求达到顾客满意。这些与产品有关要求包括：

（1）顾客规定的要求：可在招标文件、合同、设计文件、与顾客沟通文件中明确，其内容可以有固有特性（使用性能、可靠性、安全性），交付要求（包装、地点、期限），交付后的支持性活动（售后服务，如维修）等。

（2）顾客隐含的要求：（与预期用途或规定的用途所必需的要求）组织可通过市场调查、与顾客沟通获得（如顾客满意度测评、顾客投诉分析等），还有民俗、惯例、地区环境要求、常理、常规等。该部分要求较难全面识别。

（3）适用于产品的强制性标准、法律、法规的要求：包括国家、行业、地方的法律法规，尤其注意地域性的一些法规要求。遵守法律法规要求是对组织的最基本要求。

（4）组织认为必要的附加要求：涉及的可有满足组织的质量方针、目标的要求，组织市场竞争的要求等。

产品交付后的活动应在合同中作出规定，并按规定实施。

7.2.2 与产品有关要求的评审

组织应评审与产品有关的要求。评审应在组织向顾客作出提供产品的承诺(如提交标书、接受合同或订单及接受合同或订单的更改)，之前进行，并应确保：

(1) 产品要求已得到规定；

(2) 与以前表述不一致的合同或订单的要求已得到解决；

(3) 组织有能力满足规定的要求；

(4) 评审结果及评审所引起的措施的记录应予保持(见4.2.4)；

(5) 若顾客提供的要求没有形成文件，组织在接受顾客要求前应对顾客要求进行确认；

(6) 若产品要求发生变更，组织应确保相关文件得到修改，并确保相关人员知道已变更的要求。

注：在某些情况中，如网上销售，对每一个订单进行正式的评审可能是不实际的，作为替代方法，可对有关的产品信息，如产品目录、产品广告内容等进行评审。

【理解】 要求组织正确了解并明确确定产品要求，且确保有能力实现这些要求。

(1) 评审的内容是与产品有关的要求(7.2.1)，不仅是合同、标书中的要求。

(2) 评审的时机应在组织向顾客作出提供产品的承诺之前(如投标前、签订合同前)。

(3) 评审的内容包括3个方面：

1) 产品的要求得到明确规定，确保无遗漏；

2) 产品要求中表述不一致的内容应取得一致，不能产生歧义；

3) 确保组织有能力满足所有规定的要求。

(4) 评审时组织应从实际情况出发，可以采取不同的评审方式。如会议、会签、委托等。

若产品的要求发生变化，且涉及到合同条款的修订时，组织应对变化的内容进行评审，将变化的信息传递给有关人员，并对相关文件进行有效的管理。

组织应建立提供有关获取产品信息的记录；建立招、投标台账，合同台账；保持产品评审的记录；合同条款修改评审的记录；合同履约情况的分析报告等。

确定和评审产品要求的目的是确保组织能正常履行合同，从法律意义上保护组织的利益。

7.2.3 顾客沟通

组织应对以下有关方面确定并实施与顾客沟通的有效安排：

(1) 产品信息；

(2) 问询、合同或订单的处理，包括对其修改；

(3) 顾客反馈，包括顾客抱怨。

【理解】 顾客沟通过程与8.2.1、8.4、8.5过程密切相关。

为增强顾客满意，组织和顾客(外部)的沟通应是充分的，即应确保在产品实现前、实现中、实现后全方位进行。

1）产品实现前沟通的内容有：产品信息如组织的广告、宣传册，顾客的要求等；

2）产品实现中沟通的内容有：问询、合同、订单的处理、产品符合要求的情况、产品要求的变更等；

3）产品实现后沟通的内容有：顾客对产品信息的反馈，交付后活动的信息，顾客使用过程中的满意程度等。

组织应明确与顾客沟通信息的时机和内容，确定适宜的沟通方式，做出规定并加以实施。了解顾客对其要求的满意程度，并评价在何处可以改进质量管理体系的有效性。

7.3 设计和开发

7.3.1 设计和开发策划

组织应对产品的设计和开发进行策划和控制。

在进行设计和开发策划时，组织应确定：

（1）设计和开发的阶段。

（2）适合于每个设计和开发阶段的评审、验证和确认活动。

（3）设计和开发的职责和权限。

（4）组织应对参与设计和开发的不同小组之间的接口实施管理，以确保有效的沟通，并明确职责分工。

（5）随设计和开发的进展，在适当时，策划的输出应予以更新。

注：设计和开发评审、验证和确认具有不同的目的，根据产品和组织的具体情况，可单独或以任意组合的方式进行并记录。

【理解】 标准中设计开发所指对象，是对产品的设计开发，适当时也包括产品实现过程的设计和开发。设计和开发过程是将产品的要求转化为产品特性和规范的过程，是产品实现的关键环节。

标准强调，在识别顾客要求的前提下，为确保设计和开发过程达到预期目标，而必须对设计和开发过程事先进行策划。

策划应形成文件(可称设计计划书)，并经技术主管批准。其内容：

（1）根据方便管理和控制原则，明确划分设计过程的各阶段，规定每一阶段的工作内容及达到的标准(如初步设计、施工设计、中间设计、最终设计等)；

（2）规定每个阶段所需开展的评审、验证和确认活动；明确责任人、参加人员及资格，活动时机、活动要求；

（3）明确各阶段活动的进度安排和所需资源配置；

（4）规定各阶段参加设计活动的部门和人员的职责、权限，以及部门间、小组间的工作接口，包括与外部的接口。

如发生设计和开发活动的变化，应适时修改或更新该策划文件。

组织应提供产品设计和开发策划的文件，并动态管理。

标准指出设计和开发过程的评审、验证、确认三种监测活动虽然具有不同的目的，但这三种监测活动结合组织的实际情况可单独进行，也可以任意组合的方式进行。

7.3.2 设计和开发输入

应确定与产品要求有关的输入，并保持记录(见 4.2.4)。这些输入应包括：

(1) 功能要求和性能要求；

(2) 适用的法律法规要求；

(3) 适用时，来源于以前类似设计的信息；

(4) 设计和开发所必需的其他要求。

应对这些输入的充分性和适宜性进行评审。要求应完整、清楚、并且不能自相矛盾。

【理解】 组织要明确在设计和开发产品时，应考虑有哪些要求与需求，准确确定设计和开发的依据。

明确与产品有关要求的输入，其信息要准确、全面和适宜。适宜是必要的，如提出的要求过高，设计的产品不容易实现，且提高了产品的成本；提出的要求过低，可能影响预期的产品设计目标。总之，都会影响产品的设计质量，为组织带来较大风险。输入应以文件的形式予以规定。

设计输入通常包括的内容有：

(1) 设计依据，如顾客提供的基础资料、勘查资料、可行性报告、规划设计资料等；

(2) 根据合同要求确定的质量特性，这是最重要的。如适用性、(功能、性能)安全性、经济性、可实施性(施工、安装及运行要求)、美学功能；

(3) 法律法规等要求，适用的社会要求，如环保、规划等；

(4) 适用的特殊专业技术要求；

(5) 以前成功设计所能提供的相关信息和要求。

设计输入是设计过程中开展各项活动的依据，设计输入应形成文件。组织应对设计输入进行评审，确定参与评审的人员，确保输入内容是适宜的、一致的，不完整和含糊的要求应得到澄清和解决。评审应形成记录。

7.3.3 设计和开发输出

设计和开发输出的方式应适合于对照设计和开发的输入进行验证，并应在放行前得到批准。

设计和开发输出应：

(1) 满足设计和开发输入的要求；

(2) 给出采购、生产和服务提供的适当信息；

(3) 包含或引用产品接收准则；

(4) 规定对产品的安全和正常使用所必需的产品特性。

注：生产和服务提供的信息可能包括产品防护的细节。

【理解】 设计和开发输出是设计开发的成果，并作为产品实现后续活动的重要依据。

(1) 组织应根据设计开发策划确定的不同阶段及实际需要，明确阶段性设计输出文件或相关信息，并可依据输入的要求得到验证的方式给出。设计输出应为后续的采购、生产和服务，以及产品防护等过程提供依据。

(2) 设计输出的方式可以是产品图纸、文件、产品规范、产品配方、产品计算书、样机等。设计输出在放行前必须经有关部门或责任人验证和批准。

(3) 设计输出的文件内容：

1) 满足设计输入的要求(图纸)；

2) 应给出采购、生产和服务所需的适当信息(订货清单、维修使用手册)；

3) 产品接收准则；

4) 规定产品安全和正常使用所必需的产品特性。应特别关注涉及产品安全和直接影响产品使用功能的质量特性。对关键和重要的质量特性应加以标注。

对设计输出应进行验证，保留验证以及随后采取措施的记录见表 3-1，设计评审见图 3-1。

对设计输出应进行验证，保留验证以及随后采取措施的记录　　表 3-1

	设计评审	设计验证	设计确认
目的	评价设计结果满足要求的能力、识别问题	证实设计输出满足设计输入的要求	证实产品满足特定预期用途或使用要求已得到满足
对象	阶段的设计结果	设计输出文件、图纸、样本等	通常是向顾客提供的产品(有时也可以是样品)
时机	在设计适当阶段	当形成设计输出时	只要可行，应在产品交付或生产和服务实施之前
方式	会议/传阅方式	试验、计算、对比、文件发布前的评审	试用、模拟

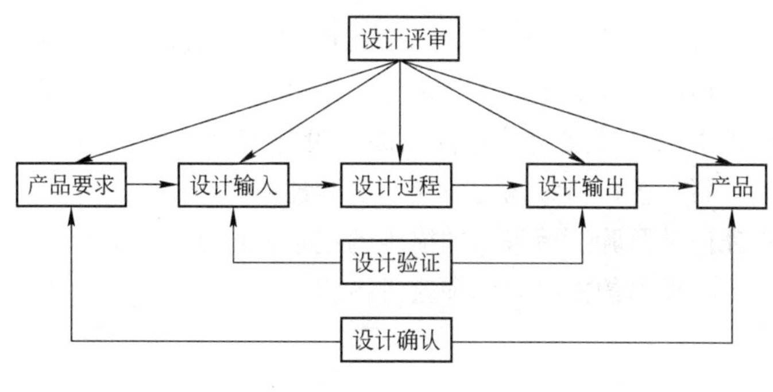

图 3-1　设计评审

7.3.4　设计和开发评审

应依据所策划的安排(见 7.3.1)，在适宜的阶段对设计和开发进行系统的评审，以便：

评价设计和开发的结果满足要求的能力；

识别任何问题并提出必要的措施。

评审的参加者应包括与所评审的设计和开发阶段有关的职能的代表。评审结果及任何必要措施的记录应予保持(见 4.2.4)。

【理解】 评审是为确定主题事项达到规定目标的适宜性、充分性和有效性所进行的活动。

设计评审的对象是阶段性设计开发输出的文件或信息，经过评审以使设计和开发输出存在的问题消除在设计过程之中。

针对不同的产品，可能存在不同的设计和开发评审的实际需要。如较复杂的硬件产品可能要求进行设计输入、初步设计、技术设计、工作图设计、样机试制及鉴定后的改进、总体工艺方案等多次评审；而简单产品可能只需要进行设计输入和输出两次评审就可以满足要求。

评审的目的是评价设计结果满足要求的能力。以确保设计阶段或最终设计结果对内、外部资源的适宜性、满足总体设计输入要求的充分性及其达到设定目标的程度。

组织应按设计计划中明确的各阶段的评审要求开展评审，评审应是系统的，必要时也可安排计划外评审。

评审方式：会议、专家、逐级、同行评审。

评审的人员：参加主要阶段设计的有关职能代表，且有明确的分工。

组织应保持设计评审的结果、决定采取的措施以及措施实施的记录。

7.3.5 设计和开发验证

为确保设计和开发输出满足输入的要求，应依据所策划的安排(见 7.3.1)对设计和开发进行验证。验证结果及任何必要措施的记录应予保持(见 4.2.4)。

【理解】 验证是通过提供客观证据对规定要求已得到满足的认可。针对不同产品的实际需要应做出验证的具体规定。针对简单的产品可以规定一次验证，对复杂的产品可以安排多次验证。

设计验证是为了验证设计输出满足设计输入的要求，验证可通过观察、测量、试验、变换计算方法、与类似的设计对比等方法进行，也可采用文件发布前进行评审。

组织在设计过程中适时开展设计验证活动，设计策划中就应明确验证方式、验证阶段。当采用新材料、新工艺、新结构时更应明确验证的要求。

组织应保留验证记录及验证后采取的措施的记录。记录的内容应包括验证的阶段、时机、主要项目和内容，提出的主要问题和改进措施。

7.3.6 设计和开发确认

为确保产品能够满足规定的使用要求或已知的预期用途的要求，应依据所策划的安排(见 7.3.1)对设计和开发进行确认。只要可行，确认应在产品交付或实施之前完成。确认结果及任何必要措施的记录应予保持(见 4.2.4)。

【理解】 确认是通过提供客观证据对特定的预期用途或应用要求已得到满足的认定。

设计评审和设计验证都不能体现产品的实际操作和最终实际使用情况。

设计确认是针对最终产品实施确认，证实提交产品能满足预期的使用要求，其中使用要求可以是实际的，也可以是模拟的。可以是样机或样品。

组织应按照计划的安排进行设计确认(确认的方式、条件、时机)。确认可以是全部、也可以是局部，确认应在产品交付或实施之前完成。确认的方式应以顾客的实际使用为主，也可以在产品的实际使用条件下进行模拟试验或产品鉴定。

确认结果及发现设计产品不能完全满足预期使用要求时，采取的措施及其跟踪应保持记录。

工程设计一般情况下，即常规设计，可不进行设计确认。特殊工程设计通常确认活动有：方案设计的评标活动、初步设计的审批活动、施工与设计同时会审活动等。

设计开发的评审、验证、确认是对设计开发过程开展的三项重要监测活动。它们各具有不同的目的及活动特点。但根据组织和产品的特点，这些活动可分开进行、记录，也可合并实施、记录，只要能确保对设计开发过程实施有效的监测控制即可。标准对设计开发监测活动可根据组织的实际情况灵活加以控制做了清晰说明。

7.3.7 设计和开发更改的控制

应识别设计和开发的更改，并保持记录。应对设计和开发的更改进行适当的评审、验证和确认，并在实施前得到批准。设计和开发更改的评审应包括评价更改对产品组成部分和已交付产品的影响。

【理解】

（1）设计更改范围通常只对已输出的设计产品，如已交付使用的施工图纸；设计更改应在控制的条件下进行，以保持产品设计和开发阶段以及后续活动的一致性。更改的活动有：

1）评审更改要求，是否对产品功能、性能产生影响；

2）必要时进行验证和确认；

3）实施更改前应得到批准。

适当时组织应保持设计更改评审、验证、确认的记录，采取的措施和其后的跟踪活动记录。

（2）设计更改有设计原因和非设计原因，要加以区别，如有：设计错误、评审确认验证错误、顾客合理要求、生产维修过程无法实现等情况。

7.4 采购

7.4.1 采购过程

组织应确保采购的产品符合规定的采购要求。对供方及采购的产品控制的类型和程度取决于采购的产品对随后的产品实现或最终产品的影响。

组织应根据供方按组织的要求提供产品的能力评价和选择供方。应制定选择、评价和重新评价的准则。评价结果及评价所引起的任何必要措施的记录应予保持(见 4.2.4)。

【理解】

（1）采购产品的质量是确保产品实物质量的重要环节。为保证采购的产品在质量要求、交付和服务等各方面符合规定要求，必须对采购过程进行控制。

（2）采购分为物资采购部分(包括重要的施工生产设备采购)和工程/劳务分包等服务采购部分(包括委托检测、计量及设计和咨询服务、设备租赁等)。

组织应制定评价、选择供方的准则，以及重新评价供方的准则。确保在采购活动进行前对供方进行评价、选择，并定期对供方进行再评价。评价、选择和重新评价供方的准则应视其提供的产品对最终产品影响程度的不同而有所区别。即对供方进行分级分类控制。

选择、评价供方是根据其提供的产品和服务的质量保证能力、交付后的服务及组织认为必要的其他方面等内容。

如对新开发的物资采购供方评价的主要内容有：

1）供方产品生产许可证（或产品认证证书）及产品质量的近期检测报告或其他质量证明资料（如当地有关部门的准入证明）；

2）供方的质量管理体系对向组织提供产品的保证能力；

3）供方的顾客满意程度；

4）供方的业绩考察报告；

5）供方交付后的服务和支持能力；

6）其他方面，如价格、资信、财务状况等。

组织在向中间供应商采购产品时，对中间商的评价重点是：经营范围、供货渠道、信誉、服务、储运能力、资金等。

对工程质量有重要影响的材料，如钢材、水泥、防水材料、机电设备、焊条、电器元件等，应既评厂又评商，不应只对中间供应商评价。

对工程分包供方评价的主要内容有：

1）营业范围对分包内容的许可、资质等级；

2）分包范围工程的业绩考察；

3）质量管理体系与质量保证能力；

4）其人员、设备、技术能力等。

对劳务分包供方评价的主要内容有：操作人员的技能和技术素质，必要时的资格认可等。

组织应分类建立合格供方名录。对现有供方定期评价，评价其持续保持满足要求的能力。组织应保持评价记录。并定期发布最新的合格供方名录。

组织应在合格供方名录中选择供方进行采购。若超出名录采购时，应对新的供方进行评价，并将其纳入合格供方名录。

被选为合格的供方出现问题时，应采取相应的措施，并予以记录。

7.4.2 采购信息

采购信息应表述拟采购的产品，适当时包括：

（1）产品、程序、过程和设备的批准要求；

（2）人员资格的要求；

（3）质量管理体系的要求。

在与供方沟通前，组织应确保规定的采购要求是充分与适宜的。

【理解】 为保证采购产品的质量符合要求，采购文件应提供必要的信息，明确规定采购产品的要求。

物资采购文件有采购计划、采购合同等，该文件中应提供的信息包括材质、规格、数量、价格、交付，以及服务要求。尤其要明确采购产品的质量要求或验收依据。

工程分包、劳务分包采购资料包括分包合同、补充协议等，文件中应提供的信息有：

（1）分包工程范围、分包方式、工程款；

(2) 分包工程的工期、质量和安全要求；

(3) 分包工程的供货和服务要求；

(4) 分包工程的验收和交付要求；

(5) 有关供方的过程和质量管理体系要求；

(6) 有关供方的设备和人员要求；

(7) 采购文件发放前必须经授权人批准。

> **7.4.3** 采购产品的验证
>
> 组织应确定并实施检验或其他必要的活动，以确保采购的产品满足规定的采购要求。
>
> 当组织或其顾客拟在供方的现场实施验证时，组织应在采购信息中对拟采用的验证安排和产品放行的方法做出规定。

【理解】 此条款与标准8.2.4存在接口关系，但又有区别。

对采购产品的要求是否得到满足应进行验证，验证的要求在采购文件中应加以规定并保证实施。

物资采购产品的验证活动包括到供方现场的验证、进货时的验证、包括外观质量检查和按规定取样送检等，以及供方提供的合格文件。

服务采购产品的验证指对分包队伍施工产品的质量进行验评等。

组织应保持对采购产品的验证资料，作为对供方实施管理的依据。

> **7.5** 生产和服务提供
>
> **7.5.1** 生产和服务提供的控制
>
> 组织应策划并在受控条件下进行生产和服务提供。适用时，受控条件应包括：
>
> (1) 获得表述产品特性的信息；
>
> (2) 必要时，获得作业指导书；
>
> (3) 使用适宜的设备；
>
> (4) 获得和使用监视和测量设备；
>
> (5) 实施监视和测量；
>
> (6) 实施产品放行、交付和交付后活动。

【理解】 该条款对硬件产品而言，指加工、制造直至交付后的服务全过程。该过程直接影响向顾客提供产品的符合性质量，组织应根据产品及过程的特点并结合组织自身的特点予以控制。建筑施工企业管理体系运行的重点在工程项目部，因为工程项目直接向顾客提供产品。组织应确保在工程项目质量管理体系的有效运行。

(1) 产品质量的控制应从“人、机、料、法、环、检”六个方面考虑。

标准提出的控制要求有：

1) 产品的生产部门和人员应得到产品特性的信息(产品规范、图样等)，对产品正常使用至关重要的特性和安全特性必须予以关注、控制；

2) 必要时获得作业指导书，当缺少作业指导文件可能会影响过程有效运作和控制时，应编制如工艺文件、质量控制规范、产品过程实现规范等作业文件；

3）提供、使用适宜的设备、控制设备的使用及使用间隔，对设备按计划进行维护，以保持其运行能力；

4）配置使用合适的监视和测量设备，检测产品特性、过程特性及变化，调整、修正将特性控制在规定范围内；

5）对至关重要产品特性形成的过程监测，包括对特性、作业人员、作业过程、工作环境等；

6）对产品放行与交付按规定实施，未经检验合格的产品不得放行、交付。按规定方式在交付期交付。策划实施适当的交付后活动，如维护维修服务等。

（2）建筑施工企业应界定施工中的关键生产过程（即对产品质量、结构安全影响重要的过程，包括技术难度高的过程）。

（3）建筑施工企业对如下关键管理过程应进行控制：

1）对管理、技术、操作人员的能力胜任情况（包括资格）控制；

2）设计交底制度和图纸会审制度的执行；

3）施工现场的施工规范、标准、工艺文件、作业指导书的发放、使用和管理；

4）图纸和设计变更的控制管理；

5）分层次、分级别的技术交底制度的执行；

6）现场采用样板制的技术交底或技艺评定；

7）采购产品过程的控制；

8）施工生产设备和监视测量设备的配备、使用和维护；

9）施工生产环境的控制；

10）生产班组自互检活动和施工员组织工序间交接检活动的开展；

11）施工现场的预验（技术复核）工作的开展；

12）对执行项目质量计划和施工组织设计情况的检查，工艺评定和监控活动的开展，特别是对关键/特殊工序；

13）总包对分包的分阶段监控和交接检；

14）技术资料（记录）的及时填写和保管；

15）工程交验的控制管理，按规定方式和要求交付；

16）交付后活动的开展，如维修服务活动。

（4）建筑施工企业生产过程控制的一些关键文件及相关活动有：

1）施工组织设计

建筑施工企业施工项目的总体策划文件，分为用于投标的施工组织设计与实施性施工组织设计。后者是为贯彻标书要求而编制的具有可操作性文件，目的是指导组织工程按规定进行。其主要内容包括：工程概况、质量目标、有关人员的职责权限、工期要求、主要（关键）工序施工方案、资源配置（包括主要机械设备、劳动力组织、主要材料等）、针对产品进行的检测活动、质量保证措施、安全措施、平面布置图、工程网络图等。要检查其编制的内容是否齐全及按要求实施情况。在建立三个管理体系的企业可在此文件中将ISO 14001：2004标准及GB/T 28001：2011标准要求的策划内容一并写入该文件中成为项目的管理大纲（或称项目管理计划）。

2）图纸会审和设计洽商

目的是检查设计与合同的要求是否相符，设计图纸之间接口是否清楚，图纸各部位的尺寸是否表达清晰正确。在此过程中要将发现的问题记录下来，以便向设计方、甲方提出，并发布三方签字的图纸会审纪要，必须对施工单位提出的问题都有明确的交待。要审核是否进行了图纸审核并保存记录和会审纪要，设计单位是否有了明确的交待；施工过程中的设计洽商，要在图纸上加以标识；要认真检查全部设计变更情况是否在图纸上标识，否则施工企业的图纸就不是现行有效版本。

3）施工方案的编制

主要的施工工序应编制有较强可操作性的施工方案，使班组掌握主要工序如何操作。如混凝土施工方案，应包括混凝土标号、强度等级；自制或商混；坍落度是多少，测量人员及测量频次，是否有开盘纪录；混凝土如何灌注、振动，操作中应注意哪些问题等。审核要详细检查应编制的施工方案是否均已编制，内容是否符合规定要求、具有可操作性。

4）技术交底

分为设计人员对技术人员交底，使之了解设计意图、介绍新技术、新工艺、新材料使用方法；工程技术人员对施工班组交底，使施工班组掌握如何组织分项工程的施工。如绑扎钢筋，要写清楚哪个部位的钢筋组，是主筋、辅筋还是加强筋，钢材的规格、型号、钢筋的间距，箍筋的材料和间距，端部要求等。技术交底要清楚，必要时应附图，要有交底人、被交底人签字。交底要有尺寸要求和工艺要求。交底应清楚具有可操作性，具有对施工过程的控制能力。

5）作业指导书(或称工艺操作规程、工法)

与技术交底不同，作业指导书侧重于操作时的程序和步骤。其内容包括：该过程施工人员的职责、分工，施工先后顺序；每一施工步骤的要求。如屋面防水是关键过程，应编制的作业指导书中应明确参加施工的人员是否受过培训，每一位人员在施工中的职责，采用何种防水材料，如何找平屋面，如何涂刷冷底子油，如何铺卷材、长边短边应压多少，如何找平；遇到管道如何处理，墙角如何铺设，如何验收等。班组拿到作业指导书就会操作。进行技术交底和编制作业指导书是施工企业技术人员的两项重要工作。

6）确认关键工序和特殊过程

建筑施工企业有自己的关键和特殊过程，必须加以明确，并确定具体的控制手段，避免失控情况出现。具体见7.5.2要求。技术标准、图纸、有关的资料、作业文件是施工中保证产品符合性要求的依据，项目部要按照文件管理的要求进行控制，保证是现行修订状态的。

7）机械设备的维修和管理

这是保证工程进度和工程质量的必备设施。应从以下方面进行控制：按规定配备项目部所需的机械设备，安装严格按规范进行，如塔吊拆装由有资格的单位进行，检查塔吊的基础是否符合设计强度，在使用前是否经有关部门验收等；建立机械设备的管理台账；编制机械设备维修保养计划；按计划实施维修保养；每台设备应按规范填写运行记录，维修保养的时间和内容。

8）配置并使用监视和测量设备开展检测活动

建立监测设备管理台账；确保使用的检测设备都经过检定、标识；使用人员具备相应能力，满足适宜的环境要求。适时进行产品的监测活动，保持产品的监测记录。

9）施工生产过程控制活动

检查施工日志及施工情况的记录。如针对自拌混凝土的配合比记录，相邻的晴雨天配合比是否根据砂石的含水率作了调整，三检制是否认真执行；给水排水工程，抽查管道试压、冲洗验收记录、排水系统竣工后的通水通球记录。

施工现场的审核是审核员的重要工作内容，其主要内容是验证施工现场是否按规范施工，应检查验证施工方案、技术交底、作业指导书的具体实施情况。如在现场审核员查看模板安装是否符合要求，其强度、刚度、稳定性如何，平整度、垂直度如何；混凝土浇筑是否按要求实施，有无胀模、跑浆、钢筋移位现象；防水层施工是否按作业指导书实施；是否如实填写监控记录。

工程竣工后，做好交付后的服务活动策划包括制定回访计划、质量保证书，保存回访记录、维修记录、顾客反馈的信息等。

7.5.2 生产和服务提供过程的确认

当生产和服务提供的过程输出不能由后续的监视或测量加以验证，使问题在产品使用后或服务交付后才显现时，组织应对任何这样的过程实施确认。

确认应证实这些过程实现所策划的结果的能力。

组织应对这些过程作出安排，适用时包括：

（1）为过程的评审和批准所规定的准则；

（2）设备的认可和人员资格的鉴定；

（3）使用特定的方法和程序的使用；

（4）记录的要求(见 4.2.4)；

（5）再确认。

【理解】 当产品特性不能由过程结束时的测量、检验来验证是否达到了输出要求，其问题在后续生产过程或产品交付使用后才显露出来，组织应识别并确定是否存在这样的过程。这样的过程称为需要确认的过程，也称为特殊过程。

特殊过程指产品合格与否，不易或不能经济地进行验证的过程。

组织应识别质量管理体系所覆盖产品范围内需确认的过程。建筑工程中需确认的过程通常有：

现浇桩基、地基加固(挤密桩、旋喷桩)深基支护、地下连续墙、沉井封底浇灌、群桩土体开挖、降水、混凝土预制构件接头连接浇注、混凝土地下结构防水、大体积混凝土基础、结构混凝土温度裂缝控制、预应力混凝土钢筋张拉、特殊钢结构焊接等。

是否是需要确认的过程，要根据产品的要求能否验证来判断。

对这些过程应采用过程确认方法，证实这些过程有能力达到过程策划中预期实现的结果。

对需要确认过程的控制要求：

1）规定用于这些过程评审和批准的准则，如焊接工艺的评定批准、混凝土地下结构防水作业指导书的评审批准等；评审的重点是工艺流程、工艺参数、控制点的设置、检测要求以及设备和人员的要求；建筑施工企业的这些重要的施工方案要经监理审批，一些风险较大的方案还需专家评审。

2）对设备的能力进行鉴定，对操作人员的资格进行考核认可；应保留这些内部确认的审批记录，可能包括分包报总包的审批记录、监理审批记录、专家评审等。

3）按作业指导书的要求实施并进行监测；需提供的记录如：过程评审记录、设备认可记录、人员资格鉴定记录、过程的实施记录、过程的监测记录等。

4）再确认要求，如当重要材料、设备、产品参数发生变更时应重新确认。

举例：压力容器焊接过程

（1）确认是事先的认定，使用的条件是模拟的，以确定实现过程所需的能力。

（2）焊接过程的确认，应形成焊接工艺评定。即在产品进行正式焊接前进行，通过焊接并检验焊接工艺评定试板的办法来实现。根据JB 4708《钢制压力容器焊接工艺评定》技术人员拟定焊接工艺指导书，由技术熟练的焊工根据焊接工艺指导书在实验室进行焊接，对预热温度、电流、电压、焊速等参数连续监控记录。之后对焊缝外观检查，无损检测，力学性能及弯曲试验，合格后，技术人员编制焊接工艺评定。经总工、责任工程师批准。通过与产品主体同牌号、同规格材料的试板完成检测项目。

1）从上面的过程获得经批准的作业文件(操作步骤及各种工艺参数)；

2）对焊接设备及操作人员资格、能力进行鉴定；

3）对焊接方案的确认，并保持确认记录；

4）保持连续过程参数监控记录。

当原工艺改革(如手工电弧焊改为自动气保焊)或拓展范围或法规标准修订时需重新评定。

7.5.3 标识和可追溯性

适当时，组织应在产品实现的全过程中使用适宜的方法识别产品。

组织应在产品实现的全过程中，针对监视和测量要求识别产品的状态。

在有可追溯性要求的场合，组织应控制产品的惟一性标识，并保持记录(见4.2.4)。

注：在某些行业，技术状态管理是保持标识和可追溯性的一种方法。

【理解】 该过程的目的是防止生产过程中产品的混淆、误用，以及必要时实现产品的可追溯。

标识包括：产品标识、状态标识、用于可追溯性的惟一性标识。

（1）产品标识：自然身份的表示，生产过程中惟一不改变。产品标识的内容有材质、规格、数量、批号、生产厂家、生产日期等。

（2）状态标识：产品的检验和试验的情况，状态标识随检验实验情况在不断变化。包括未检、已检未判、合格、不合格四种状态。

（3）可追溯性标识：根据标识和相关的记录，可清楚地说明产品的来源、历程、现在所处场所。

可追溯性要求来自合同要求、法规要求或质量控制要求。不同的行业、企业可追溯性的要求不同，应确定需追溯的产品范围、标识、记录方式等。

建设施工企业实现可追溯的产品范围通常有：

（1）用于基础、结构施工的钢筋、水泥；

（2）防水、防火材料，重要的焊接材料；

（3）高压电缆、阀门、高强螺栓；

（4）钢结构、压力容器使用的钢材；

（5）重要的分部、分项工程、隐蔽工程；

（6）新材料、新工艺；

（7）关键/特殊工序等；

（8）标识活动主要在生产现场开展，其形式有标牌、标签、记录等。

7.5.4 顾客财产

组织应爱护在组织控制下或组织使用的顾客财产。组织应识别、验证、保护和维护供其使用或构成产品一部分的顾客财产。若顾客财产发生丢失、损坏或发现不适用的情况，组织应向顾客报告，并保持记录(见4.2.4)。

注：顾客财产可包括知识产权和个人信息。

【理解】 顾客财产指顾客拥有的(产权是顾客的)，包括供组织使用的和构成最终产品的两部分。组织在接受顾客的财产时应进行验证、保持验证的记录、对顾客财产做出专门的标识，贮存时给予保护和维护，并得到正确使用。当发生丢失、损坏或不适用时，组织应做好记录并向顾客报告，协商解决。建筑施工企业中供组织使用的顾客财产有：

（1）办公设施、仓库。

（2）提供的施工设备、工具、车辆。

（3）顾客知识产权(图纸、规范等)。

（4）构成最终产品的。

（5）施工所用的材料，如水泥、钢材等。

（6）构成产品的设备和部件等。

（7）组织应提供对顾客财产管理控制的证据。

7.5.5 产品防护

组织应在产品内部处理和交付到预定的地点期间对其提供防护，以保持符合要求。适用时，这种防护应包括标识、搬运、包装、贮存和保护。

防护也应适用于产品的组成部分。

【理解】 应针对产品特性提供有效的防护措施，防止交付前丧失、破坏或降低这些产品的特性。应从产品接收、内部加工、放行、交付直到预期目的地的所有阶段进行防护。包括原材料、设备、配件、半成品、成品。对采购产品的防护工作包括：

（1）为现场搬运工作提供适宜的资源和作业条件(如方案、设备、人员教育)；

（2）建立并保持适当的防护标识；

（3）提供安全的贮存条件和环境适宜的场所或仓库；

（4）产品堆放符合规定的技术要求；

(5) 定期检查产品状况和控制贮存的期限；

(6) 建立适当的入库验收、在库保管和出库复核制度等。

对施工过程中过程产品的防护：土建安装装修配合阶段有关产品的防护、交叉施工中产品的防护、下道工序施工时对上道工序的防护等，必要时应制定相应的防护措施方案。

产品已完成，尚未交付而由组织控制时，应采取保护措施。

7.6 监视和测量设备的控制

组织应确定需实施的监视和测量以及所需的监视和测量设备，为产品符合确定的要求提供证据。

组织应建立过程，以确保监视和测量活动可行并以与监视和测量的要求相一致的方式实施。

为确保结果有效，必要时，测量设备应：

(1) 对照能溯源到国际或国家标准的测量标准，按照规定的时间间隔或在使用前进行校准和(或)检定(验证)。当不存在上述标准时，应记录校准或检定(验证)的依据(见 4.2.4)；

(2) 必要时进行调整或再调整；

(3) 具有标识，以确定其校准状态；

(4) 防止可能使测量结果失效的调整；

(5) 在搬运、维护和贮存期间防止损坏或失效；

(6) 此外，当发现设备不符合要求时，组织应对以往测量结果的有效性进行评价和记录。组织应对该设备和任何受影响的产品采取适当的措施；

(7) 校准和检定(验证)结果的记录应予保持(见 4.2.4)。

当计算机软件用于规定要求的监视和测量时，应确认其满足预期用途的能力。确认应在初次使用前进行，并在必要时予以重新确认。

注：确认计算机软件满足预期用途能力的典型方法包括验证和保持适用性的配置管理。

【理解】 组织必须识别在产品实现过程中所需要的监视和测量活动，明确测量活动所需的测量和监视设备。监视和测量设备通常有：长度的、力学的、电学的、热学的等。

测量过程是确定量值的一组操作。测量设备应在准确度和精密度两个方面满足产品质量的测量要求，即具有与测量要求相一致的测量能力。测量设备的控制要求：

(1) 按测量设备规定的周期进行校准和(或)检定；或使用前校准(如新购置的、重新启用的、修复后的、长途搬运的精密设备等)；无国际或国家测量基准的，组织应自行建立检定或校准规程(含组织自校的)；并提供有关的自检记录；

(2) 设备的使用人员应具备相应的能力，用正确的方法调整使用设备；

(3) 测量设备应进行标识，明确其校准状态；

(4) 使用和贮存测量设备应提供适宜的环境；

(5) 当测量设备偏离了校准状态时，应评价测量结果的有效性，并对受影响的产品和测量设备采取相应的措施；

(6) 当计算机软件用于测量时，应对其测量能力进行确认，尤其在首次使用前。

组织应建立测量设备管理台账，提供测量设备的校准记录，测量设备偏离校准状态时对测量结果的评价和采取的措施记录；保持对测量设备的标识，以及适宜的使用及贮存环境。

8 测量、分析和改进

8.1 总则

组织应策划并实施以下方面所需的监视、测量、分析和改进过程：

(1) 证实产品要求的符合性；

(2) 确保质量管理体系的符合性；

(3) 持续改进质量管理体系的有效性。

这应包括对统计技术在内的适用方法及其应用程度的确定。

【理解】 组织的质量管理体系应建立有效的自我监督和自我完善机制，及时获得有关产品、过程的信息，通过分析、评价、以识别存在的问题，并加以解决，确保产品、体系的持续改进。组织应策划监视、测量、分析和改进活动。

测量分析改进策划的职责应由有关的职能部门承担，策划的结果应体现在有关活动的程序文件中。

产品改进的策划可通过：监视和测量，不合格品控制，交付后产品质量问题的处理，采取的纠正和预防措施实现；体系的改进策划可通过：过程的监视和测量，内审，管理评审，顾客、市场信息的反馈，采取的纠正和预防措施实现。

8.2 监视和测量

8.2.1 顾客满意

作为对质量管理体系绩效的一种测量，组织应监视顾客关于组织是否满足其要求的感受的相关信息，并确定获取和利用这种信息的方法。

注：监视顾客感受可以包括从诸如顾客满意度调查、来自顾客的关于已交付产品质量方面数据、用户意见调查、流失业务分析、顾客赞扬、索赔和经销商报告之类的来源获得输入。

【理解】 顾客满意信息的监视和测量是评价组织实施运行质量管理体系，以增强顾客满意为目标的能力，考核承诺兑现程度的活动。而且也是测量组织质量管理体系业绩的指标之一。

组织应建立监控系统，收集、分析和利用顾客满意、不满意的信息：

(1) 识别与顾客有关的信息(对产品质量、交付与服务、直接或间接的、顾客需求和期望、市场信息、竞争对手的信息等)。

(2) 确定获取信息的职责、时机、方式(接受顾客抱怨、与顾客沟通如走访、问卷调查、市场调研)内容(质量、工期、服务、技术等)并确保收集信息的连续性和信息的有效传递。

(3) 明确职能部门汇总信息的方法，确定对信息的分析和评价。

(4) 制定科学合理的测算方法，测算定量的顾客满意度。

(5) 利用顾客满意度的分析结果找出差距，作为改进的依据。

在监测顾客满意信息时，应明确向顾客调查的内容，如质量、工期、技术、服务、价格等并根据顾客关注的程度不同赋予不同的权数；还应考虑不同项目对组织影响的程度不同，设定不同的权数，以使测量的结果更科学合理。

组织应提供有关监测顾客满意信息的有关证据，及其分析的结论和采取的措施。

8.2.2 内部审核

组织应按策划的时间间隔进行内部审核，以确定质量管理体系是否：

(1) 符合策划的安排(见 7.1)、本标准的要求以及组织所确定的质量管理体系的要求。

(2) 得到有效实施与保持。

组织应策划审核方案，策划时应考虑拟审核的过程和区域的状况和重要性以及以往审核的结果。应规定审核的准则、范围、频次和方法。审核员的选择和审核的实施应确保审核过程的客观性和公正性。审核员不应审核自己的工作。

应编制形成文件的程序，以规定审核的策划、实施、形成记录以及报告结果的职责和要求。

应保持审核及其结果的记录(见 4.2.4)。

负责受审核区域的管理者应确保及时采取必要的纠正和纠正措施，以消除所发现的不合格及其原因。后续活动应包括对所采取措施的验证和验证结果的报告(见 8.5.2)。

注：作为指南，参见 GB/T 19011。

【理解】 质量管理体系内部审核是组织对体系的一种重要评价方法。

内审的目的是评价质量管理体系的符合性、有效性。通过内审发现体系中的问题，实施纠正和纠正措施，以进一步提高质量管理体系的有效性。

组织应对审核方案进行管理，使审核过程按 PDCA 逻辑步骤运行。组织还应对内审员进行管理，通过各种途径提高审核员的能力，以提高审核质量。使审核活动真正成为一个增值过程。

组织应按 GB/T 19011 标准的要求进行内部审核，建立内审控制程序，确定年度审核计划。组织在进行体系审核策划时应考虑拟审核区域和活动的重要性及以往审核的结果。对运行问题较多、重要的区域应加大审核力度。

现场审核按程序文件中的要求进行，确保审核的系统性、客观性、公正性。

对内审中发现的不符合，受审核区域的管理者要在规定的时间内制定并实施纠正和纠正措施。审核员应及时跟踪验证，确保纠正措施的有效性。

审核组长应编制并提交审核报告。

组织应提供内审实施的文件，包括年度审核方案、审核计划、审核检查表及审核记录、不符合报告、不符合的纠正措施及跟踪验证记录、审核报告等。还应提供有关对内审员能力的评价和对审核方案实施管理的证据。

8.2.3 过程的监视和测量

组织应采用适宜的方法对质量管理体系过程进行监视，并在适用时进行测量。这些方法应证实过程实现所策划的结果的能力。当未能达到所策划的结果时，应采取适当的纠正和纠正措施。

注：当确定适宜的方法时，建议组织根据每个过程对产品要求的符合性和质量管理体系有效性的影响，考虑监视和测量的类型与程度。

【理解】 过程的监视和测量是组织对质量管理体系日常活动的控制。

过程的监视和测量对象是质量管理体系的所有过程(即标准 4.1 所确定的过程)，其目的是确认过程持续满足预期目的的能力。过程监测的责任是过程的主控部门。

过程监测的内容可以是过程输入、活动、资源、影响过程能力的因素以及过程输出结果满足预定目标的情况。

组织应根据过程对产品符合性、质量管理体系有效性影响的程度，确定对该过程监视和测量的类型和程度。

监视、测量可以采用过程审核、日常检查、信息反馈、数据分析等方法，测量监视的结果可用记录、图表、报告、程序等形式表示。

对监视、测量的结果应定期分析评价，评价实现过程预期目标的能力，评价过程持续稳定的能力。分析评价的结果应作为持续改进的输入，尤其当过程未能达到预期的目标时，应采取适当的纠正和纠正措施。

8.2.4 产品的监视和测量

组织应对产品的特性进行监视和测量，以验证产品要求已得到满足。这种监视和测量应依据所策划的安排(见 7.1)在产品实现过程的适当阶段进行。应保持符合接受准则的证据。

记录应指明有权放行产品以交付给顾客的人员(见 4.2.4)。

除非得到有关授权人员的批准，适用时得到顾客的批准，否则在策划的安排(见 7.1)已圆满完成之前，不应向顾客放行产品和交付服务。

【理解】 产品的监视和测量记录是证实产品符合要求的证据。

组织应针对各阶段的产品监视和测量活动作出安排，这些安排与 7.1 的安排相一致，反映在质量计划/检、试验计划中；并应针对各阶段的监测对象制定验收准则。

产品的监视测量的对象是产品的特性；目的是验证产品质量满足要求，包括采购产品、工序产品、半成品和交付的最终产品。

建筑施工行业的产品监视和测量均应按现行国家、地方、行业的工程质量验收规范，如检验批验收、分项工程验收(工序验收)、分部工程验收、隐蔽工程验收、单位工程验收等规定，开展以有关的检验和试验活动。

符合验收准则的监测证据应形成记录，记录应及时、完整、真实、经授权产品放行责任者签字。

所有监测活动均已完成且结果满足要求时，方可交付给顾客。特殊情况下，策划的监测活动未圆满完成时，经授权人批准，适用时得到顾客批准可交付产品，但不能违反有关法律法规要求。

另外，当发生采购物资紧急放行或过程产品例外转序时，要满足：能可靠追回，做好记录和标识，并经授权人批准的要求。

组织应按工程档案管理的规定，提供有关工程质量的监测记录。

8.3 不合格品控制

组织应确保不符合产品要求的产品得到识别和控制，以防止其非预期的使用或交付。应编制形成文件的程序，以规定不合格品控制以及不合格品处置的有关职责和权限。

适用时，组织应通过下列一种或几种途径处置不合格品：

(1) 采取措施，消除发现的不合格。

(2) 经有关授权人员批准，适用时经顾客批准，让步使用、放行或接受不合格品。

(3) 采取措施，防止其原预期的使用或应用。

(4) 当在交付或开始使用后发现产品不合格时，组织应采取与不合格的影响或潜在影响的程度相适应的措施。

(5) 在不合格品得到纠正之后应对其再次进行验证，以证实符合要求。

应保持不合格的性质的记录以及随后所采取的任何措施的记录，包括所批准的让步的记录(见 4.2.4)。

【理解】 不合格品的控制是确保产品质量符合要求的重要手段。组织应对不合格品实施有效控制，以防止不合格品的非预期使用和交付。

不合格品的控制范围包括：组织内产品和组织外部提供的产品、交付前的产品、交付后已使用的产品。应根据不合格的情况进行分类分级管理，并明确管理的有关职责、权限。建筑施工企业不合格品较多发生在工序检验中的自检专检、工序交接过程中，应对此实施有效的控制。

对不合格品的控制活动有：识别不合格品、标识不合格品、记录不合格品、评审处置纠正不合格品、验证不合格的纠正结果等。

处置不合格品的方法：

(1) 对不合格品进行返工或返修，并对返工返修后的产品进行再验证；

(2) 经授权人批准，适当时经顾客批准，让步接收使用不合格品；

(3) 改变不合格品的使用方式和用途；

(4) 针对交付后发现的不合格品，视问题的严重程度采取相应的措施。

不合格品控制记录是不合格品管理的证据，记录包括的内容有：不合格事实描述、不合格性质判定、不合格处置办法及实施、不合格处置后的验证。

不合格品控制的主管部门应收集不合格品的信息，建立管理台账，对不合格品情况进行分析，并在必要时针对产品质量的改进采取纠正措施。

8.4 数据分析

组织应确定、收集和分析适当的数据，以证实质量管理体系的适宜性和有效性，并评价在何处可以持续改进质量管理体系的有效性。这应包括来自监视和测量的结果以及其他有关来源的数据。

数据分析应提供有关以下方面的信息：

(1) 顾客满意(见 8.2.1)；

(2) 与产品要求的符合性(见 8.2.4)；

(3) 过程和产品的特性及趋势，包括采取预防措施的机会(见 8.2.3 和 8.2.4)；

(4) 供方(见 7.4)。

【理解】 数据分析是提高产品质量和体系改进的有价值的工具和手段，是“基于事实的决策方法”的基础性工作。

通过数据分析可以达到：

(1) 产品的质量情况及质量趋势；

(2) 证实质量管理体系的适宜性、有效性；

(3) 识别并评价体系持续改进的机会。

"适当的数据"可以是：管理评审要求输入的七个方面；监视和测量的结果即顾客满意、内审、过程的监视和测量、产品的监视和测量；供方采购的信息；不合格品信息、其他信息如市场动态、竞争对手情况等。

组织应明确数据收集、分析、报告的职责(一般由主控部门负责)；明确数据来源、内容、收集频次、使用的分析方法(如统计技术，即建筑施工企业常用的调查表、排列图、因果分析图、对策表、频数直方图、控制图、相关图等)、分析所得结论以及拟采取的改进措施等。

通过数据分析可以得到的信息有：顾客的满意度、组织提供产品的符合性、产品不合格信息、体系过程和产品特性的变化趋势、供方和外包过程的信息。

数据分析过程与监视和测量过程(8.2)、内部沟通过程(5.5.3)、改进过程(8.5)密切相关。通过数据分析既了解产品和体系业绩，并可促进体系的改进。

8.5 改进

8.5.1 持续改进

组织应利用质量方针、质量目标、审核结果、数据分析、纠正措施和预防措施以及管理评审，持续改进质量管理体系的有效性。

【理解】 持续改进是组织的一个永恒主题。

改进的内容可以针对过程结果、产品的质量特性、体系活动、资源等；改进可以是日常渐进的改进活动，也可以是重大的改进活动。

组织通过以下活动的开展持续改进质量管理体系的有效性：

(1) 通过方针建立和实施，营造一个激励改进的环境；

(2) 确立目标以明确改进的方向；

(3) 利用内审的结果不断发现质量管理体系的薄弱环节；

(4) 通过数据分析找出顾客的不满意、产品未满足要求、过程不稳定等问题；

(5) 利用纠正措施、预防措施，避免不合格的发生或再发生；

(6) 通过管理评审，对质量管理体系的适宜性、充分性、有效性评价，发现体系的改进机会。

8.5.2 纠正措施

组织应采取措施，以消除不合格的原因，防止不合格的再发生。纠正措施应与所遇到的不合格的影响程度相适应。

应编制形成文件的程序，以规定以下方面的要求：

(1) 评审不合格(包括顾客抱怨)；

(2) 确定不合格的原因；

(3) 评价确保不合格不再发生的措施的需求；

(4) 确定和实施所需的措施；

(5) 记录所采取措施的结果(见 4.2.4)；

(6) 评审所采取的纠正措施的有效性。

【理解】

纠正、纠正措施、预防措施的区别见表 3-2。

纠正、纠正措施、预防措施的区别 **表 3-2**

		纠　　正	纠正措施	预防措施
1	定义不同	为消除已发现的不合格所采取的措施	为消除已发现的不合格或其他不期望情况的原因所采取的措施	为消除潜在的不合格或其他不期望情况的原因所采取的措施
2	对象不同	针对已发现的不符合	针对已发现不符合的原因	针对潜在不符合的原因
3	目的不同	对不符合进行的处置、改正，避免损失扩大	是为了消除已产生不符合的原因，避免造成类似损失	是为了消除潜在不符合的原因，避免造成损失
4	作用不同	可使已经做错的事改正过来	可防止再做错事	可防止做错事
5	性质不同	就事论事、治标	治本	措施在先，预防为主

组织应建立纠正措施控制程序。针对现有不合格评价采取纠正措施的需求，必要时，采取适当措施，以防止不合格的再发生。

(1) 纠正措施应在组织的相关职能和层次上开展，其步骤如下：

1) 收集不合格信息；

2) 评审不合格的性质及纠正的要求；

3) 分析不合格的原因；

4) 评价采取纠正措施的需求；

5) 确定纠正措施并实施；

6) 跟踪、评审纠正措施的有效性；

7) 必要时进行文件的修改。

(2) 纠正措施既可以在组织的层面也可以在有关的部门或层次上开展，组织尤其应关注纠正措施的效果，通过纠正措施的实施使产品质量和管理体系得到有效改进。纠正措施是管理评审的重要输入内容。

8.5.3 预防措施

组织应确定措施，以消除潜在不合格的原因，防止不合格的发生。预防措施应与潜在问题的影响程度相适应。

应编制形成文件的程序，以规定以下方面的要求：

(1) 确定潜在不合格及其原因；

(2) 评价防止不合格发生的措施的需求；

(3) 确定并实施所需的措施；

(4) 记录所采取措施的结果(见 4.2.4)；

(5) 评审所采取的预防措施的有效性。

【理解】

(1) 组织应建立预防措施控制程序，针对潜在不合格的原因采取适当措施，防止不合格发生。

(2) 预防措施实施的步骤：

1) 确定潜在不合格及其原因；

2) 评价采取预防措施的需求；

3) 确定预防措施并实施；

4) 跟踪、评审预防措施的有效性；

5) 必要时进行文件的修改。

(3) 预防措施是组织在更高一个层次上的管理，也是质量管理所追求的预防为主。预防措施是管理评审的输入内容之一。

第 4 章 工程建设施工企业质量管理规范

4.1 《工程建设施工企业质量管理规范》出台背景、特点和意义

4.1.1 《规范》出台背景

20 世纪 90 年代初，为适应市场经济需要，促进建筑施工企业质量管理科学化、规范化，我国建筑业企业开始贯彻执行 ISO 9000 族标准

建设部对此高度重视，为推动这项工作的开展做了大量的工作，主要有以下三方面：

1. 开展试点

全国第一家贯标的建筑施工企业是中建总公司海外公司在香港开始贯标，1992 年下半年，分别由中建总公司、清华大学、建设部和国家认可委工程建设委员会等先后组织了三个调研组/考察团进行考察，1993 年底姚兵司长召集三个调研组听取汇报，分析在国内贯标重要性、必要性，1994 年春节后组织了专门研讨会，确定了从 1994 年 4 月起在中建一局四公司、中建三局一公司、北京住总一公司、天津管道公司等 14 家建筑施工企业中进行第一批贯标试点工作，之后又选择 55 家作为第二批试点单位。

2. 发布指南

为推动这项工作在建筑行业全面、深入展开，建设部组织行业专家针对 94 版 ISO 9000 标准，曾于 1995 年、1996 年先后出台了两版《建筑企业贯彻 GB/T 19000—ISO 9000 标准实施细则》。2001 年 7 月，针对 2000 版 ISO 9001 标准建设部与国家认可委又共同编制、发布《质量管理体系专业应用指南-建设工程施工》GB/T 19000—2000。

中国建筑业协会、中国建设 ISO 论坛(中建协认证中心主办)于 2002 年发布中国建筑业实施 ISO 9000—2000 审核指南。

3. 制订《规范》

2003 年在建设部召开的“全国建筑市场与工程质量安全管理工作会议”上明确提出要制定一个关于施工企业质量管理的标准，以解决建筑施工企业实施 ISO 9000 族标准存在诸多问题和弊端。期望的新标准能达到：是对 ISO 9000 族质量管理国际标准的本土化和行业化，要有中国特色，要适合施工企业特点，既要便于企业操作，能够切实地解决和消除企业质量管理工作中存在的问题和弊端，同时也能作为对企业进行监督管理的依据。

建设部以建标［2003］102 号文下达“关于印发《2002—2003 年度工程建设国家标准制订、修订计划》的通知”，把《工程建设施工企业质量管理规范》正式列入制订计划，由中国建筑业协会组织编写。

由北京中建协质量体系认证中心等 13 个单位组成了《规范》编制组，在对全国质量

状况广泛调研基础上认真总结全行业质量管理成功的实践经验，在广泛征求各方意见基础上经过反复讨论、修改和完善，最终经审查定稿。

建设部于2007年10月23日以第725号公告正式批准发布《工程建设施工企业质量管理规范》为国家标准，编号为GB/T 50430—2007，自2008年3月1日起正式实施。

同时，建设部在2006年还颁布了《工程建设勘察企业质量管理规范》GB/T 50379和《工程建设设计企业质量管理规范》GB/T 50380。

2010年6月10日国家认监委和住房城乡建设部联合发布2010年第21号公告，决定在中国境内在建筑施工领域质量管理体系认证中应用《工程建设施工企业质量管理规范》GB/T 50430—2007

《工程建设施工企业质量管理规范》GB/T 50430—2007(以下简称《规范》)的出台是我国工程建设施工企业的一件大事，也是一件喜事，从长远来看，将有助于进一步推进工程建设施工企业的现代化发展进程。

4.1.2 《规范》编制遵循的原则

1. 遵法原则

《规范》紧密结合当前我国已发布的建设管理各项法律法规要求，以便通过该规范的实施推动工程建设管理法制化的进程。

2. 大质量概念

《规范》的编制不是从狭义的“质量”角度出发，仅局限于工程(产品)质量的控制，而是从与工程质量有关的所有质量行为的角度即“大质量”的概念出发，全面覆盖企业的所有质量管理活动。

3. 鼓励创新

《规范》是对施工企业质量管理的基本要求，并不是企业质量管理的最高水平。因此在执行《规范》的同时，鼓励企业根据自身发展的需要进行管理创新，如实施卓越绩效模式等，提升企业的竞争能力。

4.1.3 规范的主要特点

《规范》作为施工企业质量管理的第一个管理性规范，具有先进性、指导性、灵活性，其主要特点如下：

(1)《规范》以ISO 9000系列标准作为制定的理论依据，基本思想与ISO 9000系列标准保持一致，在内容上全面涵盖了ISO 9001标准的要求，并与现行的质量法规要求紧密结合，而不是单独另外创建的质量管理标准。

(2)《规范》在条文结构安排上充分体现了施工企业质量管理活动特点，突出了过程方法和PDCA思想；按“国家标准”格式编写，语言清晰、文字简明、易于理解、便于操作。

(3) 行业化、本土化，具有中国特色，语言简洁明了，适合中国施工企业实际。

(4) 紧密结合行业法规要求，既是指导工程建设施工企业规范质量管理的准则，也是建设行政主管部门对企业进行监督管理的依据 。

(5) 从“大质量”的概念出发，全面覆盖企业的所有质量管理活动，是指导施工企业质量管理行为规范的“准则”。

(6)《规范》内容在诸多方面拓展了 ISO 9001 的要求并且更加行业化、具体化。

(7)《规范》与我国施工行业现行管理模式保持一致，施工企业在贯彻时不仅不会增加负担，反而因减少了由于企业对 ISO 9000 标准的误解产生的形式化操作，而减轻负担。

4.1.4 《规范》实施的意义

(1)《规范》以关注最终产品质量和顾客满意为焦点，突出了对企业质量管理行为的规范。

施工企业的质量管理行为，决定施工企业的工程质量。《规范》是从与工程质量有关的所有质量行为，即“大质量”的概念出发，对各项质量管理活动提出的要求。《规范》以 ISO 9000 标准理论为基础，以关注最终产品质量和顾客满意为焦点，与施工企业质量管理有关的国家标准、规范和行业特点相结合，转化成为施工企业的管理要求，《规范》的贯彻实施必将促进施工企业更加关注质量管理体系实效和最终产品质量。

(2) 有利于促进我国施工企业质量管理的“科学化、规范化和法制化”进程，以适应经济全球化发展的需要。

(3)《规范》的有效实施可切实解决和消除施工企业在质量管理方面存在的诸多问题和弊端，有助于进一步推进企业的现代化发展进程。

(4)《规范》的有效实施，将有效地提高施工企业质量保证能力，促进质量管理水平和工程质量水平的普遍提高，对规范建筑市场、减少质量事故的发生将会发挥重要作用。

总之，贯彻“规范”对于建筑施工行业、认证认可行业及质量监督单位等各相关方，意义重大，影响深远，任务艰巨。

4.1.5 国家认监委与住房和城乡建设部对中国境内建筑施工企业在质量体系认证中贯彻《施工企业质量管理规范》的要求及其解读

国家认证认可监督管理委员会和住房城乡建设部于 2010 年 6 月 10 日联合发布《关于在建筑施工领域质量体系中应用〈工程建设施工企业质量管理规范〉》2010 年第 21 号公告，其主要内容如下：

为进一步提高建筑施工企业质量管理水平，为社会提供优质建筑，满足建筑施工领域质量管理工作专业性强的需求，国家认证认可监督管理委员会与住房和城乡建设部决定在建筑施工领域质量管理体系认证中应用《工程建设施工企业质量管理规范》GB/T 50430—2007(以下简称《规范》)。现将有关事项公告如下，请各相关单位遵照执行：

一、自 2010 年 8 月 1 日起，在建筑施工领域质量管理体系认证中，应依照《质量管理体系　要求》(GB/T 19001—2008)和《规范》执行。

二、从事建筑工程活动的施工企业应贯彻《规范》的所有要求，鼓励采用符合条件的第三方认证，其认证的内容应同时包括《质量管理体系　要求》和《规范》的要求，鼓励相关部门采信其结果。

三、各认证机构自 2010 年 11 月 1 日起，在中国境内对建筑施工企业实施质量管理体系认证时，应当依据《质量管理体系　要求》和《规范》开展认证审核活动。

四、中国合格评定国家认可中心应结合《规范》的要求，重新修订对于建筑施工专业范围的认可要求，从2010年9月1日起对具有建筑施工专业范围的认证机构进行重新评定确认，符合条件的继续给予相应的认可资格。

五、经过重新核定具备建筑施工专业范围认可的认证机构对按照《质量管理体系　要求》标准已获得质量管理体系认证的企业，在到期换证时，应增加《规范》要求审核后完成认证证书转换工作；逾期未完成转换的认证证书均属无效，认证机构应对无效证书做出相应处理。

六、依据《质量管理体系　要求》和《规范》标准实施的认证活动，认证证书标注的认证依据标准应为：GB/T 19001—2008/ISO 9001：2008和GB/T 50430—2007。

2010年6月10日

【21号公告对《规范》实施的要求】

国家两部委第21号联合公告对实施《规范》的要求主要体现以下4个方面：

1. 对认可机构的要求

中国合格评定国家认可中心应结合《规范》要求，重新修订对于建筑施工专业范围的认可要求，从2010年9月1日起对具有建筑施工专业范围的认证机构进行重新评定确认，符合条件的继续给予相应的认可资格。

2. 对认证机构的要求

认证机构至少有10名符合CNASSC15要求的专职审核员，本《规范》审核组成员均应通过转换考试。自2010年11月1日起，在中国境内对建筑施工企业实施质量管理体系认证时，应当依据《质量管理体系 要求》和《规范》开展认证审核活动。

3. 对审核员的要求

本《规范》审核员转换工作实行考培分离的原则。是否参加培训由审核员根据各自情况决定。审核员应参加认监委统一组织的考试，考试合格方可从事本《规范》审核工作。现阶段承担统一培训任务的机构为国家认监委认证技术研究所。

4. 对获证施工企业的要求

已获得质量管理体系认证的企业，在到期换证时，应增加按《规范》要求的审核，完成认证证书的转换工作；逾期未完成转换的认证证书均属无效，认证机构应对无效证书做出相应处理。

4.2 《工程建设施工企业质量管理规范》与GB/T 19001《质量管理体系　要求》标准的关系

4.2.1 《规范》的关注要点

(1) 质量管理改进和创新措施的重要性；

(2) 管理体系文件要求的完整性和有效性；

(3) 管理体系实施记录要求的完整性和有效性；

(4) 管理体系实施活动的完整性和有效性；

(5) 对“过程方法”的应用。

4.2.2 《规范》与ISO 9001标准的关系

(1) 关系。《规范》不是对ISO 9001标准的解读，是我国独立的工程建设施工企业质量管理的规范标准，《规范》应用了ISO 9000的管理思想、理论和理念，包括了ISO 9001标准的所有要求，是我国长期以来工程建设质量管理实践经验的总结并与我国施工企业质量管理实际情况相结合的产物。

(2) 结论。施工企业按照《规范》的要求建立的质量管理体系，如果经证实满足了《规范》的所有要求，就可以颁发同时带有“ISO 9001”和《规范》标志的认证证书。

4.2.3 《规范》与ISO 9001标准要求差异对照

(1)《规范》明示的质量管理制度与ISO 9001标准明示的程序对照表。见附表4-1；

(2)《规范》明示的文件/记录与ISO 9001标准明示的文件/记录对照表。见附表4-2；

(3)《规范》与GB/T 19001—2008“标准”相比新拓展/和行业化的明示要求。见附表4-3。

4.3 《工程建设施工企业质量管理规范》的条文理解

《规范》条文共13章，主要内容：

1 总则；
2 术语；
3 质量管理基本要求；
4 组织机构和职责；
5 人力资源管理；
6 施工机具管理；
7 投标及合同管理；
8 建筑材料、构配件和设备管理；
9 分包管理；
10 工程项目施工质量管理；
11 施工质量检查与验收；
12 质量管理自查与评价；
13 质量信息和质量管理改进。

1. 总则

1 总则
1.0.1 为加强工程建设施工企业(以下简称“施工企业”)的质量管理工作，规范施工企业质量管理行为，促进施工企业提高质量管理水平，制定本规范。
1.0.2 本规范适用于施工企业的质量管理活动。

1.0.3 本规范是施工企业质量管理的标准，也是对施工企业质量管理监督、检查和评价的依据。

1.0.4 施工企业的质量管理活动，除执行本规范外，还应执行国家现行有关标准规范的规定。

【理解】 本章为本《规范》总要求，涉及 ISO 9001 标准 1.1 总则、1.2 应用。其中各条要求(关键词)如下：

1.0.1 目的；

1.0.2 适用范围；

1.0.3 作用；

1.0.4 与国家现行有关标准规范的关系。

施工企业在贯彻《规范》时，还应执行国家现行有关标准规范的规定，不能孤立看待规范各个条款及其要求，而应将《规范》与其所涉及的其他要求有机结合在一起，全面、系统地贯彻。

2. 术语

2.0.1 质量管理活动 quality management action

为完成质量管理要求而实施的行动。

【理解】

(1)“质量管理活动”是为完成质量要求而采取的各项行动。不是 ISO 9000 中单指的“活动”，可理解为“质量管理过程”。“过程”可增值，而“活动”不增值。

(2) 过程：一组将输入转化为输出的相互关联或相互作用的活动。过程“三要素”：输入、输出和过程转换中的管理。内在关系见图 4-1。

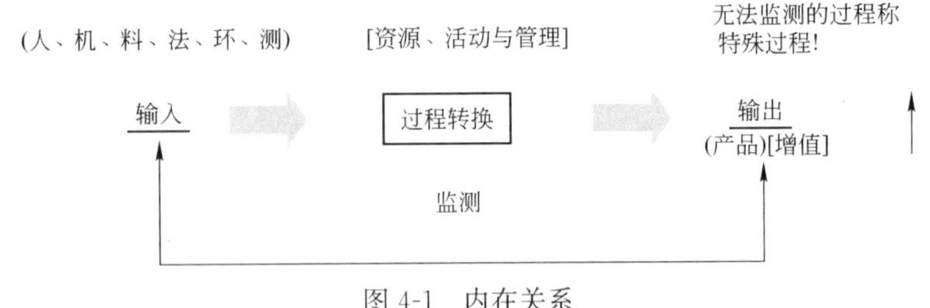

图 4-1 内在关系

2.0.2 质量管理制度 quality management statute

按照某些质量管理要求建立的、适用于一定范围的质量管理活动要求。质量管理制度应规定质量管理活动的步骤、方法、职责。质量管理制度一般应形成文件。需要时，质量管理制度可由更加详细的文件要求加以支持。

【理解】 质量管理制度应规定质量管理活动的步骤、方法、职责；程序是为进行某项活动和过程所规定的途径。程序的主要内容包括：

(1) 做什么(What)；

(2) 为什么要做(Why)；

(3) 谁去做(Who);

(4) 何时做(When);

(5) 在哪做(Where);

(6) 如何做(How);

(7) 做到什么程度 How much，简称为“5W2H”。

因此，这里讲的“质量管理制度”就是“ISO 9000 标准”“程序”的本土化称谓。但区别在于：

“程序”可以形成文件，也可以不形成文件，而《规范》中术语“质量管理制度”一般应形成文件。所以，“质量管理制度”可理解为形成文件的“程序要求”。

2.0.3 质量信息 quality information 反映施工质量和质量活动过程的记录。

【理解】 质量信息的概念包括狭义和广义的两方面：

(1) 狭义：指反映施工质量和质量活动过程的记录；

(2) 广义：指实施质量管理活动和反映施工质量所使用的各种声音、图像、文字、数字和符号等。

质量信息分类按属性可以分为：组织类、管理类、经济类、技术类和法规类信息。

2.0.4 质量管理创新 quality management innovation 在原有质量管理基础上，为提高质量管理效率、降低质量管理成本而实施的质量管理制度、活动、方法的革新。

【理解】

(1) 质量管理创新既包括原始创新，也包括集成创新和引进消化吸收后的再创新，属 ISO 9000“持续改进”范畴；

(2) 质量管理创新是为企业、顾客、社会创造新的价值的活动，创新能力是企业的核心竞争力之一。

注：ISO 9000“持续改进”：增强满足要求的能力的循环活动。

2.0.5 施工质量检查 quality inspection 施工企业对施工质量进行的检查、评定活动。

【理解】

(1) 是企业监督机制的组成部分。目的是及时发现质量活动中存在的隐患和问题，并为实施质量改进提供依据；

(2) 施工质量检查活动应从检查的依据、内容、人员、时机、方法和记录等方面入手进行策划和实施。

3. 质量管理基本要求

本章明确了建立与实施质量管理体系的管理思路、管理方法和体系文件的结构模式，提出了策划、建立、实施和改进质量管理体系的基本要求，是《规范》坚持八项质量管理

原则，尤其是“过程方法”和“管理的系统方法”及“PDCA”循环模式应用的结果。

还提出了建立“文件管理制度”和“记录管理制度”的需求。

与ISO 9001关系：

本章内容涉及的ISO 9001标准的条款主要为4.1总要求、4.2文件要求、5.3质量方针、5.4策划、5.6管理评审、6.1资源提供等。

涉及的法律法规：

(1)《建筑法》

(2)《建设工程质量管理条例》等

3.1 一般规定

3.1.1 施工企业应结合自身特点和质量管理需要，建立质量管理体系并形成文件。

3.1.2 施工企业应对质量管理体系中的各项活动进行策划。

3.1.3 施工企业应检查、分析、改进质量管理活动的过程和结果。

【理解】

(1) 3.1.1条　明确了施工企业应建立文件化的质量管理体系。质量管理体系的要求应形成文件，作为质量管理的依据，但并不是文件越多越好，应以满足质量管理有效性需要为标准。

(2) 3.1.2条　强调质量管理体系各项活动均应进行事前策划。“策划”是指为达到一定目标，对未来某项工作进行全面的构思和安排。

(3) 3.1.3条　强调对质量管理活动的过程和结果均应进行检查、分析和改进。企业除了按策划的安排实施全部的过程，还应对质量管理活动的过程和结果采取适宜的方式进行检查、监督和分析，以确定质量管理活动的有效性，明确改进的必要性和方向。

3.2 质量方针和质量目标

3.2.1 施工企业应制定质量方针。质量方针应与施工企业的经营管理方针相适应，体现施工企业的质量管理宗旨和方向，包括：

(1) 遵守国家法律法规，满足合同约定的质量要求；

(2) 在工程施工过程中及交工后，认真服务于发包方和社会，增强其满意程度，树立施工企业在市场中的良好形象；

(3) 追求质量管理改进，提高质量管理水平。

【理解】

(1)“质量方针”定义与作用：质量方针是由组织的最高管理者正式发布的关于质量方面的全部意图和方向。其作用是它能为组织提供关注的焦点，形成全体员工的凝聚力，显示组织对外的质量承诺，争取顾客的信任。

(2) 企业建立质量方针的意义和要求：

1) 质量方针是统一全体员工质量意识的准则；

2) 质量方针是建立质量管理体系的基础；

3) 质量方针是检验质量管理体系运行效果的最高标准。

质量方针必须经最高管理者批准并形成文字，定期评审并做必要的修订。

(3) 质量方针内容应满足《规范》1～3 条要求。

3.2.2 施工企业的最高管理者应对质量方针进行定期评审并作必要的修订。

【理解】 对质量方针的评审和修订是企业质量管理改进的重要手段之一。

(1) 对质量方针的评审需收集以下信息：

1) 质量目标的实现情况；

2) 各项质量管理制度的执行情况；

3) 发包方对工程质量和质量管理水平的评价；

4) 各项质量管理要求与外部环境的适应性。

(2) 对质量方针的修订会涉及质量目标、组织机构、职责权限、管理的范围、管理制度等方面的调整，注意协调一致。

3.2.3 施工企业应根据质量方针制定质量目标，明确质量管理和工程质量应达到的水平。

【理解】

(1)“质量目标”的涵义与作用：

1) 涵义：“在质量方面所追求的目的”。它是在质量方针的原则和框架下具体追求的目的，追求的结果应能实现质量方针的质量承诺。

2) 作用：质量管理目标的建立应能为企业及其员工提供质量管理工作的方向，形成集合力，合理分配和利用资源，达到规定的结果。

(2) 制订质量目标应实现的目的：

1) 激发员工的积极性；

2) 提高工程质量，使实现质量目标的过程成为质量改进的过程；

3) 提高作业的有效性；

4) 提高财、物业绩，增加预防成本，降低故障成本；

5) 增强发包方的满意度。

(3) 质量管理目标制订要求：应明确 QM 及工程质量应达到的水平；必须在相关职能和各层次机构中分解展开，建立各自的质量管理目标。

3.2.4 施工企业应建立并实施质量目标管理制度。

【理解】

(1) 明确了企业建立“质量目标管理制度”的需求，其作用：是建立、实施、实现和保持质量目标的重要保证。

(2) 内容要求：“质量目标管理制度”中应明确：目标制订的职责、依据、目标分解、对质量目标实现情况考核及对考核结果如何应用于对员工奖惩、激励要求等。

(3) 实施要求：质量目标在各管理层次及项目上的分解、落实是实施的重点。各管理层次应监督、检查质量目标的分解、落实情况，并对其实现情况进行考核。考核结果既是质量管理水平评价和改进的依据，又是重新确定和修订质量目标的依据。

3.3 质量管理体系的策划和建立

3.3.1 最高管理者应对质量管理体系进行策划。策划的内容应包括：

（1）质量管理活动、相互关系及活动顺序；

（2）质量管理组织机构；

（3）质量管理制度；

（4）质量管理所需的资源。

【理解】 GB/T 19000—2008 标准中"质量策划"的涵义是：质量管理的一部分，致力于制定质量目标并规定必要的运行过程和相关资源以实现质量目标。

（1）质量管理体系策划应确定和实现质量目标为目的。

（2）体系策划职责：企业最高领导者是管理体系的建立、实施与改进的第一负责人，应结合本企业的实际范围进行策划。

（3）策划时机：应在质量管理体系的建立和实施的初始阶段和体系运行过程中对体系变更前的策划。

（4）策划内容包括：过程的识别确定；组织架构；管理制度；资源，见《规范》1～4。

（5）策划输出：确定组织机构、分配职能、制订相关制度、配备资源、质量管理活动的计划、方案、措施等。

3.3.2 施工企业应根据质量管理体系的范围确定质量管理内容。施工企业质量管理内容一般包括：

（1）质量方针和目标管理；

（2）组织机构和职责；

（3）人力资源管理；

（4）施工机具管理；

（5）投标及合同管理；

（6）建筑材料、构配件和设备管理；

（7）分包管理；

（8）工程项目施工质量管理；

（9）施工质量检查与验收；

（10）工程项目竣工交付使用后的服务；

（11）质量管理自查与评价；

（12）质量信息管理和质量管理改进。

【理解】 该条明确了 12 项质量管理内容，上述内容与《规范》各章保持一致。

3.3.3 施工企业应建立文件化的质量管理体系。质量管理体系文件应包括：

（1）质量方针和质量目标；

（2）质量管理体系的说明；

（3）质量管理制度；

（4）质量管理制度的支持性文件；

（5）质量管理的各项记录。

【理解】

(1) 该条款明确了对质量管理体系文件的组成要求：

1) 方针、目标；

2) 质量管理体系说明；

3) 质量管理制度；

4) 支持性文件；

5) 记录。

(2) 质量管理体系说明(即质量手册)是企业质量管理体系的第一层次文件，在体系文件中具有统帅的作用，是企业内最高的质量法规和准则。

(3) 质量管理制度上承质量管理体系说明，下接作业文件，是质量管理体系说明的支持性文件，在体系文件中起到主体作用。

(4) 质量管理制度的支持性文件是技术或管理性文件，起基础性作用，可以分为两类：

1) 用于生产活动的操作指导文件，如工法、操作规程等；

2) 用于指导具体作业管理的规章制度、管理办法、工作细则等。

3.4 质量管理体系的实施和改进

3.4.1 施工企业应确定并配备质量管理体系运行所需的人员、技术、资金、设备等资源。

【理解】 资源配备是确保质量管理体系有效运行的基础和条件。为了实施质量方针并达到质量目标，各级管理者应确定资源要求并提供必需的、充分且适宜的基本资源。这些资源包括但不仅限于：

(1) 人力资源和专业技能；

(2) 技术方法、手段、工艺；

(3) 施工机具、周转性材料，检验、试验和检查设备，仪器、仪表和计算机软件；

(4) 项目施工生产所需的暂设工程、临时设施，工作环境；

(5) 资金等财务资源。

对资源配备的要求：适应性地识别本组织应提供的资源内容、要求及数量并及时提供；对于工程项目而言，在进行项目策划时，应编制资源需求计划，明确该项目资源需求。

3.4.2 施工企业应建立内部质量管理监督检查和考核机制，确保质量管理制度有效执行。

【理解】

(1) 质量管理体系的建立与实施是为了能稳定地提供满足顾客和法律法规等要求的产品和服务。

(2) 企业的质量管理体系是否达到了这个目的，需要进行评价。顾客和第三方认证机构可以对施工企业的质量管理体系有效性、符合性进行评价。

(3) 施工企业应以自查、自控为主，建立自己的监督检查和考核机制，对所策划的体系、过程及其实施结果进行监督检查和考核，确保质量管理制度得到有效执行。

3.4.3 施工企业应评审和改进质量管理体系的适宜性和有效性。

【理解】

（1）质量管理体系的适宜性是指质量管理体系能持续满足内外部环境变化需要的能力。

（2）质量管理体系有效性是指通过完成质量管理体系所需要的过程（或活动）而达到质量方针、目标等要求的程度。

（3）施工企业可以通过发放调查表、召开研讨会、检查与审核等多种方式评审与改进质量管理体系的适宜性和有效性。

3.5 文件管理

3.5.1 施工企业应建立并实施文件管理制度，明确文件管理的范围、职责、流程和方法。

【理解】

（1）文件的作用：文件是实施并保持体系的基础，适宜的文件会促使质量管理体系的有效运行；企业应对与质量有关的文件进行管理，包括：规定产品要求（包括发包方的法律法规和相关标准的要求）、质量管理体系及作为各项活动依据的所有文件、规定记载所完成的活动及结果的记录表等。

（2）文件的形式：文件的媒体可以是纸张、计算机磁盘、光盘、电子媒体或它们的组合。

（3）"制度"的要求：建立和实施"文件管理制度"是确保文件得到有效控制的重要措施。

（4）"制度"的内容："制度"中应明确文件管理的范围、职责、流程和方法。

3.5.2 施工企业的文件管理应符合下列规定：

（1）文件在发布之前经过批准；

（2）根据管理的需要对文件的适用性进行评审，必要时进行修改并重新批准发布；

（3）明确并及时获得质量管理活动所需的法律、法规和标准规范；

（4）及时获取所需文件的适用版本；

（5）文件的内容应清晰明确；

（6）确保各岗位员工明确其活动所依据的文件；

（7）及时将作废文件撤出使用场所或加以标识。

【理解】

（1）文件管理是指对文件的编制、审批、发放、使用、更改、作废、回收等的管理工作；

（2）本条款对文件管理提出了七项要求，与ISO 9001标准4.2.3要求基本一致；

（3）对内部文件/外部文件应有区别地确定不同的管理方式；

（4）对于外来文件，如标准、规范、法律、法规、建设单位图纸等要建立一个渠道，确保能适时收集到适用文件的最新版本或修改信息；

（5）为便于检索和识别有效版本，可以采用建立和保持文件总目录的方法进行控制；

（6）对电子文件，应制订相应的管理办法。

3.5.3 施工企业应建立并实施记录管理制度，明确记录的管理职责，规定记录填写、标识、收集、保管、检索、保存期限和处置等要求。对存档记录的管理应符合档案管理的有关规定。

【理解】

(1) 记录的性质：记录是指阐明所取得的结果或提供所完成活动的证据的文件。记录是特殊形式的文件。

(2) 记录的作用：用以证实产品和质量管理体系符合规定的要求。记录还是确保追溯产品质量和测量设备溯源的依据，并可用作验证以及分析不合格原因、采取预防措施的依据。

(3)《规范》要求：要求施工企业建立“记录管理制度”，明确对记录管理职责及记录填写、标识、收集、保管、检索、保存期限[illegible]管理要求。该条内容及要求与 ISO 9001 标准 4.2.4 要求基本一致。

(4) 记录的管控环节 ：填写、标识、[illegible]期限和处置。

(5) 存档记录应符合工程建设需要及档案[illegible]

《规范》第 3 章 “质量管理基本[illegible]理解归纳

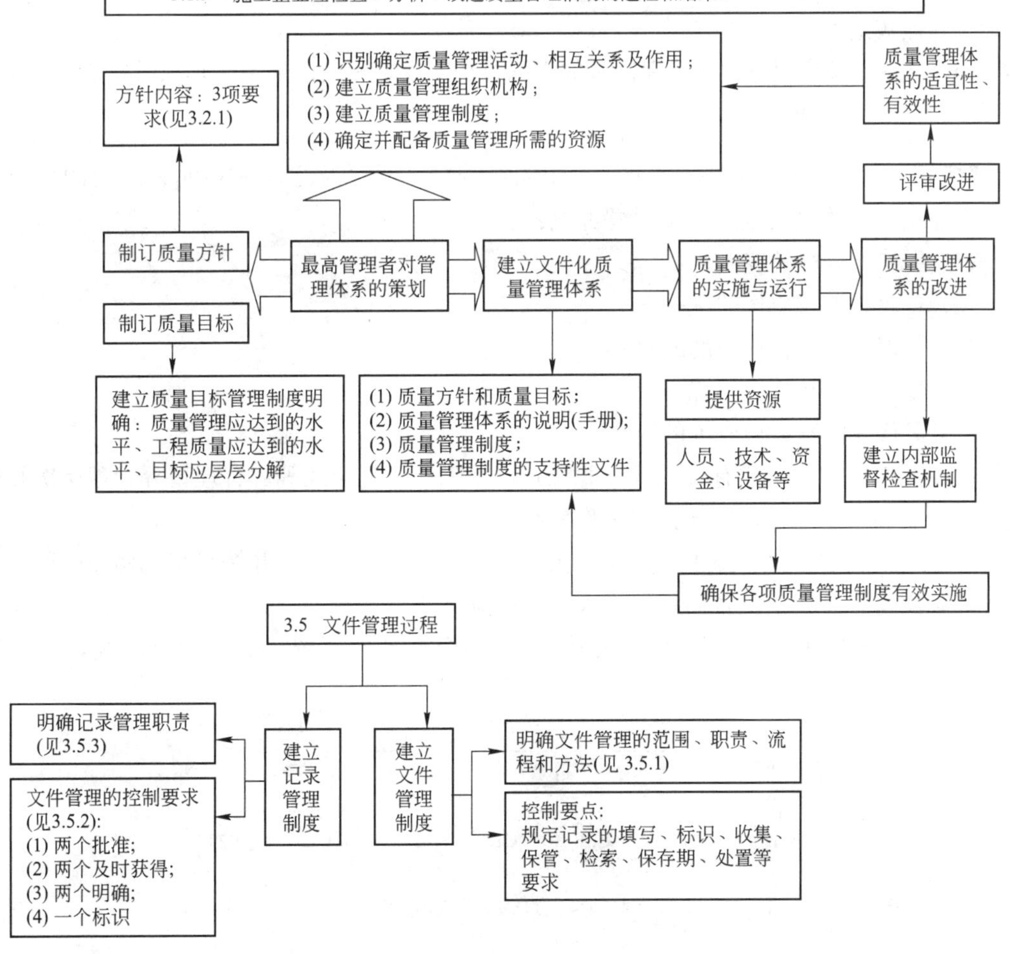

4. 组织机构和职责

(1) 本章规定了施工企业应明确质量管理体系的组织机构，配备相应质量管理人员，规定相应的职责和权限[illegible]内部沟通等要求。

(2) 本章内容涉[illegible]要为：5.1 管理承诺、5.5.1 职责和权限、5.5.3 内部沟通等。

(3) 涉及的主[illegible]

1)《建筑法》；

2)《建筑业企业[illegible]

3)《建设工程质[illegible]

4)《建设工程安全[illegible]

5)《建造师执业资格制[illegible]

6)《建设工程项目管理规范》。

合理划分管理层次、建立组织机构、配备质量管理人员并规定相应的职责是保障各项质量管理活动高效、有序运行的前提。质量管理组织机构的建立、人员的配备以及相关职责的确定应该与企业的管理组织体系相一致。

4.1 一般规定

4.1.1 施工企业应明确质量管理体系的组织机构，配备相应的质量管理人员，规定相应的职责和权限并形成文件。

【理解】 组织结构模式反映了一个组织系统中各子系统之间或各元素之间的指令关系；企业组织结构“五统一”的设置原则：

(1) 集权与分权的统一；

(2) 专业分工与协作的统一；

(3) 管理层次与管理跨度的统一；

(4) 管理职责和权力的统一；

(5) 运行效率与运行成本的统一。

常用的组织结构形式有直线式、职能式、矩阵式、复合式等。合理划分管理层次和职能部门，应力求扁平化，以便提高运作效率。

根据组织结构模式，施工企业绘制出本企业的组织结构图，并按组织机构图中所确定的部门及岗位，分层次配备质量管理人员，明确其职责和权限。

(1) 直线制组织结构(图 4-2)主要特点：源于军事组织系统，下级服从上级，每个工

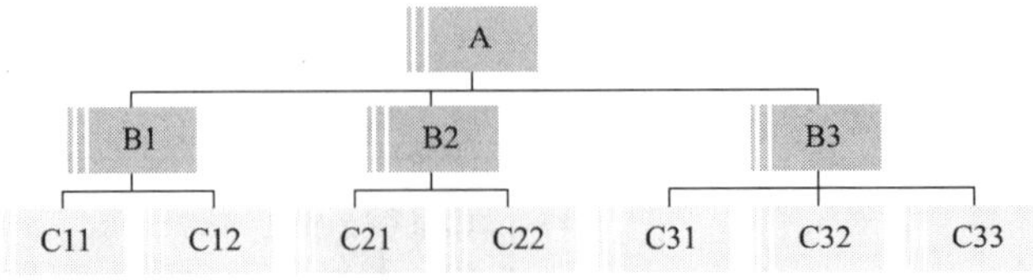

图 4-2 直线制组织结构

作部门只有一个指令源。可避免由于矛盾的指令而影响系统的运行。但大的组织中指令途径过长会造成运行困难。

(2) 职能式组织结构(图 4-3)主要特点：每个工作部门有多个矛盾的指令源，易造成基层单位无所适从。

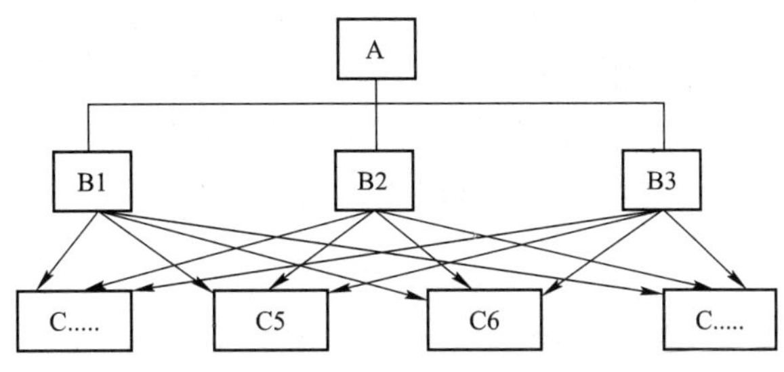

图 4-3　职能式组织结构

(3) 矩阵式组织结构(图 4-4)主要特点：组织结构中设纵向和横向两种不同类型的工作部门，指令源来自纵向和横向职能部门，因此指令源为二。适于大型组织系统。

(4) 复合式组织结构：即在组织结构中既有直线式也有职能式或矩阵式。

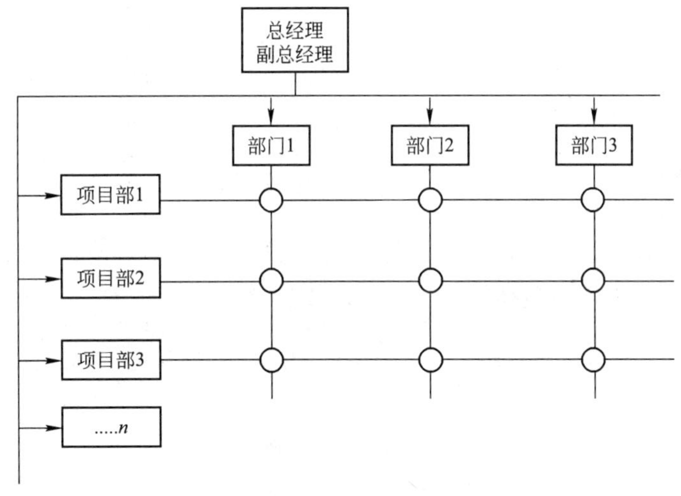

图 4-4　矩阵式组织结构图

> **4.2**　组织机构
>
> **4.2.1**　施工企业应根据质量管理的需要，明确管理层次，设置相应的部门和岗位。
>
> **4.2.2**　施工企业应在各管理层次中明确质量管理的组织协调部门或岗位，并规定其职责和权限。

【理解】 管理层次就是在职权等级链上所设置的管理职位的级数，管理跨度是管理人员直接指挥、监督其下属的人数。两者的关系是在最低层操作人员一定的情况下，管理的跨度越大，管理层次越少。反之，管理跨度越小，管理层次越多。组织机构设置与部门划分应遵循的基本原则是：

(1) 确保企业质量管理目标的实现；

(2) 实现质量管理职责的明确性和均衡性；

(3) 力求质量管理部门精干和高效，避免机构臃肿；

(4) 保持一定的弹性和应变能力；

(5) 确保部门之间要有良好的协调和配合。

施工企业各层次质量管理组织协调部门或岗位的职责和权限要求见 4.3.2 条。《建设工程质量管理条例》中要求"施工单位应建立质量责任制，确定工程项目的项目经理、技术负责人和施工管理负责人"。施工企业对上述岗位承担的质量责任应在相关制度中予以明确。

4.3 职责和权限

4.3.1 施工企业最高管理者在质量管理方面的职责和权限应包括：

(1) 组织制定质量方针和目标；

(2) 建立质量管理的组织机构；

(3) 培养和提高员工的质量意识；

(4) 建立施工企业质量管理体系并确保其有效实施；

(5) 确定和配备质量管理所需的资源；

(6) 评价并改进质量管理体系。

【理解】 最高管理者在施工企业的质量管理中起着十分重要的作用。对最高管理者职责和权限的规定应以贯彻质量方针、实现质量目标、不断增强相关方和社会满意度为目的。上述 6 项职责中，第 1 项是从战略规划层面提出的要求，其他 5 项是从战略实施角度提出的。这 6 项仅是对最高管理者职责的基本要求。

组织的最高管理者还有一项重要职责，就是通过不断创新，使企业的质量管理从满足基本的质量要求走向追求卓越绩效。

4.3.2 施工企业应规定各级专职质量管理部门和岗位的职责和权限，形成文件并传递到各管理层次。

4.3.3 施工企业应规定其他相关职能部门和岗位的质量管理职责和权限，形成文件并传递到各管理层次。

4.3.4 施工企业应以文件的形式公布组织机构的变化和职责的调整，并对相关的文件进行更改。

【理解】

(1) 施工企业应规定各级专职质量管理部门和岗位以及其他相关职能部门和岗位的职责和权限，确保各项质量管理工作有人负责。

(2) 职责和权限设置的结果应以正式文件的形式，通过培训、会议、宣传栏、内部局域网、企业内部报刊等及时传达到企业的各部门和人员，进行有效的内部沟通。

(3) 在职责和权限的设置中，一定要遵循权责一致的原则，并且避免出现矛盾指令。

当施工企业组织机构出现变化或职责发生调整时，有关制度也必须做出相应调整，调整的结果应及时通知到相关的部门和岗位。

《规范》第 4 章 “组织机构和职责”理解归纳

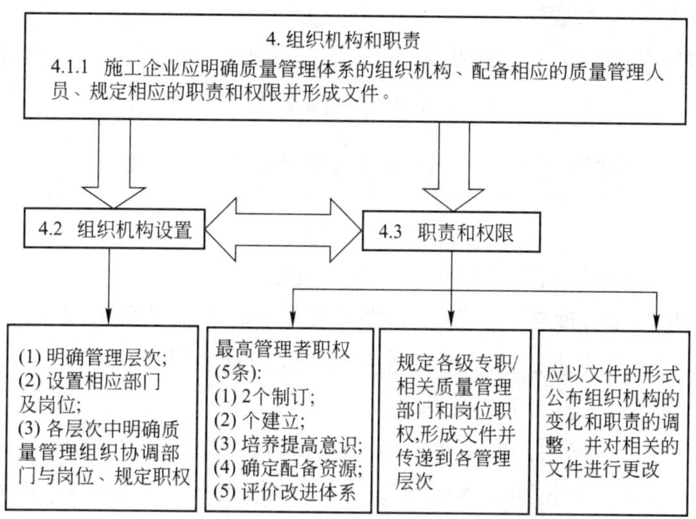

5. 人力资源管理

本章规定了人力资源配置和培训的要求，明确提出应建立“人力资源管理制度”、“员工绩效考核制度”和应根据质量管理长远目标制定“人力资源发展规划”的要求。

与 ISO 9001 关系：本章内容涉及的 ISO 9001 标准的条款主要为 6.2 人力资源等。

涉及的法律法规主要有：

(1)《建筑业企业资质管理规定》;

(2)《建设工程质量管理条例》;

(3)《建设工程安全生产管理条例》;

(4)《建造师执业资格制度暂行规定》;

(5)《特种作业人员安全技术考核管理规则》GB 5036—1985;

(6)《特种作业人员安全技术培训考核》。

5.1 一般规定

5.1.1 施工企业应建立并实施人力资源管理制度。施工企业的人力资源管理应满足质量管理需要。

【理解】 人力资源是保证质量的前提。本条款的目的是要求施工企业建立、健全人力资源管理制度，为企业开展质量管理工作创造良好的条件。施工企业建立的“人力资源管理制度”应覆盖以下内容：

(1) 人力资源规划的编制；

(2) 员工招聘及录用；

(3) 员工培训；

（4）薪酬体系；

（5）绩效考核；

（6）员工职业生涯管理等。

应建立人力资源的约束和激励机制，包括：人力资源的配置、人事选拔、劳动纪律、培训、考核、晋升、态度评估、绩效评估、奖励系统等。

5.1.2 施工企业应根据质量管理长远目标制定人力资源发展规划。

【理解】

（1）“人力资源发展规划”是企业战略重要组成部分。

（2）施工企业最高管理者应从企业战略对人力资源需求及员工职业生涯规划两个不同角度，制定与企业质量管理长远目标相适应的“人力资源发展规划”。

（3）施工企业“人力资源发展规划”：

1）按层次可分为战略层面的人力资源总体规划和战术层面的各项业务计划；

2）按期限长短可分为长期规划(5年以上)、中期规划(1～5年)和短期工作计划(1年以内)。

“人力资源发展规划”流程，见图4-5。

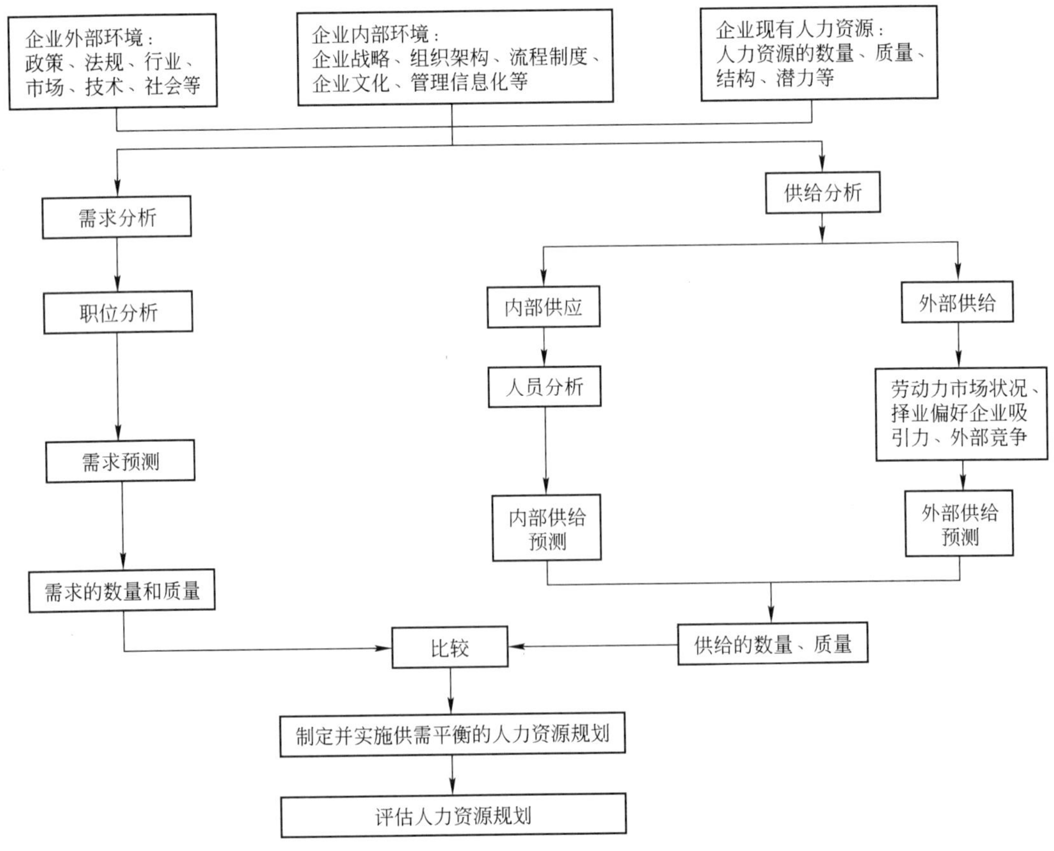

图4-5 “人力资源发展规划”流程

5.2　人力资源配置

5.2.1　施工企业应以文件的形式确定与质量管理岗位相适应的任职条件，包括：

(1) 专业技能；

(2) 所接受的培训及所取得的岗位资格；

(3) 能力；

(4) 工作经历。

【理解】

(1) "专业技能"：即从事岗位工作必要的技术、方法、技巧等，通过练习获得能够完成一定任务的动作系统。

(2) "能力"：ISO 9000—2005 标准中"能力"的术语："经证实的应用知识和技能的本领。"此处指能顺利完成某项活动的能力，它是多种能力的有机结合。如人际交往、沟通、判断、交往、决策、执行等能力。

(3) 施工企业应从专业技能、所接受的培训及所取得的岗位资格、能力、工作经历四个方面确定与质量管理岗位相适应的任职条件。

(4) 施工企业可通过岗位说明、职位描述书等形式明确各岗位任职条件。

5.2.2　施工企业应按照岗位任职条件配置相应的人员。项目经理、施工质量检查人员、特种作业人员等应按照国家法律法规的要求持证上岗。

【理解】

(1) 施工企业应按岗位分析和岗位设计时所确定的各岗位的任职条件，采用内外部招聘、岗位轮换、职系调整、培训等措施配置人力资源，以满足质量管理对人力资源配置的需要。

(2)《建设工程质量管理条例》中要求"施工单位应当建立、健全教育培训制度，加强对职工的教育培训；未经教育培训或者考核不合格的人员，不得上岗作业"。施工企业按国家法律、法规的要求需持证上岗的岗位主要包括：

1) 项目经理须持一级、二级建造师注册证书；

2) 施工质量检查人员、安全检查人员等须持证上岗；

3) 特种作业人员上岗前必须进行专门的安全技术和操作技能的培训教育。培训后经考核合格方可取得操作证，并准许独立作业。取得操作证的特种作业人员，必须定期进行复审。

5.2.3　施工企业应建立员工绩效考核制度，规定考核的内容、标准、方式、频度，并将考核结果作为人力资源管理评价和改进的依据。

【理解】

(1) 绩效考核制度是施工企业人力资源制度中的一项重要制度。

(2) 绩效考核制度一般应包括以下内容：

1) 考核的原则；

2) 考核组分工及职责；

3) 考核内容，包括工作业绩、工作能力和工作态度三个维度；

4）考核标准，应按上述三个维度分别确定每一岗位的考核指标及权重，绩效考核的标准应与企业质量管理目标的有关要求相协调；

5）考核方式，应根据不同岗位，采用适用的考核工具；

6）考核频度，绩效考核按考核周期可分为月度、季度、年度考核。

（3）施工企业绩效考核的决策机构及投诉处理最终裁决机构是企业绩效考核领导小组。绩效考核的结果作为施工企业人力资源管理评价和改进的依据，可用于薪酬调整、职务升降、岗位调配、员工培训等工作。

5.3 培训

5.3.1 施工企业应识别培训需求，根据需要制定员工培训计划，对培训对象、内容、方式及时间作出安排。

【理解】

（1）施工企业可从外部环境、企业自身情况、岗位情况、员工个人情况四个方面识别培训需求。培训需求分析可采用问卷调查表法、绩效分析法、面谈法、观察法、员工自我填报法、主管提报法等方法进行。

（2）培训计划的内容一般应包括：

1）培训目标；

2）培训对象；

3）培训时间，地点，所需的教学设施、设备；

4）培训课程设置、师资安排、教材、培训费用等；

5）培训方式：面授/网络、脱产/在职、委托/内训、研讨会、实习指导等；

6）对培训效果考核；

7）培训记录的保存。

（3）在培训计划的执行过程中，由于内外环境变化，不可避免要对培训计划进行调整。施工企业培训计划的调整要符合企业相关制度的要求。

5.3.2 施工企业对员工的培训应包括：

（1）质量管理方针、目标、质量意识；

（2）相关法律、法规和标准规范；

（3）施工企业质量管理制度；

（4）专业技能和继续教育。

【理解】

（1）对员工的培训是可以获得丰厚产出的投资。企业应通过培训使员工明确岗位的职责和在质量管理体系中的作用和意义，提高员工的岗位技能。

（2）结合质量管理要求，施工企业所开展培训的类别：

1）意识及行为准则方面的培训，包括：质量意识，质量方针、目标，法律、法规；

2）岗位培训，包括员工上岗、转岗及岗位轮换培训，培训内容涉及标准规范、管理制度、持证上岗所必需的管理知识及专业技能等；

3）继续教育，继续教育是使员工知识和技能得到不断更新、补充、拓宽和提高，完善其知识结构，提高管理能力和专业技能的重要手段。

“继续教育”培训的内容包括：质量管理发展趋势、行业新动态、市场环境的变化、新规范、新工艺、新技术、新材料、新设备、有关法律法规的规定等。

应特别注意对新员工、特种作业人员等的培训工作。

5.3.3 施工企业应对培训效果进行评价，并保存相应的记录。评价结果应用于提高培训的有效性。

【理解】

（1）对培训效果的评价可分为培训结束时即时评价及培训者回到工作岗位后评价两种类别。施工企业可通过笔试、面试、实际操作等方式以及随后的业绩评价等方法检查培训效果是否达到了培训计划所确定的培训目标。

（2）培训的结果应形成相应的记录。记录的管理应符合本规范 3.5.3 条的规定，并作为质量管理信息的一部分，为提高培训有效性和改进质量管理体系提供依据。

《规范》第 5 章 “人力资源管理”理解归纳

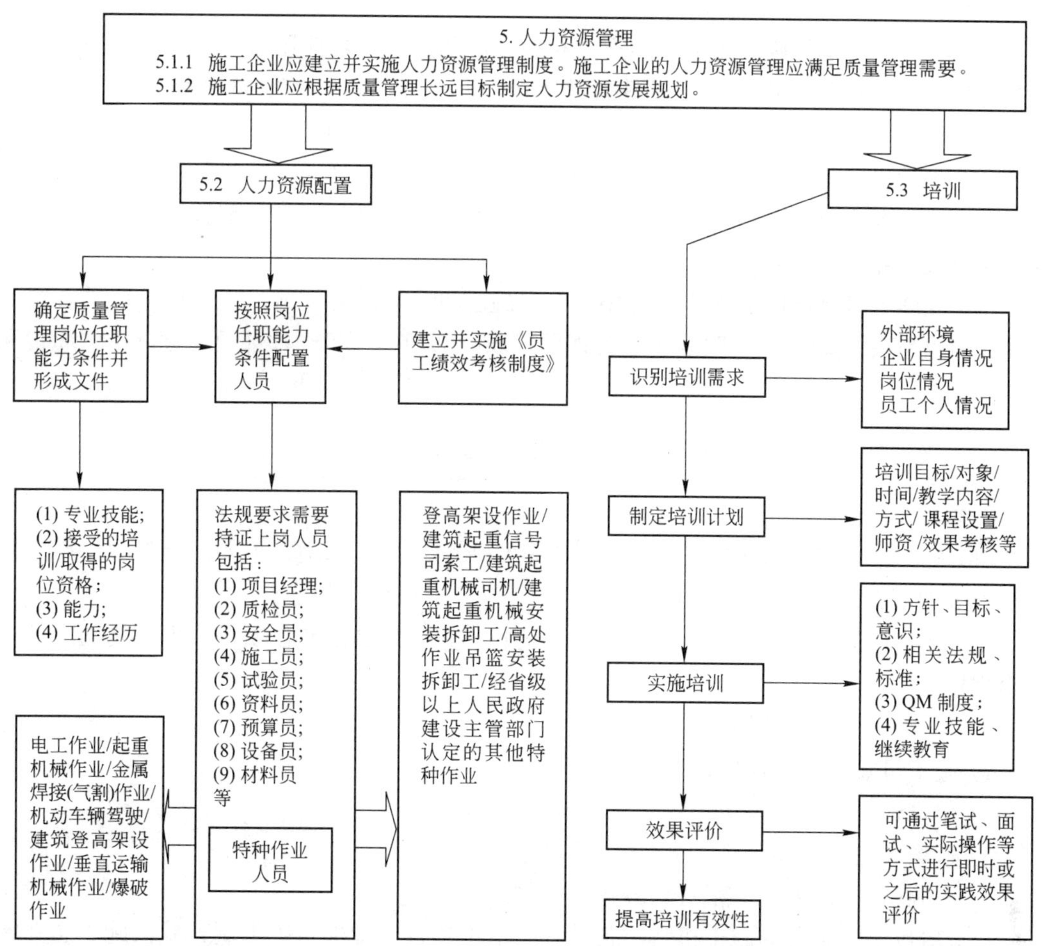

6. 施工机具管理

本章规定了对施工机具配备与使用的管理要求，明确应建立“施工机具管理制度”和“依法”与施工机具供方订立合同等要求。

与 ISO 9001 关系：本章内容涉及的 ISO 9001 标准的条款主要为：6.3 基础设施、7.4 采购、7.1 产品实现策划、7.5.1 生产和服务的提供等。

涉及的主要法规：

(1)《招标投标法》;

(2)《合同法》;

(3)《建设工程安全生产管理条例》;

(4)《特种作业人员安全技术考核管理规则》GB 5036—1985；

(5)《特种作业人员安全技术培训考核管理规定》(安监总局令第 30 号)。

6.1 一般规定

6.1.1 施工企业应建立施工机具管理制度，对施工机具的配备、验收、安装调试、使用维护等作出规定，明确各管理层次及有关岗位在施工机具管理中的职责。

【理解】

(1) 施工机具是指施工企业在生产过程中为满足施工现场使用需要并对施工质量产生直接影响的各类机械、设备、工具等，其来源包括施工企业自有、外部租赁和分包方提供等。

(2) 科学建立施工机具的管理制度是有效实施施工机具管理的必备条件。

(3) 施工企业应建立施工机具的管理制度，对施工机具的计划、配置、进场验收、安装调试、使用维护等做出规定。

(4) 在施工机具制度的建立过程中，针对施工机具管理各环节，施工企业应结合组织机构设置及管理职能划分，明确企业管理层、职能部门、项目经理部及关键岗位的职责和权限。

6.2.1 施工企业应根据施工需要配备施工机具，配备计划应按规定经审批后实施。

【理解】

(1) 施工企业应按施工方案及施工进度的要求，从机具选型、主要性能参数、使用操作要求等方面合理地配置施工机具。

(2) 施工机具配备计划应根据施工企业的特点，专门制定或在项目管理策划的文件中作出规定。

(3) 施工机具配备计划的内容一般包括：

1) 施工机具名称、规格、型号；

2) 数量；

3) 进场和退场时间；

4) 来源(自有、采购、租赁、分包方提供)。

(4) 项目实施阶段的施工机具配备计划一般由项目经理部组织编制，并按施工企业审批规定履行内部审批手续，按照规定进行批准。各责任部门根据分工负责施工机具的供应。

6.2.2 施工企业应明确施工机具供应方的评价方法，在采购或租赁前对其进行评价，并收集相应的证明资料和保存评价记录。评价的内容包括：

(1) 经营资格和信誉；

(2) 产品和服务的质量；

(3) 供货能力；

(4) 风险因素。

【理解】

(1) 施工机具按其来源不同，一般可分为：

1) 施工自有设备；

2) 重新采购设备；

3) 外部租赁设备；

4) 分包方提供设备等。

(2) 施工机具供应方的信誉和能力往往决定了施工机具的技术特性和质量水平。对供方评价的目的：立足防范风险，预防事故和事件的发生。

(3) 施工企业可根据施工机具的技术风险、使用维修特点、企业财务能力及使用成本等情况，从技术和经济两个方面选择采购或租赁。对需采购、租赁的施工机具，本条对其供应方提出了进行评价并保存评价记录的要求。

(4) 对采购、租赁供应方评价内容包括：经营资格和信誉、产品和服务的质量、供货能力和风险因素等内容。

6.2.3 施工企业应依法与施工机具供应方订立合同，明确对施工机具质量及服务的要求。

【理解】

(1) 按施工机具供应来源不同，施工企业与施工机具供应方订立的合同包括施工机具采购合同和租赁合同。条文中“依法”是指依据法律法规和政府、行业协会及其他授权单位的要求。

(2) 施工机具采购合同条款在内容上应包括：

1) 标的：主要包括施工机具的名称、品种、型号、规格、等级、技术标准或质量要求等；

2) 数量、价格及结算方式；

3) 交货期限及交付方式；

4) 验收、现场服务及保修；

5) 违约责任；

6) 其他。

(3) 施工机具租赁合同在内容上应包括：租赁物的名称、数量、用途、租赁期限、租金及其支付和方式、租赁物维修等条款。

合同签订应由合同双方法人或其授权人进行签订。主管部门负责合同文本的保存及合同执行情况的跟踪。

6.2.4 施工企业应对施工机具进行验收，并保存验收记录。根据规定施工机具需确定安装或拆卸方案时，该方案应经批准后实施，安装后的施工机具经验收合格后方可使用。

【理解】

(1) 施工机具验收是指施工机具进场后，项目部等使用部门按照规定程序对其各项指标进行检查，确认其是否符合验收标准的要求的一项重要管理活动。

(2) 在施工现场安装、拆卸施工起重机械和整体提升脚手架、模板等自升式架设设施，必须由具有相应资质的单位承担。安装、拆卸施工起重机械和整体提升脚手架、模板等自升式架设设施，应当编制拆装方案、制定安全施工措施，并由专业技术人员现场监督。

施工起重机械和整体提升脚手架、模板等自升式架设设施安装完毕后，安装单位应当自检，出具自检合格证明，并向施工单位进行安全使用说明，办理验收手续并签字。安装完毕启用前必须经专业管理部门的验收，合格后方可使用。

对施工企业使用承租的机械设备和施工机具及配件的，应由施工总承包单位、分包单位、出租单位和安装单位共同进行验收。

(3) 特殊施工机具应该按照有关规定实施专门验收。

6.3.1 施工企业对施工机具的使用、技术和安全管理、维修保养等应符合相关规定的要求。

【理解】

施工机具的使用、技术和安全管理、维修保养等不仅是施工现场管理的重要环节，而且是施工企业技术和安全等管理工作重要组成部分。施工企业应按所建立《施工机具管理制度》，对施工机具使用的各环节进行控制。主要有以下8个方面内容：

(1) 所有施工机具使用过程中应符合定机、定人、定岗、持证上岗、交接、维护保养等规定；

(2) 重要施工机具的使用应由施工企业或项目部制定专项技术方案，把施工活动和设备特点结合起来；

(3) 重要设备的技术状态和安全防护设施应该及时检查，评价相关设备的可靠性；

(4) 项目经理部的重要施工设备(塔吊、外用电梯、泵车、搅拌机等)必须按照运行的结果记录台班时间，以决定设备维修和报废的时间安排；

(5) 作为关键和特殊过程的施工机具运行应符合施工过程能力的要求；

(6) 有效确保项目施工机具的维修工作；

(7) 及时完善针对施工机具的应急管理措施；

(8) 强化针对分包方施工机具的控制和管理工作。

《规范》第 6 章 “施工机具管理”理解归纳

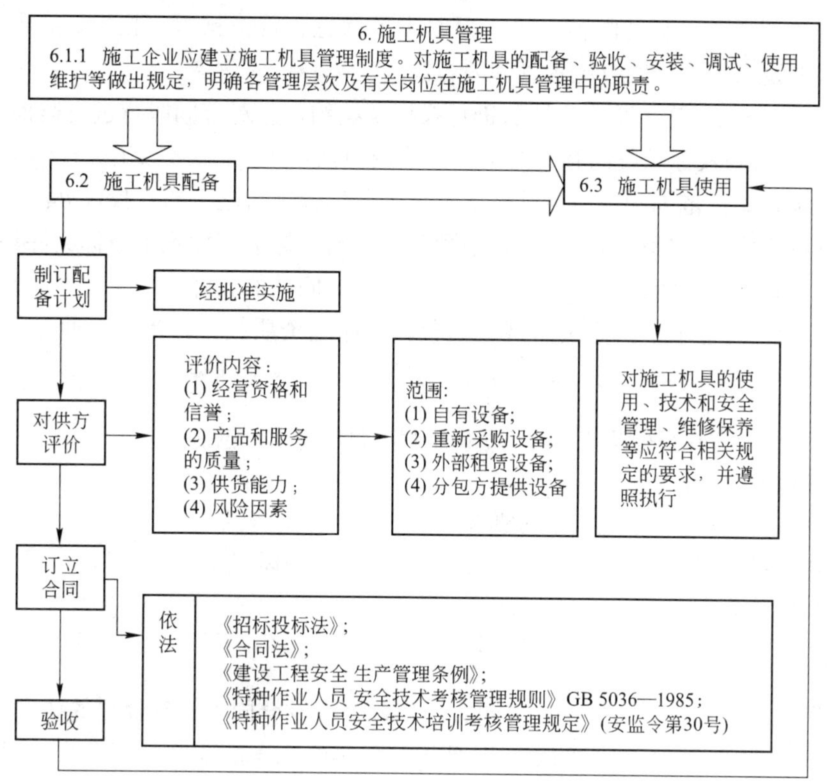

7. 投标及合同管理

本章规定了对工程项目的“投标及签约”、“合同管理”的规定要求，明确了建立并实施“投标及承包合同管理制度”的需求和“依法”进行投标及签约并对合同履行情况进行监控的要求。

(1) 本章与 ISO 9001 标准的关系：涉及的 ISO 9001 标准的条款主要为“7.2 与顾客有关的过程”、“5.2 以顾客为关注的焦点”等；

(2) 涉及的主要法规有：

《建筑法》；

《招标投标法》； 《标准施工招标资格预审文件》；

《合同法》； 《标准招标施工招标文件》；

《建筑业企业资质管理规定》； 《工程建设项目施工招标投标办法》；

《工程项目招标范围和规模标准规定》；

《关于审理建设工程施工合同纠纷案件适用法律问题的解释》。

7.1 一般规定

7.1.1 施工企业应建立并实施工程项目投标及工程承包合同管理制度。

7.1.2 施工企业应依法进行工程项目投标及签约活动，并对合同履行情况进行监控。

【理解】

(1) 7.1.1 条款的目的是要求施工企业应建立一套有效的管理制度，用于规范企业的投标和合同管理活动。制度内容一般应覆盖市场信息、资格预审、投标、合同谈判与签订、合同履约及监控、合同收尾等管理内容。

(2) 7.1.2 条款　施工企业应依法进行投标及签约，并对合同履行进行监控。

1) 国家现行与投标及履约有关的法律、法规包括：《建筑法》、《招标投标法》、《合同法》、《工程项目招标范围和规模标准规定》、《工程建设项目施工招标投标办法》、《建筑业企业资质管理规定》、《标准施工招标资格预审文件》、《标准招标施工招标文件》、《最高人民法院关于审理建设工程施工合同纠纷案件适用法律问题的解释》等。

2) 招标投标过程中常见违法违规行为包括：超越资质投标、串标、通过行贿的手段谋取中标、以他人名义投标或以其他方式弄虚作假，骗取中标等。

7.2.1　施工企业应在投标及签约前，明确工程项目的要求。包括：

(1) 发包方明示的要求；

(2) 发包方未明示、但应满足的要求；

(3) 与工程施工、验收和保修等有关的法律、法规和标准规范的要求；

(4) 其他要求。

【理解】

(1)“发包方明示的要求”是指发包方在招标文件及合同中明确提出的要求；

“发包方未明示、但应满足的要求”是指：顾客的隐含的要求，顾客虽未提出但施工企业按惯例或以行业的技术或管理要求为依据，必须满足的要求。

(2)“与工程施工、验收和保修等有关的法律、法规和标准规范的要求”包括：施工中 QSE 及进度控制要求、工程质量验收的依据、组织、程序、不合格处理；保修的范围、期限、责任等。

企业应识别上述法规标准规范要求。

(3)“其他要求”包括：施工企业对项目部的要求；为使发包方满意而对其做出的承诺；对质量的创优要求等。

(4) 本条款与 ISO 9001 标准的 7.2.1 条要求基本一致，但更加行业化、明晰化。

7.2.2　施工企业应通过评审在确认具备满足工程项目要求的能力后，依法进行投标及签约，并保存评审、投标和签约的相关记录。

【理解】　施工企业投标及签约前，在明确工程项目的各项要求基础上，通过评审确认有能力满足这些要求前提下进行投标及签约。并保存评审、投标及签约的相关记录。

投标的基本程序：

熟悉招标文件→调研→复核工程量→编制投标文件→确定投标策略→投标→评标→中标→合同谈判、签约。

注意事项：对风险进行准确的识别、分析并制定相应的防范对策。

7.3　合同管理

7.3.1　施工企业应使相关部门及人员掌握合同的要求，并保存相关记录。

【理解】 在项目实施前，为保证投标及合同签订阶段合同文件中各项要求在项目实施过程能充分、有效贯彻，前期负责投标和合同签订的部门须对项目经理部及其他相关人员应就合同文件中关于质量、进度、安全、环境保护、工程款支付、结算等要求进行一次全面、系统、正式交底，交底记录保存应符合3.5.3条要求。

7.3.2　施工企业对施工过程中发生的变更，应以书面形式签认，并作为合同的组成部分。施工企业对合同变更信息的接收、确认和处理的职责、流程、方法应符合相关规定，与合同变更有关的文件应及时进行调整并实施。

【理解】

(1) 施工过程中产生的变更包括设计单位或发包方提出的变更，以及施工企业提出的、经发包方认可的变更。变更范围包括设计变更和工程质量标准等其他实质性内容的变更，其中设计变更包括：

1) 更改工程有关部分的标高、基线、位置和尺寸；

2) 增减合同中约定的工程量；

3) 改变有关工程的施工时间和顺序；

4) 其他有关工程变更需要的附加工作。

(2) 工程变更的控制程序通常包括两部分，一部分是指工程变更的产生，即工程变更提出、批准及发出的一系列工作，另一部分是指施工企业对变更的接收、确认和处理工作。

(3) 工程变更作为合同的组成部分，施工企业应按7.2.2条要求进行评审和确认，并及时对与变更有关的文件进行调整。

7.3.3　施工企业应及时对合同履约情况进行分析和记录，并用于质量改进。

【理解】

(1) 合同履行是指合同各方当事人按照合同的规定，全面履行各自的义务，实现各自的权利，使合同目标得以实现的过程。

(2) 施工企业合同履行的分析及质量改进的主要工作内容包括：

1) 合同履行情况的跟踪。跟踪的内容主要包括本企业所承包的工程范围及其质量、进度和成本的执行情况。

2) 合同履行偏差的原因、责任及趋势分析。

3) 合同实施偏差处理与改进。根据合同偏差分析的结果，施工单位应采取相应组织、技术、经济、合同等纠偏措施。

4) 合同履行情况的分析与处理结果都应形成记录，作为质量改进的依据。

7.3.4　在合同履行的各阶段，应与发包方或其代表进行有效沟通。

【理解】

（1）工程项目实施的复杂性与利益相关者的多样性导致了项目实施过程中存在大量沟通问题。

（2）施工企业可按工程项目进展，将沟通分为以下三个阶段：

1）招投标及合同签订阶段；

2）施工准备、现场施工、竣工验收及交付阶段；

3）保修阶段。

（3）针对上述三个阶段，施工企业应明确沟通的责任部门、处理方式及记录保存等要求。

《规范》第 7 章 “投标及合同管理”理解归纳

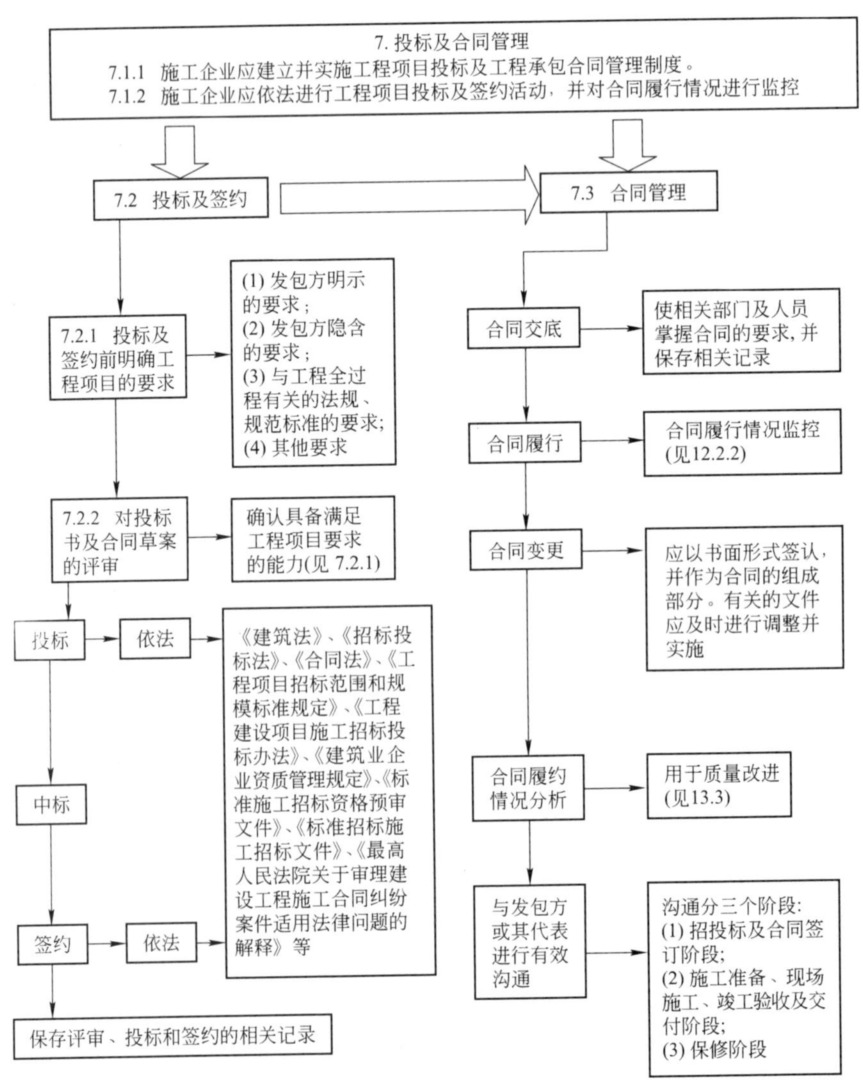

8. 建筑材料、构配件和设备管理

本章规定了施工企业应建立并实施“建筑材料、构配件和设备管理制度”的要求，在制度中应对上述“物资”的采购、验收和现场管理的准则做出明确规定。同时提出了对发包方提供“物资”的控制要点。

本章与 ISO 9001 标准的关系：涉及的 ISO 9001 标准的条款主要为：

6.4 工作环境

7.4 采购

7.5.3 标识和可追溯性

7.5.4 顾客财产

8.2.4 产品的监视和测量

8.3 不合格品的控制。

涉及的法律法规：

(1)《建筑法》；

(2)《招标投标法》；

(3)《合同法》；

(4)《建设工程质量管理条例》；

(5)《建设工程安全生产管理条例》。

8.1 一般规定

8.1.1 施工企业应根据施工需要建立并实施建筑材料、构配件和设备管理制度。

【理解】

本条款控制对象主要为构成工程实体的各类建筑原材料、经预先加工制作的各类构配件成品或半成品、建筑物功能要求所需设备等。

(1) 建筑材料、构配件和设备是形成工程项目的基本生产要素，其质量管理的重要性十分明显；

(2) 施工企业应建立一套有效的管理制度，用于规范企业的材料、构配件和设备的管理活动；

(3) 制度内容一般应覆盖建筑材料、构配件和设备从采购计划制定、供应方选择评价、合同签订、验收验证、储存、施工控制和半成品保护、使用到不合格品控制的全过程。

8.2 建筑材料、构配件和设备的采购

8.2.1 施工企业应根据施工需要确定和配备项目所需的建筑材料、构配件和设备，并应按照管理制度的规定审批各类采购计划。计划未经批准不得用于采购。采购计划中应明确所采购产品的种类、规格、型号、数量、交付期、质量要求以及采购验证的具体安排。

【理解】 本条明确了以下三方面的要求：

(1) 采购计划制定的依据。施工企业编制的采购计划应满足施工需要。施工企业可按

照施工进度计划编制施工各阶段采购计划。

(2) 采购计划的审批。施工企业编制的与建筑材料、构配件和设备有关的计划包括：需求计划、采购供应计划、使用计划等。上述各类计划应按企业管理制度的要求履行审批手续，未经审批的计划不得用于采购。

(3) 采购计划的内容。采购计划应明确所采购产品的种类、规格、型号、数量、交付期、质量要求以及采购验证的具体安排等。

8.2.2 施工企业应对供应方进行评价，合理选择建筑材料、构配件和设备的供应方。对供应方的评价内容应包括：

(1) 经营资格和信誉；

(2) 建筑材料、构配件和设备的质量；

(3) 供货能力；

(4) 建筑材料、构配件和设备的价格；

(5) 售后服务。

【理解】 本条从对供应方的评价和选择两个方面提出了管理要求：

(1) 供应方评价。对供应方的评价主要涉及本条所列出的1～5项要求。

(2) 供应方选择。根据采购对象对工程质量的重要性、标的大小、难易程度等，采购的方式包括招标采购、邀标采购和直接采购。按采购实施主体又可分为施工企业采购、项目部采购、发包方采购和分包方采购。采购方可从质量、价格、服务等方面确定供应方。

8.2.3 施工企业应在必要时对供应方进行再评价。

【理解】

(1) 施工企业对供应方应进行动态管理。出现以下情况时，施工企业应对供应方进行再评价：

1) 对合格供应商名录进行定期(不定期)维护更新时；

2) 每项采购合同到期结束时；

3) 供应方出现违约情况；

4) 企业认为必要时。

(2) 供应方再评价的内容一般包括：

1) 供货的质量水平及其稳定性；

2) 服务的及时性和满意度；

3) 其他履约情况；

4) 技术更新情况；

5) 与质量管理体系相关的变化情况。

8.2.4 对供应方的评价、选择和再评价的标准、方法和职责应符合管理制度的规定，并保存相应的记录。

【理解】 本条强调了对供应方的评价、选择和再评价的实施过程中所依据的评价标准、评价方法和职责应符合管理制度规定。施工企业可通过以下措施确保满足本条文要求：

（1）建立健全对供应方的评价、选择和再评价实施过程的监督检查制度，明确监督检查的职责、方法和内容，建立监督检查记录；

（2）建立供应方评价（再评价）、选择的内部分级授权管理体系，评价、选择结果审批可实行双岗联签制；

（3）通过科学合理的工作流程设计，规范对供应方的评价（再评价）、选择活动，提高可控度；

（4）借助信息化手段，加强对项目现场评价、选择过程的监控力度，提高供应方评价选择的透明度。

8.2.5 施工企业应根据采购计划订立采购合同。

【理解】 施工企业应明确采购合同的拟定、审核、批准、签订及履约管理职责和程序，并严格遵照执行，保存相应记录。

（1）订立采购合同目的是有效实施采购计划并防范风险，特别是主要材料由于质量要求高、数量大和交付期紧必须通过采购合同避免风险。

（2）采购合同内容应包括名称、规格型号、品种、数量、计量单位、包装、付款方式、到货时间、技术质量指标和保证金、违约处罚及环保要求等内容。

（3）采购合同发放前要经过授权人批准。

8.3 建筑材料、构配件和设备的验收

8.3.1 施工企业应对建筑材料、构配件和设备进行验收。必要时，应到供应方的现场进行验证。验收的过程、记录和标识应符合有关规定。未经验收的建筑材料、构配件和设备不得用于工程施工。

【理解】

（1）施工企业应根据采购合同及验收规范的要求对进场建筑材料、构配件和设备进行验收。验收的内容包括：

1）建筑材料、构配件和设备性能标准是否与采购合同、设计文件相符；

2）建筑材料、构配件和设备各项技术性能指标、检验测试指标是否与验收规范、标准相符；

3）建筑材料、构配件和设备各项质量证明文件是否齐全。

（2）对涉及结构安全的试块、试件以及有关材料，应当在建设单位或监理单位监督下现场取样，并送有资质等级的质量检测单位进行检测。见证取样检测项目的取样数量应符合要求。

（3）需要时，对于特定的建筑材料、构配件和设备，如锅炉、电梯和起重设备等，施工企业可到供应方的现场进行验证。

（4）验收的过程、记录和标识应符合有关规定。

（5）未经验收或验收不合格的建筑材料、构配件和设备不得用于工程施工。

《房屋建筑工程和市政基础设施工程实行见证取样和送检的规定》（摘录）

建建〔2000〕211号【实施时间】 2000-09-26

第一条 为规范房屋建筑工程和市政基础设施工程中涉及结构安全的试块、试件和材料的见证取样和送检工作，保证工程质量，根据《建设工程质量管理条例》，制定本规定。

第三条 本规定所称见证取样和送检是指在建设单位或工程监理单位人员的见证下，由施工单位的现场试验人员对工程中涉及结构安全的试块、试件和材料在现场取样，并送至经过省级以上建设行政主管部门对其资质认可和质量技术监督部门对其计量认证的质量检测单位(以下简称“检测单位”)进行检测。

第五条 涉及结构安全的试块、试件和材料见证取样和送检的比例不得低于有关技术标准中规定应取样数量的30%。

第六条 下列试块、试件和材料必须实施见证取样和送检：

（1）用于承重结构的混凝土试块；

（2）用于承重墙体的砌筑砂浆试块；

（3）用于承重结构的钢筋及连接接头试件；

（4）用于承重墙的砖和混凝土小型砌块；

（5）用于拌制混凝土和砌筑砂浆的水泥；

（6）用于承重结构的混凝土中使用的掺加剂；

（7）地下、屋面、厕浴间使用的防水材料；

（8）国家规定必须实行见证取样和送检的其他试块、试件和材料。

注：上述第六条为国家强制性标准条文要求。

8.3.2 施工企业应按照规定的职责、权限和方式对验收不合格的建筑材料、构配件和设备进行处理，并记录处理结果。

【理解】

施工企业建立制度，明确对不合格建筑材料、构配件和设备的识别、评价、处置和记录职责、权限与程序，并确保有效实施。

（1）对验收不合格的建筑材料、构配件和设备必须及时采取处理措施，以防止被错误使用。

（2）处理措施：

1）拒收；

2）加工使其合格后直接使用；

3）经发包方及设计方同意改变用途使用；

4）降级使用；

5）限制使用范围；

6）报废。

8.3.3 施工企业应确保所采购的建筑材料、构配件和设备符合有关职业健康、安全与环保的要求。

【理解】 本条款具有明显的时代特点。在采购计划和进场验收中应明确符合安全与环保性能要求，也是履行企业的社会责任。主要包括：

（1）相关方的合同要求；

（2）国家已经明令淘汰和禁止的建筑材料、构配件和设备；

（3）施工企业的社会责任体现的相关要求。

施工企业应通过控制采购活动，满足上述要求。

8.4 建筑材料、构配件和设备的现场管理

8.4.1 施工企业应在管理制度中明确建筑材料、构配件和设备的现场管理要求。

【理解】 施工企业在制定的管理制度中，对建筑材料、构配件和设备的现场管理，应明确以下要求：

（1）材料、构配件和设备的验收、入库要求；

（2）仓储管理，包括仓库料场设置、安全防护条件等；

（3）存储管理，包括材料、构配件和设备的摆放、隔离、标识、维护、保养、账目、盘点等。

8.4.2 施工企业应对建筑材料、构配件和设备进行贮存、保管和标识按照规定进行检查，发现问题及时处理。

【理解】

（1）施工企业对建筑材料、构配件和设备的贮存、保管和标识要求如下：

1）贮存：提供必要的环境和设施条件，防止产品损坏、变质、丢失和误用；

2）保管：通过合理摆放、隔离、检查、维护保养等措施，防止材料、构配件和设备损坏、损耗；

3）标识：通过适当的标识，防止相似而不同的材料、构配件和设备相互混淆错用，此外，标识的责任者必须明确。

（2）施工企业对上述要求的执行情况应进行定期或不定期检查，发现问题及时处理。

8.4.3 施工企业应明确对建筑材料、构配件和设备的搬运及防护要求。

【理解】

（1）本条文是对建筑材料、构配件和工程设备的搬运及防护要求，目的在于确保建筑材料、构配件和工程设备处于完好状态。

（2）施工企业应对施工所用的各类建筑材料、构配件和工程设备的搬运、防护要求进行识别，明确其搬运和防护的具体作业规定，包括作业人员、设备、方法、步

骤等。

(3) 针对易燃、易爆、易碎、超长、超高、超重、容易破损和容易混淆的建筑构料、构配件和工程设备，应明确搬运要求，实施严格控制，防止损坏、变质、变形。

8.4.4 施工企业应明确建筑材料、构配件和设备的发放要求，建立发放记录，并具有可追溯性。

【理解】

(1) 发放工作是划清仓库与使用单位的经济责任界限，防止因错发而影响施工生产并造成经济损失的一项重要工作。施工企业可从以下几方面做好发放工作：

1) 遵循“先进先出，推陈出新”出库原则。

2) 严格出库凭证管理，确保发料通知、提料单、拨料单等凭证填制准确无误，印鉴齐全，无涂改现象。

3) 遵守发料工作程序，提料和发料准确、及时，尽可能一次完成。

4) 出库物资和单据、证件要向收料人当面点交清楚，办清手续，由收料人签章。

(2) 对影响工程质量、安全特性的建筑材料、构配件和工程设备，应通过连续的唯一性标识记录来实现确保可追溯性。发放记录应符合 3.5.3 条要求。

8.5 发包方提供的建筑材料、构配件和设备

8.5.1 施工企业应按照有关规定和标准对发包方提供的建筑材料、构配件和设备进行验收。

【理解】

(1) 施工企业应对发包方提供的建筑材料、构配件和设备按照规定程序和标准进行合格性验收。

(2) 验收的内容与企业自行采购物资的验收相同，包括规格、数量、进场时间、质量特性等。

(3) 对于发包方提供的建筑材料、构配件和设备，应进行标识并建立单独的物资台账和验收记录。

8.5.2 施工企业对发包方提供的建筑材料、构配件和设备在验收、施工安装、使用过程中出现的问题，应做好记录并及时向发包方报告，按照规定处理。

【理解】

对于发包方提供的建筑材料、构配件和设备，施工企业在验收、施工安装、使用过程中发现问题时应及时和发包方沟通，同时采取标识、隔离等措施，按照规定，根据与发包方协商的结果进行处理，并应做好记录。

注：《建筑法》第 25 条规定：按照合同约定，建筑材料、构配件和设备由工程承包单位采购的，发包方不得指定施工企业购入用于工程的建筑材料、构配件和设备或指定生产厂、供应商。

《规范》第 8 章 “建筑材料、构配件和设备管理”理解归纳

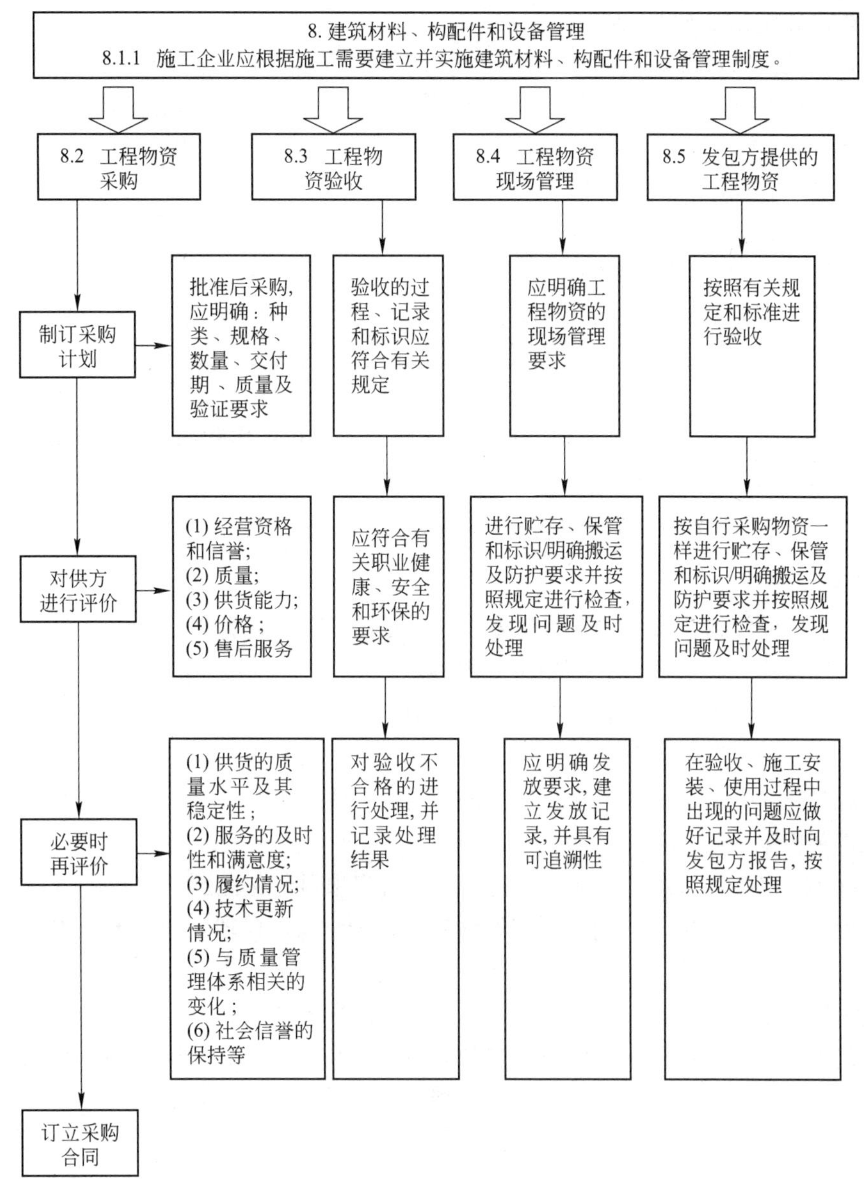

9. 分包管理

本章规定了对分包方评价选择、分包合同订立及对分包项目实施过程管理的要求，明确了建立并实施“分包管理制度”的需求，和对分包方“依法”选择及“依法”订立分包合同的规定要求。

本章与 ISO 9001 标准的关系：

本章内容涉及的 ISO 9001 标准的条款主要为：

7.1 产品实现策划

7.4 采购

7.5.1 生产和服务提供的控制

8.2.3 过程的监视和测量

相关的法律法规：

(1)《建筑法》

(2)《招标投标法》

(3)《合同法》

(4)《建设工程质量管理条例》

(5)《建设工程安全生产管理条例》

9.1 一般规定

9.1.1 施工企业应建立并实施分包管理制度，明确各管理层次和部门在分包管理活动中的职责和权限，对分包方实施管理。

9.1.2 施工企业应对分包工程承担相关责任。

【理解】

(1) 分包是现代施工技术和专业化分工的客观结果，分包管理是施工企业现场管理的重要环节，已经成为企业项目管理的主要内容。

(2) 施工企业应明确本企业存在的分包类别。常见的分包类别包括：专业工程分包、劳务分包、设备设施租赁、技术服务等。

(3) 施工企业应建立一套有效的分包管理制度，明确各管理层次和部门在分包管理活动中的职责和权限。

(4) 制度内容应包括：项目施工结构分解，确定项目分包范围，选择项目分包模式和分包合同种类，分包招标，合同谈判与签约，分包项目实施阶段管理，分包项目结束后评价等内容。

相关法规：如《建筑法》第 29 条规定：建筑工程总承包单位可以将承包工程中的部分工程发包给具有相应资质条件的分包单位，分包单位按照分包合同的约定对总承包单位负责，总承包单位和分包单位就分包工程对建设单位承担连带责任。

9.2 分包方的选择和分包合同

9.2.1 施工企业应按照管理制度中规定的标准和评价办法，根据所需分包内容的要求，经评价依法选择合适的分包方，并保存评价和选择分包方的记录。对分包方的评价内容应包括：

(1) 经营许可和资质证明；

(2) 专业能力；

(3) 人员结构和素质；

(4) 机具装备；

(5) 技术、质量、安全、施工管理的保证能力；
(6) 工程业绩和信誉。

【理解】 本条从对分包方的评价和选择两个方面提出了管理要求：

(1) 分包方评价

对分包方的评价主要涉及本条所列出的六项要求。根据分包类别不同，评价内容可有所侧重。

(2) 分包方选择

施工企业应制定分包计划，采用公开招标、邀请招标等方式选择分包单位。实行施工总承包的，建筑工程主体结构的施工必须由总承包单位自行完成。分包单位不得将分包工程再分包给其他专业分包，但可以进行劳务分包。

9.2.2 施工企业应按照总承包合同的约定，依法订立分包合同。

【理解】

(1) 施工企业应按照总承包合同的约定与分包单位签订分包合同。分包合同分为专业工程分包合同和劳务分包合同。

(2) 专业工程分包合同和劳务分包合同内容分别以《建设工程施工专业分包合同》(示范文本 GF-2003-0213)和《建设工程施工劳务分包合同》(示范文本 GF-2003-0214)为准。

(3) 施工企业对分包合同的拟定、审核、批准、签订及履约管理应明确职责和程序，严格遵照执行，并保存相应记录。

(4) 施工企业应按《建筑法》、《建设工程质量管理条例》等法律法规要求，开展工程分包活动，禁止违法分包及转包。

《建设工程质量管理条例》将下列情形界定为违法分包：

(1) 总承包单位将建设工程分包给不具备相应资质条件的单位的；

(2) 建设工程总承包合同中未有约定，又未经建设单位认可，承包单位将其承包的部分建设工程交由其他单位完成的；

(3) 施工总承包单位将建设工程主体结构的施工分包给其他单位的；

(4) 分包单位将其承包的建设工程再分包的。

9.3 分包项目实施过程的控制

9.3.1 施工企业应在分包项目实施前对从事分包的有关人员进行分包工程施工或服务要求的交底，审核批准分包方编制的施工或服务方案，并据此对分包方的施工或服务条件进行确认和验证，包括：

(1) 确认分包方从业人员的资格与能力；
(2) 验证分包方的主要材料、设备和设施。

【理解】 本条从三个方面明确了对分包的管理要求：

(1) 分包项目实施前，总包单位主要以技术交底等形式对分包方人员进行分包工程施工或服务要求的交底；

(2) 总包单位对分包方有关施工或服务方案的编制有指导义务，并按照规定对分包编制的施工或服务方案进行审批；

(3) 总包单位应对照分包合同要求，对分包方从业人员的资格与能力，主要材料、设备和设施进行确认和验证，对不满足要求的，按规定进行处理。

9.3.2 施工企业对项目分包管理活动的监督和指导应符合分包管理制度的规定和分包合同的约定。施工企业应对分包方的施工和服务过程进行控制，包括：

(1) 对分包方的施工和服务活动进行监督检查，发现问题及时提出整改要求并跟踪复查；

(2) 依据规定的步骤和标准对分包项目进行验收。

【理解】 施工企业对分包施工或服务过程的控制主要包括两个方面：

(1) 对分包施工或服务活动的监控。对分包项目监控的重点是对关键过程、特殊过程和重要过程的控制，发现问题及时提出整改要求，并跟踪复查。主要包括：

1) 对材料、半成品和设备的监督检查；

2) 对施工工序质量的监督检查；

3) 对施工进度的监督检查；

4) 对现场施工管理/作业人员的监督检查；

5) 对施工机械设备的监督检查；

6) 对安全文明施工的监督检查等。

(2) 分包项目的验收。包括对分包工程质量和技术资料的检查验收：

1) 实物质量验收；

2) 竣工资料检查验收；工程保修书中应有分包单位保修的承诺。

9.3.3 施工企业应对分包方的履约情况进行评价并保存记录，作为重新评价、选择分包方和改进分包管理工作的依据。

【理解】 施工企业对分包方履约情况的评价，可在分包施工和服务活动过程中或结束后进行，并可按照管理要求由项目经理部或相关部门实施。

(1) 评价内容：施工企业应对分包方履约情况进行评价并保存记录，内容包括：

1) 分包项目的质量水平；

2) 施工进度；

3) 质量过程控制能力；

4) 质量成本(评价质量成本的目的在于衡量分包方持续和稳定的质量管理能力)；

5) 合同履行情况等。

(2) 评价结果处理：施工企业要根据评价的结果及时淘汰不合格的分包方，以确保分包工程的质量水平。

(3) 分包工作的改进包括：发现并处理分包管理中的问题；重新确定、批准合格分包方；修订分包管理制度等。

《规范》第 9 章 “分包管理”理解归纳

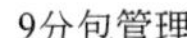

9.1.1 施工企业应建立并实施分包管理制度，明确各管理层次和部门在分包管理活动中的职责和权限，对分包方实施管理。

9.1.2 施工企业应对分包工程承担相关责任。

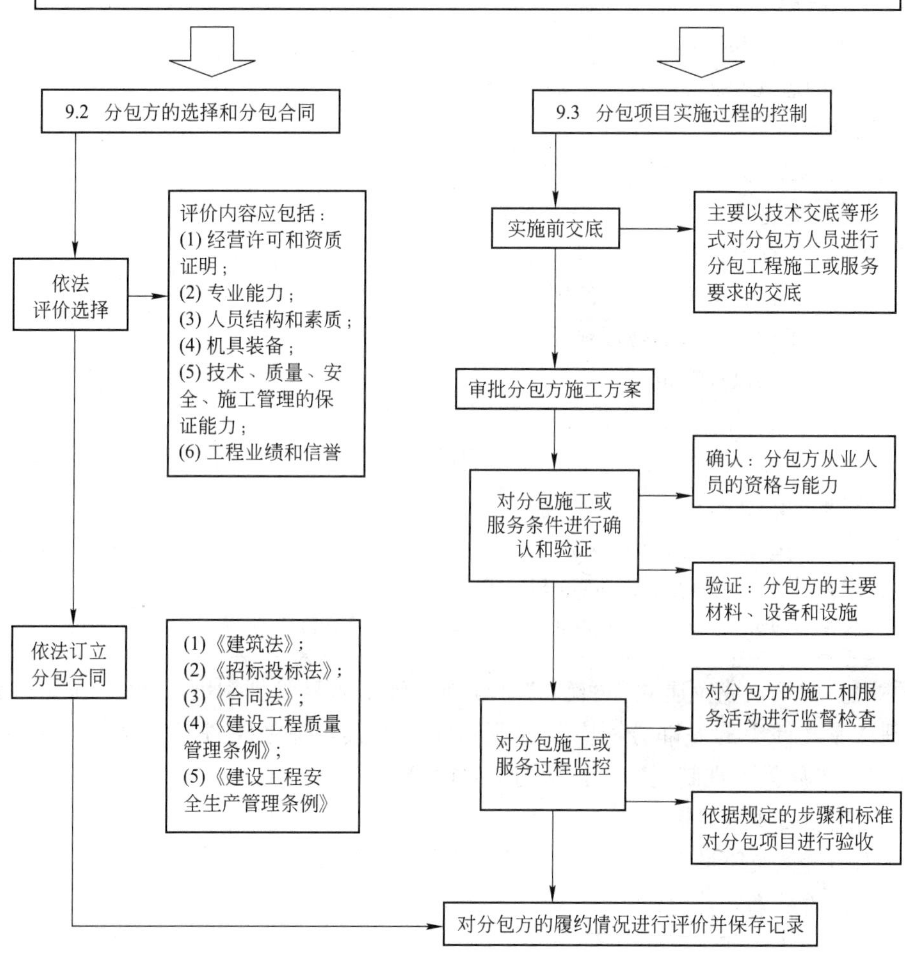

10. 工程项目施工质量管理

本章是《规范》的核心条款，规定了对工程项目从策划到实施的施工全过程及交付后服务的管理要求，明确了建立和实施“工程项目施工管理制度”、施工企业应对项目部施工质量管控的原则要求等内容。

与 ISO 9001 标准的关系：涉及的 ISO 9001 标准的条款主要为：

6.3 基础设施

7.1 产品实现的策划

7.2.3 顾客沟通

7.3 设计和开发

7.4 采购

7.5.1 生产和服务提供的控制

7.5.2 生产和服务提供过程的确认

7.5.3 标识和可追溯性

7.5.5 产品防护

8.2.3 过程的监视和测量

8.2.4 产品的监视和测量

8.4 数据分析等

涉及的法律法规：

(1)《建筑法》；

(2)《建设工程质量管理条例》；

(3)《建设工程安全生产管理条例》；

(4)《建设工程文件归档整理规范》；

(5)《建设工程监理规范》；

(6) 其他各类标准、规范、规程等。

10.1 一般规定

10.1.1 施工企业应建立并实施工程项目施工质量管理制度，对工程项目施工质量管理策划、施工设计、施工准备、施工质量和服务予以控制。

10.1.2 施工企业应对项目经理部的施工质量管理进行监督、指导、检查和考核。

【理解】 施工企业应建立并实施“工程项目施工质量管理制度”。该“制度”是企业质量管理体系文件中的一部分，应与企业已建立的其他体系文件相互融合、协调一致。“工程项目施工质量管理制度”应包括的主要内容：

(1) 确定项目质量目标；

(2) 机构设置及质量管理责任；

(3) 项目质量策划管理；

(4) 施工设计控制；

(5) 施工准备管理；

(6) 施工过程质量控制；

(7) 质量检查评定；

(8) 竣工验收与交付；

(9) 回访保修；

(10) 客户服务等。

项目经理部是项目施工质量管理的实施主体。为确保项目经理部的施工和服务质量满足要求，施工企业其他各管理层次应对项目经理部质量管理过程进行监督、指导、检查和考核。对监督、检查中发现的问题，施工企业应采取适当的纠正措施。

10.2 策划

10.2.1 施工企业项目经理部应负责工程项目施工质量管理。项目经理部的机构设置和人员配备应满足质量管理的需要。

【理解】

(1) 施工企业在进行项目策划时，应根据工程质量管理需求确定项目经理部的机构设置和人员配备，确定其职责、权限、利益和应承担的风险。

(2) 项目经理部的机构设置应与工程项目的规模、结构复杂程度、专业特点、人员素质相适应，并根据项目管理需要决定是否设立专业职能部门。

(3) 项目经理部的人员配备应满足相应质量管理的需求。一般包括：

1) 项目经理、技术质量负责人；

2) 关键质量管理岗位(八大员)：质量检查员、施工员(工长)、材料员、设备管理员、取样试验员、安全员、预算员、资料员等；

3) 关键作业岗位：特殊工种、主要工种、班组长。

注：凡有持证上岗法规要求的，其数量不得低于法规要求。

10.2.2 项目经理部应按规定接收设计文件，参加图纸会审和设计交底并对结果进行确认。

【理解】

(1) 项目经理部应明确专人负责设计文件的接收，确保设计文件的有效性。

1) 图纸会审是指工程各参建单位(建设单位、监理单位、施工单位)在收到设计单位交付的施工图设计文件后，对图纸进行全面细致的熟悉，审查施工图中存在的问题及不合理情况并提交设计单位进行处理的一项重要活动。

2) 设计交底是指在施工图完成并经审查合格后，设计单位在设计文件交付施工时，按法律规定的义务就施工图设计文件向施工单位和监理单位做出详细的说明。

(2) 对图纸会审和设计交底结果确认内容包括：

1) 图纸的可施工性；

2) 图纸之间的协调性；

3) 图纸内容的正确性。

10.2.3 施工企业应按照规定的职责实施工程项目质量管理策划，包括：

(1) 质量目标和要求；

(2) 质量管理组织和职责；

(3) 施工管理依据的文件；

(4) 人员、技术、施工机具等资源的需求和配置；

(5) 场地、道路、水电、消防、临时设施规划；

(6) 影响施工质量的因素分析及其控制措施；

(7) 进度控制措施；

(8) 施工质量检查、验收及其相关标准；

(9) 突发事件的应急措施；

(10) 对违规事件的报告和处理；

(11) 应收集的信息及其传递要求；

(12) 与工程建设有关方的沟通方式；

(13) 施工管理应形成的记录；

(14) 质量管理和技术措施；

(15) 施工企业质量管理的其他要求。

10.2.4 施工企业应将工程项目质量管理策划的结果形成文件并在实施前批准。当有规定时，这些策划的结果应按规定得到发包方或监理方的认可。

10.2.5 施工企业应根据施工要求对工程项目质量管理策划的结果实行动态管理，及时调整相关文件并监督实施。

【理解】 针对工程项目质量策划，施工企业应明确并满足以下要求：

(1) 策划时机：项目开工前。

(2) 职责划分：施工企业主管部门组织项目部和相关部门对项目质量管理进行策划。

(3) 策划的依据：工程项目的情况与特点；合同及业主要求；项目设计文件；项目管理范围；与质量有关的标准和技术规范；国家及行业适用的法律法规及标准规范；企业的质量方针与质量目标等 7 个方面。

(4) 策划内容：应包括 10.2.3 条的 15 项要求。

(5) 策划结果的表现形式：可以是一个或一组文件，可采用包括施工组织设计、质量计划等在内的多种文件形式。

(6) 策划文件的批准：除内部应由企业授权人批准外，应按建设工程监理及相关法规的要求将项目质量管理策划文件向发包方或监理方申报，工程项目质量管理策划的结果应得到发包方或监理方的认可。

(7) 策划结果的动态管理要求：随项目进展或条件变化及时修订并重获批准。

10.3 施工设计

10.3.1 施工企业进行施工设计时，应明确职责，策划并实施施工设计的管理。施工企业应对其委托的施工设计活动进行控制。

【理解】 本条文中的“施工设计”是指施工图设计。

(1) 承担施工图设计的施工单位应具备相应的设计资质，否则应按本规范“9 分包管理”条文的要求选择设计分包并对其施工设计活动进行监控。

(2) 施工企业的设计部门接到施工设计任务后，应明确设计负责人，由设计负责人进行设计策划，编制设计计划。当设计分阶段进行时，根据需要，可分阶段进行相应的设计策划活动。设计部门负责人应定期检查设计计划的实施情况。随工程设计的进展，设计负责人应根据实际情况，对设计计划进行调整、补充或修改。

(3) 本条款是针对具备施工设计资格或承担设计责任的施工企业而规定的，不具备设计资质又不承担设计责任的施工单位对 10.3 条款可不予约束。

10.3.2 施工企业应确定施工设计所需的评审、验证和确认活动，明确其程序和要求。

施工企业应明确施工设计的依据，并对其内容进行评审。设计结果应形成必要的文件，经审批后方可使用。

【理解】

（1）设计评审是对施工设计进行正式的、按文件规定的、系统的评估活动，以便评价设计结果是否满足要求，识别设计中的问题并提出必要的措施。设计阶段通常进行不止一次的设计评审。最终的设计评审在提交施工图之前进行。

（2）设计验证是对施工设计进行的检查，以确保设计输出满足输入的要求。设计验证可包括：设计评审，进行替换计算，进行试验和实验，在发放之前对设计阶段文件进行评审等活动。

（3）设计确认应在施工图提交前进行，目的是确保施工设计能够满足规定的使用要求或已知的预期用途的要求。

（4）由于施工企业的特点，施工设计的评审、验证和确认也可以采用审核、审查和批准的方式进行。根据专业特点和所承接项目的规模、复杂程度，施工企业的施工设计活动及其管理可适当增减或合并进行。

10.3.3 施工企业应明确设计变更及其批准方式和要求，规定变更所需的评审、验证和确认程序；对变更可能造成的施工质量影响进行评审，并保存相关记录。

【理解】

（1）施工企业在设计管理制度或设计程序文件中应明确：设计变更的批准方式和要求，审批人员及其权限，变更所需的评审、验证和确认程序和记录要求。

（2）在对设计变更进行评审时，应对变更可能造成的施工质量影响进行评审，并保存相关记录。

（3）常见的设计变更可以授权给设计负责人实施，但是可能引起质量风险的重大设计变更应由企业技术负责人组织实施。批准应该采用书面的方式进行。

10.4 施工准备

10.4.1 施工企业应依据工程项目质量管理策划的结果实施施工准备。

【理解】

（1）施工企业应根据项目质量管理策划的结果进行施工准备，包括：技术经济资料准备，施工现场准备，通信、交通、消防和办公、生活（含住宿、食堂）基础设施准备，人员、机具、材料设备等施工生产要素准备，冬雨期施工准备等。

（2）人员、方法、设备、工具、材料和环境（含“七通一平”）等方面是确认项目是否具备开工条件的基本内容。施工企业只有确认项目已具备开工条件，并按规定提交开工申请，经监理方和发包方批准后才能开工。

10.4.2 施工企业应按规定向监理方或发包方进行报审、报验。施工企业应确认项目施工已具备开工条件，按规定提出开工申请，经批准后方可开工。

【理解】

(1) 开工报审：施工企业向监理方或发包方进行报审、报验、提出开工申请是国家法规的强制要求，报审、报验、开工申请的内容和程序应按国家及项目所在地的相关规定执行。开工报告由总监理工程师签发。

(2) 开工应具备的条件：

1) 具备“七通一平”(是指给水、排水、通电、通路、通信、通暖气、通天然气或煤气、平整土地)；

2) 施工组织设计已经审批；

3) 施工图、地勘报告已审查；

4) 建筑红线已经规划批准，施工放线已复验；

5) 施工设备已进场；

6) 施工材料已进场并经检验；

7) 已经进行了工人三级安全教育并安全技术交底；

8) 现场安全防护措施到位；

9) 已经进行质量教育并交底等。

10.4.3 施工企业应按规定将质量管理策划的结果向项目经理部进行交底，并保存记录。

施工企业应根据项目管理需要确定交底的层次和阶段以及相应的职责、内容、方式。

【理解】

(1) 施工企业向项目经理部的交底包括技术交底及其他交底。交底应在施工前进行，通过交底应确保被交底人了解本岗位的施工内容及相关要求。

(2) 交底的依据应包括：项目质量管理策划结果、施工图纸、施工工艺及质量标准等。

(3) 交底的内容一般应包括：质量要求和目标、施工部位、工艺流程及标准、验收标准、使用的材料、施工机具、环境要求及操作要点。

(4) 交底形式：可根据需要采用口头、书面及培训等方式，分层次、分阶段地进行。

(5) 交底的层次、阶段及形式应根据工程的规模和施工的复杂、难易程度及施工人员的素质确定。对于小型、常规的施工作业，交底的形式和内容可适当简化。

10.5 施工过程质量控制

10.5.1 项目经理部应对施工过程质量进行控制。包括：

(1) 正确使用施工图纸、设计文件、验收标准及适用的施工工艺标准、作业指导书，适用时，对施工过程实施样板引路；

(2) 调配符合规定的操作人员；

(3) 按规定配备、使用建筑材料、构配件和设备、施工机具、检测设备；

(4) 按规定施工并及时检查、监测；

(5) 依据现场管理有关规定对施工作业环境进行控制；

(6) 根据有关要求采用新材料、新工艺、新技术、新设备，并进行相应的策划和控制；

(7) 合理安排施工进度；

(8) 采取半成品、成品保护措施并监督实施；

(9) 对不稳定和能力不足的施工过程、突发事件实施监控；

(10) 对分包方的施工过程实施监控。

【理解】 施工过程质量控制的关键是准确选择质量控制点并实施有效控制，即对需要重点控制的质量特性、关键部位、薄弱环节，以及施工主导因素等采取特殊的管理措施和方法，实行强化管理，使工序处于良好控制状态，保证达到规定的质量要求。控制内容应满足规范所列明的十项管理要求。

10.5.2 施工企业应根据需要，事先对施工过程进行确认，包括：

(1) 对工艺标准和技术文件进行评审，并对操作人员上岗资格进行鉴定；

(2) 对施工机具进行认可；

(3) 定期或在人员、材料、工艺参数、设备发生变化时，重新进行确认。

【理解】 ISO 9000“确认”定义是指通过提供客观证据对特定的预期使用或应用要求已得到满足的认定。确认是对特殊过程实现预期结果的能力评估和确定，过程能力通常涉及过程中人、机、料、法、环、测等相关因素。

(1) 需要确认的过程往往是其结果不能由后续的检验试验进行验证或经济地进行验证的过程，通常称为“特殊过程”。

(2) 常见的需确认的过程有：大体积混凝土浇筑、结构焊接、地下防水等。

对施工过程进行确认的目的是为了确保并证实这些过程具备实现所策划的结果的能力。

施工企业应在施工过程中根据工序的特点，对需要确认的过程及时实施确认活动。确认应是在这类特殊过程正式运行前进行。

10.5.3 施工企业应对施工过程及进度进行标识，施工过程应具有可追溯性。

10.5.4 施工企业应保持与工程建设有关方的沟通，按照规定的职责、方式对相关信息进行管理。

【理解】

(1) 10.5.3：施工企业可通过任务单、施工日志、施工记录、隐蔽工程记录、各种检验试验记录等表明施工工序所处的阶段或检查、验收的情况。施工现场标识的管理包括标识的建立、转移、改变和撤销。

(2) 10.5.4：施工企业应建立并实施沟通程序，规定沟通的信息内容、责任者、信息交流渠道和沟通方式，并应特别关注电子手段的沟通方式的控制需求。

施工企业应对信息进行汇总、分析，识别出需要改进的地方并采取改进措施。

10.5.5 施工企业应建立施工过程中的质量管理记录。施工记录应符合相关规定的要求。施工过程中的质量管理记录应包括：

(1) 施工日记和专项施工记录；

(2) 交底记录；

(3) 上岗培训记录和岗位资格证明；

(4) 施工机具和检验、测量及试验设备的管理记录；

(5) 图纸的接收和发放、设计变更的有关记录；
(6) 监督检查和整改、复查记录；
(7) 质量管理相关文件；
(8) 工程项目质量管理策划结果中规定的其他记录。

【理解】 施工企业质量管理记录的管理主要包括记录的收集、传递，信息加工、处理等。记录应填写及时、完整、准确；字迹清晰、内容真实；按照规定编目并保存。

(1) 记录的内容和记录人员应能够追溯。

(2) 上述八项质量管理记录作为基本的施工记录。

(3) 本条文是3.5.3条款的具体实施性要求。与Q4.2.4相对应。

10.6 服务

10.6.1 施工企业应按规定进行工程移交和移交期间的防护。

【理解】

(1) 工程移交和移交期间的防护是施工管理的收尾工作，决定了项目质量管理的最终效果。施工企业应根据合同或事先的约定策划进行工程移交和移交期间的成品保护。

(2) 项目经理部应对该过程进行策划，内容可包括：

1) 移交计划。包括：工程移交的内容、时间、有关资料、参加人员和程序。

2) 防护计划。包括：移交期间的防护内容、技术措施和人员要求等。

10.6.2 施工企业应按规定的职责对工程项目的服务进行策划，并组织实施。服务应包括：
(1) 保修；
(2) 非保修范围内的维修；
(3) 合同约定的其他服务。

【理解】

(1) 施工企业应按照所赋予的职责对工程项目的服务进行策划，可以形成具体的项目用户服务/质量回访计划。本条款规定了服务的三项内容。

(2) 服务不仅包括工程交付后的保修工作，而且包括施工过程中的服务活动。有关服务的要求可通过合同、协议或口头约定方式予以确定。

(3) 施工单位应严格遵守《建设工程质量管理条例》第六章“建设工程保修”的各项要求。

10.6.3 施工企业应在规定的期限内对服务的需求信息作出响应，对服务质量应按照相关规定进行控制、检查和验收。

10.6.4 施工企业应及时收集服务的有关信息，用于质量分析和改进。

【理解】

(1) 10.6.3在工程项目实施的全过程，服务工作是必须落实的重要活动。本条款规定施工企业应在合同规定的期限内及时做出服务响应的内容有：

1) 收集信息、预测服务需求；

2）有效实施服务措施；

3）及时测量服务效果；

4）制定和落实提高或超越服务期望的措施。

（2）10.6.4 本条款要求施工企业对服务质量进行控制、检查和验收的含义是从企业层次上保证服务工作的到位。施工企业的责任部门要对服务质量按照相关服务标准进行控制和验收，管理部门应及时进行检查和指导。"规定的期限"是指按照合同或相关要求确定的时间。

施工企业通过及时收集服务的有关信息，用于质量分析和改进，可以有效地保证工程质量水平和施工过程品质，同时可以有效地提升项目管理的层次。

《规范》第 10 章 "工程项目施工质量管理"理解归纳

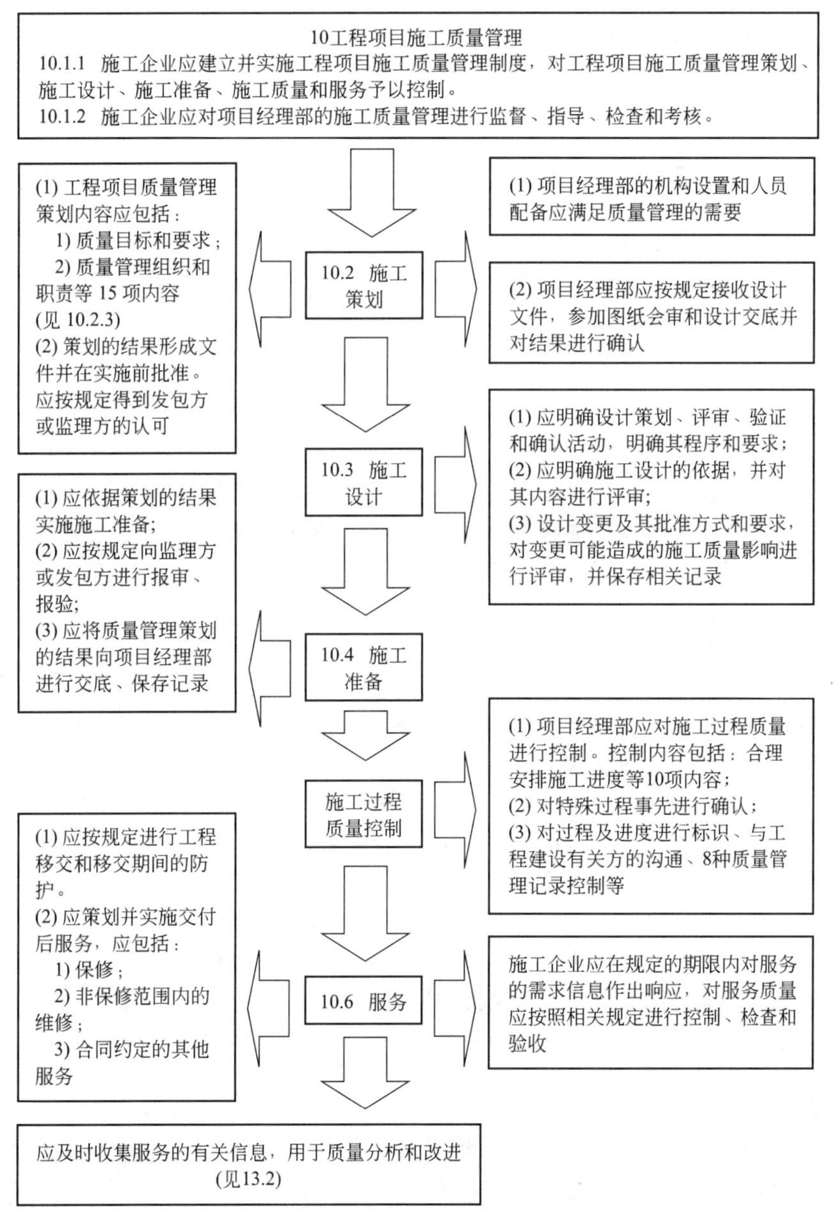

11. 施工质量检查与验收

本章规定了对施工质量检查、验收、发现质量问题的处理以及所使用监测设备的控制要求，明确了建立并实施“施工质量检查制度”、“试验检测管理制度”、“质量问题处理制度”和“质量事故责任追究制度”的要求。

(1) 与 ISO 9001 标准关系：

本章内容涉及的 ISO 9001 标准的条款主要为：

8.1　总则

8.2.3　过程监视和测量

8.2.4　产品监视和测量

8.3　不合格品控制

7.6　监视和测量设备的控制等

(2) 涉及的法律法规：

1)《建筑法》

2)《建设工程质量管理条例》

3)《建筑工程施工质量验收统一标准》

4)《工程建设标准强制性条文》

5)《建设工程文件归档整理规范》

11.1　一般规定

11.1.1　施工企业应建立并实施施工质量检查制度。施工企业应规定各管理层次对施工质量检查与验收活动进行监督管理的职责和权限。检查和验收活动应由具备相应资格的人员实施。施工企业应按规定做好对分包工程的质量检查和验收工作。

11.1.2　施工企业应配备和管理施工质量检查所需的各类检测设备。

【理解】

(1) 质量检查和验收是两个不同概念。本条提出了以下四方面要求：

1) 施工企业建立并实施施工质量检查制度；

2) 施工企业应规定各管理层次对施工质量检查与验收活动进行监督管理的职责和权限；

3) 从事检查和验收活动人员资格要求；

4) 对分包工程的质量检查和验收工作的要求。

(2) 11.1.2 本条对各类检测设备配备和管理提出总则性要求，具体见 11.5 条。

11.2　施工质量检查

11.2.1　施工企业应对施工质量检查进行策划，包括质量检查的依据、内容、人员、时机、方法和记录。策划结果应按规定经批准后实施。

11.2.2　施工企业对质量检查记录的管理应符合相关制度的规定。

【理解】

(1) 11.2.1 质量检查策划是项目质量管理策划的重要内容之一。质量检查策划的结果可形成质量检查计划(或检验试验计划)等文件。质量检查策划的结果一般应包括：检查项目及检查部位、检查人员、检查方法、检查依据、判定标准、检查程序、应填写的质量记录或签发的检查报告等 。

(2) 11.2.2 施工企业应对质量检查记录进行管理，建立质量检查记录管理制度，对质量检查记录的管理职责、填写、标识、收集、保管、检索、保存期限和处置等进行控制。

1) 质量记录的内容和格式应该符合我国《建筑工程施工质量验收统一标准》GB 50300—2001 及其他相关标准和规范的规定。

2) 对存档的质量检查记录的管理应符合我国档案管理的有关规定。

11.2.3 项目经理部应根据策划的安排和施工质量验收标准实施检查。

11.2.4 施工企业应对项目经理部的质量检查活动进行监控。

【理解】

(1) 11.2.3 施工质量检查：是指施工企业对施工质量进行的检查、评定活动。项目经理部可根据质量检查策划文件对施工质量进行检查：

1) 质量检查的依据：施工承包合同，施工质量验收标准，原材料、半成品以及构配件的质量检验标准，设计图纸，及施工企业内部有关标准等。

2) 质量检查的方式：开工前和开工后工序间交接检。施工企业应严格执行“三检”制，即：自检、互检、交接检。

3) 质量检查方法：包括目测、实测和试验等。

(2) 11.2.4 为了确保项目经理部能够做好质量检查工作，施工企业应对项目经理部的质量检查活动进行监控。对项目经理部的监督频次、监督方式宜根据企业的规模、专业特点、管理模式及项目的分布情况确定。对于技术条件复杂，建设工期紧、施工难度大、质量目标高的项目，施工企业应特别制定专门的监控措施，以确保工程项目的质量满足相关的要求。

11.3 施工质量验收

11.3.1 施工企业应按规定策划并实施施工质量验收。施工企业应建立试验、检测管理制度。

【理解】

(1) 施工质量验收是指建筑工程在施工单位自行质量检查评定的基础上，参与建设活动的有关单位共同对检验批、分项工程、分部工程、单位工程的质量进行抽样复验，根据相关标准以书面形式对工程质量达到合格与否做出确认。

(2) 检验批是施工质量验收的最小单元，是按工序作业结果及施工部位来划分，是单位工程质量验收的基础。

(3) 检验批及分项工程验收应由监理工程师(建设单位项目技术负责人)组织施工单位项目专业质量(技术)负责人等进行验收。

(4) 分部工程的质量验收应由总监理工程师(建设单位项目负责人)组织施工单位项目负责人和技术、质量负责人等进行验收。

(5) 单位工程质量验收是在施工单位自检合格基础上，建设单位组织勘察、设计、施工、监理各方进行的最终验收。

(6) 对分包工程的验收：分包工程完工后，总承包单位应对分包工程实物质量和技术资料进行检查验收。只有分包工程的实物质量和工程技术资料均通过了验收，且工程保修书内容符合要求，总承包单位才能接收分包工程的移交，与分包单位办理移交手续，并进行工程结算。

(7) 施工企业应建立试验、检测管理制度，明确管理职责及试验、检测的项目、内容、检测人员、检测时机、方法和记录等要求。

11.3.2 施工企业应在竣工验收前，进行内部验收，并按规定参加工程竣工验收。

【理解】

(1) 竣工验收的对象是单位工程。

(2) 竣工验收准备：包括工程实体的验收准备和相关工程档案资料的验收准备，使之达到竣工验收的要求。

(3) 竣工验收的申报程序：施工单位完成合同规定的设计范围内所有工程施工任务，工程质量经自检评定合格后，向监理机构(或建设单位)提交工程竣工申请报告，要求组织工程竣工验收。

(4) 竣工验收应具备的条件(《建设工程质量管理条例》第十六条规定)：

1) 完成建设工程设计和合同约定的各项内容；

2) 有完整的技术档案和施工管理资料；

3) 有工程使用的主要材料、构配件和设备的进场试验报告；

4) 有勘察、设计、施工、工程监理等单位分别签署的质量合格文件；

5) 有施工单位签署的工程保修书。

(5) 竣工验收的实施：施工单位应按规定参加由建设单位组织的工程竣工验收，对验收提出的问题及时进行整改，并重新提请验收。

(6) 单位工程竣工验收程序见下图：

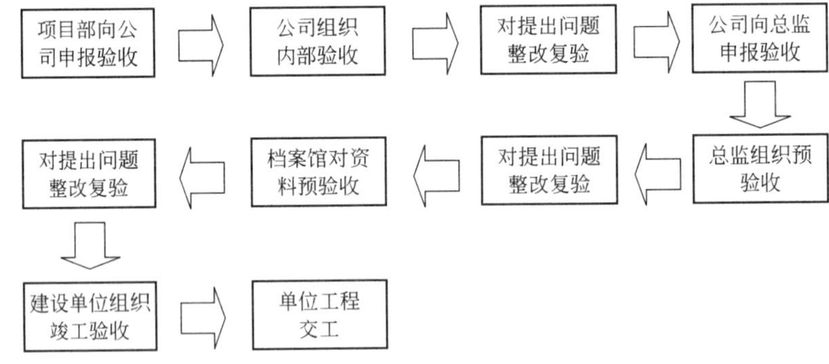

11.3.3 施工企业应对工程资料的管理进行策划，并按规定加以实施。工程资料的形成应与工程进度同步。施工企业应按规定及时向有关方移交相应资料。归档的工程资料应符合档案管理的规定。

【理解】

(1) 工程资料是记录工程质量和工作质量的载体，也是在使用过程中对工程进行维修、扩建、更新和改造的依据，同时还是施工企业提高质量管理水平，进行质量管理改进和创新的依据。

(2) 施工企业应建立工程资料的管理制度，并按照《建设工程文件归档整理规范》规定的要求进行策划并实施工程资料的归档和移交工作。

(3) 工程资料的形成应与工程进度同步，以确保工程资料的客观性和有效性。

(4) 竣工验收通过后，项目经理部应在规定期限内将符合要求的竣工资料分别移交给建设单位、城建档案馆、施工企业档案管理部门等。

(5) 归档的工程资料应符合《建设工程文件归档整理规范》等规定。

11.4 施工质量问题的处理

11.4.1 施工企业应建立并实施质量问题处理制度，规定对发现质量问题进行有效控制的职责、权限和活动流程。

【理解】

施工质量问题是指施工质量不符合规定的要求，包括质量事故。

(1) 为使各类质量问题得到控制，施工企业应建立并实施"质量问题处理制度"，规定对发现质量问题进行判定、标识、评审、处置、记录等有效控制的职责、权限和工作流程等，是施工企业质量管理工作的重要内容。

(2) 应将质量问题进行分级分类管理，并分别规定各级机构的职责权限。

(3) 对质量事故的处理见 11.4.4 条要求。

11.4.2 施工企业应对质量问题的分类、分级报告流程做出规定，按照要求分别报告工程建设有关方。

【理解】

(1) 施工企业可在"质量问题处理制度"中对质量问题的分类、分级报告流程作出规定。

(2) 施工中出现质量问题时，项目部应按规定向企业主管部门、监理机构、建设单位及政府主管部门报告。

(3) 质量事故等级按照损失严重程度可以分为：一般质量事故、严重质量事故、重大质量事故、特别重大质量事故。

(4) 事故责任：按照事故责任的不同，又可以分为管理(指导)责任事故、直接(操作)责任事故。

(5) 事故原因：按照事故产生原因的不同，还可以分为技术原因、管理原因、经济原因、社会原因以及自然原因等。

(6) 质量事故的处理程序，一般包括：

1) 事故调查；

2) 事故原因分析；

3) 制定处理方案；

4) 处理事故；

5) 鉴定验收；

6) 提出改进建议等。

11.4.3 施工企业应对各类质量问题的处理制定相应措施，经批准后实施，并应对质量问题的处理结果进行检查验收。

【理解】

（1）施工企业应根据我国相关法律法规规定和合同约定，针对质量问题的特点，制定相应处理措施。质量问题的处理措施应在履行内外审批后实施。

（2）施工质量问题的处理方式包括：返工处理、返修处理、让步处理、降级处理和不作处理等。

（3）《建筑工程施工质量验收统一标准》GB 50300—2001 第 5.0.6 条规定：

当建筑工程质量不符合要求时，应按下列规定进行处理：

1）经返工重做或更换器具、设备的检验批，应重新进行验收；

2）经有资质的检测单位检测鉴定能够达到设计要求的检验批，应予以验收；

3）经有资质的检测单位检测鉴定达不到设计要求，但经原设计单位核算认可能够满足结构安全和使用功能的检验批，可予以验收；

4）经返修或者加固处理的分项、分部工程，虽然改变外形尺寸但仍能满足安全使用要求的，可按技术处理方案和协商文件进行验收。

（4）第 5.0.7 条规定：通过返修或加固处理仍不能满足安全使用要求的分部工程、单位(子单位)工程，严禁验收。

11.4.4 施工企业应保存质量问题的处理和验收记录，建立质量事故责任追究制度。

【理解】

（1）施工企业应按照相关法律、法规的规定建立“质量事故责任追究制度”。

（2）“质量事故责任追究制度”的制定应与质量责任制的建立相结合并事先明确，做到质量问题的事前控制。企业应该在工作开始前就落实质量责任，明确出现质量问题后的惩罚措施，避免出现质量问题后互相推诿情况的出现。

注：《建设工程质量管理条例》第 72 条规定：违反本条例规定，注册执业人员因过错造成质量事故的，责令停止执业 1 年，造成重大质量事故的，吊销执业资格证书，5 年内不予注册；情节特别恶劣的，终身不予注册。第 74 条规定：施工单位违反国家规定，降低工程质量标准，造成重大安全事故，构成犯罪的，对直接责任人员依法追究刑事责任。

11.5 检测设备管理

11.5.1 施工企业应按照要求配备检测设备。检测设备管理应符合下列规定：

（1）根据需要采购或租赁检测设备，并对检测设备供应方进行评价；

（2）使用前对检测设备进行验收；

（3）按照规定的周期校准检测设备，标识其校准状态并保持清晰，确保其在有效检定周期内可用于施工质量检测，校准记录应予以保存；

（4）对国家或地方没有校准标准的检测设备制定相应的校准标准；

（5）对设备进行必要的维护和保养，保持其完好状态，设备的使用、管理人员应经过培训；

（6）在发现检测设备失准时评价已测结果的有效性，并采取相应的措施；

（7）对检测设备所使用的软件在使用前的确认和再确认予以规定。

【理解】 本条明确了检测设备配备及管理要求，涉及管理内容包括：供应方评价、设备验收、标识、校准标准、维护保养、设备失准时处理、设备使用软件的管理等。其管理要求与 ISO 9001 标准 7.6 条要求基本一致。

《规范》第 11 章“施工质量检查与验收”理解归纳

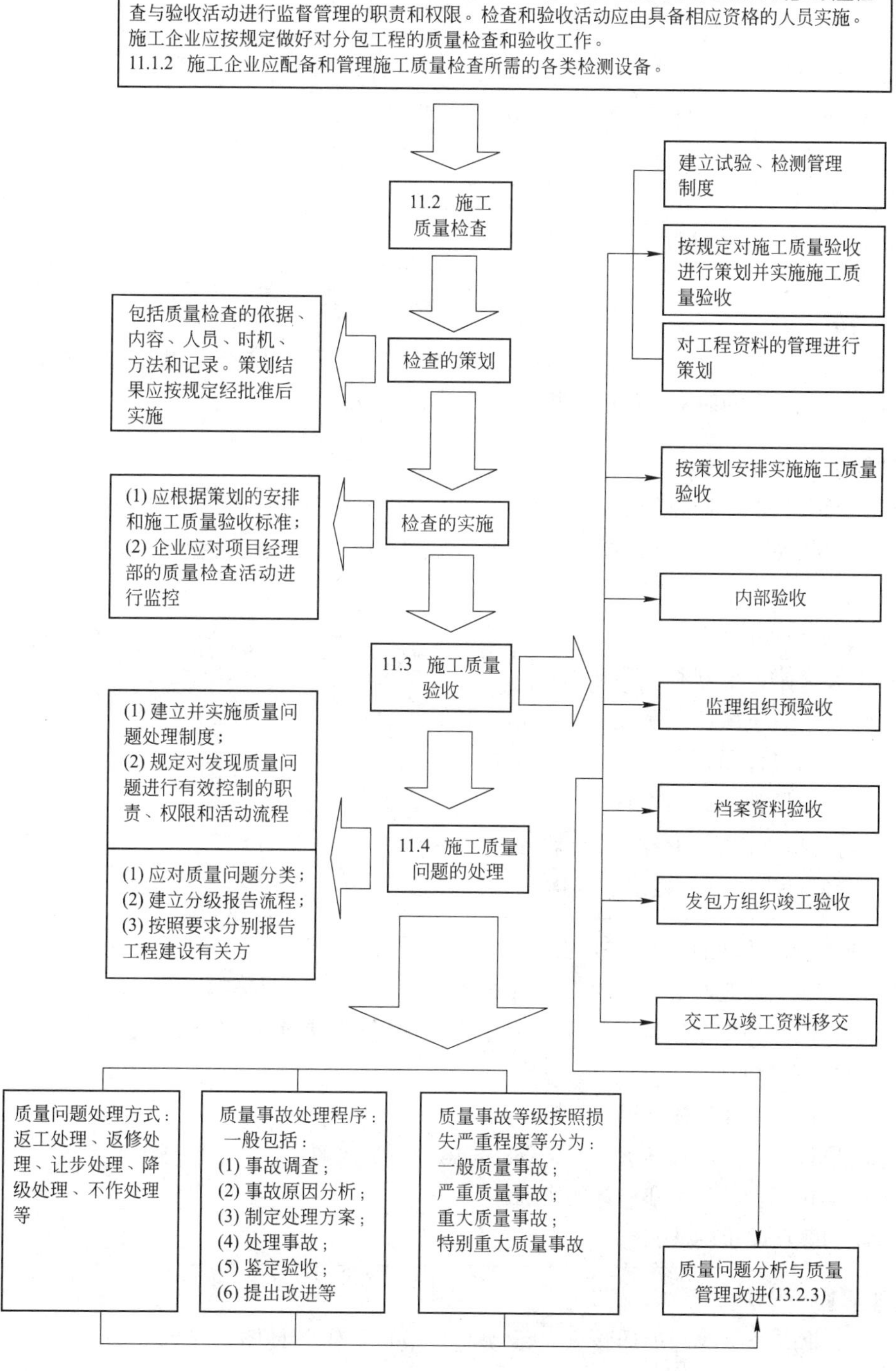

12. 质量管理自查与评价

本章规定了施工企业应开展对各层次质量管理活动（过程）、质量管理体系进行自查与年度审核评价的要求和收集工程建设有关方满意信息的要求，明确要建立并实施“质量管理自查与评价制度”并保存相关记录。

与 ISO 9001 标准关系：本章内容涉及的 ISO 9001 标准的条款主要为：

8.1 总则；

8.2.1 顾客满意；

8.2.2 内部审核；

8.2.3 过程的监视和测量等。

涉及的法律法规：

（1）《建筑法》；

（2）《建设工程质量管理条例》等

12.1 一般规定

12.1.1 施工企业应建立质量管理自查与评价制度，对质量管理活动进行监督检查。施工企业应对监督检查的职责、权限、频度和方法作出明确规定。

【理解】

质量管理自查与评价的对象：是施工企业对自身质量管理活动的监督检查。施工企业应建立“质量管理自查与评价制度”，开展监督检查工作。施工企业对监督检查工作应明确以下内容：

（1）监督检查依据：

1）相关法律、法规和标准规范；

2）施工企业质量管理制度及支持性文件；

3）工程承包合同；

4）项目质量管理策划文件。

（2）监督检查内容（见 12.2.1 条）。

（3）监督检查职责、权限、频度和方法。

12.2 质量管理活动的监督检查与评价

12.2.1 施工企业应对各管理层次的质量管理活动实施监督检查，明确监督检查的职责、频度和方法。对检查中发现的问题应及时提出书面整改要求，监督实施并验证整改效果。监督检查的内容包括：

（1）法律、法规和标准规范的执行；

（2）质量管理制度及其支持性文件的实施；

（3）岗位职责的落实和目标的实现；

（4）对整改要求的落实。

【理解】

施工企业应分层次开展质量管理活动监督检查工作，具体要求如下：

（1）管理层次划分及监督检查要求：施工企业管理层次一般分为2～3层次，如三级管理层次(即公司、分公司、项目)时，监督检查应包括：公司对分公司和项目检查、分公司对项目的检查、项目自查。

（2）监督检查的内容：见条文1～4。

（3）监督检查的方式：巡视、评审、查看资料、汇报、总结、报表、报告会、意见调查等。

（4）监督检查的频次：根据管理的成熟程度确定检查频次。

（5）检查结果的处置：应有书面整改要求，监督实施，跟踪验证整改效果。

12.2.2 施工企业应对项目经理部的质量管理活动进行监督检查。内容包括：

（1）项目质量管理策划结果的实施；

（2）对本企业、发包方或监理方提出的意见和整改要求的落实；

（3）合同的履行情况；

（4）质量目标的实现。

【理解】

本条是对12.2.1条的进一步具体化。

（1）施工企业对项目经理部质量管理活动的监督检查重要性：项目经理部质量管理活动的过程和结果直接影响工程项目产品的质量，因此对项目经理部检查是施工企业对质量管理活动进行监督检查的重点。

（2）检查内容：为本条例明的1～4项要求。

（3）检查方法：可结合施工企业对施工和服务质量的检查进行，正确全面地评价项目经理部质量管理水平。

（4）检查的重点：应放在满足发包方的质量要求并提高其满意度以及质量目标的实现情况上，也应该与工程产品质量形成的重要环节紧密结合。例如在基础、主体结构等产品形成的重要环节施工之前、之中应安排对项目经理部的质量管理进行监督检查，从而确保工程产品的质量。

（5）检查与自查的关系：企业对项目经理部的监督检查和项目自查相比应以项目自查为重点，项目自查是项目管理的一项经常性日常工作。

12.2.3 施工企业应对质量管理体系实施年度审核和评价。施工企业应对审核中发现的问题及其原因提出书面整改要求，并跟踪其整改结果。质量管理审核人员的资格应符合相应的要求。

12.2.4 施工企业应策划质量管理活动监督检查和审核的实施。策划的依据包括：

（1）各部门和岗位的职责；

（2）质量管理中的薄弱环节；

（3）有关的意见和建议；

（4）以往检查的结果。

12.2.5 施工企业应建立和保存监督检查和审核的记录，并将所发现的问题及整改的结果作为质量管理改进的重要信息。

【理解】

上述 3 个条款内容要求与 ISO 9001 标准的“8.2.2 内部审核”要求基本一致。

(1) 内审方式：施工企业年度内部审核应按照策划的审核方案集中进行，也可根据所属机构、部门、项目部的分布情况分阶段进行。

(2) 人员能力要求：质量管理审核人员须经认可的机构培训合格。

(3) 内审流程：年度审核应该覆盖完整的质量管理体系，并按如下流程实施：

1) 制订审核计划、确定审核人员。审核人员的专业资格、工作经历应符合相关要求，并经认可的机构培训合格。审核人员不应检查自己的工作；

2) 向接受审核的区域发放计划，并可根据其工作安排适当调整时间，既要做到审核工作的及时性，又要考虑接受审核部门和人员的工作安排。

3) 进行审核前的文件准备。文件准备包括审核依据文件的准备和审核用文件的准备，如编制检查表。

4) 实施审核。

5) 根据审核的结果实施改进。如对发现问题分析原因、制订并实施纠正或纠正措施并跟踪验证整改效果。

6) 总结评价：根据审核结果进行全面评价并形成审核报告，重点是对质量管理的符合性和有效性进行评价。评价的结果应以能够为实施改进提供依据为原则，尽量避免宽泛的评价结果。

12.2.6 施工企业应收集工程建设有关方的满意信息，并明确这些信息收集的职责、渠道、方式及利用这些信息的方法。

【理解】

(1) 作用：收集工程建设有关方对施工企业满意度的信息并加以分析，是发现质量问题、提出改进要求、进而提高用户满意度和忠诚度的重要手段。

(2) 调查对象：此条款等同 ISO 9001 的 8.2.1，但需注意调查对象要求的变化，应包括：发包方/建设单位、监理方、用户、主管部门。

(3) 关注点：信息收集中应关注施工准备、施工过程、竣工及保修等不同阶段中，发包方或监理方、用户、主管部门等的满意情况。

(4) 调查方式：施工企业对满意信息的收集可采用口头或书面的方式进行，如：

1) 对发包方或监理方进行走访、问卷调查；

2) 收集发包方或监理方的反馈意见；

3) 媒体、市场、用户组织或其他相关单位的评价。

(5) 在收集工程建设有关方对施工企业的满意度信息时，应贯彻定性与定量相结合的原则。

(6) 调查结果的应用：通过有关方对施工企业质量管理的相对满意程度的分析找出差距并明确改进的方向，应形成总体性工程建设有关方满意与否分析报告。

《规范》第 12 章 “质量管理自查与评价”理解归纳

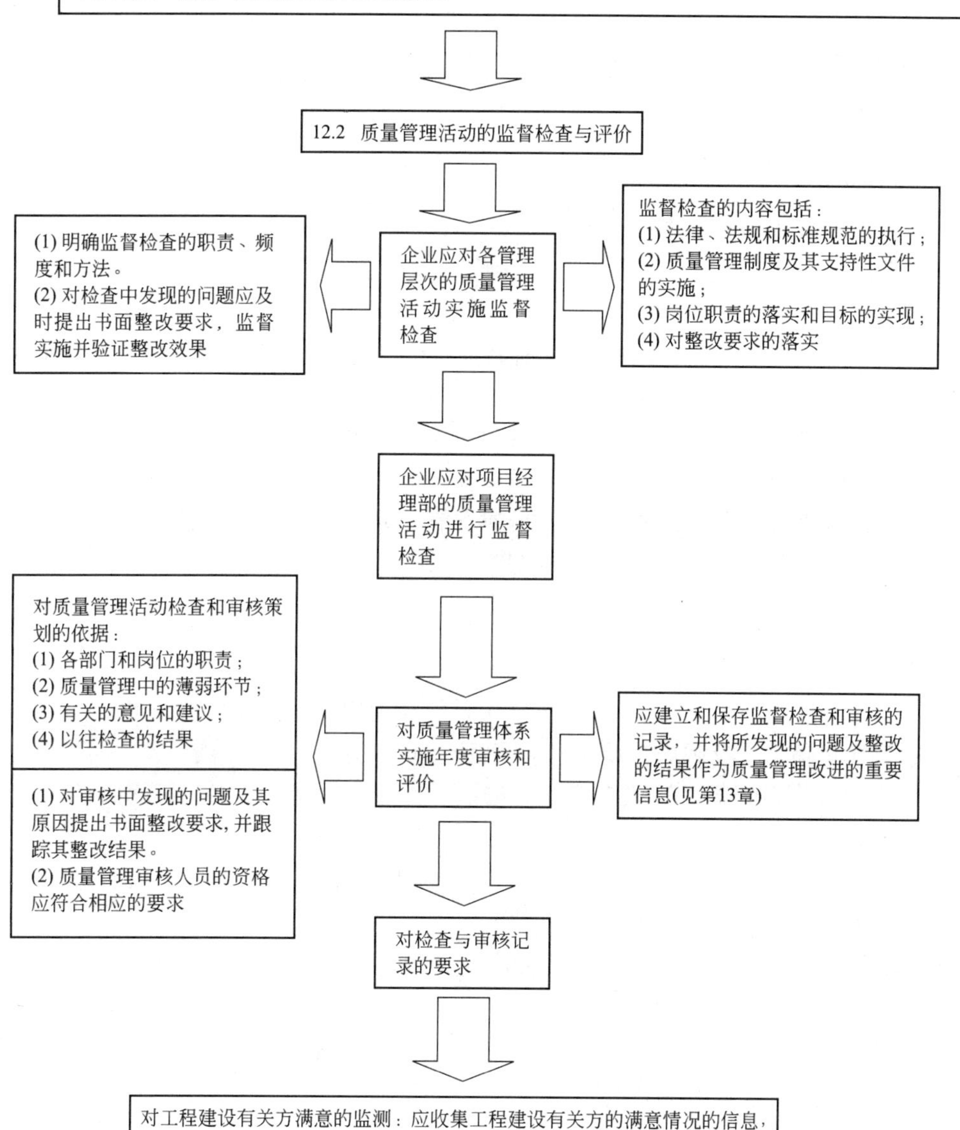

13. 质量信息和质量管理改进

本章规定了对质量信息的收集、传递、分析利用和质量管理改进与创新的要求，明确施工企业应建立并实施“质量信息管理和质量管理改进制度”，通过对质量信息的收集和分析、确定改进目标，制订并实施质量管理的改进与创新的要求。

与 ISO 9001 的关系：本章内容涉及的 ISO 9001 标准的条款主要为：

5.5.3 内部沟通

5.6 管理评审

8.1 总则

8.2.1 顾客满意

8.4 数据分析

8.5 改进等

相关法律法规：

(1)《建筑法》

(2)《建设工程质量管理条例》等

13.1 一般规定

13.1.1 施工企业应采用信息管理技术，通过质量信息资源的开发和利用，提高质量管理水平。

13.1.2 施工企业应建立并实施质量信息管理和质量管理改进制度，通过对质量信息的收集和分析，确定改进的目标，制定并实施质量改进措施。

13.1.3 施工企业应明确各层次、各岗位的质量信息管理和质量管理改进职责。

13.1.4 施工企业的质量管理改进活动应包括：质量方针和目标的管理、信息分析、监督检查、质量管理体系评价、纠正与预防措施等。

【理解】

(1) 施工企业应通过信息技术和信息资源开发和利用，提高质量管理水平：

1) 识别质量信息。反映施工质量和质量活动过程的记录。

2) 确定信息收集的渠道、职责等。应包括：过程、产品和服务、顾客、相关方、体系和其他方面信息等。

3) 明确信息资料利用的方法。如利用质量方针、目标、审核结果、统计技术、数据分析、纠正和预防措施等实施改进。

(2) 施工企业应建立"质量信息管理和质量管理改进制度"，明确各层次、各岗位在质量信息和质量管理改进方面的职责。

(3) 施工企业质量管理改进活动内容：质量方针目标管理、信息分析、监督检查、质量管理体系评价、纠正与预防措施等。

13.2 质量信息的收集、传递、分析与利用

13.2.1 施工企业应明确为正确评价质量管理水平所需收集的信息及其来源、渠道、方法和职责。收集的信息应包括：

(1) 法律、法规、标准规范和规章制度等；

(2) 工程建设有关方对施工企业的工程质量和质量管理水平的评价；

(3) 各管理层次工程质量管理情况及工程质量的检查结果；

(4) 施工企业质量管理监督检查结果；

(5) 同行业其他施工企业的经验教训；
(6) 市场需求；
(7) 质量回访和服务信息。

【理解】

(1) 质量信息管理的重点：质量信息的收集及传递。

(2) 质量信息应收集的内容：包括上述的1～7条要求。

(3) 质量信息来源包括：

1) 各种形式的工作检查，包括外部检查、审核等；

2) 各项工作报告、检查通报及工作建议；

3) 业绩/绩效考核结果；

4) 各类专项报表等。

(4) 质量信息的传递：施工企业可根据自身条件和需要，采用网络、会议等形式进行信息传递。

13.2.2 施工企业应总结项目质量管理策划结果的实施情况，并将其作为质量分析和改进的信息予以保存和利用。

【理解】

(1) 项目质量管理策划结果的实施情况是重要的质量管理信息，应予总结和利用。其内容包括：

1) 施工和服务质量目标的实现结果；

2) 关键工序和特殊工序的控制情况；

3) 项目质量管理策划结果中各项(共15项见10.2.3)内容的完成情况；

4) 项目质量管理策划及实施结果的评价结论；

5) 存在的问题及分析和改进意见。

(2) 施工企业可根据项目实施进度，分阶段总结项目质量策划结果的实施情况。

(3) 项目竣工结束后，施工企业及项目经理部应编制项目总结报告，总结项目质量管理策划结果实施情况，并将其作为质量分析和改进的信息予以保存和利用。

13.2.3 施工企业各管理层次应按规定对质量信息进行分析，判断质量管理状况和质量目标实现的程度，识别需要改进的领域和机会，并采取改进措施。施工企业在分析过程中，应使用有效的分析方法。分析结果应包括：

(1) 工程建设有关方对施工企业的工程质量、质量管理水平的满意程度；
(2) 施工和服务质量达到要求的程度；
(3) 工程质量水平、质量管理水平发展趋势以及改进的机会；
(4) 与供货方、分包方合作的评价。

【理解】 本条主要是针对质量信息分析和利用所作的规定，是质量信息收集工作之后的重要工作，必须以质量信息的收集工作为基础。

1）质量分析的目的：找出质量管理中存在的问题，为质量改进提供依据。

2）质量信息分析应明确的内容：①作用；②职责；③方法；④对象。

3）质量分析方法：科学的统计技术、数据分析和其他质量管理工具是质量分析的有效手段，是经实践检后行之有效的方法。

常用的质量统计分析方法包括：调查表法、排列图法、分层法、因果关系图法、直方图法、控制图法和相关图法。

13.2.4 施工企业最高管理者应按照规定的周期，分析评价质量管理体系运行的状况，提出改进目标和要求。质量管理体系的评价包括：

（1）质量管理体系的适宜性、充分性、有效性；

（2）施工和服务质量满足要求的程度；

（3）工程质量、质量管理活动状况及发展趋势；

（4）潜在问题的预测；

（5）工程质量、质量管理水平改进和提高的机会；

（6）资源需求及满足要求的程度。

【理解】

本条要求与ISO 9001标准中“5.6管理评审”要求基本一致。

（1）评审的方式：可以灵活多样，但要注意内容的覆盖。可通过下列过程的规范体现：如月度经理办公会；半年、年度工作总结分析会；经济分析会；职能系统总结会；战略分析会等；但要关注对要求实施的有效性(结果)。

（2）“规定的周期”是组织预先确定的计划安排，与“策划的时间间隔”基本一致；

（3）适宜性是指质量管理体系能持续满足内外部环境变化需要的能力；

（4）有效性是指质量管理体系实现质量方针和质量目标的程度；

（5）充分性是指质量管理体系的各项活动得到充分确定和实施，并可以满足预期要求的能力。

（6）最高管理者应确定对质量管理体系进行全面评价的周期、方法和流程。

13.3 质量管理改进与创新

13.3.1 施工企业应根据对质量管理体系的分析和评价，提出改进目标，制定和实施改进措施，跟踪改进的效果；分析工程质量、质量管理活动中存在或潜在问题的原因，采取适当的措施，并验证措施的有效性。

【理解】

（1）质量管理创新的定义(术语2.0.4)：在原有质量管理基础上，为提高质量管理效率、降低质量管理成本而实施的质量管理制度、活动、方法的革新。

（2）作用：质量管理改进与创新的活动可以帮助企业持续地增强体系、过程和产品满足要求的能力，提高效率，降低成本，更好地满足顾客要求，增强顾客满意度。

(3) 措施：为实现质量管理改进与创新，企业应当：

1) 确立质量方针以明确改进方向；

2) 通过质量目标的建立与实施，营造一个激励改进的氛围和环境；

3) 通过内部审核、数据分析不断寻求改进的机会，并作出适当的改进活动安排；

4) 在管理评审中评价改进效果，确定新的改进目标和改进的决定；

5) 实施纠正和预防措施以及其他适用的措施以实现改进。

(4) 提出质量管理体系改进目标，制定和实施改进措施，跟踪改进效果。对质量管理体系的分析和评价是确定改进目标的基础，对体系的分析评价主要方式：

1) 内部审核、外部审核；

2) 管理评审；

3) 对体系、过程、产品和服务及工程建设相关方满意监测结果的分析利用等。

(5) 分析质量管理活动中存在和潜在问题的原因，采取措施，验证措施有效性。

(6) 通过质量分析识别已存在的或者潜在的质量问题及其原因，方能采取改进措施并跟踪改进的结果。改进可在两个层面上开展：

1) 针对已发现问题的改进，应建立如下机制：发现问题 、分析问题原因 、提出纠正措施、实施并跟踪效果。

2) 针对潜在问题的改进：

① 确定潜在问题及其原因；

② 评估采取措施需求；

③ 控制措施的实施并保证效果；

④ 跟踪评估措施的有效性。

13.3.2 施工企业可根据质量管理分析、评价的结果，确定管理创新的目标及措施，并跟踪、反馈实施结果。

13.3.3 施工企业应按规定保存质量管理改进与创新的记录。

【理解】

13.3.2 条明确施工企业有关质量管理创新目标、措施的制定及跟踪、反馈的要求：施工企业应当在各层次各职能开展质量管理改进与创新的活动。明确创新目标，实现目标措施，跟踪并反馈。

(1) 最高管理者是质量管理创新的战略部署者和推动者，应对质量管理创新做出安排，营造创新的环境，使质量管理工作不断地推陈出新，追求卓越，同时应对创新的效果进行评估，确保在合理的成本下实施创新的活动，并对创新带来的风险加以有效管理；

(2) 各管理层次、各职能部门应在有关活动计划中明确采取的创新措施并实施；

(3) 项目经理部应在项目质量管理策划中明确相应的创新措施并实施。

13.3.3 条明确了质量管理改进与创新记录的保存要求。

《规范》第 13 章 “质量信息和质量管理改进”理解归纳

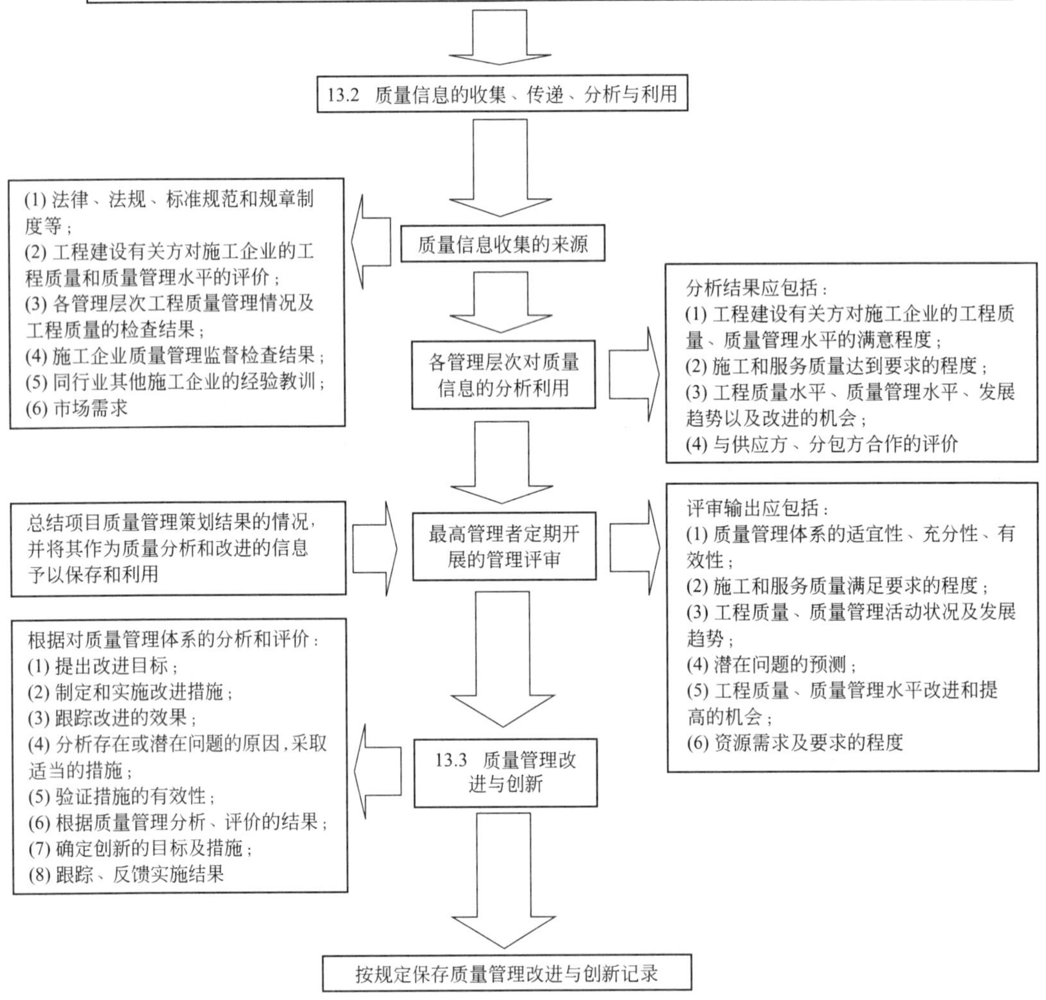

4.4 贯彻《工程建设施工企业质量管理规范》对获证企业证书转换工作的要求

4.4.1 ISO 9001 获证企业实施《工程建设施工企业质量管理规范》(“1+1”认证)应该做的工作

按国家两部委 2010 年“第 21 号公告”要求，自 2010 年 8 月 1 日起，在建筑施工领域质量管理体系认证中，应依照《质量管理体系　要求》(GB/T 19001—2008)和《工程建设施工企业质量管理规范》(以下简称《规范》)执行。获得认可资格的认证机构应从2010年11月1日起对建筑施工企业按照《规范》(GB/T 50430—2007)和GB/T 19001—2008标准要求开展认证活动，并颁发同时标注两个标准名称的新证书。

按照《质量管理体系　要求》(GB/T 19001—2008)标准已获得质量管理体系认证的企业，在证书到期换证时，应增加《规范》要求审核后完成认证证书转换工作；逾期未完成转换的认证证书均属无效。

已获GB/T 19001—2008认证的和新认证的施工企业应该如何实现证书的到期转换和顺利实现“1+1”认证？根据北京中建协认证中心的有关要求和试点企业所取得的成功经验，“重点在培训、关键在执行”，主要应做到以下几点：

(1) 应认真学习和正确全面理解国家两部委2010年“第21号公告”要求，明确工程建设施工企业开展以GB/T 19001—2008标准和《规范》为依据(1+1)认证的目的、意义和要求，深入对《规范》的研究，准确理解《规范》实施目的和各项要求的内涵，提高贯彻执行《规范》的自觉性、主动性。

(2) 应识别相关质量管理工作人员、内审员等进行《规范》的培训需求，并确保相关人员得到必要的培训。

(3) 应依据《规范》要求识别原有质量管理体系存在的不足、偏离或缺失，采取改进措施。这包括对现有体系文件的评审，识别不足、修改质量体系文件/或换版，需要时聘请外部咨询人员提供帮助；也包括对原有质量体系的运行不足问题的识别，发现不足，则需要制定和实施必要的改进措施，改进和完善质量管理体系有效性。

(4) 开展对新的体系文件的培训，根据新的体系文件和标准运行质量管理体系，形成有关运行记录。原则上，新的体系文件发布和运行时间不少于3个月，但如果原体系或体系文件已经基本满足《规范》标准的要求，这个时间可以缩短。

(5) 根据新的体系文件和《规范》标准要求开展内部审核和管理评审。

4.4.2　证书转换的要求

(1) 转换时间。从2010年11月1日起，在新认证或复评审核中必须发放同时注有GB/T 50430—2007《规范》和GB/T 19001—2008标准的质量管理体系证书。处于监督审核期间的获证组织可以根据自身的情况选择是否单独实施标准转换审核。

(2) 转换准备。获证组织应按照上述4.4.1条款所提出的要求，为转换工作进行必要的准备。

(3) 转换申请。

1) 获证组织在完成《规范》要求转换的相关准备工作后，可向认证中心提出认证证书转换申请并签订正式转换合同。

2) 利用后续复评(再认证)或专项审核的方式进行转换的申请，可用《GB/T 50430〈规范〉转换申请表》或书面报告的形式向认证中心客户服务部提出。

3) 利用后续监督审核的方式进行转换的申请，可用《管理体系获证组织信息确认表/信息快报》或书面报告的形式向认证中心审核管理部提出。

(4) 转换实施

1) 获证组织依据 GB/T 50430—2007《规范》对管理体系文件进行修改后，转换审核方案将包括对获证组织按照 GB/T 50430—2007《规范》修改后的质量管理体系文件进行评审。

2) 现场审核时审核组将重点关注 GB/T 50430—2007《规范》要求的质量管理活动、质量管理文件和记录是否得到有效识别、实施和保持。对存在问题或达不到 GB/T 50430—2007《规范》要求的获证组织，审核组将开具《不符合项报告》，提出整改要求，并确保验证合格。

3) 对质量管理体系认证证书转换审核的认证决定按认证中心的相关要求执行，在确认获证组织的质量管理体系已符合 GB/T 50430—2007《规范》要求后，才能换发增加 GB/T 50430—2007《规范》标志的认证证书。

(5) 认证证书有效期

1) 选择初次认证、再认证(或提前再认证)审核进行标准转换的，GB/T 50430—2007《规范》认证证书有效期自重新签发证书之日起三年。

2) 选择监督审核或专项审核方式进行标准转换的，GB/T 50430—2007《规范》认证证书有效期保持原证书的有效期。

4.4.3 附表和附录

《规范》明示的质量管理制度与 ISO 9001 标准明示的程序对照表　　附表 4-1

序号	9001 标准条款	9001 标准明示的程序	50430 规范明示的质量管理制度	50430 规范明示的质量管理制度的支持性文件
1	4.2.2	质量手册	质量管理体系的说明	
2	4.2.3	文件控制程序	文件管理制度	
3	4.2.4	记录控制程序	记录管理制度	
4	5.4.1		质量目标管理制度	
5	6.2		人力资源管理制度 员工绩效考核制度	
6	6.3		施工机具管理制度	施工机具供应方的评价方法
7	7.2		工程项目投标及工程承包合同管理制度	
8	7.3		工程项目施工质量管理制度	施工设计所需的评审、验证和确认活动，明确其程序和要求
9	7.4		建筑材料、构配件和设备管理制度	供应方的评价、选择和再评价的标准、方法和职责
10	7.4		分包管理制度	评价、再评价标准和评价办法
11	7.5		工程项目施工质量管理制度	
12	8.2.1		质量管理自查与评价制度	工程建设有关方满意情况的信息收集的职责、渠道、方式及利用这些信息的方法
13	8.2.2	内部审核程序	质量管理自查与评价制度	
14	8.2.3		质量管理自查与评价制度	

续表

序号	9001 标准条款	9001 标准明示的程序	50430 规范明示的质量管理制度	50430 规范明示的质量管理制度的支持性文件
15	8.2.4		施工质量检查制度试验、检测管理制度	
16	8.3	不合格品控制程序	质量问题处理制度 质量事故责任追究制度	
17	8.4		质量信息管理和质量管理改进制度	
18	8.5	纠正措施程序	质量信息管理和质量管理改进制度	
19	8.5	预防措施程序	质量信息管理和质量管理改进制度	
小计		7 处	共 16 处《管理制度》要求，5 处《制度》的支持性文件要求	

《规范》明示的文件/记录与 ISO 9001 标准明示的文件/记录对照表　　附表 4-2

序号	9001 标准条款	9001 标准明示的文件/记录	50430 规范明示的文件/记录
1	5.2	质量方针形成文件	质量方针形成文件
2	5.4.1	质量目标形成文件	质量目标形成文件
3	5.5.1		(1) 管理体系的组织机构及相应质量管理人员，规定相应的职责和权限并形成文件； (2) 各级专职质量管理部门和岗位的职责和权限形成文件； (3) 其他相关职能部门和岗位的质量管理职责和权限，形成文件； (4) 以文件的形式公布组织机构的变化和职责的调整
4	5.6	管理评审的记录	质量管理改进与创新的记录
5	6.2	教育、培训、技能和经验的适当记录	(1) 人力资源发展规划； (2) 以文件的形式确定与质量管理岗位相适应的任职条件； (3) 培训相应的记录
6	6.3		(1) 施工机具配备计划； (2) 施工机具供应方相应的证明资料和评价记录； (3) 施工机具供应方订立合同； (4) 施工机具验收记录
7	7.1	质量计划	工程项目质量管理策划的结果形成文件
8	7.2	与产品有关的要求的评审结果及由评审而引起的措施的记录	(1) 工程承包合同； (2) 评审、投标和签约的相关记录； (3) 相关部门及人员掌握合同的要求，并保存相关记录； (4) 施工过程中发生的合同变更，应以书面形式签认
9	7.3	(1) 与产品要求有关的设计和开发输入的记录； (2) 设计和开发评审结果以及必要的措施的记录； (3) 设计和开发验证的结果以及必要的措施的记录； (4) 设计和开发确认的结果以及必要的措施的记录； (5) 设计和开发更改评审结果以及必要的措施的记录	(1) 设计结果应形成必要的文件； (2) 设计变更评审相关记录

续表

序号	9001 标准条款	9001 标准明示的文件/记录	50430 规范明示的文件/记录
10	7.4	供应方评价结果，以及由评价而采取的必要措施的记录	(1) 采购计划； (2) 供应方的评价、选择和再评价的相应的记录； (3) 采购合同； (4) 验收的过程、记录； (5) 对验收不合格的建筑材料、构配件和设备处理结果的记录； (6) 建筑材料、构配件和设备的发放记录； (7) 评价和选择分包方的记录； (8) 分包合同； (9) 对分包方的履约情况进行评价并保存记录
11	7.5	(1) 生产和服务提供过程的确认适用时记录的要求； (2) 当有可追溯性要求时对产品的唯一性标识的记录； (3) 丢失、损坏或者被发现不适宜使用的顾客的财产的记录	(1) 开工申请； (2) 施工企业应将质量管理策划的结果向项目经理部进行交底，并保存记录； (3) 施工过程中的质量管理记录。质量管理记录应包括： 1) 施工日记和专项施工记录； 2) 交底记录； 3) 上岗培训记录和岗位资格证明； 4) 施工机具和检验、测量及试验设备的管理记录； 5) 图纸的接收和发放、设计变更的有关记录； 6) 监督检查和整改、复查记录； 7) 质量管理相关文件； 8) 工程项目质量管理策划结果中规定的其他记录。 (4) 发包方提供的建筑材料、构配件和设备在验收、施工安装、使用过程中出现的问题，应做好记录
12	7.6	(1) 当无国际或国家测量标准时，用以检定或校准测量设备的依据的记录； (2) 当测量设备被发现不符合要求时对先前的测量结果的有效性评价的记录； (3) 测量设备校准和验证的结果的记录	(1) 校准记录应予以保存； (2) 对国家或地方没有校准标准的检测设备制定相应的校准标准
13	8.2.2	内部审核结果	(1) 对审核中发现的问题及其原因提出书面整改要求； (2) 建立和保存监督检查和审核的记录
14	8.2.3		(1) 对质量管理活动监督检查中发现的问题应及时提出书面整改要求； (2) 建立和保存监督检查和审核的记录
15	8.2.4	指明授权放行产品的人员的记录	(1) 施工质量检查策划结果； (2) 对质量检查记录的管理应符合相关制度的规定 (3) 工程资料管理
16	8.3	不合格品性质以及随后所采取的措施，包括所批准的让步的记录	质量问题的处理和验收记录
17	8.5.2	纠正措施的结果	质量管理改进与创新的记录
18	8.5.3	预防措施的结果	质量管理改进与创新的记录
小计		23 处	45 处

《规范》与 GB/T 19001—2008“标准”相比新拓展/和行业化的明示要求　　附表 4-3

序号(处)	要求、过程/或子过程	“标准”对应的条款号	新拓展的或行业化的明示要求
1	2 术语	3 术语和定义	质量管理活动、质量管理制度、质量管理信息、质量管理创新、施工质量检查 5 个术语
2	3.2 质量方针和质量目标	5.3 5.4.1	3.2.1　施工企业应制定质量方针。内容包括： (1) 遵守国家法律、法规，满足合同约定的质量要求 (2) 在工程施工过程中及交工后，认真服务于发包方和社会，增强其满足程度，树立施工企业在市场中的良好形象； (3) 追求质量管理改进，提高质量管理水平。 3.2.4　施工企业应建立并实施质量目标管理制度
3	3.2.1　施工企业应制定质量方针。内容包括： (1) 遵守国家法律、法规，满足合同约定的质量要求； (2) 在工程施工过程中及交工后，认真服务于发包方和社会，增强其满足程度，树立施工企业在市场中的良好形象； (3) 追求质量管理改进，提高质量管理水平。 3.2.4　施工企业应建立并实施质量目标管理制度	4.1 5.4.2	3.3.2　施工企业质量管理内容一般包括： (1) 质量方针和目标管理； (2) 组织机构和职责； (3) 人力资源管理； (4) 施工机具管理； (5) 投标及合同管理； (6) 建筑材料、构配件和设备管理； (7) 分包管理； (8) 工程项目施工质量管理； (9) 施工质量检查与验收； (10) 工程项目竣工交付使用后的服务； (11) 质量管理自查与评价； (12) 质量信息管理和质量管理改进
4	4.2　组织机构	5.5.1	4.2.1　施工企业应根据质量管理的需要，明确管理层次，设置相应的部门和岗位。 4.2.2　施工企业应在各管理层次中明确质量管理的组织协调部门或岗位，并规定其职责和权限
5	5 人力资源管理	6.2	5.1.1　施工企业应建立并实施人力资源管理制度。施工企业的人力资源管理应满足质量管理需要。 5.1.2　施工企业应根据质量管理长远目标制定人力资源发展规划。 5.2.2 施工企业应按照岗位任职条件配置相应的人员。项目经理、施工质量检查人员、特种作业人员等应按照国家法律法规的要求持证上岗。 5.2.3　施工企业应建立员工绩效考核制度，规定考核的内容、标准、方式、频度，并将考核结果作为资源管理评价和改进的依据
6	6 施工机具管理	7.4	6.1.1　施工企业应建立施工机具管理制度。 6.2.1　施工企业应根据施工需要配备施工机具，配备计划应按规定经审批后实施。 6.2.2　施工企业应明确施工机具供应方的评价方法，在采购或租赁前对其进行评价，并收集相应的证明资料和保存评价记录。评价的内容包括： (1) 经营资格和信誉； (2) 产品和服务的质量； (3) 供货能力； (4) 风险因素。 6.2.3　施工企业应依法与施工机具供应方订立合同，明确对施工机具质量及服务的要求。 6.2.4　施工企业应对施工机具进行验收，并保存验收记录。根据规定施工机具需确定安装或拆卸方案时，该方案应经批准后实施，安装后的施工机具经验收合格后方可使用。 6.3.1　施工企业对施工机具的使用、技术和安全管理、维修保养等应符合相关规定的要求

续表

序号(处)	要求、过程/或子过程	“标准”对应的条款号	新拓展的或行业化的明示要求
7	7 投标及合同管理	7.2 7.2.1 7.2.2	7.1.1 施工企业应建立并实施工程项目投标及工程承包合同管理制度。 7.3.3 施工企业应及时对合同履约情况进行分析和记录，并用于质量改进
8	8 建筑材料、构配件和设备管理	7.4.1 7.4.2 7.4.3 7.5.3 7.5.4 7.5.5	8.1.1 施工企业应根据施工需要建立并实施建筑材料、构配件和设备管理制度。 8.2.2 对供应方的评价内容应包括： (1) 经营资格和信誉； (2) 建筑材料、构配件和设备的质量； (3) 供货能力； (4) 建筑材料、构配件和设备的价格； (5) 售后服务。 8.3.3 施工企业应确保所采购的建筑材料、构配件和设备符合有关职业健康、安全与环保的要求。 8.4.1 施工企业应在管理制度中明确建筑材料、构配件和设备的现场管理要求。 8.4.4 施工企业应明确建筑材料、构配件和设备的发放要求，建立发放记录，并具有可追溯性
9	9 分包管理	7.4 7.4.1 7.4.2 7.4.3	9.1.1 施工企业应建立并实施分包管理制度，明确各管理层次和部门在分包管理活动中的职责和权限，对分包方实施管理。 9.1.2 施工企业应对分包工程承担相关责任。 9.2.1 对分包方的评价内容应包括： (1) 经营许可和资质证明； (2) 专业能力； (3) 人员结构和素质； (4) 机具装备； (5) 技术、质量、安全、施工管理的保证能力； (6) 工程业绩和信誉。 9.3.1 施工企业应在分包项目实施前对从事分包的有关人员进行分包工程施工或服务要求的交底，审核批准分包方编制的施工或服务方案，并据此对分包方的施工或服务条件进行确认和验证，包括： (1) 确认分包方从业人员的资格与能力； (2) 验证分包方的主要材料、设备和设施。 9.3.2 施工企业对项目分包管理活动的监督和指导应符合分包管理制度的规定和分包合同的内容的约定。施工企业应对分包方的施工和服务过程进行控制，包括： (1) 对分包方的施工和服务活动进行监督检查，发现问题及时提出整改要求并跟踪复查； (2) 依据规定的步骤和标准对分包项目进行验收。 9.3.3 施工企业应对分包方的履约情况进行评价并保存记录，作为重新评价、选择分包方和改进分包管理工作的依据

续表

序号(处)	要求、过程/或子过程	“标准”对应的条款号	新拓展的或行业化的明示要求
10	10工程项目施工质量管理	7.1 7.3 7.2.3 7.5 7.5.1 7.5.2 7.5.3 7.5.4 7.5.5 4.2.4	10.1.1　施工企业应建立并实施工程项目施工质量管理制度，对工程项目施工质量管理策划、施工设计、施工准备、施工质量和服务予以控制。 10.1.2　施工企业应对项目经理部的施工质量管理进行监督、指导、检查和考核。 10.2.3　施工企业应按照规定的职责实施工程项目质量管理策划，包括： (1) 质量目标和要求； (2) 质量管理组织和职责； (3) 施工管理依据的文件； (4) 人员、技术、施工机具等资源的需求和配置； (5) 场地、道路、水电、消防、临时设施规划； (6) 影响施工质量的因素分析及其控制措施； (7) 进度控制措施； (8) 施工质量检查、验收及其控制措施； (9) 突发事件的应急措施； (10) 对违规事件的报告和处理； (11) 应收集的信息及其传递要求； (12) 与工程建设有关方的沟通方式； (13) 施工管理应形成的记录； (14) 质量管理和技术措施； (15) 施工企业质量管理的其他要求。 10.2.4　策划的结果应按规定得到发包方或监理方的认可。 10.2.5　施工企业应工程项目质量管理策划的结果实行动态管理，及时调整相关文件并监督实施。 10.4.1　施工企业应依据工程项目质量管理的结果实施施工准备。 10.4.2　施工企业应按规定向监理方或发包方进行报审、报验。施工企业应确认项目施工已具备开工条件，按规定提出开工申请，经批准后方可开工。 10.4.3　施工企业应按规定将质量管理策划的结果向项目经理部进行交底，并保存记录。施工企业应根据项目管理需要确定交底的层次和阶段以及相应的职责、内容、方式。 10.5.1　项目经理部应对施工过程质量进行控制。包括：正确使用施工图纸、设计文件，验收标准及适用的施工工艺标准、作业指导书。适用时，对施工过程实施样板引路； (1) 调配符合规定的操作人员； (2) 按规定配备、使用建筑材料、构配件和设备、施工机具、检测设备； (3) 按规定施工并及时检查、监测； (4) 根据现场管理有关规定对施工作业环境进行控制； (5) 根据有关要求采用新材料、新工艺、新技术、新设备，并进行相应的策划和控制； (6) 合理安排施工进度； (7) 采取半成品、成品保护措施并监督实施； (8) 对不稳定和能力不足的施工过程、突发事件实施监控； (9) 对分包方的施工过程实施监控。 10.5.5 施工过程中的质量管理记录应包括： (1) 施工日记和专项施工记录； (2) 交底记录；

续表

序号(处)	要求、过程/或子过程	“标准”对应的条款号	新拓展的或行业化的明示要求
10	10 工程项目施工质量管理	7.1 7.3 7.2.3 7.5 7.5.1 7.5.2 7.5.3 7.5.4 7.5.5 4.2.4	(3) 上岗培训记录和岗位资格证明； (4) 施工机具和检验、测量及试验设备的管理记录； (5) 图纸的接收和发放、设计变更的有关记录； (6) 监督检查和整改、复查记录； (7) 质量管理相关文件； (8) 工程项目质量管理策划结果中规定的其他记录。 10.6.3 施工企业应在规定的期限内对服务的需求信息作出响应，对服务质量应按照相关规定进行控制、检查和验收。 10.6.4 施工企业应及时收集服务的有关信息，用于质量分析和改进
11	11 施工质量检查与验收	8.2.4 8.3 7.6 7.4.1	11.1.1 施工企业应建立并实施施工质量检查制度。……施工企业应按规定做好对分包工程的质量检查和验收工作。 11.2.1 施工企业应对施工质量检查进行策划，策划结果应按规定经批准后实施。 11.3.1 施工企业应按规定策划并实施施工质量验收。施工企业应建立试验、检测管理制度。 11.3.2 施工企业应在竣工验收前，进行内部验收，并按规定参加工程竣工验收。 11.3.3 施工企业应对工程资料的管理进行策划，并按规定加以实施。工程资料的形成应与工程进度同步。施工企业应按规定及时向有关方移交相应资料。归档的工程资料应符合档案管理的规定。 11.4.1 施工企业应建立并实施质量问题处理制度。 11.4.2 施工企业应对质量问题的分类、分级报告流程作出规定，按照要求分别报告工程建设有关方。 11.4.4 施工企业应保存质量问题的处理和验收记录，建立质量事故责任追究制度。 11.5.1 施工企业应按照要求配备检测设备。检测设备管理应符合下列规定： 根据需要采购或租赁检测设备，并对检测设备供应方进行评价
12	12 质量管理自查与评价	8.2.3 8.2.2 8.2.1	12.1.1 施工企业应建立质量管理自查与评价制度，对质量管理活动进行监督检查。 12.2.1 施工企业应对各管理层次的质量管理活动实施监督检查，监督检查的内容包括： (1) 法律、法规和标准规范的执行； (2) 质量管理制度及其支持性文件的实施； (3) 岗位职责的落实和目标的实现； (4) 对整改要求的落实。 12.2.2 施工企业应对项目经理部的质量管理活动进行监督检查，内容包括： (1) 项目质量管理策划结果的实施； (2) 对本企业、发包方或监理方提出的意见和整改要求的落实； (3) 合同的履行情况； (4) 质量目标的实现。 12.2.6 施工企业应收集工程建设有关方的满意情况的信息，并明确这些信息收集的职责、渠道、方式及利用这些信息的方法

续表

序号(处)	要求、过程/或子过程	“标准”对应的条款号	新拓展的或行业化的明示要求
13	13 质量信息和质量管理改进	8.4 8.5 8.5.1 8.5.2 5.6	13.1.1　施工企业应采用信息管理技术，通过质量信息资源的开发和利用，提高质量管理水平。 13.1.2　施工企业应建立并实施质量信息管理和质量管理改进制度。 13.2.1　施工企业应收集的信息应包括： (1) 法律、法规、标准规范和规章制度等； (2) 工程建设有关方对施工企业的工程质量和质量管理水平的评价； (3) 各管理层次工程质量管理情况及工程质量的检查结果； (4) 施工企业质量管理监督检查结果； (5) 同待业其他施工企业的经验教训； (6) 市场需求； (7) 质量回访和服务信息。 13.2.3　施工企业管理层次应按规定对质量信息进行分析分析结果应包括： (1) 工程建设有关方对施工企业的工程质量、质量管理水平的满意程度； (2) 施工和服务质量达到要求的程度； (3) 工程质量水平、质量管理水平、发展趋势以及改进的机会； (4) 与供应方、分包方合作的评价。 13.3.2　施工企业可根据质量管理分析、评价的结果，确定质量管理创新的目标及措施，并跟踪、反馈实施结果。 13.3.3　施工企业应按规定保存质量管理改进与创新记录

GB/T 50430—2007《工程建设施工企业质量管理规范》与《质量管理体系　要求》GB/T 19001—2008 条款对照表

附表 4-4

GB/T 50430－2007 规范条款		GB/T 19001－2008 标准条款
1　总则		1.1、1.2
2　术语		3
3　质量管理基本要求	3.1 一般规定	4.1
	3.2 质量方针和目标	5.3、5.4.1
	3.3 质量管理体系的策划和建立	4.1、4.2.1、4.2.2、5.4.2
	3.4 质量管理体系的实施和改进	4.1、5.6.1、6.1
	3.5 文件管理	4.2.3、4.2.4
4　组织机构和职责	4.1 一般规定	5.5.1
	4.2 组织机构	5.5.1
	4.3 职责和权限	5.1、5.5.1、5.5.2、5.5.3
5　人力资源管理	5.1 一般规定	6.2.1
	5.2 人力资源配置	6.2.2
	5.3 培训	6.2.2
6　施工机具管理	6.1 一般规定	6.3、7.4.1～7.4.3
	6.2 施工机具配备	6.3、7.4.1～7.4.3
	6.3 施工机具使用	6.3

续表

GB/T 50430—2007 规范条款		GB/T 19001—2008 标准条款
7　投标及合同管理	7.1 一般规定	5.2、7.2.1～7.2.3
	7.2 投标及签约	7.2.1、7.2.2
	7.3 合同管理	7.2.2、7.2.3
8　建筑材料、构配件和设备管理	8.1 一般规定	7.4.1～7.4.3
	8.2 建筑材料、构配件和设备的采购	7.4.1、7.4.2
	8.3 建筑材料、构配件和设备的验收	7.4.3、8.2.4、8.3
	8.4 建筑材料、构配件和设备的现场管理	6.4、7.5.3、7.5.5
	8.5 发包方提供的建筑材料、构配件和设备	7.5.4
9　分包管理	9.1 一般规定	7.4.1～7.4.3
	9.2 分包方的选择和分包合同	7.4.1、7.4.2
	9.3 分包项目实施过程的控制	7.4.3、8.2.3
10　工程项目施工质量管理	10.1 一般规定	7.1、8.2.3
	10.2 策划	6.3、7.1、7.2.3、7.5.1～7.5.5
	10.3 施工设计	7.3
	10.4 施工准备	7.5.1
	10.5 施工过程质量控制	6.4、7.2.3、7.5.1～7.5.5
	10.6 服务	7.5.1、7.5.4、7.5.5、8.2.1、8.4
11　施工质量检查与验收	11.1 一般规定	8.1
	11.2 施工质量检查	8.2.3
	11.3 施工质量验收	8.2.4
	11.4 施工质量问题的处理	8.3
	11.5 检测设备管理	7.6
12　质量管理自查与评价	12.1 一般规定	8.1
	12.2 质量活动的监督检查与评价	8.2.1、8.2.2、8.2.3
13　质量信息和质量管理改进	13.1 一般规定	5.5.3、8.1
	13.2 质量信息的收集、传递、分析与利用	5.2、5.6、8.2.1、8.4
	13.3 质量管理改进与创新	8.5.1、8.5.2、8.5.3

附录 4-1：《规范》引申的相关法规要求

《规范》第 1.0.4 条规定："施工企业的质量管理活动，除执行本规范外，还应执行国家现行有关标准规范的规定。"因此，施工企业在贯彻《规范》时，不能孤立看待规范各个条款及其要求，而应将《规范》与其所涉及的其他要求有机结合在一起，全面、系统地理解与贯彻。

我们把那些对应于《规范》所要求的国家现行有关标准规范的要求及工程建设行业应知应会的管理与技术背景知识称之为"《规范》引申的相关法规要求"，本附录中对《规范》中各章节对应的适用法规要求进行了归类整理，并对每章节适用法规的具体要求的要点进行了重点摘引，以进一步增进读者对《规范》内涵要求的理解。

1.《规范》各章节涉及的相关法规要求：

章号	名称	涉及的主要法规	备注
3	QM 基本要求	(1)《建筑法》； (2)《建设工程质量管理条例》等	
4	组织机构和职责	(1)《建筑法》； (2)《建筑业企业资质管理规定》； (3)《建设工程质量管理条例》； (4)《建设工程安全生产管理条例》； (5)《建造师执业资格制度暂行规定》； (6)《建设工程项目管理规范》	
5	人力资源管理	(1)《建筑业企业资质管理规定》； (2)《建设工程质量管理条例》； (3)《建设工程安全生产管理条例》； (4)《建造师执业资格制度暂行规定》； (5)《特种作业人员安全技术考核管理规则》(GB 5036—1985)； (6)《特种作业人员安全技术培训考核管理》	
6	施工机具管理	(1)《招标投标法》； (2)《合同法》； (3)《建设工程安全生产管理条例》； (4)《特种作业人员安全技术考核管理规则》(GB 5036—1985)； (5)《特种作业人员安全技术培训考核管理规定》(安监总局令 30 号)	6.2.3 要求企业依法与供方订立采购合同
7	投标及合同管理	(1)《建筑法》； (2)《建筑业企业资质管理规定》； (3)《招标投标法》； (4)《标准施工招标资格预审文件》； (5)《合同法》； (6)《标准招标施工招标文件》； (7)《工程项目招标范围和规模标准规定》； (8)《工程建设项目施工招标投标办法》； (9)《关于审理建设工程施工合同纠纷案件适用法律问题的解释》	7.1.2 要求企业依法进行投标与签约活动 7.2.2 要求企业依法进行投标及签约
8	建筑材料、构配件和设备管理	(1)《建筑法》； (2)《招标投标法》； (3)《合同法》； (4)《建设工程质量管理条例》； (5)《建设工程安全生产管理条例》	
9	分包管理	(1)《建筑法》； (2)《招标投标法》； (3)《合同法》； (4)《建设工程质量管理条例》； (5)《建设工程安全生产管理条例》	9.2.1 要求企业经评价依法选择合适的分包方； 9.2.2 要求企业依法订立分包合同
10	工程项目施工质量管理	(1)《建筑法》； (2)《建设工程质量管理条例》； (3)《建设工程安全生产管理条例》； (4)《建设工程文件归档整理规范》； (5)《建设工程监理规范》； (6) 其他各类标准、规范、规程等	涉及； GB 50300—2001 系列标准及其他《强制性条文》较多

续表

章号	名称	涉及的主要法规	备注
11	施工质量 检查与验收	(1)《建筑法》; (2)《建设工程质量管理条例》; (3)《建筑工程施工质量验收统一标准》; (4)《工程建设标准强制性条文》; (5)《建设工程文件归档整理规范》	涉及 GB 50300—2001 系列标准及《强制性条文》较多
12	质量管理 自查与评价	(1)《建筑法》; (2)《建设工程质量管理条例》等	
13	质量信息和 质量管理改进	(1)《建筑法》; (2)《建设工程质量管理条例》等	

2.《规范》涉及法规汇总结果见下表:

法规	序号	名称
法律	1	《建筑法》
	2	《合同法》
	3	《招标投标法》
	4	《安全生产法》
行政法规(条例)	1	《建设工程质量管理条例》
	2	《建设工程安全生产管理条例》
部门规章/规定	1	《建筑业企业资质管理规定》建设部令 159 号
	2	《建造师执业资格制度暂行规定》
	3	《特种作业人员安全技术考核管理规则》GB 5036—1985
	4	《特种作业人员安全技术培训考核管理规定》(安监总局 30 号令)
	5	《建设工程项目管理规范》
	6	《标准施工招标资格预审文件》2007 年版
	7	《工程项目招标范围和规模标准规定》
	8	《工程建设项目施工招标投标办法》(七部委令第 30 号)
	9	《建设工程文件归档整理规范》GB/T 50328—2001
	10	《建设工程监理规范》GB 50319—2000
标准规范	1	《工程建设标准强制性条文》建设部令 第 25 号
	2	《建筑工程施工质量验收统一标准》GB 50300—200
其他要求	1	最高人民法《关于审理建设工程施工合同纠纷案件适用法律问题的解释》(法释[2004] 14 号)
	2	《建设工程施工现场管理规定》建设部令第 15 号
	3	《工程建设重大事故报告和调查处理规定》建设部令 第 3 号
	4	《建设工程施工专业分包合同》GF-2003-0213
	5	《建设工程施工劳务分包合同示范文本》
	6	《建设项目工程总承包管理规范》GB/T 50358—2005
	7	《工程项目货物招投标办法》(发改委、建设部等七部委令第 27 号)
	8	《工程建设行业标准管理办法》建设部令 第 24 号
	9	《建筑施工特种作业人员管理规定》建质 [2008] 75 号
	10	《建设工程施工合同(示范文本)》GF-1999-0201

3. 法规涉及《规范》有关过程的适用要求：

(1)“组织机构和职责”的相关要求：

《建筑业企业资质等级标准》建建［2001］82 号

规定有“房屋建筑工程施工总承包”等12类施工总承包资质，“地基与基础工程专业承包”等60类施工专业承包资质和13种建筑业劳务分包资质等内容。

《建筑业企业资质管理规定》建设部第159号

第三条 建筑业企业应当按照其拥有的注册资本、专业技术人员、技术装备和已完成的建筑工程业绩等条件申请资质，经审查合格，取得建筑业企业资质证书后，方可在资质许可的范围内从事建筑施工活动。

第五条 建筑业企业资质分为施工总承包、专业承包和劳务分包三个序列。

第六条 取得施工总承包资质的企业(以下简称施工总承包企业)，可以承接施工总承包工程。施工总承包企业可以对所承接的施工总承包工程内各专业工程全部自行施工，也可以将专业工程或劳务作业依法分包给具有相应资质的专业承包企业或劳务分包企业。

取得专业承包资质的企业(以下简称专业承包企业)，可以承接施工总承包企业分包的专业工程和建设单位依法发包的专业工程。专业承包企业可以对所承接的专业工程全部自行施工，也可以将劳务作业依法分包给具有相应资质的劳务分包企业。

取得劳务分包资质的企业(以下简称劳务分包企业)，可以承接施工总承包企业或专业承包企业分包的劳务作业。

《施工总承包企业特级资质标准》建市［2007］72 号

申请特级资质，必须具备以下条件：

一、企业资信能力

(1) 企业注册资本金3亿元以上。

(2) 企业净资产3.6亿元以上。

(3) 企业近三年上缴建筑业营业税均在5000万元以上。

(4) 企业银行授信额度近三年均在5亿元以上。

二、企业主要管理人员和专业技术人员要求

(1) 企业经理具有10年以上从事工程管理工作经历。

(2) 技术负责人具有15年以上从事工程技术管理工作经历，且具有工程序列高级职称及一级注册建造师或注册工程师执业资格；主持完成过两项及以上施工总承包一级资质要求的代表工程的技术工作或甲级设计资质要求的代表工程或合同额2亿元以上的工程总承包项目。

(3) 财务负责人具有高级会计师职称及注册会计师资格。

(4) 企业具有注册一级建造师(一级项目经理)50人以上。

(5) 企业具有本类别相关的行业工程设计甲级资质标准要求的专业技术人员。

三、科技进步水平

(1) 企业具有省部级(或相当于省部级水平)及以上的企业技术中心。

(2) 企业近三年科技活动经费支出平均达到营业额的0.5%以上。

(3) 企业具有国家级工法 3 项以上；近五年具有与工程建设相关的，能够推动企业技术进步的专利 3 项以上，累计有效专利 8 项以上，其中至少有一项发明专利。

(4) 企业近十年获得过国家级科技进步奖项或主编过工程建设国家或行业标准。

(5) 企业已建立内部局域网或管理信息平台，实现了内部办公、信息发布、数据交换的网络化；已建立并开通了企业外部网站；使用了综合项目管理信息系统和人事管理系统、工程设计相关软件，实现了档案管理和设计文档管理。

一级资质标准

(1) 企业近 5 年承担过下列 6 项中的 4 项以上工程的施工总承包或主体工程承包，工程质量合格。

1) 25 层以上的房屋建筑工程；

2) 高度 100 米以上的构筑物或建筑物；

3) 单体建筑面积 3 万平方米以上的房屋建筑工程；

4) 单跨跨度 30 米以上的房屋建筑工程；

5) 建筑面积 10 万平方米以上的住宅小区或建筑群体；

6) 单项建安合同额 1 亿元以上的房屋建筑工程。

(2) 企业经理具有 10 年以上从事工程管理工作经历或具有高级职称；总工程师具有 10 年以上从事建筑施工技术管理工作经历并具有本专业高级职称；总会计师具有高级会计职称；总经济师具有高级职称。

企业有职称的工程技术和经济管理人员不少于 300 人，其中工程技术人员不少于 200 人；工程技术人员中，具有高级职称的人员不少于 10 人，具有中级职称的人员不少于 60 人。企业具有的一级资质项目经理不少于 12 人。

(3) 企业注册资本金 5000 万元以上，企业净资产 6000 万元以上。

(4) 企业近 3 年最高年工程结算收入 2 亿元以上。

(5) 企业具有与承包工程范围相适应的施工机械和质量检测设备。

《建造师执业资格制度暂行规定》

第二十一条 建造师执业资格注册有效期一般为 3 年，……再次注册者，除应符合本规定第十八条规定外，还须提供接受继续教育的证明。

第二十四条 建造师经注册后，有权以建造师名义担任建设工程项目施工的项目经理及从事其他施工活动的管理。

第二十九条 按照建设部颁布的《建筑业企业资质等级标准》，一级建造师可以担任特级、一级建筑业企业资质的建设工程项目施工的项目经理；二级建造师可以担任二级及以下建筑业企业资质的建设工程项目施工的项目经理。

(2)“人力资源管理”的相关要求

《建设工程质量管理条例》

第二十六条 施工单位对建设工程的施工质量负责。

施工单位应当建立质量责任制，确定工程项目的项目经理、技术负责人和施工管理负责人。建设工程实行总承包的，总承包单位应当对全部建设工程质量负责；

第三十三条 施工单位应当建立、健全教育培训制度，加强对职工的教育培训；未经教育培训或者考核不合格的人员，不得上岗作业。

《建筑法》

第十四条 从事建筑活动的专业技术人员，应当依法取得相应的执业资格证书，并在执业资格证书许可的范围内从事建筑活动。

《建设工程安全生产管理条例》

第二十五条 垂直运输机械作业人员、安装拆卸工、爆破作业人员、起重信号工、登高架设作业人员等特种作业人员，必须按照国家有关规定经过专门的安全作业培训，并取得特种作业操作资格证书后，方可上岗作业。

第三十六条 施工单位的主要负责人、项目负责人、专职安全生产管理人员应当经建设行政主管部门或者其他有关部门考核合格后方可任职。

第三十七条 作业人员进入新的岗位或者新的施工现场前，应当接受安全生产教育培训。未经教育培训或者教育培训考核不合格的人员，不得上岗作业。

施工单位在采用新技术、新工艺、新设备、新材料时，应当对作业人员进行相应的安全生产教育培训。

《注册建造师管理规定》建设部令第153号

第三条 本规定所称注册建造师，是指通过考核认定或考试合格取得中华人民共和国建造师资格证书(以下简称资格证书)，并按照本规定注册，取得中华人民共和国建造师注册证书(以下简称注册证书)和执业印章，担任施工单位项目负责人及从事相关活动的专业技术人员。

未取得注册证书和执业印章的，不得担任大中型建设工程项目的施工单位项目负责人，不得以注册建造师的名义从事相关活动。

第五条 注册建造师实行注册执业管理制度，注册建造师分为一级注册建造师和二级注册建造师。取得资格证书的人员，经过注册方能以注册建造师的名义执业。

第十条 注册证书和执业印章是注册建造师的执业凭证，由注册建造师本人保管、使用。注册证书与执业印章有效期为3年。

第二十二条 建设工程施工活动中形成的有关工程施工管理文件，应当由注册建造师签字并加盖执业印章。

施工单位签署质量合格的文件上，必须有注册建造师的签字盖章。

第四十一条 本规定自2007年3月1日起施行。

《特种作业人员安全技术考核管理规则》

1.1 特种作业

对操作者本人，尤其对他人和周围设施的安全有重大危害因素的作业，称特种作业。

1.2 特种作业人员

直接从事特种作业者，称特种作业人员。

2 特种作业范围

2.1 电工作业；

2.2 锅炉司炉；

2.3 压力容器操作；

2.4 起重机械作业；

2.5 爆破作业；

2.6 金属焊接(气割)作业；

2.7 煤矿井下瓦斯检验；

2.8 机动车辆驾驶；

2.9 机动船舶驾驶、轮机操作；

2.10 建筑登高架设作业；

2.11 符合本标准基本定义的其他作业。

5.1 特种作业人员经安全技术培训后，必须进行考核。经考核合格取得操作证者，方准独立作业。

6.2 复审期限，除机动车辆驾驶和机动船舶驾驶、轮机操作人员，按国家有关规定执行外，其他特种作业人员两年进行一次。

《建筑施工特种作业人员管理规定》建质［2008］75号

第三条 建筑施工特种作业包括：

(一) 建筑电工；

(二) 建筑架子工；

(三) 建筑起重信号司索工；

(四) 建筑起重机械司机；

(五) 建筑起重机械安装拆卸工；

(六) 高处作业吊篮安装拆卸工；

(七) 经省级以上人民政府建设主管部门认定的其他特种作业。

第十七条 建筑施工特种作业人员应当参加年度安全教育培训或者继续教育，每年不得少于24小时。

第二十二条 资格证书有效期为两年

《特种作业人员安全技术培训考核管理规定》

(国家安全生产监督管理总局令30号) 2010年5月24日

特种作业目录

1 电工作业 2 焊接与热切割作业 3 高处作业 4 制冷与空调作业 5 煤矿安全作业 6 金属非金属矿山安全作业 7 石油天然气安全作业 8 冶金(有色)生产安全作业 9 危险化学品安全作业 10 烟花爆竹安全作业

第二十一条 特种作业操作证每3年复审1次。特种作业人员在特种作业操作证有效期内，连续从事本工种10年以上，严格遵守有关安全生产法律法规的，经原考核发证机关或者从业所在地考核发证机关同意，特种作业操作证的复审时间可以延长至每6年1次。

(3)“施工机具管理”的相关法规

《合同法》

第十二条 合同的内容由当事人约定，一般包括以下条款：

(一) 当事人的名称或者姓名和住所；

(二) 标的；

(三) 数量；

(四) 质量；

(五) 价款或者报酬；

(六) 履行期限、地点和方式；

(七) 违约责任；

(八) 解决争议的方法。

当事人可以参照各类合同的示范文本订立合同。

第一百三十一条 买卖合同的内容除依照本法第十二条的规定以外，还可以包括包装方式、检验标准和方法、结算方式、合同使用的文字及其效力等条款。

《建设工程安全生产管理条例》

第二十五条 垂直运输机械作业人员、安装拆卸工、爆破作业人员、起重信号工、登高架设作业人员等特种作业人员，必须按照国家有关规定经过专门的安全作业培训，并取得特种作业操作资格证书后，方可上岗作业。

第三十四条 施工单位采购、租赁的安全防护用具、机械设备、施工机具及配件，应当具有生产(制造)许可证、产品合格证，并在进入施工现场前进行查验。

第三十五条 施工单位在使用施工起重机械和整体提升脚手架、模板等自升式架设设施前，应当组织有关单位进行验收，也可以委托具有相应资质的检验检测机构进行验收；使用承租的机械设备和施工机具及配件的，由施工总承包单位、分包单位、出租单位和安装单位共同进行验收。验收合格的方可使用。

《特种设备安全监察条例》规定的施工起重机械，在验收前应当经有相应资质的检验检测机构监督检验合格。

施工单位应当自施工起重机械和整体提升脚手架、模板等自升式架设设施验收合格之日起30日内，向建设行政主管部门或者其他有关部门登记。登记标志应当置于或者附着于该设备的显著位置。

《特种设备安全监察条例》中华人民共和国国务院令第373号

第二条 本条例所称特种设备是指涉及生命安全、危险性较大的锅炉、压力容器(含气瓶，下同）、压力管道、电梯、起重机械、客运索道、大型游乐设施和场（厂）内专用机动车辆。

第三条 特种设备的生产（含设计、制造、安装、改造、维修，下同）、使用、检验检测及其监督检查，应当遵守本条例，但本条例另有规定的除外……房屋建筑工地和市政工程工地用起重机械的安装、使用的监督管理，由建设行政主管部门依照有关法律、法规的规定执行。

《建筑起重机械安全监督管理规定》中华人民共和国建设部令 166 号

第四条 出租单位出租的建筑起重机械和使用单位购置、租赁、使用的建筑起重机械应当具有特种设备制造许可证、产品合格证、制造监督检验证明。

第六条 出租单位应当在签订的建筑起重机械租赁合同中，明确租赁双方的安全责任，并出具建筑起重机械特种设备制造许可证、产品合格证、制造监督检验证明、备案证明和自检合格证明，提交安装使用说明书。

第十条 从事建筑起重机械安装、拆卸活动的单位（以下简称安装单位）应当依法取得建设主管部门颁发的相应资质和建筑施工企业安全生产许可证，并在其资质许可范围内承揽建筑起重机械安装、拆卸工程。

第十四条 建筑起重机械安装完毕后，安装单位应当按照安全技术标准及安装使用说明书的有关要求对建筑起重机械进行自检、调试和试运转。自检合格的，应当出具自检合格证明，并向使用单位进行安全使用说明。

第十六条 建筑起重机械安装完毕后，使用单位应当组织出租、安装、监理等有关单位进行验收，或者委托具有相应资质的检验检测机构进行验收。建筑起重机械经验收合格后方可投入使用，未经验收或者验收不合格的不得使用。建筑起重机械在验收前应当经有相应资质的检验检测机构监督检验合格。

第十七条 使用单位应当自建筑起重机械安装验收合格之日起 30 日内，将建筑起重机械安装验收资料、建筑起重机械安全管理制度、特种作业人员名单等，向工程所在地县级以上地方人民政府建设主管部门办理建筑起重机械使用登记。登记标志置于或者附着于该设备的显著位置。

第十九条 使用单位应当对在用的建筑起重机械及其安全保护装置、吊具、索具等进行经常性和定期的检查、维护和保养，并做好记录。

第二十一条 施工总承包单位应当履行下列安全职责：

（一）向安装单位提供拟安装设备位置的基础施工资料，确保建筑起重机械进场安装、拆卸所需的施工条件；

（二）审核建筑起重机械的特种设备制造许可证、产品合格证、制造监督检验证明、备案证明等文件；

（三）审核安装单位、使用单位的资质证书、安全生产许可证和特种作业人员的特种作业操作资格证书；

（四）审核安装单位制定的建筑起重机械安装、拆卸工程专项施工方案和生产安全事故应急救援预案；

（五）审核使用单位制定的建筑起重机械生产安全事故应急救援预案；

（六）指定专职安全生产管理人员监督检查建筑起重机械安装、拆卸、使用情况；

（七）施工现场有多台塔式起重机作业时，应当组织制定并实施防止塔式起重机相互碰撞的安全措施。

第二十五条 建筑起重机械安装拆卸工、起重信号工、起重司机、司索工等特种作业人员应当经建设主管部门考核合格，并取得特种作业操作资格证书后，方可上岗作业。

其他适用法规、规范和其他要求主要有：

(1)《建筑机械使用安全技术规程》JGJ 33—2001；

(2)《龙门架及井架物料提升机安全技术规范》JGJ 88—2010；

(3)《施工现场临时用电安全技术规范》JGJ 46—2005；

(4)《常用建筑机械使用安全技术规程》；

(5)《施工升降机安全规则》GB 10055—1996；

(6)《塔式起重机安全规程》GB 5144—2006；

(7)《 手持式电动工具的管理、使用、检查和维修安全技术规程》GB 3787—83；

(8)《施工现场安全防护用具及机械设备使用监督管理规定》建建［1998］164 号；

(9)《起重机械安全监察规定》国家质量监督检验检疫总局令第 92 号

(4)“投标与合同管理”的相关法规

《工程建设项目施工招标投标办法》(七部委令第 30 号)

第三十六条 投标人应当按照招标文件的要求编制投标文件。投标文件应当对招标文件提出的实质性要求和条件作出响应。

投标文件一般包括下列内容：

（一）投标函；

（二）投标报价；

（三）施工组织设计；

（四）商务和技术偏差表。

《中华人民共和国合同法》

第二百七十二条 发包人可以与总承包人订立建设工程合同，也可以分别与勘察人、设计人、施工人订立勘察、设计、施工承包合同。发包人不得将应当由一个承包人完成的建设工程肢解成若干部分发包给几个承包人。总承包人或者勘察、设计、施工承包人经发包人同意，可以将自己承包的部分工作交由第三人完成。第三人就其完成的工作成果与总承包人或者勘察、设计、施工承包人向发包人承担连带责任。承包人不得将其承包的全部建设工程转包给第三人或者将其承包的全部建设工程肢解以后以分包的名义分别转包给第三人。禁止承包人将工程分包给不具备相应资质条件的单位。禁止分包单位将其承包的工程再分包。建设工程主体结构的施工必须由承包人自行完成。

第二百七十五条 施工合同的内容包括工程范围、建设工期、中间交工工程的开工和竣工时间、工程质量、工程造价、技术资料交付时间、材料和设备供应责任、拨款和结算、竣工验收、质量保修范围和质量保证期、双方相互协作等条款。

《建设工程施工合同(示范文本)》之六:

组成本合同的文件包括，

(1) 本合同协议书

(2) 中标通知书

(3) 投标书及其附件

(4) 本合同专用条款

(5) 本合同通用条款

(6) 标准、规范及有关技术文件

(7) 图纸

(8) 工程量清单

(9) 工程报价单或预算书

双方有关工程的洽商、变更等书面协议或文件视为本合同的组成部分。

(5) 建筑材料、构配件和设备管理的相关要求

《建设工程质量管理条例》

第二十九条 施工单位必须按照工程设计要求、施工技术标准和合同约定，对建筑材料、建筑构配件、设备和商品混凝土进行检验，检验应当有书面记录和专人签字；未经检验或者检验不合格的，不得使用。

第三十一条 施工人员对涉及结构安全的试块、试件以及有关材料，应当在建设单位或者工程监理单位监督下现场取样，并送具有相应资质等级的质量检测单位进行检测。

《建设工程监理规范》GB 50319—2000

5.4.6 专业监理工程师应对承包单位报送的拟进场工程材料、构配件和设备的工程材料/构配件/设备报审表及其质量证明资料进行审核，并对进场的实物按照委托监理合同约定或有关工程质量管理文件规定的比例采用平行检验或见证取样方式进行抽检。

对未经监理人员验收或验收不合格的工程材料、构配件、设备，监理人员应拒绝签认，并应签发监理工程师通知单，书面通知承包单位限期将不合格的工程材料、构配件、设备撤出现场。

《房屋建筑工程和市政基础设施工程实行见证取样和送检的规定》建建〔2000〕211号

第三条 本规定所称见证取样和送检是指在建设单位或工程监理单位人员的见证下，由施工单位的现场试验人员对工程中涉及结构安全的试块、试件和材料在现场取样，并送至经过省级以上建设行政主管部门对其资质认可和质量技术监督部门对其计量认证的质量检测单位(以下简称“检测单位”)进行检测。

第五条 涉及结构安全的试块、试件和材料见证取样和送检的比例不得低于有关技术标准中规定应取样数量的30%。

第六条 下列试块、试件和材料必须实施见证取样和送检：

（一）用于承重结构的混凝土试块；

（二）用于承重墙体的砌筑砂浆试块；

（三）用于承重结构的钢筋及连接接头试件；

（四）用于承重墙的砖和混凝土小型砌块；

（五）用于拌制混凝土和砌筑砂浆的水泥；

（六）用于承重结构的混凝土中使用的掺加剂；

（七）地下、屋面、厕浴间使用的防水材料；

（八）国家规定必须实行见证取样和送检的其他试块、试件和材料。

（6）"分包管理"的相关要求

《中华人民共和国建筑法》

第二十九条 建筑工程总承包单位可以将承包工程中的部分工程发包给具有相应资质条件的分包单位；但是，除总承包合同中约定的分包外，必须经建设单位认可。施工总承包的，建筑工程主体结构的施工必须由总承包单位自行完成。

建筑工程总承包单位按照总承包合同的约定对建设单位负责；分包单位按照分包合同的约定对总承包单位负责。总承包单位和分包单位就分包工程对建设单位承担连带责任。

禁止总承包单位将工程分包给不具备相应资质条件的单位。禁止分包单位将其承包的工程再分包。

第五十五条 建筑工程实行总承包的，工程质量由工程总承包单位负责，总承包单位将建筑工程分包给其他单位的，应当对分包工程的质量与分包单位承担连带责任。分包单位应当接受总承包单位的质量管理。

《建设工程质量管理条例》

第二十七条 总承包单位依法将建设工程分包给其他单位的，分包单位应当按照分包合同的约定对其分包工程的质量向总承包单位负责，总承包单位与分包单位对分包工程的质量承担连带责任。

《建设工程安全生产管理条例》

第二十四条 建设工程实行施工总承包的，由总承包单位对施工现场的安全生产负总责。总承包单位应当自行完成建设工程主体结构的施工。

总承包单位依法将建设工程分包给其他单位的，分包合同中应当明确各自的安全生产方面的权利、义务。总承包单位和分包单位对分包工程的安全生产承担连带责任。

分包单位应当服从总承包单位的安全生产管理，分包单位不服从管理导致生产安全事故的由分包单位承担主要责任。

《中华人民共和国合同法》

第二百七十条 建设工程合同应当采用书面形式。

第二百七十二条 ……施工承包人经发包人同意，可以将自己承包的部分工作交由第三人完成。第三人就其完成的工作成果与总承包人或者勘察、设计、施工承包人向发包人承担连带责任。承包人不得将其承包的全部建设工程转包给第三人或者将其承包的全部建设工程肢解以后以分包的名义分别转包给第三人。禁止承包人将工程分包给不具备相应资质条件的单位。禁止分包单位将其承包的工程再分包。建设工程主体结构的施工必须由承包人自行完成。

《建设工程监理规范》GB 50319—2000

5.2.5 分包工程开工前，专业监理工程师应审查承包单位报送的分包单位资格报审表和分包单位有关资质资料，符合有关规定后，由总监理工程师予以签认。分包单位资格报审表应符合附录 A3 表的格式。

《房屋建筑和市政基础设施工程施工分包管理办法》建设部令第 124 号

第五条 房屋建筑和市政基础设施工程施工分包分为专业工程分包和劳务作业分包。

本办法所称专业工程分包，是指施工总承包企业(以下简称专业分包工程发包人)将其所承包工程中的专业工程发包给具有相应资质的其他建筑业企业(以下简称专业分包工程承包人)完成的活动。

本办法所称劳务作业分包，是指施工总承包企业或者专业承包企业(以下简称劳务作业发包人)将其承包工程中的劳务作业发包给劳务分包企业(以下简称劳务作业承包人)完成的活动。

第九条 专业工程分包除在施工总承包合同中有约定外，必须经建设单位认可。专业分包工程承包人必须自行完成所承包的工程。

劳务作业分包由劳务作业发包人与劳务作业承包人通过劳务合同约定。劳务作业承包人必须自行完成所承包的任务。

第十四条 禁止将承包的工程进行违法分包。下列行为，属于违法分包：

(一) 分包工程发包人将专业工程或者劳务作业分包给不具备相应资质条件的分包工程承包人的；

(二) 施工总承包合同中未有约定，又未经建设单位认可，分包工程发包人将承包工程中的部分专业工程分包给他人的。

第十六条 分包工程承包人应当按照分包合同的约定对其承包的工程向分包工程发包人负责。分包工程发包人和分包工程承包人就分包工程对建设单位承担连带责任。

第十七条 分包工程发包人对施工现场安全负责，并对分包工程承包人的安全生产进行管理。专业分包工程承包人应当将其分包工程的施工组织设计和施工安全方案报分包工程发包人备案，专业分包工程发包人发现事故隐患，应当及时作出处理。

(7)“工程项目施工质量管理”相关要求

《建设工程监理规范》GB 50319—2000

5.2.3 工程项目开工前，总监理工程师应组织专业监理工程师审查承包单位报送的施工组织设计(方案)报审表，提出审查意见，并经总监理工程师审核，签认后报建设单位。

5.2.8 专业监理工程师应审查承包单位报送的工程开工报审表及相关资料，具备以下开工条件时，由总监理工程师签发并报建设单位：

(1) 施工许可证已获政府主管部门批准

(2) 征地拆迁工作能满足工程进度的需要

(3) 施工组织设计已获总监理工程师批准

(4) 承包单位现场管理人员已到位，机具、施工人员已进场，主要工程材料已落实

(5) 进场道路及水、电、通信等已满足开工要求

5.4.1 在施工过程中，当承包单位对已批准的施工组织设计进行调整补充或变动时，应经专业监理工程师审查，并应由总监理工程师签认。

5.4.5 专业监理工程师应从以下五个方面对承包单位的试验室进行考核：

(1) 试验室的资质等级及其试验范围

(2) 法定计量部门对试验设备出具的计量检定证明

(3) 试验室的管理制度

(4) 试验人员的资格证书

(5) 本工程的试验项目及其要求

5.4.10 专业监理工程师应对承包单位报送的分项工程质量验评资料进行审核，符合要求后予以签认；总监理工程师应组织监理人员对承包单位报送的分部工程和单位工程质量验评资料进行审核和现场检查，符合要求后予以签认。

《建筑法》

第六十条 建筑物在合理使用寿命内，必须确保地基基础工程和主体结构的质量。

建筑工程竣工时，屋顶、墙面不得留有渗漏、开裂等质量缺陷；对已发现的质量缺陷，建筑施工企业应当修复。

《建设工程质量管理条例》

第十六条 建设单位收到建设工程竣工报告后，应当组织设计、施工、工程监理等有关单位进行竣工验收。

建设工程竣工验收应当具备下列条件：

(一) 完成建设工程设计和合同约定的各项内容；

(二) 有完整的技术档案和施工管理资料；

(三) 有工程使用的主要建筑材料、建筑构配件和设备的进场试验报告；

(四) 有勘察、设计、施工、工程监理等单位分别签署的质量合格文件；

（五）有施工单位签署的工程保修书。

第四十条 在正常使用条件下，建设工程的最低保修期限为：

（一）基础设施工程、房屋建筑的地基基础工程和主体结构工程，为设计文件规定的该工程的合理使用年限；

（二）屋面防水工程、有防水要求的卫生间、房间和外墙面的防渗漏，为5年；

（三）供热与供冷系统，为2个采暖期、供冷期；

（四）电气管线、给排水管道、设备安装和装修工程，为2年。

其他项目的保修期限由发包方与承包方约定。

建设工程的保修期，自竣工验收合格之日起计算。

《建筑工程安全生产管理条例》

第二十六条 施工单位应当在施工组织设计中编制安全技术措施和施工现场临时用电方案，对下列达到一定规模的危险性较大的分部分项工程编制专项施工方案，并附具安全验算结果，经施工单位技术负责人、总监理工程师签字后实施，由专职安全生产管理人员进行现场监督：

（一）基坑支护与降水工程；

（二）土方开挖工程；

（三）模板工程；

（四）起重吊装工程；

（五）脚手架工程；

（六）拆除、爆破工程；

（七）国务院建设行政主管部门或者其他有关部门规定的其他危险性较大的工程。

对前款所列工程中涉及深基坑、地下暗挖工程、高大模板工程的专项施工方案，施工单位还应当组织专家进行论证、审查。（具体要求详见：建质［2009］87号文）

《实施工程建设强制性标准监督规定》

第三条 本规定所称工程建设强制性标准是指直接涉及工程质量、安全、卫生及环境保护等方面的工程建设标准强制性条文。

第十八条 施工单位违反工程建设强制性标准的，责令改正，处工程合同价款2%以上4%以下的罚款；造成建设工程质量不符合规定的质量标准的，负责返工、修理，并赔偿因此造成的损失；情节严重的，责令停业整顿，降低资质等级或者吊销资质证书。

第二十条 违反工程建设强制性标准造成工程质量、安全隐患或者工程事故的，按照《建设工程质量管理条例》有关规定，对事故责任单位和责任人进行处罚。

（8）“施工质量检查与验收”有关要求

《中华人民共和国建筑法》

第四十五条 施工现场安全由建筑施工企业负责。实行施工总承包的，由总承包单位负责。分包单位向总承包单位负责，服从总承包单位对施工现场的安全生产管理。

第五十九条　建筑施工企业必须按照工程设计要求、施工技术标准和合同的约定，对建筑材料、建筑构配件和设备进行检验，不合格的不得使用。

《建设工程质量管理条例》

第二十九条　施工单位必须按照工程设计要求、施工技术标准和合同约定，对建筑材料、建筑构配件、设备和商品混凝土进行检验，检验应当有书面记录和专人签字；未经检验或者检验不合格的，不得使用。

第三十条　施工单位必须建立、健全施工质量的检验制度，严格工序管理，做好隐蔽工程的质量检查和记录。隐蔽工程在隐蔽前，施工单位应当通知建设单位和建设工程质量监督机构。

第三十一条　施工人员对涉及结构安全的试块、试件以及有关材料，应当在建设单位或者工程监理单位监督下现场取样，并送具有相应资质等级的质量检测单位进行检测。

《建设工程质量检测管理办法》建设部令第141号

第十三条　质量检测试样的取样应当严格执行有关工程建设标准和国家有关规定，在建设单位或者工程监理单位监督下现场取样。提供质量检测试样的单位和个人，应当对试样的真实性负责。

《建筑工程施工质量验收统一标准》GB 50300—2001

3.0.3　建筑工程施工质量应按下列要求进行验收：

(1) 建筑工程施工质量应符合本标准和相关专业验收规范的规定。

(2) 建筑工程施工应符合工程勘察、设计文件的要求。

(3) 参加工程施工质量验收的各方人员应具备规定的资格。

(4) 工程质量的验收均应在施工单位自行检查评定的基础上进行。

(5) 隐蔽工程在隐蔽前应由施工单位通知有关单位进行验收，并应形成验收文件。

(6) 涉及结构安全的试块、试件以及有关材料，应按规定进行见证取样检测。

(7) 检验批的质量应按主控项目和一般项目验收。

(8) 对涉及结构安全和使用功能的重要分部工程应进行抽样检测。

(9) 承担见证取样检测及有关结构安全检测的单位应具有相应资质。

(10) 工程的观感质量应由验收人员通过现场检查，并应共同确认。

5.0.1　检验批合格质量应符合下列规定：

(1) 主控项目和一般项目的质量经抽样检验合格。

(2) 具有完整的施工操作依据、质量检查记录。

5.0.2　分项工程质量验收合格应符合下列规定：

(1) 分项工程所含的检验批均应符合合格质量的规定。

(2) 分项工程所含的检验批的质量验收记录应完整。

5.0.3　分部(子分部)工程质量验收合格应符合下列规定：

(1) 分部(子分部)工程所含分项工程的质量均应验收合格。

(2) 质量控制资料应完整。

(3) 地基与基础、主体结构和设备安装等分部工程有关安全及功能的检验和抽样检测结果应符合有关规定。

(4) 观感质量验收应符合要求。

5.0.4 单位(子单位)工程质量验收合格应符合下列规定:

(1) 单位(子单位)工程所含分部(子分部)工程的质量均应验收合格。

(2) 质量控制资料应完整。

(3) 单位(子单位)工程所含分部工程有关安全和功能的检测资料应完整。

(4) 主要功能项目的抽查结果应符合相关专业质量验收规范的规定。

(5) 观感质量验收应符合要求。

5.0.6 当建筑工程质量不符合要求时,应按下列规定进行处理:

(1) 经返工重做或更换器具、设备的检验批,应重新进行验收。

(2) 经有资质的检测单位检测鉴定能够达到设计要求的检验批,应予以验收。

(3) 经有资质的检测鉴定达不到设计要求、但经原设计单位核算认可能够满足结构安全和使用功能的检验批,可予以验收。

(4) 经返修或加固处理的分项、分部工程,虽然改变外形尺寸但仍能满足安全使用要求,可按技术处理方案和协商文件进行验收。

5.0.7 通过返修或加固处理仍不能满足安全使用要求的分部工程、单位(子单位)工程,严禁验收。

《建设工程监理规范》GB 50319—2000

5.7.1 总监理工程师应组织专业监理工程师,依据有关法律、法规、工程建设强制性标准、设计文件及施工合同,对承包单位报送的竣工资料进行审查,并对工程质量进行竣工预验收。对存在的问题,应及时要求承包单位整改。整改完毕由总监理工程师签署工程竣工报验单,并应在此基础上提出工程质量评估报告。工程质量评估报告应经总监理工程师和监理单位技术负责人审核签字。

5.7.2 项目监理机构应参加由建设单位组织的竣工验收,并提供相关监理资料。对验收中提出的整改问题,项目监理机构应要求承包单位进行整改。工程质量符合要求,由总监理工程师会同参加验收的各方签署竣工验收报告。

《建设工程文件归档整理规范》GB/T 50328—2001

3.0.2.6 对列入城建档案馆(室)接收范围的工程,工程竣工验收后3个月内,向当地城建档案馆(室)移交一套符合规定的工程移交。

3.0.3 勘察、设计、施工、监理等单位应将本单位形成的工程文件立卷后向建设单位移交。

5.3.4.8 保管期限分为永久、长期、短期三种期限。永久是指工程档案需永久保存。长期是指工程档案的保存期限等于该工程的使用寿命。短期是指工程档案保存20年以下。

5.3.4.9 密级分为绝密、机密、秘密三种。同一案卷内有不同密级的文件，应以高密级为本卷密级。

6.0.4 工程档案一般不少于两套，一套由建设单位保管，一套(原件)移交当地城建档案馆(室)。

7.0.1 列入城建档案馆(室)档案接收范围的工程，建设单位在组织工程竣工验收前，应提请城建档案管理机构对工程档案进行预验收。建设单位未取得城建档案管理机构出具的认可文件，不得组织工程竣工验收。

《关于做好房屋建筑和市政基础设施工程质量事故报告和调查处理工作的通知》

建质［2010］111号(20100720)

一、工程质量事故

是指由于建设、勘察、设计、施工、监理等单位违反工程质量有关法律法规和工程建设标准，使工程产生结构安全、重要使用功能等方面的质量缺陷，造成人身伤亡或者重大经济损失的事故。

二、事故等级划分

根据工程质量事故造成的人员伤亡或者直接经济损失，工程质量事故分为4个等级：

（一）特别重大事故，是指造成30人以上死亡，或者100人以上重伤，或者1亿元以上直接经济损失的事故；

（二）重大事故，是指造成10人以上30人以下死亡，或者50人以上100人以下重伤，或者5000万元以上1亿元以下直接经济损失的事故；

（三）较大事故，是指造成3人以上10人以下死亡，或者10人以上50人以下重伤，或者1000万元以上5000万元以下直接经济损失的事故；

（四）一般事故，是指造成3人以下死亡，或者10人以下重伤，或者100万元以上1000万元以下直接经济损失的事故。

三、事故报告

（一）工程质量事故发生后，事故现场有关人员应当立即向工程建设单位负责人报告；工程建设单位负责人接到报告后，应于1小时内向事故发生地县级以上人民政府住房和城乡建设主管部门及有关部门报告。

四、事故调查

……事故调查组对事故进行调查，并履行下列职责：

(1) 核实事故基本情况，包括事故发生的经过、人员伤亡情况及直接经济损失；

(2) 核查事故项目基本情况，包括项目履行法定建设程序情况、工程各参建单位履行职责的情况；

(3) 依据国家有关法律法规和工程建设标准分析事故的直接原因和间接原因，必要时组织对事故项目进行检测鉴定和专家技术论证；

(4) 认定事故的性质和事故责任；

(5) 依照国家有关法律法规提出对事故责任单位和责任人员的处理建议；

(6) 总结事故教训，提出防范和整改措施；

(7) 提交事故调查报告。

五、事故处理

(一) 住房和城乡建设主管部门应当依据有关法律法规的规定，对事故负有责任的建设、勘察、设计、施工、监理等单位和施工图审查、质量检测等有关单位分别给予罚款、停业整顿、降低资质等级、吊销资质证书其中一项或多项处罚，对事故负有责任的注册执业人员分别给予罚款、停止执业、吊销执业资格证书、终身不予注册其中一项或多项处罚。

第 5 章　环境管理体系

5.1　环境管理基础

5.1.1　人类面临的环境问题

与环境有关的术语

> **1. 环境**
>
> 组织运行活动的外部存在，包括空气、水、土地、自然资源、植物、动物、人，以及它们之间的相互关系。
>
> 注：在这一意义上，外部存在从组织内延伸到全球系统。

【理解】 广义的环境包括自然环境和社会环境，这里所称环境为自然环境，是环绕于人类周围的自然界。它包括大气、水、土壤、生物和各种矿物资源等。也可以理解为人以外的一切就是环境，每个人都是他人环境的组成部分。环境是人类赖以生存和发展的物质基础。

> **2. 环境问题**
>
> 由于自然或人为活动使环境发生变化，从而带来不利于人类的结果。

> **3. 环境污染**
>
> 由于人为或自然的原因，使环境的化学组成或物理状态发生变化，与原来情况相比，环境质量恶化，扰乱和破坏了生态系统和人们正常的生产和生活条件，称为“环境污染”，又称“公害”。

随着科技进步及生产力水平提高，给人类社会带来日益丰富的生活，人类影响自然能力大为增强，走出了野蛮、蒙昧的时代，进入一个大量生产、大量消耗、大量浪费的“文明”时代。原有的朴素自然观被动摇，商品经济的发展造成的利益驱动，使得人们不顾一切地向大自然展开掠夺，并任意地向大自然排放各种废物，相伴随环境问题的出现并逐步恶化；人口呈几何指数增长，资源濒临耗尽，每一种污染物均达到地球无法承受的程度。

5.1.2　当前人类面临着严重的环境危机

1. 温室效应与气候变化

由于人类大量燃烧化石，以及森林大量毁灭，造成温室气体(二氧化碳，臭氧，氧化亚氮，氯氟烃等)大量排放。气体组成总量发生较大变化，温室效应增强，气温升高。

2. 臭氧层破坏

臭氧层处于同温层，除温室效应外，主要作用是阻止过量紫外线直接到达地面。太阳光中 70%～90%的紫外线被其滤掉，故被称为人类健康的保护伞。但由于人类大量排放氯氟烃类化合物而消耗臭氧，出现了臭氧空洞。

3. 有毒有害化学物质的污染与越境转移

工业化生产产生的大量有毒有害化学物质的随意排放，造成大气，水体，土壤的污染。有的国家还将此类造成污染的废物向他国转移。

4. 海洋污染和海洋保护

向海洋排放的固体、液态废物、有毒废物、放射性废物，给浮游生物、鱼类、海鸟带来致命的威胁。海洋是人类未来的资源宝库，尚未开发就遭到了难以弥补的毁坏。

5. 生物多样性的破坏与保护

生物多样性是自然界最重要的资源之一。由于生态环境日益恶化，生物物种加速灭绝，生物资源急剧减少。

6. 生态环境恶化

森林减少，土地沙化、退化，淡水缺乏，已经成为困扰世界经济发展及人民生活的大问题。

5.1.3 中国的环境问题

全球环境发展趋势是由世界上一部分国家主宰着的，他们是：世界上人口最多的中国、世界上经济最强大的美国、具有世界上最丰富生物多样性资源的巴西，其余是德国、日本、印度、印度尼西亚和俄罗斯。他们被称为“环境八大国”。中国在全球合作中将扮演越来越举足轻重的角色。环境状况也越来越对世界环境状况的变化起到重要的作用。

中国的环境问题主要分两大类：生态破坏和环境污染。环境污染主要包括：

（1）大气污染

（2）水体污染

（3）城市垃圾污染

（4）噪声污染

（1）大气污染问题十分突出。

大气成分中还存在极少量的其他气体，它们的名称和正常浓度是：氖 Ne(18ppm)、氦 He(5.2ppm)、氢 H_2（0.4～1.0ppm）、氙 Xe（0.086ppm）、一氧化碳 CO（0.01～0.02ppm）、二氧化硫 SO_2（<0.02ppm）、二氧化氮 NO_2（<0.003ppm）。

当大气中有了本不属于大气成分的物质，或某种大气成分的浓度大大超过了正常值，就表明出现了大气污染。常见的大气污染物有：二氧化硫（SO_2）、悬浮颗粒物（烟雾、粉尘、PM10）、氮氧化物（NO_x）、一氧化碳（CO）、挥发性有机化合物、臭氧、铅等。这些物质主要是通过人为活动而大量排放到大气中的。

常见 12 种大气污染物危害及人为排放源：

1）二氧化硫 SO_2；

2）悬浮颗粒物 TSP（如：粉尘、烟雾、PM10）；

3）氮氧化物 NO_x；

4）一氧化碳 CO；

5）挥发性有机化合物 VOCs(如：苯、碳氢化合物、甲醛)；

6）光化学氧化物(如：臭氧 O_3)；

7）有毒微量有机污染物(如：多环芳烃、多氯联苯、二噁英)；

8）重金属(如：铅、镉)；

9）有毒化学品(如：氯气、氨气、氟化物)；

10）难闻气味；

11）放射性物质；

12）温室气体(如：二氧化碳、甲烷、氯氟烃)。

2009 年，全国二氧化硫排放量为 2214.4 万 t，烟尘排放量为 847.2 万吨，工业粉尘排放量为 523.6 万 t，分别比上年下降 4.6%、6.0%、11.7%，如表 5-1 所示。

《2009 年中国环境状况公报》

全国废气中主要污染物排放量年际变化 **表 5-1**

项目年度	二氧化硫排放量(万吨)			烟尘排放量(万吨)			工业粉尘排放量(万吨)
	合计	工业	生活	合计	工业	生活	
2006	2588.8	2234.8	354.0	1088.8	864.5	224.3	808.4
2007	2468.1	2140.0	328.1	986.6	771.1	215.5	698.7
2008	2321.2	1991.3	329.9	901.6	670.7	230.9	584.9
2009	2214.4	1866.1	348.3	847.2	603.9	243.3	523.6

1998 年对我国 322 个城市的环境监测表明，72%以上城市空气质量处于 3 类和超 3 类标准状态，80%的城市居民生活在大气质量较差的环境中。

(2) 水环境状况严峻。

当肮脏、有害的物质进入洁净的水中，水污染就发生了。水污染最大的特点是污染物会在水体中迅速扩散，很小体积的浓缩污染物，会使大面积水体顷刻间全面污染，鱼虾死亡，使人和其他生物依赖的水源立刻失去利用价值。我国的七大水系和三湖(太湖、巢湖、滇池)中不适合作饮用水源的河段超过 60%，地下水污染面积达 50%，近海水域污染达 59.7%。东海和渤海是污染严重的区域。

《2009 年中国环境状况公报》

全国地表水污染依然较重。七大水系总体为轻度污染，其中，珠江、长江水质良好，松花江、淮河为轻度污染，黄河、辽河为中度污染，海河为重度污染。浙闽区河流为轻度污染，西北诸河为轻度污染，西南诸河水质良好，湖泊(水库)富营养化问题突出。26 个国控重点湖泊(水库)中，满足Ⅱ类水质的 1 个，占 3.9%；Ⅲ类的 5 个，占 19.2%；Ⅳ类的 6 个，占 23.1%；Ⅴ类的 5 个，占 19.2%；劣Ⅴ类的 9 个，占 34.6%。主要污染指标为总氮和总磷。营养状态为重度富营养的 1 个，占 3.8%；中度富营养的 2 个，占 7.7%；轻度富营养的 8 个，占 30.8%；其他均为中营养，占 57.7%。

《2009 年中国环境状况公报》

全国废水和主要污染物排放量年际变化 **表 5-2**

项目	废水排放量(亿 t)			COD 排放量(万 t)			氨氮排放量(万 t)		
年度	合计	工业	生活	合计	工业	生活	合计	工业	生活
2006	536.8	240.2	296.6	1428.2	541.5	886.7	141.3	42.5	98.8
2007	556.8	246.6	310.2	1381.8	511.1	870.8	132.3	34.1	98.3
2008	572	241.9	330.1	1320.7	457.6	863.1	127	29.7	97.3
2009	589.2	234.4	354.8	1277.5	439.7	837.8	122.6	27.3	95.3

(3) 固体废物和噪声污染日益突出。

我们每天都有扔垃圾的时候，这个行为叫“垃圾排放”，学名叫固体废弃物排放。垃圾排放可以小到把手中的废物随处扔掉，大到把整集装箱的垃圾倾倒到自然里。把生活垃圾和工业垃圾随意倾倒，其负面作用不仅是破坏景观，最为严重的是，被垃圾占用后的土地会立刻失去使用价值。垃圾中的有害成分进入土地后，不仅毒害土壤本身，它们还会在下雨时随雨水进入地下，造成地下水污染，它们也能在干燥刮风时随土壤尘粒飘向空中，成为大气中的污染成分。因此，随意把垃圾倾倒在土地上会产生多种污染。

目前我国的固体废弃物污染十分严重。我国每年城市垃圾有 1.4 亿 t 以上，无害化处理仅 10%，包装物和薄膜造成的“白色污染”十分严重。

《2009 年中国环境状况公报》

2009 年，全国工业固体废物产生量为 204094.2 万 t，比上年增加 7.3%；排放量为 710.7 万吨，比上年减少 9.1%；综合利用量(含利用往年贮存量)、贮存量、处置量分别为 138348.6 万吨、20888.6 万吨、47513.7 万吨。危险废物产生量为 1429.8 万吨，综合利用量(含利用往年贮存量)、贮存量、处置量分别为 830.7 万吨、218.9 万吨、428.2 万吨。

2009 年全国工业固体废弃物产生及处理情况 **表 5-3**

产生量(万 t)		综合利用量(万 t)		贮存量(万 t)		处置量(万 t)	
合计	危险废物	合计	危险废物	合计	危险废物	合计	危险废物
204094.2	149.8	13348.6	8307	20888.6	218.9	47513.	428.2

(4) 生态环境退化严重。

气候异常情况增加，温度逐年升高，2010 年，春季西南大旱，夏季南方大洪水，气候的变化正越来越考验我们的坚韧和国家力量，无论是我国还是世界，异常气候遍布世界各地。如果地球表面温度升高的速度继续发展，科学家们预测：到 2050 年，全球温度将上升 2～4℃，南北极地冰山将大幅度融化，导致海平面上升，使一些岛屿国家和沿海城市淹没水中，其中包括国际大城市：纽约、上海、东京和悉尼。

2009 年，中国年平均气温 9.8℃，较常年偏高 1.0℃。如图 5-1 所示。

(5) 噪声污染。

2/3 的城市居民生活在噪声中。

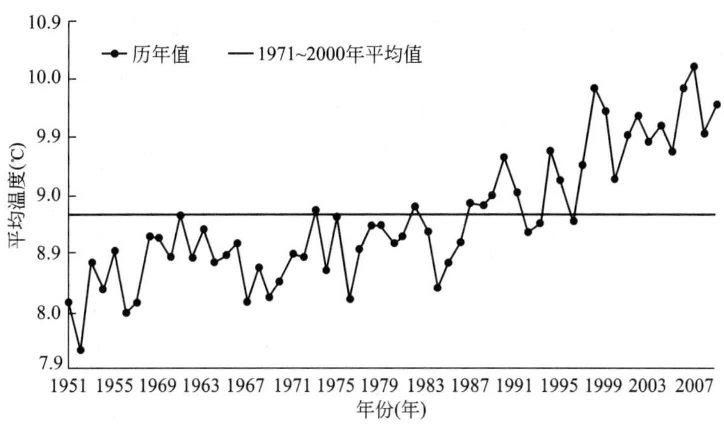

图 5-1　1951～2007 年中国年平均气温变化曲线图

（6）生物多样性锐减。

（7）臭氧层破坏、孔洞、温室效应……总之，一句话：环境治理势在必行。

5.1.4　国际社会对环境问题采取的对策和行动

1972 年 6 月 5 日，联合国召开第一次环境大会，通过了“人类环境宣言”、“人类环境行动计划”，成立了环境规划署，并将 6 月 5 日定为“世界环境日”。会议推动各国走上了环境立法、依法治理环境的道路。

1983 年联合国组建“世界环境与发展委员会”。

1992 年 6 月在巴西里约热内卢召开联合国环境与发展大会。通过了《关于环境与发展宣言》、《21 世纪议程》、《生物多样性条约》、《联合国框架公约》、《森林声明》5 个重大文件，在《21 世纪议程》中正式确定了“可持续发展”作为人类发展的总目标以及应采取的一系列行动计划。

可持续发展战略：

“既满足当代人的需要，又不对后代人满足其需要的能力构成危害的发展。”

可持续发展作为“21 世纪议程”的精髓，作为人类社会经济与环境协调发展战略，为大多数国家所接受。这是人类社会走向自救道路的一个里程碑。

1992 年英国标准化协会(BSl)正式发布 BS7750 环境管理体系标准。

1993 年 6 月欧共体理事会以法规形式公布《生态管理与审核制度》(MAS)。

1996 年国际标准化组织颁布 ISO 14001 环境管理标准。

2005 年 2 月 16 日，《京都议定书》生效。规定了 2005～2012 年第一承诺期各方减排的责任和义务。

近期联合国在丹麦首都哥德巴根召开国际环境大会，提出了共同而有区别的环境治理要求，并达成协议。

5.1.5　我国党和政府对环境保护的决策

十六届三中全会提出：坚持以人为本，树立全面、协调、可持续发展观，促进经济社会和人的全面发展。提出：必须坚持走科技含量高，经济效益好，资源消耗低，环境污染少，人力资源优势得到充分发挥的新型工业化道路。“让人民群众喝上干净的水，呼吸清洁的空气，吃上放心的食物，在良好的环境中生产和生活。”

我国九届五次人代会政府报告中提出“继续加大环保投入，加强生态环境保护和污染防止。加快重点治理工程建设，改善重点流域、区域、城市、海域的环境质量、有效控制和降低污染物排放。推行清洁生产，发展环保产业，建立环境保护和防灾、减灾保障体系”。

我国国家领导人在联合国丹麦首都哥德巴根召开国际环境大会上，提出了作为一个负责任大国的郑重承诺：到 2020 年我国单位总产值碳排放量要平均下降 40%。

5.2 ISO 14000 系列标准产生、发展和构成

5.2.1 ISO 14000 系列标准产生、发展

ISO(International Standard Organization)国际标准化组织简称，1976 年成立。

1991 年 7 月成立了“环境战略咨询组”。

1993 年 6 月国际标准化组织成立了 TC207 技术委员会，着手 ISO 14000 系列标准起草工作。

1996 年 10 月 1 日，TC207 先后颁布了 5 个属于环境管理体系和环境审核方面的标准。

2004 年 11 月 15 日国际标准化组织对 1996 版 ISO 14001 标准修订并颁布了新标准 ISO 14001：2004 环境管理体系要求及使用指南；

我国等同采用该国际标准，于 2005 年 5 月 10 日发布为 GB/T 24001—2004 idt ISO 140012004《环境管理体系　要求及使用指南》

配套标准 GB/T 190011—2003 idt ISO 19011：2002《质量和(或)环境管理体系审核指南》

5.2.2 ISO 14000 系列标准的构成

ISO 14000 是一个系列的环境管理标准，它包括了环境管理体系、环境审核、环境标志、生命周期分析等国际环境管理领域内的许多焦点问题，旨在指导各类组织(企业、公司)取得和表现正确的环境行为。

ISO 给 14000 系列标准共预留 100 个标准号。该系列标准共分七个系列，其编号为 ISO 14001—14100。

ISO 14000 系列标准和标准号分配表

编号	名称	标准号
SC1	环境管理体系(EMS)	14001～14009
SC2	环境审核(EA)	14010～14019
SC3	环境标志(EL)	14020～14029

续表

编号	名称	标准号
SC4	环境行为评价(EPE)	14030～14039
SC5	环境周期评估(LCA)	14040～14049
SC6	术语和定义(T&D)	14050～14059
WG1	产品标准中的环境指标	14060
·	备用	14061～14100

ISO 14000 作为一个多标准组合系统，按标准性质分为三类：

第一类：基础标准——术语标准。

第二类：基本标准——环境管理体系、规范、原理、应用指南。

第三类：支持技术类标准(工具)，包括：

(1) 环境审核；

(2) 环境标志；

(3) 环境行为评价；

(4) 生命周期评估。

如按标准的功能，可以分为两类：

第一类：评价组织

(1) 环境管理体系；

(2) 环境行为评价；

(3) 环境审核。

第二类：评价产品

(1) 生命周期评估；

(2) 环境标志；

(3) 产品标志中的环境指标。

ISO 14000 系列标准中核心标准有 3 个，分别为：

(1) ISO 14001《环境管理体系—规范及使用指南》

由规范和指南两部分构成。"规范"部分规定了 EMS 必须达到的要求；"指南"部分是对规范做出解释，以"附录"形式列入，即附录 A 和附录 B。其特点：

1) 适用于任何类型与规模的组织，并适用于各种地理、文化和社会环境。

2) 可用于 EMS 审核和认证。

3) 未提出对环境绩效的绝对要求。因此，两个从事类似活动的具有不同环境绩效的组织都是符合本标准要求的。

4) 着眼于持续改进。

5) 为实现环境方针，组织需考虑采用最佳可行的技术，同时充分考虑采用该技术的成本效益。

(2) ISO 14004《环境管理体系—原则、体系和支持技术通用指南》

属于指南性标准。用于企业内部环境管理，不能用于 EMS 审核和认证。

(3) ISO 19011《质量和(或)环境管理体系审核指南》

ISO 19011：2002《质量和(或)环境管理体系审核指南》是跨越ISO 9000族标准和ISO 14000系列标准的第一个标准，它不仅满足质量管理体系标准和环境管理体系标准使用中对标准兼容性的要求，同时也推动各个管理体系标准的结合审核，为同一组织以一致的管理方式贯彻多个管理体系标准奠定了基础。

5.3 企业实施环境管理体系标准的意义和作用

(1) 改善组织的环境行为，降低环境风险，法律风险；

(2) 促进污染防治，节能降耗，降低成本；

(3) 提高企业的管理水平和员工的环境意识；

(4) 提高企业的社会形象和竞争能力，有利于企业的长远发展。

第 6 章　GB/T 14001—2004 idt ISO 14001：2004《环境管理体系　要求及使用指南》理解与实施

6.1　标准的结构

6.1.1　环境管理体系的运行模式

环境管理体系的运行模式如图 6-1 所示：

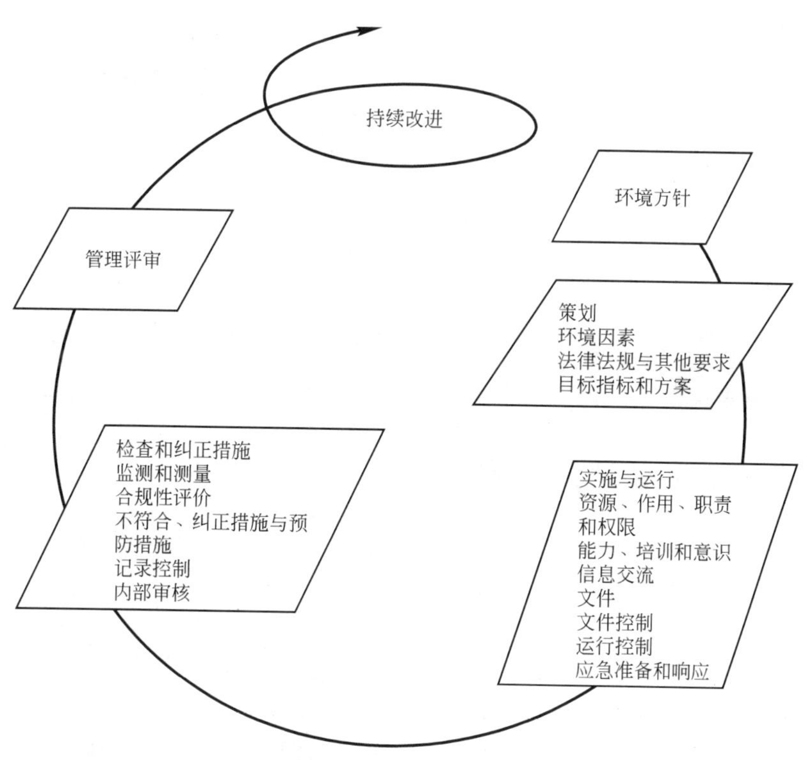

图 6-1　环境管理体系运行模式图

环境管理体系遵循了 PDCA 管理模式：规划(PLAN)—实施(DO)—检查(CHECK)—改进(ACTION)，即：

1. 策划阶段(PLAN)

组织根据自身的特点确定方针，建立组织总体目标，并制定实施目标的具体措施。

2. 实施阶段(DO)

为实现组织总目标，明确职责，根据活动的特点，制定相关的文件化管理程序及技术标准来对活动的全过程实施有效的控制。

3. 检查阶段(CHECK)

即在组织活动实施过程中，应有计划、有针对性地对相关过程进行监控和审核，加强预防，从根源上纠正所出现的偏离组织总体目标的现象。

4. 改进阶段(ACTION)

由组织的最高管理者定期对组织所建立的管理体系进行评审，确保体系的持续适用性、充分性和有效性，以达到不断改进的目的。

6.1.2 环境管理体系要求的主要结构

环境管理体系要求的主要结构如下：

ISO 14001 的 17 个要素	
4.1 总要求	**4.4.5** 文件控制
4.2 环境方针	**4.4.6** 运行控制
4.3.1 环境因素	**4.4.7** 应急准备和响应
4.3.2 法律法规与其他要求	**4.5.1** 监测和测量
4.3.3 目标、指标和方案	**4.5.2** 合规性评价
4.4.1 资源、作用、职责和权限	**4.5.3** 不符合、纠正措施与预防措施
4.4.2 培训、培训和意识	**4.5.4** 记录控制
4.4.3 信息交流	**4.5.5** 内部审核
4.4.4 文件	**4.6** 管理评审

6.2 标准的引言和适用范围

6.2.1 标准的引言

(1) 各类组织越来越重视实现和证实自身的环境绩效；
(2) 组织评价自身的环境绩效，须在管理体系内实施；
(3) 环境管理标准旨在消除贸易壁垒，不增加或改变组织的法律责任；
(4) 环境因素和法律法规是环境管理体系中的两条主线；
(5) 环境标准适合于任何类型与规模的组织，并适应于各种地理、文化和社会条件。
(6) 环境管理体系采用 PDCA 循环的模式；
(7) 第二版标准修订更加明确了第一版的内容，并增强了与 GB/T 19001 的兼容。
(8) 本标准未提出环境绩效的绝对要求。
(9) 本标准可以与其他管理体系整合。

6.2.2 标准的适用范围

本标准规定了对环境管理体系的要求，使一个组织能够根据法律、法规和它应遵守的其他要求，以及关于重要环境因素的信息，制定和实施环境方针与目标。本标准适用于组织确定其能够控制的，或能够施加影响的那些环境因素。但标准本身并未提出具体的环境绩效准则。

本标准适用于任何有下列愿望的组织：

(1) 建立、实施、保持并改进环境管理体系；

(2) 使自己确信能符合所声明的环境方针；

(3) 通过下列方式展示对本标准的符合：

1) 进行自我评价和自我声明；

2) 请感兴趣的一方(如顾客)予以确认；

3) 寻求外部对它自我声明予以确认；

4) 寻求外部组织对其环境管理体系进行认证/注册。

本标准所规定的所有要求，都拟能纳入任何一个环境管理体系。其应用程度取决于诸如组织的环境方针、它的活动、产品和服务的性质以及它的运行场所及条件等因素。本标准还在附录 A 中对如何使用本标准提供了资料性的指南。

6.2.3 规范性引用文件

无规范性引用文件。保留本章是为使本版中的章节号和前一版 GB/T 24001—1996 保持一致。

6.3 术语和定义

适用于本标准的术语与定义共 20 个：

3.1 审核员 auditor

有能力实施审核的人员。

[GB/T 19000—2000，3.9.9]

【术语解释】 审核员的能力应满足 GB/T 19011 的要求，是通过教育、培训或工作经历获得并证实的。

3.2 持续改进 continual improvement

不断对环境管理体系(3.8)进行强化的过程，目的是根据组织(3.16)的环境方针(3.11)，实现对整体环境绩效(3.10)的改进。

注：该过程不必同时发生于活动的所有方面。

【术语解释】

(1) 持续改进强调对环境绩效的改进。

（2）持续改进是以环境方针为依据，按 PDCA 循环的模式运行，不断强化管理体系的管理功能。

（3）重点是在持续，改进过程按环境因素重要性，注重渐进和优先次序，并能作用于活动的所有方面。

3.3 纠正措施　corrective action

为消除已发现的不符合(3.15)的原因所采取的措施。

【术语解释】

针对已经出现的不符合，采取正确的措施消除不符合的原因，避免其再次发生。

3.4 文件　document

信息及其承载媒体。

注 1：媒介可以是纸张，计算机磁盘、光盘或其他电子媒体，照片或标准样品，或它们的组合。

注 2：摘编自 GB/T 19000—2000 的 3.7.2。

3.5 环境　environment

组织(3.16)运行活动的外部存在，包括空气、水、土地、自然资源、植物、动物、人，以及它们之间的相互关系。

注：从这一意义上，外部存在从组织内延伸到全球系统。

【术语解释】

（1）运行活动：是指组织的经营和管理活动。

（2）外部存在：是有组织内延伸到全球系统的各种因素总称，如：水、自然资源、空气、土地、人等等。这些因素共存于环境中，相互依赖、相互制约，并保持动态平衡。

3.6 环境因素　environmental aspect

一个组织(3.16)的活动、产品或服务中能与环境(3.5)发生相互作用的要素。

注：重要环境因素是指具有或能够产生重大环境影响(3.7)的环境因素。

【术语解释】

（1）活动：是指人类有目的、有组织进行的，可包括组织的生产、采购、后勤、经营等多方面。

（2）产品：过程的结果。

（3）服务：伴随着供方与顾客之间的接触而产生的无形产品。

（4）相互作用：通过互相影响，使事务发生变化。

（5）环境因素来自组织的活动，产品和服务，如工程建设是一项综合性的活动，整个过程中会产生废水、固体废物、噪声等的排放。

（6）识别环境因素是为了明确组织环境管理的对象，控制环境影响。因此，环境因素与环境影响之间是因果关系，环境因素的重要性应与可能造成环境影响程度相一致。

3.7 环境影响　environmental impact

全部或部分地由组织(3.16)的环境因素(3.6)给环境(3.5)造成的任何有害或有益的变化。

【术语解释】

环境影响：是一种“变化”，环境的组成要素或要素间的相互关系发生了变化，也就形成了环境影响。

【示例】 **环境、环境因素、环境影响之间的相互关系**

事实描述	活动/产品/服务	环境因素(名词+动词)	环境影响
某工程施工过程： 土方施工	土方挖掘 运输 车辆维护	扬尘 噪声排放 洗车污水排放 尾气排放 含油棉纱、手套的废弃	大气污染 噪声污染 水体污染 土地污染

环境因素和环境影响是因果关系。环境因素是环境影响的原因，环境影响是环境因素作用于组织活动、产品和服务的结果。

3.8 环境管理体系 enviromental management systems(EMS)

组织(3.16)管理体系的一部分，用来制定和实施其环境方针(3.11)，并管理其环境因素(3.6)。

注 1：管理体系是用来建立方针和目标，并进而实现这些目标的一系列相互关联的要素的集合。

注 2：管理体系包括组织结构、策划活动、职责、惯例、程序(3.19)、过程和资源。

【术语解释】

(1) 组织的管理体系有多种，如：质量管理体系、职业健康安全管理体系、财务管理体系等，环境管理体系是整个管理体系的一个组成部分，与其他体系相辅相成，但对象不同。

(2) 环境管理体系由环境方针(4.2)、规划(策划)(4.3)、实施与运行(4.4)、检查与纠正措施(4.5)及管理评审(4.6)五个一级标准要素和若干二级要素组成。

(3) 环境管理体系是上述要素系统地、有效地运行，循环往复，达到持续改进的目的。

3.9 环境目标 environmental objective

组织(3.16)依据其环境方针(3.11)规定的自己所要实现的总体环境目的。

【术语解释】

目标：是方针的具体表述，可行时应量化。目标应尽可能具体到所识别的某一环境因素。

3.10 环境绩效 environmental performance

组织(3.16)对其环境因素(3.6)进行管理所取得的可测量结果。

注：在环境管理体系(3.8)条件下，可对照组织(3.16)的环境方针(3.11)、环境目标(3.9)、环境指标(3.12)及其他环境绩效要求对结果进行测量。

【术语解释】

(1) 组织建立环境管理体系的目的是实现环境方针，取得更好的、可测量的环境管理业绩。

（2）组织应对环境绩效适时监测。

3.11 环境方针 environrnental policy

由最高管理者就组织(3.16)的环境绩效(3.10)正式表述的总体意图和方向。

注：环境方针为采取措施，以及建立环境目标(3.9)和环境指标(3.12)提供了一个框架。

【术语解释】

方针：是组织在环境管理方面总的宗旨和行为准则，由最高管理者制定并正式发布，可为公众所获取。方针为组织建立和评审目标和指标提供框架，即目标指标的内容应与方针的承诺保持一致。

3.12 环境指标 enviromental target

由环境目标(3.9)产生，为实现环境目标所须规定并满足的具体的绩效要求，它们可适用于整个组织(3.16)或其局部。

【术语解释】

指标：是将所设立的目标进行分解，可分阶段予以完成，并落实到相关的部门、岗位或人员。指标是为完成而设立的，应尽可能量化，使之具有可测量性。

【示例】 环境方针、环境目标和环境指标之间的关系

环境方针	环境目标	环境指标
降低噪声	噪声排放达标	噪声极限值(dB) 土石方施工阶段：昼间 75；夜间 55 打桩阶段：昼间 85；夜间 禁止施工 结构阶段：昼间 70；夜间 55 装修阶段：昼间 65；夜间 55

3.13 相关方 interested party

关注组织(3.16)的环境绩效(3.10)或受其环境绩效影响的个人或团体。

【术语解释】

关注组织的环境表现或受其环境影响的人或组织，如：社区居民、股东、业主、保险业、政府机构、银行、记者、民间组织等。

3.14 内部审核 internal audit

客观地获取审核证据并予以评价，以判定组织(3.16)对其设定的环境管理体系审核准则满足程度的系统的、独立的、形成文件的过程。

注：在许多情况下，特别是对于小型组织，独立性可通过与所审核活动无责任关系来体现。

【术语解释】

（1）审核准则：是指审核的依据，是审核员将所获得的审核证据与之对比做出判断的依据。必要时，审核前应与管理层共同商定，包括标准、规范、法规和其他要求。

（2）内部审核是以环保的法律法规、GB/T 24001 标准和组织的环境管理体系文件为依据的对体系的一个验证的过程。

(3) 客观地：是指审核证据应以事实为依据。

3.15 不符合 nonconformity

未满足要求。

[GB/T 19000—2000，3.6.2]

注：此术语在 GB/T 19000—2000 中为“不合格(不符合)”。

3.16 组织 organization

具有自身职能和行政管理的公司、集团公司、商行、企事业单位、政府机构或社团，或是上述单位的部分或结合体，无论其是否法人团体、公营或私营。

注：对于拥有一个以上运行单位的组织，可以把一个运行单位视为一个组织。

【术语解释】

单位的部分：是指分公司或下属单位。

结合体：可为连锁经营单位。

3.17 预防措施 preventive action

为消除潜在不符合(3.15)原因所采取的措施。

【术语解释】 针对尚未发生但可能发生的不符合的原因而采取的措施，起到预防的作用。

3.18 污染预防 prevention of pollution

为了降低有害的环境影响(3.7)而采用(或综合采用)过程、惯例、技术、材料、产品、服务或能源以避免、减少或控制任何类型的污染物或废物的产生、排放或废弃。

注：污染预防可包括对污染源削减或消除，过程、产品或服务的更改，资源的有效利用，材料或能源替代，再利用、回收、再循环、再生和处理。

【术语解释】

(1) 避免：是指没有污染。

(2) 减少：是指组织在活动、产品或服务中降低环境影响。

(3) 控制：是指采取有效措施减少环境污染。

(4) 末端治理：包括再循环、处理、过程更改、控制机构等。

(5) 污染预防：包括资源有效利用、材料替代等。

3.19 程序 procedure

为进行某项活动或过程所规定的途径。

注 1：程序可以形成文件，也可以不形成文件。

注 2：摘编自 GB/T 19000—2000 的 3.4.5。

【术语解释】

程序是否形成文件，应根据组织的情况确定，主要为：

(1) 不形成文件可能产生的后果，包括环境方面的后果；

(2) 用来证实遵守法律法规和其他要求的需要；
(3) 保证活动一致性的需要；
(4) 形成文件会产生管理和实施上的便利；
(5) 标准的要求。

3.20 记录 record

阐明所取得的结果或提供所从事活动的证据的文件(3.4)。

注：摘编自 GB/T 19000—2000 的 3.7.6。

6.4 环境管理体系要求

4.1 总要求

组织应根据本标准的要求建立、实施、保持和持续改进环境管理体系，确定如何实现这些要求，并形成文件。

组织应界定环境管理体系的范围，并形成文件。

【理解】

(1) 首先，要将环境管理作为企业最重要事项来认识。
(2) 以改善环境业绩为目标。
(3) 所建立的 EMS 要切实可行。
(4) EMS 是企业改善环境的手段。
(5) 执行 ISO 14001 标准，也可以利用组织现有的方针、程序。
(6) 将 EMS 纳入组织整体的管理体系，更能提高 EMS 的有效性。
(7) 环境管理体系应遵循以下基本原则：
1) 承诺——制定方针。
2) 规划——为实现方针而制定计划。
3) 实施——为实现方针、目标和指标而应具备的能力和保障机制。
4) 检查和评价——监测、测量和评价环境业绩。
5) 改进——以改进总体环境业绩为目标。
(8) 组织应界定并用文件描述环境管理体系覆盖的范围。
1) 组织有权自行决定实施边界。
2) 范围要形成文件，以明确界定 EMS 边界。
3) 边界一经确定，范围内所有活动、产品和服务均应包括在体系内。
4) 若组织的一部分被排除在体系外，组织应做出相应的解释。

4.2 环境方针

最高管理者应确定本组织的环境方针，并在界定的环境管理体系范围内，确保其：
(1) 适合于组织活动、产品和服务的性质、规模与环境影响；
(2) 包括对持续改进和污染预防的承诺；

(3) 包括对遵守与其环境因素有关的适用法律法规和其他要求的承诺；
(4) 提供建立和评审环境目标和指标的框架；
(5) 形成文件，付诸实施，并予以保持；
(6) 传达到所有为组织或代表组织工作的人员。

【理解】

(1) 环境方针规定整体方向，是组织的行动原则。

(2) 环境方针由最高管理者制定，传达到全体员工，让员工理解。

(3) 环境方针应做出两个承诺：对污染预防和持续改进的承诺和对遵守法律、法规及其他要求的承诺。

(4) 环境方针要为设定环境目标及指标提供框架。

(5) 环境方针应十分明确、易于理解，并且根据变化的情况和信息进行定期评审和修订。

(6) 传达到员工及代表企业工作的人员。如分包方人员。

(7) 可为公众获取。

【应注意的问题】

(1) 最高管理者应定期组织评价环境方针，必要时予以修订，以适应组织内部的活动、产品和服务的不断变化，以及外部法律法规更新和相关方的要求。

(2) 方针的制定要体现本单位的性质、规模和行业特点，不能变成通用式的口号。

(3) 方针应体现标准要求的污染预防、遵守法规承诺等内容；内含解释也应有标准的内容；要能为目标、指标提供框架，应承诺在哪些方面采取预防措施。

(4) 方针应定期进行评审。

【示例 6-1】 环境方针

山西四建集团有限公司	北京六建集团有限公司	中建一局集团建设发展有限公司
减少污染　节能降耗 建造美丽家园 依法治理 持续改进 净化一片蓝天	提高环境意识， 遵守环境法规， 强化环境管理， 持续净化环境。	坚持人文精神，营造绿色建筑， 追求社区、人居和施工环境的不断改善。

河北建设集团有限公司(E+S)管理方针	上海宏润建设集团股份有限公司(E+S)管理方针
关爱生命，保护环境，营造绿色建筑； 遵守法规，注重预防，追求自我超越	预防为主，增强安全意识 以人为本，关注职业健康 注重环保，营造绿色建筑 诚信守法，追求持续改进

4.3 策划

4.3.1 环境因素

组织应建立、实施并保持一个或多个程序，用来：

(1) 识别其环境管理体系覆盖范围内的活动、产品和服务中能够控制或能够施加影响的环境因素，此时应考虑到已纳入计划的或新的开发、新的或修改的活动、产品和服务等因素；

(2) 确定对环境具有或可能具有重大影响的因素(即重要环境因素)。

组织应将这些信息形成文件并及时更新。

组织应确保在建立、实施和保持环境管理体系时，对重要环境因素加以考虑。

【理解】

(1) 应编制程序文件。

(2) 组织对环境因素的识别应包括两方面：一是可直接控制的，二是可施加影响的。其中：

组织可期望施加影响的如：

1) 组织的产品由外部承包商负责运输；

2) 生产活动承包给别人或别的组织；

3) 组织的供方或其他相关方的活动。

(3) 识别环境因素时应考虑：

1) 三种状态(正常、异常、紧急)；

2) 三种时态(过去、现在、将来)；

3) 八种类型：向大气排放、向水体排放、能源使用、能量释放、废弃物管理、土地污染、原材料和自然资源的利用、废物和副产品；

八个因素：设计和开发、制造过程、包装和运输、合同方和供方的环境绩效和操作方式、废物管理、原材料和自然资源的获取和分配、产品的分销、使用和报废、生物多样性。

(4) 评价环境因素，确定重要环境因素。

(5) 形成文件并及时更新，动态管理环境因素。

(6) 在建立、实施和保持环境管理体系及开展合规性评价时，都要考虑重要环境因素。

(7) 环境因素识别与评价是建立、实施和保持 EMS 的核心和基础工作，在建立、实施保持 EMS 应考虑组织的重要环境因素、组织的方针目标、培训、信息交流、方案、运行控制以及监测等内容，首先应当基于重要环境因素的认识。

(8) 环境因素识别评价应达到的要求："识别应充分，评价要合理"。

"识别应充分"：即环境因素无遗漏。建议的识别思路：按照产品实现过程流程包括主线＋生产、生活、办公、服务等活动所涉及的区域全面识别。

"评价要合理"：即评价结果中重要环境因素无遗漏。对环境因素评价建议采用复合评价法。

"复合评价法"：即同时采用两种或两种以上方法相结合的评价方法。如专家直接判断与量化打分相结合，且先直接判断后打分。

A. 专家直接判断法：

需预先确定重要环境因素直接判断准则并在程序文件中做出规定，如有下列情况之一可直接判断为重要环境因素：

● 法规不允许的排放物的排放，如废电池、旧灯管等；
● 环境影响的规模较大，如建筑垃圾等；
● 环境影响的程度较大，如打桩噪声等；
● 社区强烈关注的排放，如夜间施工噪声等；
● 能源与资源中万元产值消耗量最大，如钢材水泥、商品混凝土；或采取措施最容易控制见效的能源资源，如水、电的消耗等。

B. 量化打分法：

即对环境因素各因子赋予不同分值，依各因子之值及其总和判定是否为重要环境因素的方法。

如对污染物排放的打分：

● 法规许可符合性，可分为：不允许/5、一般/3、无要求/1；
● 环境影响的规模与范围，可分为：超出社区/5、社区内/3、场界内/1；
● 环境影响的严重程度，可分为：严重/5、一般/3、轻微/1；
● 环境影响发生的频率，可分为：持续发生/5、间断发生/3、偶尔发生/1；
● 环境影响的社区关注度，可分为：严重/5、中等/3、轻微/1；

如，对能源资源消耗的量化打分：

A）按万元产值消耗量，可分为：高/5、中/3、低/1；

B）可节约程度，可分为：易/5、一般/3、难/1。

C. 重要环境因素打分法判断准则：

● 对污染物排放的打分：a 或 b 或 $d=5$/或 $a+b+c+d+e\geqslant 14$(此值企业可自订)均评价为重要环境因素。

● 对能源资源消耗的量化打分：f 或 $g=5$/或 $f+g\geqslant 7$ 时均评价为重要环境为因素。

上述评价中凡直接判断为重要环境因素的就不再量化打分。

复合评价法主要优点：简洁明快，能抓住关键少数。

(9) 评价结果的输出：形成重要环境因素清单并显示风险控制方式的策划。

风险控制方式的策划：建立环境管理方案或遵循运行程序准则要求或应急准备与响应。

【示例 6-2】 建设行业典型的重要环境因素见下表

建筑安装施工企业的重要环境因素一般为： ● 污水、废水的排放； ● 扬尘、粉尘、烟尘、废气的排放； ● 噪声的排放； ● 建筑垃圾及其他固体废弃物的排放； ● 运输的遗洒； ● 油品、化学品泄漏； ● 光的污染和射线辐射； ● 火灾及爆炸； ● 主要原材料消耗、水电能源消耗等。

4.3.2 法律法规和其他要求

组织应建立、实施并保持一个或多个程序，用来：

（1）识别适用于其活动、产品和服务中环境因素的法律法规和其他应遵守的要求，并建立获取这些要求的渠道。

（2）确定这些要求如何应用于组织的环境因素。组织应确保在建立、实施和保持环境管理体系时，对这些适用的法律法规和其他要求加以考虑。

【理解】

（1）应编制程序文件。

（2）建立获取适用的法律法规和其他要求的渠道，编制清单，并及时更新。获取渠道可以是：政府有关机构、行业团体、集团、商业数据库、专门性服务机构、互联网、报刊等。

（3）适用法律法规主要包括：国家或国际法律法规的适用要求；省部级法律法规的适用要求；地方性法律法规的适用要求。

（4）适用的其他要求包括产业实施规范、与政府机构的协议、国际公约、相关方要求等。如建筑行业对设计、施工和验收的规定及技术标准等。例如，与政府机构的协议、与顾客的协议、非法规性指南、自愿性原则或业务规范、自愿性环境标志或产品照管承诺、行业协会的要求、与社区团体或非政府组织的协议、组织或其上级组织对公众的承诺、本组织的要求。

（5）进一步识别适用法规及其他要求中对组织重要环境因素的适用条款的具体要求。本条款理解与实施难点在“(2)确定这些要求如何应用于组织的环境因素。”，要做到以下三点：

1）关键是对“适用”二字的正确理解。标准仅指那些适用于本组织产品、活动和服务且与重要环境因素相一致的那些适用法规或其他要求。

2）按照“就高不就低、就近不就远”原则去识别。

3）就高不就低——某项法规要求有高低之分时优先选用要求高的；

4）就近不就远——某项法规要求有国家、行业、地方的，优先选择地方的，其次是行业的。

（6）在建立、实施和保持环境管理体系及合规性评价时，都要考虑这些适用法规和其他要求的识别结果。

4.3.3 目标、指标和方案

组织应针对其内部有关职能和层次，建立、实施并保持形成文件的环境目标和指标。

如可行，目标和指标应可测量。目标和指标应符合环境方针，包括对污染预防、持续改进和遵守适用的法律法规和其他要求的承诺。

组织在建立和评审目标和指标时，应考虑法律法规和其他要求，以及自身的重要环境因素。此外，还应考虑可选的技术方案，财务、运行和经营要求，以及相关方的观点。

组织应制定、实施并保持一个或多个用于实现其目标和指标的方案，其中应包括：

（1）规定组织内各有关职能和层次实现目标和指标的职责；

（2）实现目标和指标的方法和时间表。

【理解】

（1）目标、指标制定的依据：

1）环境方针中有关污染预防和持续改进的承诺；

2）适用的法律法规和其他要求；

3）组织的重要环境因素；

4）技术经济上的可行性；

5）相关方的要求。

（2）环境目标应明确，指标应尽量可以测定，应考虑到污染预防。目标可包括：

1）减少废物和资源使用。

2）减少或消除向环境排放污染物。

3）在产品设计时尽可能考虑生产、使用及处置时的环境影响最小。

4）控制原材料来源的环境影响。

5）新开发产品对环境的影响最小化。

6）提高员工及所在地区的环保意识。

环境指标就是为了将目标在特定时间内实现而设立的。应将与环境目标有关的职能和层次分解。

（3）对环境指标达到的程度，用可测定的数据表示。

（4）在建立、实施和保持环境管理体系及合规性评价时，都要考虑这些适用法规和其他要求。

【示例 6-3】 环境目标与指标

环境目标	环境指标
减少废气排放	将 CO_2 排放量减少 10%
减少废弃物	将废弃物减少 20%
促进资源再利用	将包装材料的再循环率提高 15%
减少能源使用	将电、柴油的使用减少 10%

（5）目标指标要在各职能层次设立（分解）、要尽量量化、可行时可以测量，还应当兼顾短期和长期的需要；

（6）目标内容应符合环境方针并考虑到污染预防、持续改进和遵守适用法规及其他要求承诺，并要定期评审、修订。

（7）为了有效实施目标指标，组织应制订一个或多个细化的环境管理方案，应形成文件并经评审、审批，其作用是确保目标指标的实现。

（8）环境管理方案的内容主要包括以下五要素：

1）明确方案要达到的具体目标、指标值；

2）规定方案实施的具体方法、措施；

3）明确方案中每项措施实施中的各层次岗位的职责与权限；

4）财务、人力、物资、设施等资源需求；

5）每项措施实施进度安排及完成时间表。

（9）环境管理方案与运行程序之间关系。为防止管理方案形式化和缺少针对性，必须事先明确管理方案与运行程序之间异同关系。环境管理方案与运行程序之间关系见下表：

环境管理方案与运行程序之间关系　　　　表 6-1

异同和关系		环境管理方案	环境运行程序
相同点		针对重要环境因素为实现环境管理总目标	
不同点	特性	为完成一项或多项具体任务所采取的管理措施和技术措施	为进行某项例行性活动/过程所规定的途径
	内容	目标/指标、方法/措施、职权分配和时间要求	5W2H
	时间要求	有完成时间要求，具有移时性。方案一旦完成，即退出历史使命	不存在完成时间，具有重复性、例行性。循环往复的永久性
两者之间关系		为程序运行创造条件	是方案实现后的继续活动及保持
		如同遇山开路、遇水架桥的先行兵	作战的大部队

（10）环境管理方案示例：

【示例 6-4】 某建筑公司（总部）环境管理方案

环境目标	完成指标	管理方案				
		方案措施	完成时间	落实部门	主责部门	相关部门
噪声排放达标	施工现场场界噪声值： 昼间 土方施工＜75dB 打桩施工＜85dB 结构施工＜70dB 装修施工＜65dB 夜间（晚 22：00 至次日早 6：00） 土方施工＜55dB 打桩夜间禁止施工 结构施工＜55dB 装修施工＜55dB	1. 地处市内敏感区的工程项目，在施工前做好隔声降噪围档、围帘； 2. 施工组织设计中应有对噪声排放的控制要求，现场平面布置图中应把主要噪声源布置在远离敏感部位，并经审批。 3. 现场木工棚、混凝土输送泵站进行封闭，封闭采用吸音材料，禁用瓦楞铁； 4. 合理安排易产生噪声的施工工序，未经批准禁止夜间施工； 5. 在居民区施工要做好安民告示，取得谅解，对居民投诉做好接待并责成专人处理； 6. 各单位依据程序文件规定对场界噪声分阶段进行监测，并做好记录	1～3 项：土方、结构施工前； 4～6 项：全部施工过程	项目部	生产安全管理部	技术部、物资部、财务部
降低扬尘排放	现场目测无扬尘	1. 现场主要道路采用硬化地面，主要运输道路硬化率达 100%； 2. 现场地面平整坚实无浮土，要经常洒水降尘，门口设洗车池，出场车辆车轮应冲洗； 3. 现场砂子、石子成方堆放，搅拌站、水泥库完全封闭； 4. 现场建筑及生活垃圾站做好封闭，并及时清运； 5. 临时露天存放的水泥、白灰等易产生扬尘的材料应进行覆盖； 6. 余土覆盖，运输苫盖防遗洒； 7. 高层建筑垃圾清运使用专用垃圾道或容器吊运，严禁向下抛撒。	1～4 项：相当于施工准备至开工前完成。 5～7 项： 全部施工过程	项目部	生产安全管理部	物资部

【示例 6-5】 东方安装公司环境管理方案

作业活动	施工机械作业	可能导致的事故	环境污染
重要环境因素	噪声排放		
目标	达标排放		
指标	建筑场界噪声限值 昼间≤70dB，夜间≤55dB		
依据标准	建筑施工场界噪声限值 GB 12523—90		
启动时间	项目开工前	责任部门	项目部
完成时间	该项作业活动结束	责任人	项目经理

一、职责

1. 专项施工组织设计(或专项方案)由专业施工员编写，项目技术负责人审批。

2. 项目专业施工员或责任工程师负责施工组织设计或方案的实施。

3. 安全员进行日常监控检查。

二、管理现状

切割机、空压机等施工机械在使用过程中均会产生噪声，若超标排放污染环境不仅对操作者的身体健康造成影响，也会对周围敏感区域(如学校、医院等)的公众产生健康危害。

三、措施内容

1. 项目部应在该项作业前编制专项施工组织设计或专项预案并经审批；

2. 项目部施工技术人员应对施工的环境安全进行技术交底，加强现场的施工管理；

3. 机械噪声管理措施。

机械噪声控制方法，应从声源、传播途径和接受者三个方面对机械噪声进行控制，尽量减少机械噪声给附近居民以及现场施工人员带来的危害。

(1) 在施工条件允许的情况下，尽量控制和消除噪声源。

1) 首先选用低噪声设备；

2) 进场的机械设备应有良好的机械性能并保证完好。

3) 严禁施工机械超负荷运转。

4) 合理调整作业时间，避免或减少敏感时间段的作业时间；

5) 对产生噪声的机械设备用吸音材料进行围挡，减低噪声。

(2) 现场工作人员的保护

1) 加强个人防护，施工中遇到暂时不能控制的噪声，施工人员应配戴耳塞等防护用品。

2) 合理安排有噪声作业工人的休息时间，并对工人进行定期健康检查特别是听力检查。

4. 公司主管部门应对实施效果进行监督检查。

四、资源

项目经理应保证方案所需资源及经费的投入，所需资源及经费应在作业活动前完成。

4.4 实施与运行

4.4.1 资源、作用、职责和权限

管理者应确保为环境管理体系的建立、实施、保持和改进提供必要的资源。资源包括人力资源和专项技能、组织的基础设施，以及技术和财力资源。

为便于环境管理工作的有效开展，应当对作用、职责和权限作出明确规定，形成文件，并予以传达。

组织的最高管理者应任命专门的管理者代表，无论他(们)是否还负有其他方面的责任，应明确规定其作用、职责和权限，以便：

(1) 确保按照本标准的要求建立、实施与保持环境管理体系。

(2) 向最高管理者报告环境管理体系的运行情况以供评审，并提出改进建议。

【理解】

(1) 最高管理层要确保提供实施和保持 EMS 所需的资源(资源包括：人力资源、专项技能、基础设施、技术、财力)。

注：组织的基础设施包括建筑物、通信网络、地下贮罐、下水管道等(如施工现场的临时食堂的隔油池、施工污水用的沉淀池、厕所的化粪池等)。

(2) 为使 EMS 实施成功，必须全员参与，因此，应明确规定各部门及岗位人员职责和权限，形成文件。

(3) 任命管理者代表，并赋予其职责和权限。大型企业除任命管理者代表外，还可任命 1 名或数名管理者副代表。管理者代表的职责包括：

1) 确保按照本标准的要求建立、实施与保持环境管理体系。

2) 向最高管理者报告环境管理体系的运行情况以供评审，并提出改进建议。

4.4.2 能力、培训和意识

组织应确保所有为它、或代表它从事被确定为可能具有重大环境影响的工作的人员，都具备相应的能力。该能力基于必要的教育、培训或经历。组织应保存相关的记录。

组织应确定和其环境因素和环境管理体系有关的培训需求，或采取其他措施来满足这些需求。并保存相关的记录。

组织应建立、实施并保持一个或多个程序，使为它或代表它工作的所有人员都意识到：

(1) 符合环境方针与程序和符合环境管理体系要求的重要性；

(2) 他们工作中的重要环境因素和实际或潜在环境影响，以及个人工作的改进所能带来的环境效益；

(3) 他们在实现与环境管理体系要求符合性方面的作用与职责；

(4) 偏离规定的运行程序的潜在后果。

【理解】

(1) 本条款突出了对人员能力的要求，扩大了“人员”的范围。不仅包括为组织工作的本组织员工，也包括代表该组织工作的人员，如外包方的人员。

(2) 组织应建立并保持程序，其中应：

确定从事可能具有重大环境影响的工作人员的能力要求准则，该能力包括基于必要的教育、培训或经历。确保他们应具有相应的能力，能胜任本岗位工作。如噪声测量人员、运输车司机、仓库管理员等。

（3）明确与环境因素和 EMS 有关的培训需求。编制为满足特定需求的培训计划（如对象、目的、内容、方式及时间安排、效果评价等）或采取其他措施满足要求。

（4）实施培训，培训应包括意识的培训及技能培训。通过培训达到提高人员的：

1）明确环境职责、权限、环境意识；

2）遵法意识；

3）识别潜在危险和应急意识；

4）明确偏离规定的运行要求的潜在后果。

（5）对培训效果评价，检验培训有效性，保存培训记录。

【应注意的问题】

1）在识别、确定培训需求和准备培训计划时，应有针对性，可考虑与组织的其他方面的培训计划（质量、安全、体系文件等）相结合。

2）培训的目的是为了提高全员的环境保护意识和能力，因此，培训的效果应予以考核，作为评价有关人员，特别是重要环境因素岗位人员是否具备相应能力，并且能够胜任其工作岗位的重要依据之一。

4.4.3 信息交流

组织应建立、实施并保持一个或多个程序，用于有关其环境因素和环境管理体系的：

（1）组织内部各层次和职能间的信息交流；

（2）与外部相关方联络的接收、形成文件和回应。

组织应决定是否就其重要环境因素与外界进行信息交流，并将决定形成文件。如决定进行外部交流，则应规定交流的方式并予以实施。

【理解】

（1）应编制程序文件。

（2）在组织内部横向和纵向之间建立信息交流渠道。主要内容包括：

1）安全健康与环境方针、目标指标、管理方案；

2）重大环境因素，重大危险因素及相关信息；

3）职责与权限信息；

4）人力资源管理信息；

5）监测与测量信息；

6）不符合和纠正与预防措施；

7）内审、外审及管理评审信息；

8）相关的法律、法规及其他要求的传达；

9）紧急情况及应急的响应信息；

10）员工关注的问题及建议等。

（3）与组织外部的相关方进行信息交流，内容主要包括：

1）将安全健康与环境方针传达给相关方；

2）法律、法规与其他要求的获取、更新；

3）安全健康与环境监测测量结果的信息；

4）相关方的投诉；

5）业主(用户)对工程环境方面的要求；

6）市场环境需求的变化。

（4）信息交流方法：

1）对外部，通过年度报告、法规上的申报、政府机构的记录、刊物、广告、网站、社区会议等进行；

2）建立投诉台账和设立质疑电话、回访、信函等形式与相关方交流，包括向合同方，供方提供有关信息，当发生紧急事故时与外部相关方的信息交流；

3）在内部，通过板报、内部新闻、会议、文件、报表、计算机网络或其他方式。

（5）组织应确定哪些重要环境因素与外界进行交流，交流内容、职责及方式应形成文件。

4.4.4 文件

环境管理体系文件应包括：

（1）环境方针、目标和指标；

（2）对环境管理体系覆盖范围的描述；

（3）对环境管理体系主要要素及其相互作用的描述，以及相关文件的查询途径；

（4）本标准要求的文件，包括记录；

（5）组织为确保对涉及重大环境因素的过程进行有效策划、运行和控制所需的文件和记录。

【理解】

（1）环境管理体系应形成文件，文件可以是书面或电子媒体形式，应和组织的其他体系文件相协调(如 ISO 9000、GB/T 28001 文件)，应给出查询相关文件的途径。相关文件指作业指导书、管理办法、制度、表格、报告(环境影响报告、初始评审报告等)、记录、法律法规或其他要求、环境因素清单、管理方案等等。

（2）环境管理体系文件可包括：

1）环境方针、目标和指标；

2）对环境管理体系覆盖范围的描述；

3）对主要要素及其相互关系的描述，以及相关文件的查询途径；

4）本标准要求的文件，包括记录；

5）为确保对涉及重要环境因素的过程进行有效的策划、运行和控制所需要的文件和记录。

（3）“本标准要求的文件”共有 7 处，包括环境管理体系范围、环境方针、目标和指标、环境因素清单、监测结果等；此外，本标准规定的 12 个程序文件、管理办法、制度、表格、报告、管理方案、作业指导书、法律法规清单、组织机构图、内外部适用标准、现场应急计划、现场平面图、记录等亦应形成文件。

4.4.5 文件控制

应对本标准和环境管理体系所要求的文件进行控制。记录是一种特殊类型的文件，应依据 4.5.4 的要求进行控制。

组织应建立、实施并保持一个或多个程序，以规定：

（1）在文件发布前进行审批，以确保其充分性和适宜性；

（2）必要时对文件进行评审和更新，并重新审批；

（3）确保对文件的更改和现行修订状态做出标识；

（4）确保在使用处能得到适用文件的有关版本；

（5）确保文件字迹清楚，易于识别；

（6）确保对策划和运行环境管理体系所需的外来文件做出标识，并对其发放予以控制；

（7）防止对过期文件的非预期使用。如须将其保留，要做出适当的标识。

【理解】

（1）应编制文件控制程序，规定对文件编、审、批、标识、发放、使用、回收、更改、保留、贮存等控制方法和职权。

（2）对文件控制要求：

1）文件在发布前经过授权人的批准，以确保其充分性和适宜性；

2）必要时，评审和修订，修订后重新审批；

3）文件要字迹清楚，注明日期，标识明确，妥善保管，规定保存期限。

4）确保在使用处均能得到适用文件的有效版本，有效文件发放到有关岗位和人员；

5）对外来文件得到识别，并控制发行。

6）对失效文件进行控制，做出标识，防止误用。

4.4.6 运行控制

组织应根据其方针、目标和指标，识别和策划与所确定的重要环境因素相关的运行，以确保其通过下列方式在规定的条件下进行：

（1）建立、实施并保持一个或多个形成文件的程序，以控制因缺乏程序文件而导致偏离环境方针、目标和指标的情况；

（2）在程序中规定运行准则；

（3）对于组织使用的产品和服务中所确定的重要环境因素，应建立、实施并保持程序，并将适用的程序和要求通报供方及合同方。

【理解】

（1）应编制一个或多个成文的运行控制程序。

（2）建筑企业运行控制程序一般包括：

1）污染物控制程序(噪声、固废、扬尘、污水等)；

2）物资采购管理工作程序；

3）能源和资源控制工作程序；

4）分包商管理工作程序；

5）机械设备管理工作程序；

6）消防管理工作程序等。

程序文件不是越多越好，上述程序可单独建立、可以以任何形式的合并建立，也可与相应的质量管理体系、职业健康安全管理体系相关的运行要求整合在一起。

(3) 运行控制程序控制的对象是与重要环境因素有关的运行活动，建立或修改运行控制程序时应当考虑与其重要环境因素有关的各类活动。

(4) 运行程序中应规定运行准则；

(5) 应将适用的程序要求通报供方和合同方。

【示例 6-6】 建筑施工企业施工现场环境管理运行准则

(1) 策划控制：施工组织设计中应有对重要环境因素/关键作业工序如何控制的环境保护技术方案/或措施的策划专门章节，编、审、批符合要求；

(2) 污/废水控制：现场的“四池”建立应符合行业/或当地的规定要求(如：进出场口设洗车池、临时搅拌站/或商混输送车处设沉淀池并定期清掏、食堂设隔油池、厕所应水冲、化粪池有防渗漏措施，尽量与市政管网连通)，打压水进雨水管网；沉淀水回收利用/洒水降尘或排入河流；

(3) 扬尘控制：主要道路应硬化处理、散装物料(如水泥、粉煤灰等)应密闭存储或封闭库仓、余土覆盖、主要粉尘源(如搅拌站、建筑生活垃圾池等)应封/密闭、定期洒水降尘，达到目测无扬尘；

(4) 噪声控制：平面布置图中将主要噪声源远离敏感区；木工棚、搅拌站、切割机等主要噪声源要封闭或在室内作业；夜间连续施工应报批并公告居民；使用低噪环保设备(如振动棒等)；不同施工阶段应监测并符合《建筑施工场界环境噪声排放标准》GB 12523—2011、测量方法/记录符合《建筑施工场界噪声测量方法》GB 12524—90 标准；

(5) 固废控制：建筑垃圾/生活垃圾应分类(可回收、不可回收)；有毒害废弃物(如废电池、灯管、油漆桶等)专门收集加标识；建筑垃圾应集中并覆盖、生活垃圾应有密闭设施；两者应定期清运有记录和准运证、委托外运的应有协议(有防止二次污染告知、有资质及准运证)；可回收物有记录，能利用的环保利用，节约降本；毒害废弃物委托有专门资质单位处置或交销售者回收并有记录。

(6) 防火防爆控制：油品、化学品、氧气、乙炔应单独隔离存放，并配有干粉灭火器；在用的氧气、乙炔保持安全距离；现场动火应经批准；易燃源部位有人监护；现场物资仓库、配电室、宿舍、木工房、废木料堆放场等防火重点部位应就近配备性能适宜的灭火设施并有禁烟火标识；大门口有“五五制”灭火设施并保证通道畅通且有效；有防火责任制、应急预案及资源配备；食堂液化气与灶口应隔离或保持安全距离；氧气、乙炔、油品、化学品外包运输应承包给有资质的单位并签订的运输协议；

(7) 能资源节约：应有措施并实施(如限额领料节奖超罚)，落地灰、半头砖等回收利用、避免长流水、使用节能灯、人走灯灭、纸张双面用等。

(8) 其他方面控制：散料运输有防遗洒、油漆油品化学品存放有防渗漏、夜间照明有罩防扰民等措施。

员工食堂：炊事作业人员应有健康证；食堂应用卫生许可证；隔油池应定期清掏；生、熟食品应分隔；燃气瓶与灶口应有安全距离；用电应符合安全规定；防蚊蝇措施及卫生设施等满足相关要求；

员工宿舍：床铺、照明、卫生、防火、防盗、秩序、环境等应符合规定要求。

【示例 6-7】 对相关方施加环境影响的措施

以建筑业为例，其可施加环境影响的相关方包括：供应商、劳务分包方、工程分包方、委托试验及其他提供服务的单位，常用施加环境影响的方式如下：

(1) 对工程、劳务分包方：根据其产品或服务的内容，将组织环境管理体系的相关程序或管理办法或作业要求，以技术交底或其他书面形式传递，让相关方了解有关规定。不定期地检查实际运作情况，通报所发现的问题，并要求限期纠正等。

(2) 对物资/运输供应商：可在采购合同中提出要求。如：提供产品合格证明，环境监测报告；有毒有害物品包装物的回收(废油漆桶等)；运输时，易产生扬尘的用苫布覆盖；装卸时，易产生噪声的，轻拿轻放外，应遵守时间区段限制等。

(3) 对固废清运商：可根据服务的内容在合同中要求。如提供准运证明，尤其是有毒有害固废的处理，应查验消纳资质；服务过程应符合组织环境管理体系的相关要求，如防止运输遗洒、扬尘等。

(4) 对进入组织施工现场工作的其他相关方：可提供包含环境方针和相关要求的宣传册子；进入现场前，可派人对他们进行环保教育培训或放映录像，提出有针对性的环保要求。

4.4.7 应急准备与响应

组织应建立、实施并保持一个或多个程序，用于识别可能对环境造成影响的潜在的紧急情况和事故，并规定响应措施。

组织应对实际发生的紧急情况和事故做出响应，并预防或减少随之产生的有害环境影响。

组织应定期评审其应急准备和响应程序。必要时对其进行修订，特别是当事故或紧急情况发生后。

可行时，组织还应定期试验上述程序。

【理解】

(1) 应编制形成文件的程序，用于识别可能对环境造成影响的潜在的紧急情况和事故，如火灾、爆炸、化学危险品泄漏等，并规定响应措施。

(2) 针对已识别确定的潜在的事故或紧急情况，制定应急响应预案，在预案中应规定在事故发生后应如何做好响应的各项措施。如：响应计划、人员组成、职责、联系方式、信号、疏散救援程序、现场保护、物资保障、事故报告等，及如何减少环境影响。

(3) 一旦紧急情况发生时做出响应，预防或减少由此造成的环境影响。

(4) 对程序定期评审，必要时进行修订，特别是在事故/紧急情况发生后，对程序进行评审和修订。应评审应急预案的适宜性，必要时进行修订。

(5) 可行时，定期试验上述程序并保留记录。如消防演习。

【应注意的问题】

标准强调预防为主，在发生紧急、异常情况时，必须有预防措施以防止或减少对环境的影响。

异常、紧急情况的界定，一般根据其对环境产生影响的严重程度和不同行业的特点予以划分。应包括：火灾、爆炸、水灾、台风、暴雨、地震、泄漏、设备故障、操作事故等。

【示例 6-8】 建筑施工企业应急准备和响应预案的编制内容

(1) 组织应正确全面识别确定潜在的事故和潜在的紧急情况有哪些，例如：化学品的泄漏、自然灾害、火灾、爆炸等。

(2) 明确对应急准备和响应的资源保证，例如：组建事故抢险领导小组，明确有关领导、人员的职责、分工、作用和权限；配备充足的应急设备设施，例如：灭火器材、自动报警系统、喷淋装置、防毒面具和紧急救护设备等。

(3) 应明确对应急设施的管理维护要求。如指定专人或部门定期对应急设备、设施进行维护和检测，确保其持续有效。

(4) 明确事故和紧急情况发生时，如何报警及响应的联络方式。确保有关信息快速、有效传递，例如：火警电话、医疗急救电话、抢险小组负责人和值班人员的联系电话等。

(5) 明确应急准备和响应的疏散救援程序。如事故和紧急情况发生后如何在第一时间报警、如何组织人员疏散逃生、如何保护现场财产、如何防止事态扩大避免二次伤害的发生等措施。

(6) 对应急准备和响应人员培训的要求。

例如，通过培训与演练，使员工在扑灭火灾方面达到“四懂四会”：

1) 懂得本岗位生产过程中的火灾危险及对环境的影响。会报火警，尽量减少火灾对环境的影响。

2) 懂得预防火灾发生的措施，积极消除隐患，定期维护消防设施，使之处于有效状态。发生火灾时，会使用各种灭火设备。

3) 懂得各种有效的灭火方法。会扑救初期火灾，将环境影响降低到最低限度。

4) 火灾发生时，应懂得应急处置措施，如：救火电话、救护电话等，懂得逃生的方法和路径。会组织人员及时疏散逃生。防止爆炸等其他紧急情况的连锁发生，造成更大的物品损失和人员伤亡。

(7) 明确定期进行演习和对预案进行评审修订的要求。

(8) 明确事故和紧急情况发生后的情况报告，以便对本预案进行评审、予以修订的要求。

(9) 其他必要的要求。

4.5 检查

4.5.1 监测和测量

组织应建立、实施并保持一个或多个程序，对可能具有重大环境影响的运行的关键特性进行例行监测和测量。程序中应规定将监测环境绩效、适用的运行控制、目标和指标符合情况的信息形成文件。

组织应确保所使用的监测和测量设备经过校准或验证，并予以妥善维护，且应保存相关的记录。

【理解】

(1) 应编制程序文件。应规定：监测的项目、责任部门人员、监测流程方法、频次、使用设备、执行标准、记录要求和发现问题的处置等。

(2) 监测和测量的对象是具有重大环境影响的运行的关键特性。监测的内容包括：

1）环境绩效成果(如采取污染预防措施的效果，节约能源和资源的效果，对重大环境因素控制的结果等)。

2）有关的运行控制(如程序文件规定的运行准则遵循情况等)。

3）目标、指标的实现程度和环境管理方案的效果。

4）应明确监测负责部门或人、监测方法、频次、执行标准、记录内容、结果处置等。

5）“监测”包括检查、巡视、监视。“测量”：是以确定量值为目的的一组操作，是监测过程中的一种具体方法。如对施工场界噪声的测量等。监测的对象：一组关键特性。包括：环境绩效、运行控制、目标和指标等

(3) 对监测设备进行校准或验证的管理，使其准确度、量值符合规定要求并予维护。如声级计。

【应注意的问题】

环境管理体系应有对水、气、声、渣的例行监测记录，至少应有企业自我检测记录。需要时有环保部门的监测报告。

例如：锅炉房的日常运行中，废气的排放可能产生重大环境影响，因此，二氧化硫、氮氧化物的排放和烟尘黑度等是否达标，需要外委监测。对锅炉工在操作过程中是否严格遵守程序的有关规定；使用低硫煤、煤的投加量、燃煤的含硫量是否符合标准等，这些均为该运行活动的关键特性，可有企业自行监测的记录。

4.5.2 合规性评价

4.5.2.1 为了履行遵守法律法规要求的承诺，组织应建立、实施并保持一个或多个程序，以定期评价对适用法律、法规的遵守情况。

组织应保存对上述定期评价结果的记录。

4.5.2.2 组织应评价对其他要求的遵守情况。这可以和4.5.2.1中所要求的评价一起进行，也可以另外制定程序，分别进行评价。

组织应保存对上述定期评价结果的记录。

【理解】

(1) 应编制程序文件

(2) 频次与时机：合规性评价应定期进行，时间间隔不超12个月，如内审前评价组织法律法规和其他要求的遵循情况。

(3) 参加评价人员应具有环境保护相关知识及相应能力，并由有关的职能部门管理。

(4) 保存评价证据，如记录。

(5) 合规性评价方法包括：审核/现场巡视/直接观察/对目标绩效参数测试结果与要求比对/会议座谈/讨论等；

(6) 合规性评价重点：环境行为和环境影响是否合规两方面。

(7) 合规性评价输入：适用法规和其他要求如何应用于环境因素的识别结果(见4.3.2)；程序中运行准则遵循情况及对目标、绩效监测结果等。

(8) 合规性评价应保留的守法证据：

1）地方环保局开具的守法证明；

2）污染物排放监测报告；

3）废弃物依法处置的记录；

4）节能降耗统计记录；

5）产品环境指标的监测记录；

6）环境影响评价报告和三同时验收报告(适用时)；

7）危险化学品及消防管理的记录等。

(9）合规性评价的结果是管理评审的重要输入。

【示例 6-9】 建筑施工企业环境管理体系合规性评价记录

<table>
<tr><th rowspan="2">序号</th><th rowspan="2">重要环境因素</th><th rowspan="2">适用的法律法规及其他要求名称</th><th rowspan="2">适用条款的具体要求（4.3.2b）</th><th rowspan="2">遵循情况及绩效监测结果（4，4，6、4.5.1）</th><th colspan="2">评价结果</th></tr>
<tr><th>合规</th><th>不合规</th></tr>
<tr><td rowspan="3">1</td><td rowspan="3">固体废弃物的排放</td><td>（1）中华人民共和国固体废弃物法治环境防治法</td><td>第十六条　产生固体废弃物的单位和个人，应当采取措施，防止或者减少固体废物对环境的污染。
第十七条　产生、贮存、运输、利用、处置固体废弃物的单位或个人，必须采取防扬散、防流失、防渗漏或者其他防止污染环境的措施；不得擅自倾倒、堆放、丢弃、遗撒固体废物。
第四十条　对城市生活垃圾应当按照环境卫生行政主管部门的规定，放在指定的地点位置，不得随意倾倒、抛撒或者堆放。
第四十六条　工程施工单位应当及时清运工程施工过程中产生的固体废物，并按照环境卫生行政主管部门的规定进行利用或者处置</td><td>（1）对施工中产生的固体废弃物的处置，制定了管理规定，并能够得到落实。
（2）施工中的固体废弃物运输到市环保部门指定的填埋点。
（3）公司及项目部产生的生活垃圾及时清运到市区环卫部门指定的垃圾点。
（4）清运、处理过程符合第 46 条要求</td><td>合规</td><td></td></tr>
<tr><td>（2）河北省实施《中华人民共和国废物污染环境防治法》办法</td><td>第十六条　产生工业固体废物的单位和个人以及收集、运输、贮存、利用、处置工业固体废物的单位和个人，应当选择符合环境保护标准的方式、技术和设施，并采取防散、防流失和防渗等措施。不得随意堆放和倾倒工业固体废物。
第二十五条　从事建筑、安装、装修施工活动的，应当按照城市市容和环境卫生管理的有关规定，及时清运、处置建筑垃圾</td><td>（1）对施工中产生的固体废弃物的处置，制定了管理规定，并能够得到落实。
（2）施工中的固体废弃物运输到市环保部门指定的填埋点。
（3）公司及项目部产生的生活垃圾及时清运到市区环卫部门指定的垃圾点</td><td>合规</td><td></td></tr>
<tr><td>（3）《建筑施工现场环境卫生标准》JGJ 146—2004</td><td>第 3.1.7 条　建筑物内施工垃圾的清运，必须采用相应容器或管道运输，严禁凌空抛掷。
第 3.1.8 条　施工现场应设置密闭式垃圾站，施工垃圾、生活垃圾应分类存放，并应及时清运出场。
第 3.1.11 条　施工现场严禁焚烧各类废弃物</td><td>（1）经检查施工现场未发现凌空抛掷现象。
（2）施工现场建筑与生活垃圾已分类并及时清运。
（3）施工现场未见焚烧各类废弃物</td><td>合规</td><td></td></tr>
<tr><td>2</td><td></td><td></td><td></td><td></td><td></td><td></td></tr>
<tr><td></td><td></td><td></td><td></td><td></td><td></td><td></td></tr>
</table>

4.5.3 不符合纠正和预防措施

组织应建立、实施并保持一个或多个程序，用来处理实际或潜在的不符合，采取纠正措施和预防措施。程序中应规定以下方面的要求：

a）识别和纠正不符合，并采取措施减少所造成的环境影响；

b）对不符合进行调查，确定其产生原因，并采取措施以避免再度发生；

c）评价采取预防措施的需求，实施所制定的适当措施，以避免不符合的发生；

d）记录采取纠正措施和预防措施的结果；

评审所采取的纠正措施和预防措施的有效性。

所采取的措施，应与问题和环境影响的严重程度相符。

组织应确保对环境管理体系文件进行必要的更改。

【理解】

（1）应编制程序文件，规定对不符合、事件的调查、评审、采取纠正措施与预防措施的步骤、职责、处置方法。

（2）识别不符合，采取措施予以纠正。凡违背了环境管理体系要求的行为、管理活动、监测结果、法规要求等均构成不符合。应调查、分析不符合产生的原因、采取措施，避免再次发生。

（3）是否采取纠正措施/预防措施，应评审措施需求，措施应与问题的严重性和对环境的影响程度适应。

（4）当决定采取纠正措施和预防措施时要查明不符合和潜在不符合和原因；评价采取纠正和预防措施的必要性；制定并实施纠正和预防措施；评审采取纠正和预防措施的效果；记录纠正措施和预防措施实施的结果；必要时输入管理评审。

（5）需要时，可将证明有效的采取纠正和预防措施纳入体系文件或对体系文件进行修改。

【应注意的问题】

应注意分清纠正与纠正措施的区别；纠正措施与预防措施的区别；应对纠正措施和预防措施实施的有效性进行验证和评价。

【示例 6-10】 纠正/纠正措施/预防措施实施案例

纠正案例

不符合事实陈述：现场审核发现，公司职工食堂没有按规定设置隔油池。

纠正：落实资金后，一周内完成隔油池的修建工作。

验证：经检查，隔油池已按要求修建。

纠正措施实施案例

不符合事实描述：

审核员查分公司对修理车间、油品库的运行检查记录，多次发现有漏油现象，每次整改意见都是“清理油品污染的地面”，问分公司经理，针对这一重复出现的问题是否采取纠正措施，经理说，像我们这种工作，这问题也是常见的小问题，不算什么大问题。

原因分析：

（1）油品库管理不严格，油品库房管理制度中缺少对漏油问题的具体要求；

（2）负责人的环保意识不强，没有对新到岗的库管员进行相应的培训。

纠正措施：

（3）修改油品库房管理制度，增加对防止漏油问题的措施要求，地面铺设防油卷材，增加一个接油盒，及时收集漏油重复使用。

（4）对库房负责人和库管员进行环保意识教育，培训学习新修改的制度要求并要求严格遵守。

纠正措施效果验证：

油品库房管理制度已作修改，增加了对防止漏油问题的措施要求。本月连续抽查三次，未发生漏油现象，纠正措施有效。

验证人：公司环保员李某

预防措施实施案例

潜在不符合事实陈述：

东方建筑公司二项目部，在土石方施工期间，对场界噪声进行过 6 次监测，每次的噪声值分别是：75dB、74.5dB、73dB、74.5dB、73.8dB、74.6dB，均接近或等于标准限值 75dB。

原因分析：

因下雨延误工期，操作人员抢时间施工，各种设备使用比较集中，且疏于维修管理。

预防措施：

（1）加强设备的维护工作；

（2）利用工余时间对相关人员进行培训；

（3）将易产生高噪声的设备合理分配，分阶段轮流使用，防止噪声超标。

预防措施实施效果验证：

项目部对相关人员进行了培训，加强了设备的维护，将易产生高噪声的设备进行了合理分配，抽查采取预防措施后的监测记录，噪声值明显低于标准值。纠正措施有效。

验证人：公司环保员李某

4.5.4 记录 控制

组织应根据需要，建立并保持必要的记录，用来证实对环境管理体系及本标准要求的符合，以及所实现的结果。

组织应建立、实施并保持一个或多个程序，用于记录的标识、存放、保护、检索、留存和处置。

环境记录应字迹清楚，标识明确，并具有可追溯性。

【理解】

（1）应编制程序文件。对记录的填写、标识、存放、保护、检索、保存期和处置等做出规定。

（2）记录是一种特殊类型的文件，环境记录包括：

1）抱怨记录；

2）培训记录；

3）检查、维护及校准记录；

4）偶发事件报告；

5）审核结果；

6）和外部进行信息交流的决定等；

7）过程监测记录；

8）有关供方与合同方记录；

9）应急准备试验记录；

10）重大环境因素记录；

11）管理评审结果。

（3）记录控制内容应包括：填写、标识、收集、编目、归档、贮存、维护、查阅、保管、处置等。

（4）环境记录应及时、清晰、完整，责任人签字具有可追溯性。

4.5.5 内部审核

组织应确保按照计划的时间间隔对环境管理体系进行内部审核。目的是：

（1）判定环境管理体系：

1）是否符合组织对环境管理工作的预定安排和本标准的要求；

2）是否得到了恰当的实施和保持。

（2）向管理者报告审核结果。

组织应策划、制定、实施和保持一个或多个审核方案，此时，应考虑到相关运行的环境重要性和以往的审核结果。

应建立、实施和保持一个或多个审核程序，用来规定：

1）策划和实施审核及报告审核结果、保存相关记录的职责和要求。

2）审核准则、范围、频次和方法。

审核员的选择和审核的实施均应确保审核过程的客观性和公正性。

【理解】

（1）应编制程序文件，内容包括：审核管理方案、审核员的管理及审核活动的要求。

应依据 GB/T 19011 标准要求，按策划的时间间隔进行环境管理体系内部审核。本教程第 11 章已对审核方案、内部审核、程序和要求等作了详细阐述，它适用于对质量、环境、职业健康安全管理体系的“四标”一体化的结合审核。

（2）内审的目的是判定环境管理体系的符合性和有效性。

（3）根据环境因素重要性，以及上次审核结果进行审核方案策划，明确审核方案授权管理者和职能部门职权。

（4）审核是一种全面而正式的自我评价机制。

（5）审核的频次和覆盖面应考虑与体系各要素的联系、绩效、体系变化。

(6) 审核结果是管理评审的依据。

(7) 内审也可以聘用外部人员。

(8) 内审的实施：最高管理者对审核方案授权，建立审核方案的策划实施，监测改进活动。编制审核计划(年度、例行)；最高管理者应支持内审工作；按计划安排进行审核；建立内审员队伍，保证审核员的能力是胜任的；采用正确的方法和手段收集客观证据；依据审核准则判断客观证据的符合性进行系统分析，作出审核结果并报告；向受审核方反馈审核信息，采取纠正措施并实施；跟踪纠正措施的实现。对内审过程监测并导致寻求改进。对内审过程监测并寻求改进。

(9) 对审核员的能力进行选择评价，应确保内审审核过程的客观性和公正性。内审结果输入管理评审。

4.6 管理评审

最高管理者应按计划的时间间隔，对组织的环境管理体系进行评审，以确保其持续适用性、充分性和有效性。评审应包括评价改进的机会和对环境管理体系进行修改的需求，包括环境方针、环境目标和指标的修改需求。应保存管理评审记录。

管理评审的输入应包括：

(1) 内部审核和合规性评价的结果；

(2) 来自外部相关方的交流信息，包括抱怨；

(3) 组织的环境绩效；

(4) 目标和指标的实现程度；

(5) 纠正和预防措施的状况；

(6) 以往管理评审的后续措施；

(7) 客观环境的变化，包括与组织环境因素有关的法律法规和其他要求的发展变化；

(8) 改进建议。

管理评审的输出应包括为实现持续改进的承诺而做出的，与环境方针、目标、指标以及其他环境管理体系要素的修改有关的决策和行动。

【理解】

(1) 最高管理者为了保持 EMS 持续改进应定期进行管理评审(一般一年一次，不超12个月)。

(2) 管理评审的目的是评价 EMS 的适宜性、充分性和有效性，还应包括对方针、目标适宜性评价，是否需要修改

1) 适宜性：环境管理体系对市场、相关方、法律法规等客观情况的适应性；

2) 充分性：环境管理体系是否充分满足标准和适用法规和其他要求；

3) 有效性：环境管理体系对方针的贯彻、目标指标的实施、重要环境因素的控制、环境绩效、员工意识提高、企业在监督完善机制的建立等方面所取得的效果。

(3) 管理评审输入：

1) 内、外部审核结果；

2) 法规遵守及合规性评价结果；

3）环境方针的适宜性；

4）环境目标和指标的实现程度；

5）纠正和预防措施的状况；

6）以往管理评审的后续措施；

7）客观环境的变化，如法律法规的变化、产品或活动的变化、科技进步、市场、相关方的要求、组织对持续改进的承诺等；

8）组织的环境绩效，环境监测及其结果的分析；

9）改进建议。

（4）管理评审输出：

1）对组织的环境管理体系总体评价、方针目标适宜性评价；

2）持续改进环境绩效的措施；

3）环境管理中存在的问题、需改进的内容及措施；

4）组织机构、文件更改的必要性；

5）资源和其他改进需求。

（5）管理评审结果应形成管理评审报告，保存管理评审过程的记录。

6.5 标准各要素间的逻辑关系

GB/T 24001—2004 标准将环境管理体系按不同功能分为 18 个要素，但它们之间相互作用，有机地结合在一起，形成完整的管理体系要求，各要素之间内在逻辑关系见图 6-2。

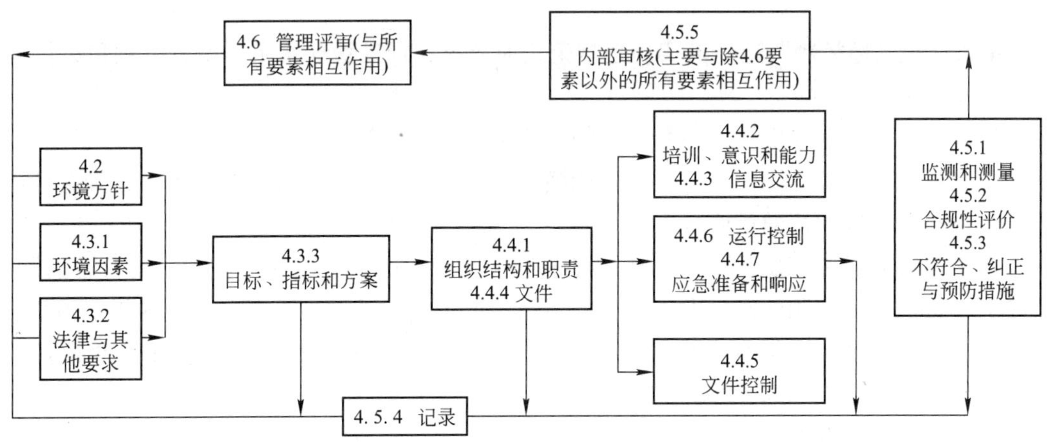

图 6-2 环境管理体系要素之间内在逻辑关系

1. 环境管理体系标准的两条主线

（1）环境因素的识制与控制主线。

环境因素的识别评价和重要环境因素的确定、目标方案的策划、运行控制、应急准备、绩效监测和改进是环境管理体系标准要求的第一条主线，也是标准的核心要求。

（2）适用法规和其他要求的识别、获取、应用主线。

适用于组织产品、活动和服务中环境因素的法律法规和其他要求的识别、获取、应用、遵法执法和合规性评价是环境管理体系标要求的第二条主线，也是目标指标制定的依据。

要完成以上EMS的两条主线活动过程，就要制定管理职责、规定人员能力、进行培训、进行沟通、要对文件和记录进行控制等，以保证体系的有效运行。

2. 环境方针目标的建立和实施是环境管理体系两条主线要求应用的结果

环境方针的确定要依据“两条主线”，它为目标指标的建立提供了框架；环境目标指标的制定，应符合环境方针要求，应考虑自身的重要环境因素、适用于环境因素的法律法规和其他要求，也是要依据“两条主线”。总之，“两条主线”是环境管理体系的建立、实施、保持和改进的最基本与核心的要求。

3. 污染预防是体系建立与实施的核心

建立环境管理体系的根本目的是污染预防，保护环境。组织在制订方针中要有污染预防的承诺；在识别环境因素时要考虑潜在的和未来的环境因素，这是污染预防指导思想的体现；在制订目标和管理方案时要有污染预防的措施；在策划程序文件时要反映污染预防的要求；在绩效监测中要评价污染预防的效果；在体系改进中要注重污染预防措施。总之，污染预防是体系建立与实施的核心。

持续改进贯穿于环境管理体系的所有过程中。持续改进是实现环境方针、目标、指标的主要方法，环境管理方案、运行程序和应急准备和响应程序及预案中处处渗透持续改进的要求。环境问题是一个动态过程，老的污染解决了，新的污染会出现，随着经济的发展，科技水平的提高，以及法规变化的新要求、相关方的新要求等都会给组织提出新的要求，要满足这些要求，必须持续改进，持续改进是无止境的，是推动体系不断完善和发展的动力。

4. “三级监控机制”建立与实施是规范企业行为、提升管理水平、实现管理目标的重要手段

组织贯彻和实施环境管理体系标准的一个重要目的是规范企业行为，提高全员环境意识，控制和减少环境污染，创造良好环境绩效。建立与实施“三级监控机制”是确保环境管理体系持续有效运行的重要保证。

组织通过对目标实现程度的监测、程序中运行准则遵循情况和环境绩效的日常监测，定期对遵法情况的监测评价，发现环境管理问题和不足，通过对不符合事件的纠正和预防措施的实施是实现改进绩效实现环境管理目标的重要手段；我们把他称作第一级监控机制，它包括了标准的4.5.1，4.5.2和4.5.3等要素。

组织通过定期的内部审核(4.5.5)，对体系符合性和有效性的全面监测和评价，自我发现体系运行中不足，实施纠正措施来实现管理体系的不断完善，构成了“第二级监控机制”；

最高管理者在体系建立、实施和改进中起极为重要的关键作用，除了提供运行的资源保证，通过定期的管理评审(4.6)以解决体系运行中深层次问题，从而确保体系的“适宜性、充分性和有效性”，是体系运行的第三级监控机制。

企业大量运行的实践证明：“三级监控机制”建立、实施和保持是规范企业行为，实现管理方针目标、取得良好环境管理绩效的重要法宝。

第 7 章　职业健康安全管理体系标准概述

7.1　职业健康安全管理体系标准的产生和发展

7.1.1　组织提供的预期产品和伴随的非预期产品

组织在生产过程中，提供预期产品的同时，会产生非预期产品。其对组织外部会造成环境问题(环境污染、资源能源消耗)，对内部则带来职业健康安全问题(生产安全事件、职业病、健康损害)。组织对产品质量的管理、环境管理、职业健康安全管理具有相关性，所以在控制产品质量的同时，环境与安全健康的管理就成为一个必然联系的问题。

7.1.2　管理体系思想与方法的提出

国际标准化组织在 20 世纪后期做的具有重要意义的两件事情是 1987 年颁布了 ISO 9000 系列标准，1996 年颁布了 ISO 14000 系列标准。这两个系列标准迅速被世界各国采用，百万计的企业积极实施并开展认证，在很短的时间内取得了明显的效果。

标准所引入的管理体系思想与方法为解决众多广泛关注的管理问题提供了很好的借鉴作用。

国际社会认识到，制定一套规范统一的管理体系对于推动组织管理活动规范化和持续改进具有重大意义。

7.1.3　国际社会在职业健康安全管理体系方面所采取的行动

20 世纪 90 年代中后期，国际标准化组织一直努力使职业健康安全管理体系标准发展成为与 ISO 9000，ISO 14000 系列标准类似的标准，但由于职业健康安全问题涉及劳工权益、国家法律及国家主权等问题，在多次国际会议上未能达成一致意见。1997 年国际标准化组织决定暂不制定该类标准。但国际上一些知名企业为强化自己的社会关注力和控制损失的需要，开始自愿建立自主性的职业健康安全与环境保护的管理制度，并逐步形成了比较完善的体系。

1996 年英国颁布了 BS8800《职业安全健康管理体系指南》国家标准；美国工业卫生协会制定了关于《职业安全健康管理体系》的指导性文件。1999 年英国标准协会，挪威船级社等 13 个组织制定了职业安全健康评价系列标准(OHSAS)，即 OHSAS18001《职业安全健康管理体系—规范》和 OHSAS18002《职业安全健康管理体系—实施指南》。该标准对推动全世界的职业健康安全管理活动起了重要的作用。2007 年在吸收近些年世界各国开展 OHSMS 实施工作的丰富经验和成果的基础上，对 OHSAS18001—1999 标准进行了修订。OHSAS18001：2007 标准对原版标准进行了重大技术改进，以适应职业健康安全管理的新情况。

7.1.4 我国职业健康安全管理体系标准的颁布和实施

我国对职业健康安全管理标准化问题上十分重视。20 世纪 90 年代相关政府主管部门积极参与国际标准化组织的有关会议，开展标准的研究工作。1997 年中国石油天然气总公司制定了《石油天然气工业健康、安全与环境管理体系》、《石油地震队健康、安全与环境管理体系》、《石油钻井健康安全与环境管理体系》三个行业标准。

1999 年 10 月原国家经贸委颁布了《职业安全卫生管理体系试行标准》，2001 年 12 月颁布了《职业安全健康管理体系审核规范》。

2001 年 11 月国家质量监督检验检疫总局颁布了 GB/T 28001—2001《职业健康安全管理体系 规范》。

OHSAS18001：1999 标准颁布实施后 8 年，国际 OHSAS 项目组根据众多国家和组织反馈的意见，对 OHSAS18001：1999 标准进行了全面修订，于 2007 年 7 月正式发布了 OHSAS18001：2007 标准。OHSAS18001：2007 标准对促进标准实施各国更好开展 OHSMS 实施工作，改进认证工作，提高职业健康安全管理水平，具有重要的现实意义。我国等同采用该标准。依据该标准修订的我国新版职业健康安全管理体系标准已于 2011 年 12 月 30 日由“中华人民共和国国家质量监督检验检疫总局”和“中国国家标准化管理委员会”共同发布，名称为《职业健康安全管理体系 要求》GB/T 28001—2011，2012 年 2 月 1 日实施。修订后的国家标准等同采用 OHSAS 18001：2007《职业健康安全管理体系 要求》，与质量、环境管理体系标准更加兼容，更加强调“健康”的重要性，增加了“合规性评价”要求，对职业健康安全策划部分的控制措施层级提出了新要求，对术语和定义部分作了较大调整和变动。

7.2 我国职业健康安全的现状

7.2.1 职业健康安全工作滞后于经济建设步伐，形势严峻

安全生产方面的情况：建国以来我国政府高度重视安全生产，颁布和不断完善相关的法律法规，建立健全安全生产监察机构，促进了社会主义建设事业的发展。但也应看到，我国安全生产形势依然严峻，重、特大事件不断发生，重、特大隐患随处可见，基础管理工作还比较薄弱。建筑行业作为高危行业，近年来由于政府主管部门深化建设安全隐患治理和专项整治，加强安全监管体系和制度建设，加大安全监管工作力度，有效保障和促进了建筑业的安全发展，建筑施工企业对安全生产工作高度重视，重大事故伤亡人数呈不断下降趋势。但形势仍不能乐观，安全生产问题仍然十分突出，较大及以上事故仍时有发生。2007 年全国建筑业发生伤亡事故 2278 起，死亡 2722 人，事故起数和死亡人数分别占工矿商贸企业总数 19.18%、19.60%，事故类型主要为高处坠落、坍塌、起重设备事

故等。作为建筑施工企业安全生产的问题一定要常抓不懈，解决好安全和生产的关系，不断提高安全管理水平。

职业病方面的情况：我国颁布的十大类115种职业病均有发生。全国1600万家企业，数亿员工不同程度的接触粉尘、毒物、噪声、振动、辐射、高温、低温等职业危害。每年70万人患各种职业病，并呈年轻化趋势。近年来，建筑行业的健康损害问题，由于政府的重视和企业的有效管理，职业病大为减少，但健康卫生方面仍存在较大的问题，应引起足够的重视。我国建筑一线有近两千万作业人员每天接触粉尘、噪声污染、使用有毒、挥发性、放射性的材料，由于用工不规范，施工企业首先考虑的是施工成本，施工进度，将施工中的职业防护置于次要的位置，压缩安全费用，减少安全防护设施的投入，建筑工人自我防范意识差，管理部门疏于管理，造成职业性的急慢性中毒，职业健康损害等问题尚未得到根治。

中国已经成为政治、经济大国，但不能成为工业事故大国。职业健康安全涉及劳动者基本人权和根本利益，工伤事故、职业病对人民群众生命与健康的威胁如果得不到解决，就会成为影响安定、和谐和可持续发展的因素，并会影响到国家在国际经济活动中的地位与作用。

7.2.2 我国推行职业健康安全管理体系已具备良好基础和内外部环境

我国多年来积累了极其宝贵的安全生产管理经验，如安全生产管理制度(安全责任制、安全生产教育、安全生产检查制度等)；对安全工作实行计划、实施、监察、改进的规范化管理；对安全生产进行风险评价；确定安全健康标准；群众参与和监督等制度。近年来，《中华人民共和国安全生产法》、《建设工程安全生产管理条例》等的发布，进一步完善了相关的法律法规。这些与职业健康安全管理体系要求原理一致，方法相近。

另外，企业实施ISO 9000标准取得了经验，希望引进和采用国际上先进高效的管理方法以利企业长远发展。国家安全管理体制的进一步健全，在职业健康安全方面的科研监测技术的发展，以及专业人员的技术支持，为在我国推行职业健康安全管理体系标准提供了良好的条件。

7.3 实施职业健康安全管理体系对企业的作用和意义

(1) 有利于提高全员的职业健康安全和法规意识，有利于推进职业健康安全法规和制度的贯彻执行；

(2) 使组织的职业健康安全管理由传统的被动管理变为主动预防的管理，有利于促进管理水平的全面提高；

(3) 促进我国职业健康安全管理标准与国际接轨，有利于消除贸易壁垒；

(4) 实施职业健康安全管理体系能有效杜绝或减少各类事故的发生，会产生直接或间接的经济效益；

(5) 实施职业健康安全管理体系能树立现代企业的品质和形象，提高企业安全文化品位。

实践证明，职业健康安全管理体系的建立在企业安全健康管理制度化、规范化上作用明显，能有效提升企业安全健康管理水平；企业员工安全健康意识和技能的提高，对企业安全健康生产工作有了更高的要求；体系的建立可以在保证安全生产责任制的落实、最终控制风险、个体防护、危害因素识别评价、应急救援和安全检查及隐患整改等活动中，明显优于未建体系之前；企业建立了有效的渠道使员工参与职业健康安全管理，接收和处理员工及相关方的意见、建议和要求，有效地提升了企业的安全健康管理绩效。

第8章 《职业健康安全管理体系 要求》GB/T 28001—2011标准的理解与实施

8.1 GB/T 28001—2011 idtOHSAS18001：2007标准的修改情况

GB/T 28001—2011新标准是对GB/T 28001—2001标准的修订，发生的主要变化和区别有：

(1) 更改了标准的名称。

OHSAS18001：1999标准为《职业健康安全管理体系 规范》，新标准名称为《职业健康安全管理体系 要求》。由于对OHSAS18001：1999标准修订是按照ISO/IEC的指示起草和进行技术性修订的，故OHSAS18001：2007标准已成为评价组织的职业健康安全管理体系的基础性管理标准，而不是一个“规范”性文件。这意味着OHSAS 18001将逐步成为各国OHSMS标准的基础；

(2) 更加强调了“健康”的重要性。强调了“健康”与安全之间的平衡；

(3) 对PDCA(策划—实施—检查—改进)模式，仅在引言部分作全面介绍，在各主要条款开头不再予以介绍；

(4) 术语、定义部分作了较大调整和变动：这其中很多术语是直接或简单修改借用了ISO 9001和ISO 14001的术语；

1) 新增9个术语“可接受风险”、“纠正措施”、“文件”、“健康损害”、“职业健康安全方针”、“工作场所”、“预防措施”、“程序”和“记录”；

2) 修改了13个术语的定义。它们分别是“审核”、“持续改进”、“危险源”、“事件”、“相关方”、“不符合”、“职业健康安全”、“职业健康安全管理体系”、“职业健康安全目标”、“职业健康安全绩效”、“组织”、“风险”、“风险评价”；

3) 原有术语“可容许风险”已被“可接受风险”所取代(参见3.1)；

4) 原有术语“事故”被合并到“事件”中(参见3.9)；

5) 术语“危险源”定义不再涉及“财产损失”和“工作环境破坏”(参见3.6)。

备注：考虑到这样的损失和破坏并不直接与职业健康安全管理有关，它们应被包括在资产管理范畴内。作为替代的一种方法，对职业健康安全有影响的此方面的损失和破坏，其风险可以通过组织的风险评价过程得到识别，并通过适当的风险控制措施对其实施。

(5) 为与GB/T 24001：2004，GB/T 19001：2008更为兼容，标准技术内容做了较大改进，例如为与GB/T 24001—2004相兼容，本标准将原标准的4.3.3与4.3.4合并，并将管理方案纳入“目标”中。这样与ISO 14001：2004标准的一级条款完全一致。更利于组织整合职业健康安全、环境和质量管理体系；

(6) 针对职业健康安全，策划部分的控制措施的层级，提出了新的要求(参见 3.1)；

(7) 更加明确强调对变更的管理(参见 4.3.1 和 4.4.6)；

(8) 增加了 4.5.2 合规性评价；

(9) 对参与和协商提出了新的要求(参见 4.4.3.2)；

(10) 对于事件的调查提出了新要求(参见 4.5.3.1)。

此外，GB/T 28001—2011/OHSAS18001：2007 标准还增加了引言部分，给出了实施标准的目的、意义以及职业健康安全管理体系模式和特点；反应职业健康安全实践的发展；基于应用经验对 2001 年版标准所述要求进一步加以“澄清”；增强了与 ILO-OSH：2001 等 OHSMS 标准的兼容性。

其他需重点关注的专业性变化：

(1) 进一步明确组织职业健康安全管理涉及的人员对象 。

(2) 进一步明确系统安全工程方法所包含的过程(4.3.1 款新增内容)。

(3) 增加危险源辨识和风险评价过程应考虑的因素要求 。

(4) 明晰危险源和法律法规是构建体系的基础。

(5) 明确运行控制措施的要求。

8.2 标准的目的、适用范围及应用原则

GB/T 28001—2011/OHSAS18001：2007《职业健康安全管理体系 要求》标准的目的在于支持和促进与社会经济需求相协调的良好职业健康安全实践；适用于需要建立职业健康安全管理体系，旨在控制、消除职业健康安全风险并改进其绩效的任何类型和规模的组织，并与不同的地理、文化和社会条件相适应。通过体系的建立、实施和保持，向外界证实组织对职业健康安全管理体系标准的符合性，寻求体系认证。

该标准针对施工及生产活动中的职业健康安全，而非其他方面的职业健康安全，如员工的健身与健康计划、产品安全、财产损失和环境影响等其他方面的健康安全。其对象是组织的员工，而不是活动的结果，如产品和服务。

标准未对健康安全绩效提出绝对要求，具有不同绩效的两个组织可能都会满足标准的要求。标准提出了组织建立实施和改进职业健康安全管理体系的通用模式，组织按照过程方法和管理的系统方法建立职业健康安全管理体系并有效实施运行，能使组织获益。

实施该标准遵循自愿原则，标准的实施并不改变组织的法律责任。

标准广泛适用，并作为认证依据。它不必独立于其他管理体系，并应纳入组织的整个管理体系。实施标准的关键是坚持持续改进和健康安全预防。

8.3 标准的特点

(1) 先进性系统性：采用建立管理体系的方法对职业健康安全绩效进行控制。

(2) 职业健康安全管理体系要求采用 PDCA 循环模式结构和管理思想。

(3) 强调预防为主、持续改进，以及动态管理。

(4) 对危险源的识别/风险评价及其对结果的控制和对遵守适用法规和其他要求的要求贯穿在职业健康安全管理体系的始终，构成对职业健康安全管理体系要求的两条主线。

8.4 标准的结构

GB/T 28001—2011/OHSAS18001：2007《职业健康安全管理体系 要求》标准共分 4 章，有 6 个一级要素、17 二级要素(注：其中 4.2 和 5.6 既是一级要素又是二级要素)组成和 6 个三级要素。其中：一级要素按照 PDCA 循环思路编排，即：方针、策划(P)、实施(D)、检查(C)和改进(A)构成。17 个二级要素与现行环境管理体系标准基本一致并对应。标准的详细结构如图 8-1。

<table>
<tr><th>一级要素(6 条)</th><th>二级要素(共 15 条)</th><th>三级要素(6 条)</th></tr>
<tr><td>4.1 总要求</td><td colspan="2"></td></tr>
<tr><td>4.2 职业健康安全方针</td><td colspan="2">4.2 职业健康安全方针</td></tr>
<tr><td rowspan="3">4.3 策划</td><td colspan="2">4.3.1 对危险源辨识、风险评价和控制措施的确定。</td></tr>
<tr><td colspan="2">4.3.2 法律法规和其他要求</td></tr>
<tr><td colspan="2">4.3.3 目标和方案</td></tr>
<tr><td rowspan="8">4.4 实施和运行</td><td colspan="2">4.4.1 资源、作用、职责、责任和权限</td></tr>
<tr><td colspan="2">4.4.2 能力、培训和意识</td></tr>
<tr><td rowspan="2">4.4.3 沟通、参与和协商</td><td>4.4.3.1 沟通</td></tr>
<tr><td>4.4.3.2 参与和协商</td></tr>
<tr><td colspan="2">4.4.4 文件</td></tr>
<tr><td colspan="2">4.4.5 文件控制</td></tr>
<tr><td colspan="2">4.4.6 运行控制</td></tr>
<tr><td colspan="2">4.4.7 应急准备和响应</td></tr>
<tr><td rowspan="7">4.5 检查</td><td colspan="2">4.5.1 绩效测量和监视</td></tr>
<tr><td rowspan="2">4.5.2 合规性评价</td><td>4.5.2.1 对遵法情况评价</td></tr>
<tr><td>4.5.2.2 对其他要求遵守情况评价</td></tr>
<tr><td rowspan="2">4.5.3 事件调查、不符合、纠正措施和预防措施</td><td>4.5.3.1 事件调查</td></tr>
<tr><td>4.5.3.2 不符合、纠正措施和预防措施</td></tr>
<tr><td colspan="2">4.5.4 记录</td></tr>
<tr><td colspan="2">4.5.5 内部审核</td></tr>
<tr><td>4.6 管理评审</td><td colspan="2">4.6 管理评审</td></tr>
</table>

图 8-1 GB/T 28001—2011/OHSAS18001：2007 标准的结构

8.5 职业健康安全的术语和定义

GB/T 28001—2011/OHSAS18001：2007 标准中列出有关职业健康安全术语共 23 个，其要求和理解要点分别是：

3.1　可接受风险　acceptable risk

根据法律义务和职业健康安全方针(3.16)已被组织降至可容许程度的风险。

【理解要点】

判定可接受风险的依据：有关的法律法规和其他要求，组织的职业健康安全方针的要求。不满足法规和组织方针的风险，是不可以接受的。

国家的职业健康安全法律法规是保障劳动者免遭职业伤害的最基本要求，组织必须遵守；组织根据自身的情况所制定的职业健康安全方针，阐明的职业安全管理的总目标及做出的持续改进体系绩效的承诺应得以实现。有关法律法规的要求具有广泛和普遍的指导意义，而组织的方针应结合组织的实际和活动特点确定。

可接受风险是由组织依据上述法律义务和职业健康安全方针要求确定的已被组织降至可容许程度的风险。与此相似的术语包括：可承受风险/可容许风险。

依据"最低合理可行原则(ALARP)"，对于可接受风险，也尽可能采取措施降低风险。

3.2　审核　audit

为获得"审核证据"并对其进行客观的评价，以确定满足"审核准则"的程度所进行的系统的、独立的并形成文件的过程。

[GB/T 19000—2008，3.9.1]

注1："独立的"不意味着必须来自组织外部。很多情况下，特别是在小型组织，独立性可以通过与被审核活动之间无责任关系来证实。

注2：有关"审核证据"和"审核准则"的进一步指南见GB/T 19011—2003。

【理解要点】

审核是一个评价的过程，也是一个系统的、独立的、形成文件的过程。需要采取规定的方法和程序，由有能力的人员来完成。审核过程也同其他过程一样按PDCA逻辑步骤进行控制。

3.3　持续改进　continual improvement

为了实现对整体职业健康安全绩效(3.15)的改进，根据组织(3.17)的职业健康安全方针(3.16)，不断对职业健康安全管理体系(3.13)进行强化的过程，

注1：该过程不必同时发生于活动的所有方面。

注2：改编自GB/T 24001—2004，3.2。

【理解要点】

持续改进的目的是依据方针实现对OHS绩效的改进。是强化管理体系的过程，即对职业健康安全管理体系能力的不断强化和整体绩效的不断改进。

制定改进目标和寻求改进机会的过程是一个持续的过程。

持续改进包括管理的完善绩效的提升。是职业健康安全管理体系非常重要的一个环节。

改进可以针对整个体系，也可以针对某个要素或过程。不要求每次改进发生在组织的所有活动领域。

3.4 纠正措施 corrective action

为消除已发现的不符合(3.11)或其他不期望情况的原因所采取的措施。

注1：一个不符合可以有若干个原因。

注2：采取纠正措施是为了防止再发生，而采取预防措施(3.18)是为了防止发生。

[GB/T 19000—2008，3.6.5]

【理解要点】

纠正措施是针对消除不符合的原因所采取的措施，目的是从根本上防止类似的不符合再出现。对采取的纠正措施的有效性应进行验证。

3.5 文件 document

信息及其承载媒体。

注：媒体可以是纸张，计算机磁盘、光盘或其他电子媒体，照片或标准样品，或它们的组合。

[GB/T 24001—2004，3.4]

【理解要点】

文件由信息和媒体两部分组成。媒体不仅有纸张，还有光盘、照片、标准样品等多种形式。

3.6 危险源 hazard

可能导致人身伤害和(或)健康损害(3.8)的根源、状态或行为，或其组合。

【理解要点】

(1) 危险源：也称为“危险”、“危险危害”、“危害因素”、“危险因素”、“危险危害因素”、“事故隐患”、“不安全行为”、“不安全状态”等。

(2)“危险源”与“事故隐患、不安全行为、不安全状态”等有别。危险源包含了现实和潜在的缺陷和问题。

1) 安全隐患：一般指现实的缺陷和问题。

2) 如新的电线可能老化破裂、电线已经老化破裂，都是危险源。

3) 电线已经老化破裂，显然是安全隐患，是不可接受风险，必须改进。

(3) 根源、状态、行为，或其组合

1) 根源(如：运动的机械、辐射或能源等)；

2) 状态(如：高处作业等)；

3) 行为(如：手举重物等)。

存在能量、有害物质，和能量、有害物质失去控制而导致的意外释放或有害物质的泄漏、散发，这两方面因素。

(4) GB/T 13816—92《生产过程危险和危害因素原因分类与代码》中将事故发生的原因的“危险危害因素”即危险源分为六类：

1) 物理性； 2) 化学性；

3) 生物性； 4) 心理、生理；

5) 行为性； 6) 其他。

简称：人、机、料、法、环、测，进一步概括为：人、物、环。

(5) GB/T 28002 中危险源示例

C.1　物理危险源

1) 溜滑或不平坦的场地；

2) 高空作业；

3) 高空物体坠落；

4) 作业空间不足；

5) 未考虑人的因素(例如工作场所设计未考虑人因)；

6) 手工搬运；

7) 重复性工作；

8) 陷阱、缠绕、烧伤和其他因设备产生的危险源；

9) 在旅行时或作为行人，无论是在道路上还是在生产经营场所或位置的运输危险源(与运输工具的速度和外部特征以及道路环境相关联)；

10) 火灾和爆炸(与易燃物质的数量和性质相关联)；

11) 可造成伤害的能源，如电、辐射、噪声、振动等(与所涉及的能源的数量大小相关联)；

12) 能快速释放并对身体造成伤害的储存能量(与能量的数量大小相关联)；

13) 能导致上肢失调的频繁重复性任务(与任务的持续时间相关联)；

14) 能导致体温过低或热应激的不适热环境；

15) 造成员工身体伤害的暴力(与施害的性质相关联)；

16) 非电离辐射(如光、磁、无线电波等)。

C.2　化学危险源

因以下情况而危害健康或安全的物质：

1) 吸入烟雾、气体或尘粒；

2) 身体接触或被身体完全吸收；

3) 摄入；

4) 物料的储存、不相容或变质。

C.3　生物危险源

生物制剂、过敏源或病菌(例如细菌或病毒)可能：

1) 被吸入；

2) 经接触传染，包括经由体液(如针头扎伤、昆虫叮咬等)传染；

3) 被摄取(如通过受污染的食品)。

C.4　社会心理危险源

能导致负面社会心理(包括精神等)状态的情况，例如因以下情况而产生的应激(包括创伤后应激等)、焦虑、疲劳、沮丧：

1) 工作量过度；

2) 缺乏沟通或管理控制；

3) 工作场所物理环境；

4) 身体暴力；

5）胁迫或恐吓。

注 1：社会心理危险源可由工作场所外部的问题而引发，并影响个人或其同事的职业健康安全。

注 2：ISO 14121 也给出了其他来源和危害的示例。

海因里希，是美国著名安全工程师。他首先提出了事故因果连锁论，用以阐明导致伤亡事故的各种原因及与事故间的关系。该理论认为，伤亡事故的发生不是一个孤立的事件，尽管伤害可能在某瞬间突然发生，却是一系列事件相继发生的结果。

海因里希把工为伤害事故的发生、发展过程描述为具有一定因果关系的事件的连锁发生过程，即：

（1）人员伤亡的发生是事故的结果。

（2）事故的发生是由于：1)人的不安全行为；2)物的不安全状态。

（3）人的不安全行为或物的不安全状态是由于人的缺点造成的。

（4）人的缺点是由于不良环境诱发的，或者是由先天的遗传因素造成的，参见图 8-2。

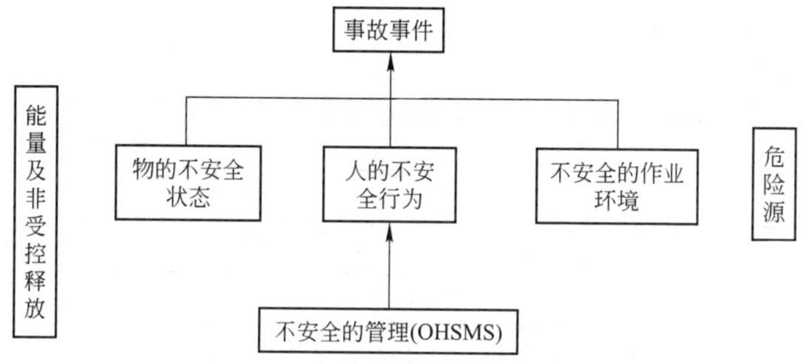

图 8-2　事故因果连锁示意图

海因里希法则又称“海因里希安全法则”这个法则意思是说，当一个企业有 300 个隐患或违章，必须要发生 29 起轻伤或故障，在这 29 起轻伤事故或故障当中，有一起重伤、死亡或重大事故。“海因里希法则”是美国人海因里希通过分析工伤事故的发生概率，这一法则完全可以用于企业的安全管理上，即在一件重大的事故背后必有 29 件轻度的事故，还有 300 件潜在的隐患。可怕的是对潜在性事故毫无觉察，或是麻木不仁，结果导致无法挽回的损失。参见图 8-3。

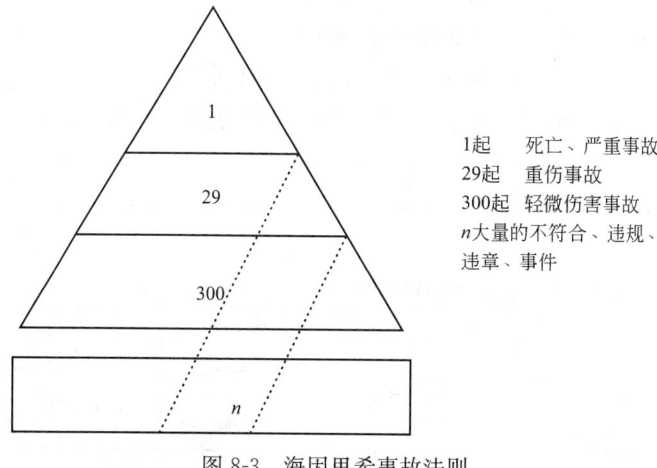

图 8-3　海因里希事故法则

“重大危险源”概念澄清

《中华人民共和国国家标准重大危险源辨识》GB 18218—2000 对重大危险源定义为：

> 重大危险源 major hazard installations
>
> 长期地或临时地生产、加工、搬运、使用或贮存危险物质，且危险物质的数量等于或超过临界量的单元。

注：危险物质 hazardous substance

一种物质或若干种物质的混合物，由于它的化学、物理或毒性特性，使其具有易导致火灾、爆炸或中毒的危险

临界量 threshold quantity

指对于某种或某类危险物质规定的数量，若单元中的物质数量等于或超过该数量，则该单元定为重大危险源。

示例 临界量表

物质性质	物质名称	临界量，t	
		生产场所	贮存区
爆炸性	硝化丙三醇	0.1	1
易燃物质	乙烷	2	20
活性化学物质	过氧化钠	2	20
有毒物质	氯	10	25

> **3.7** 危险源辨识 hazard identification
>
> 识别危险源(3.6)的存在并确定其特性的过程。

【理解要点】

从组织的活动中采取一定的方法辨识出可能造成人员伤害和健康损害的因素，并判定导致事故发生的直接和间接原因的过程。辨识包括两个方面：

(1) 识别危险源的存在，是防止出现事故的根本；

(2) 确定危险源的特性，确定何人将受到什么样的伤害。

对危险源进行识别，明确了其存在及其特性，则为进一步的控制提供了基础。

危险源辨识示例：

作业活动	危险源	事件
车辆使用	刹车系统失灵； 违章驾驶； 路面湿滑/视线不清	交通事件
锅炉运行	高温蒸汽泄漏； 违规操作	蒸汽烫伤

3.8 健康损害 ill health

可确认的由工作活动和(或)工作相关状况引起或加重的身体或精神的不良状态。

【理解要点】

健康损害包括职业病及与工作相关的其他疾病。

职业病指劳动者在生产劳动及其他职业活动中，接触职业性危害因素(如毒物、粉尘、振动、噪声、高温、低温、辐射等)而引起的疾病。《职业病目录》，卫生部2002法规中明确了职业病的范围。

3.9 事件 incident

发生或可能发生与工作相关的健康损害(3.8)或人身伤害(无论严重程度)，或者死亡的情况。

注1：事故是一种发生人身伤害、健康损害或死亡的事件。

注2：未发生人身伤害、健康损害或死亡的事件通常称为“未遂事故”，在英文中也可称为“near-miss”、“near-hit”、“close call”或“dangerous occurrence”。

注3：紧急情况(参见4.4.7)是一种特殊类型的事件。

【理解要点】

事件：指活动或过程的结果，是已发生的事实，是客观存在的一种现象或状态。

事件是造成不良结果的非预期情况，在客观上这些非预期的结果的性质是负面的、不良的，甚至是恶性的。我国安全管理部门通常将其称为“伤亡事故”或“职业病”。

事件的发生可能导致伤害或健康损害，也可以没有造成伤害或健康损害，即“未遂事件”。因此对事件而言，包括未造成健康损害或伤害的事件，也包括导致造成健康损害或伤害发生的事件。

工作场所周边，如果受到伤害，也可能列入事故统计结果。如一个厂区内的爆炸事故殃及周边人员，会列入事故后果。但如果厂区内散发的有害物质飘散到厂区外，影响了周边人员健康，则一般当作环境污染事故处理。

事故：指发生健康损害、人身伤害或死亡的事件。

事故是一种意外情况，是人们主观意识上不愿看到的非预期结果。

事故会造成人员伤害和健康损害；

伤害：职工在本岗位劳动，或虽不在本岗位劳动，但由于企业的设备、设施不安全，劳动条件，作业环境不良所发生轻、重伤或死亡事故。包括上、下班时间。

健康损害包括职业伤害，职业病，共十大类115种。

《企业伤亡事故分类》GB 6441—86中将事故分为20类：

高处坠落、物体打击、机械伤害、起重伤害、触电、坍塌、车辆伤害、中毒窒息、淹溺、灼烫、火灾、放炮、火药爆炸、锅炉爆炸、容器爆炸、瓦斯爆炸、其他爆炸、冒顶片帮、透水、其他伤害。

3.10 相关方 interested party

工作场所(3.23)内外与组织(3.17)职业健康安全绩效(3.15)有关或受其影响的个人或团体。

【理解要点】

职业健康安全绩效不仅受多方面因素的影响和制约，同时也会对相关个人或团体产生影响。

那些主动或被动地与组织的职业健康安全绩效发生关系的个人或团体即为相关方。如组织的员工、顾客、股东、供方、雇员、工会、合同方、邻居居民、政府主管部门等。

相关方应与组织的职业健康安全义务有关，应注意限定范围，不能无限扩大。

3.11 不符合 nonconformity

未满足要求。

[GB/T 19000—2008，3.6.2；GB/T 24001—2004，3.15]

不符合可以是对下述要求的任何偏离：

有关的工作标准、惯例、程序、法律法规要求等；

职业健康安全管理体系(3.13)要求。

【理解要点】

组织按标准的要求建立的职业健康安全管理体系中，其工作标准、惯例、程序、规章、法规、管理体系绩效等构成了体系的基本内容。在体系运行中若出现与上述要求的偏差，就可能直接或间接导致事故，故这种偏差与体系的要求不一致，成为不符合。

不符合可以表现为人的不安全行为、物的不安全状态、不良的作业环境、管理方面的问题等。

不符合是形成事件序列的开端，尚未形成损失，可能会直接或间接地导致事故。故对不符合应及时采取措施。

不符合的性质可分为轻微和严重等情况。

不符合不单单指审核中发现有问题，现场安全检查、安全评价等发现的违章现象，都是属于不符合。如：违规作业、现场噪声超标、违法现象等。

3.12 职业健康安全(OH&S)occupational health and safety(OH&S)

影响或可能影响工作场所(3.23)内的员工或其他工作人员(包括临时工和承包方员工)、访问者或任何其他人员的健康安全的条件和因素。

组织须遵守关于工作场所附近或暴露于工作场所活动的人员的健康安全方面的法律法规要求。

【理解要点】

工作场所，工作场所一般说来是组织生产活动有关的场所，包括非生产活动场所、临时流动场所，但不仅限于工厂厂区内，也不限于场所的所有权。

人员指出现于工作场所的所有人员。

职业健康安全保护指在工作岗位上、生产过程中可能发生的职业性伤害及健康危害的防护。不包括一般卫生保健，伤病医疗，即不是所有方面的保护。

“条件和因素”指如：违章作业，事故，培训，资源，设备，人员，安全制度等。

3.13 职业健康安全管理体系 OH&S management system

组织(3.17)管理体系的一部分，用于制定和实施组织的职业健康安全方针(3.16)并管理其职业健康安全风险(3.21)。

注1：管理体系是用于制定方针和目标并实现这些目标的一组相互关联的要素。

注2：管理体系包括组织结构、策划活动(例如，包括风险评价、目标建立等)、职责、惯例、程序(3.19)、过程和资源。

注3：改编自GB/T 24001—2004，3.8。

【理解要点】

管理体系是建立方针和目标并实现这些目标的相互关联和相互作用的一组要素。

建立职业健康安全管理体系的目的是为了便于管理职业健康安全风险；职业健康安全管理体系核心是职业健康安全方针；职业健康安全管理体系由五大环节，十七个要素相互联系，相互作用所构成，并与其他管理体系兼容。

与EMS相似的17个要素；与EMS相似的运行模式，PDCA；与EMS相似的逻辑主线。

3.14 职业健康安全目标 OH&S objective

组织(3.17)自我设定的在职业健康安全绩效(3.15)方面要达到的职业健康安全目的。

注1：只要可行，目标应是可测量的。

注2：条款4.3.3要求职业健康安全目标符合职业健康安全方针(3.16)。

【理解要点】

职业健康安全目标是组织在职业健康安全绩效方面所规定自己在预定时间期限内所要实现、追求、达到的目的。目标应与方针一致。

目标应可测量，应在适当的职能和层次上展开和分解，子目标与总目标应保持一致。

目标类型：改善型(风险水平的降低)；管理型(管理方面要达到的)；监测型(达到的标准)。

职业健康安全目标举例：

(1) 个人防护用品发放率由原来的85%提高到100%；

(2) 某作业环境噪声由100dB降低到80dB；

(3) 某设备安全改造，加装光栅防护装置；

(4) 取消自备锅炉，改用集中供热；

(5) 涂装工序，用水基漆替代有机漆；

(6) 安全带单钩，更换为双钩；

(7) 人工挖掘，变更为机械挖掘。

3.15 职业健康安全绩效 OH&S performance

组织(3.17)对其职业健康安全风险(3.21)进行管理所取得的可测量的结果。

注1：职业健康安全绩效测量包括测量组织控制措施的有效性。

注2：在职业健康安全管理体系(3.13)背景下，也可根据组织(3.17)的职业健康安全方针(3.16)、职业健康安全目标(3.14)和其他职业健康安全绩效要求测量出来。

【理解要点】

职业健康安全绩效是对职业健康安全风险进行管理所取得的业绩和效果。既表现在对风险控制的过程(措施)方面，也表现在对风险控制的结果方面。绩效是可测量的。

(1) 绩效具体可表现在：

(2) 职业健康安全方针和目标的实现程度；

(3) 对风险控制措施的有效性；

(4) 职业健康安全风险程度的降低；

(5) 职业健康安全管理体系的符合性，有效性，适宜性等。

举例说明：绩效

(1) 个人防护用品发放率；

(2) 安全技术改造投资额；

(3) 轻伤率；

(4) 死亡率；

(5) 设备完好率；

(6) 员工体检合格率；

(7) 尘肺病发生率；

(8) 特种设备定期检定率；

(9) 作业环境达标情况；

(10) 目标完成实际情况等。

3.16 职业健康安全方针 OH&S policy

最高管理者就组织(3.17)的职业健康安全绩效(3.15)正式表述的总体意图和方向。

注1：职业健康安全方针为采取措施和设定职业健康安全目标(3.14)提供框架。

注2：改编自GB/T 24001—2004，3.11。

【理解要点】

方针是组织所要取得的职业健康安全管理绩效的总的意图、总的方向，由最高管理者确定。方针是员工的行为准则和工作原则的概括性表述。是制定目标的框架。

3.17 组织 organization

具有自身职能和行政管理的公司、集团公司、商行、企事业单位、政府机构、社团或其结合体，或上述单位中具有自身职能和行政管理的一部分，无论其是否具有法人资格，公营或私营。

注：对于拥有一个以上运行单位的组织，可以把一个运行单位视为一个组织。

[GB/T 24001—2004，3.16]

【理解要点】

组织的形式可以多种多样，但必须具有自身职能，从事某项活动，生产某类产品或提供某种服务，具有自身行政管理能力，能够管理、控制、改变这些活动。组织可以是上述单位的部分或结合体。可以是公有或私有，不一定是法人单位。可将一个单独的运行单位视为一个组织。

3.18 预防措施 preventive action

为消除潜在不符合(3.11)或其他潜在不期望情况的原因所采取的措施。

注1：一个潜在不符合可以有若干个原因。

注2：采取预防措施是为了防止发生，而采取纠正措施(3.4)是为了防止再发生。

[GB/T 19000—2008，3.6.4]

【理解要点】

一切管理的基本出发点应该是预防为主，而不是等问题出现再去解决。预防措施体现了管理的基本思想。当不符合还没有出现，但可能会出现时，应分析原因采取措施，避免不符合出现。

3.19 程序 procedure

为进行某项活动或过程所规定的途径。

注1：程序可以形成文件，也可以不形成文件。

注2：当程序形成文件时，通常称为“书面程序”或“形成文件的程序”。含有程序的文件(3.5)可称为“程序文件”。

[GB/T 19000—2008，3.4.5]

【理解要点】

程序文件一般是描述跨部门的活动，其内容包括5W2H，程序文件应具有很强的可操作性和检查性。

根据情况它可以形成书面的文件，也可以不形成书面的文件。

3.20 记录 record

阐明所取得的结果或提供所从事活动的证据的文件(3.5)。

[GB/T 24001—2004，3.20]

【理解要点】

记录是一种特殊类型的文件。记录可以起到证据和依据的作用。

3.21 风险 risk

发生危险事件或有害暴露的可能性，与随之引发的人身伤害或健康损害(3.8)的严重性的组合。

【理解要点】

风险是对危险情况发生的概率及后果严重程度的综合描述，风险＝可能性×严重性。

具有两个特性：

1）可能性：是指导致危险事件或有害暴露难易程度，机率；

2）严重性：是指事故发生后能给人身伤害或健康损害损失程度。

上述两个特性中其中任何一个不存在，则这种风险就不存在。如不再使用易爆物品，那么易爆物品爆炸的风险将不存在。风险有高低之分，且是随机的，任何一项过高或过低，都会使风险产生巨大变化。

风险举例：

某国客运航空行业，平均发生空难 0.1 次/百万飞行小时，每次平均死亡 50 人/次，则风险＝5 人死亡/百万飞行小时

该国长途客运行业，平均发生车祸 2 次/百万行驶小时，每次平均死亡 10 人，则风险＝20 人死亡/百万行驶小时

可见通常，飞机比汽车安全、或者说风险小

3.22 风险评价 risk assessment

对危险源导致的风险(3.21)进行评估，对现有控制措施的充分性加以考虑以及风险是否可接受予以确定的过程。

【理解要点】

(1) 评价危险源导致的风险。对风险进行分析评估，确定其大小或严重程度；

(2) 考虑现有控制措施的充分性。对现有控制措施的充分性评价，确定是否需要对现有的措施进行修改或完善。评价应采用合理的方法，评价后将风险分级。

(3) 确定风险是否可接受。将评价出的风险与安全要求进行比较判定其是否可接受。

(4) 安全与可接受的风险关系：

可接受风险，是(相对)安全的状态。

安全 safety：免除不可接受的损害风险的状态(IEC 定义)。安全是一种风险可接受程度，处于能避免人员伤害或健康损害的状态。安全是相对的概念，其随时间、空间而变化。随着组织可接受风险标准的提高，安全相对程度也会提高。

举例，登高作业：

安全：配备符合法律法规要求的防护措施(工作平台且有护栏、安全带等)，依然可能发生事故、事件，但可理解为是可接受的风险，即使是 30m 高处。

不安全/不可接受的风险：如无符合要求的防护措施，亦不安全的，即使是 3m 高处，也不可作业。

3.23 工作场所 workplace

在组织控制下实施与工作相关的活动的任何物理区域。

注：在考虑工作场所的构成时，组织(3.17)宜考虑对如下人员的职业健康安全影响，例如：差旅或运输中(如驾驶、乘机、乘船或乘火车等)、在客户或顾客处所工作或在家工作的人员。

【理解要点】

工作场所是指是在组织控制下的为生产活动提供的地方，如厂房、办公楼(室)、工作场地、临时场所等，要注意“注”中对其含义的延伸。

8.6 《职业健康安全管理体系 要求》理解与实施

GB/T 28001—2011 标准第四部分是标准的核心内容。共包括 17 个要素，分为职业

健康安全管理方针、策划、实施和运行、检查与纠正措施、管理评审五个基本过程，构成了对职业健康安全管理体系的整体要求。17个要素规范了组织建立、实施和保持职业健康安全管理体系所应遵循的基本原则和要求，是组织获得认证的必要条件，也是审核员审核的根本依据。

> **4.1** 总要求
>
> 组织应根据本标准的要求建立、实施、保持和持续改进职业健康安全管理体系，确定如何满足这些要求，并形成文件。
>
> 组织应界定其职业健康安全管理体系的范围，并形成文件。

【理解实施要点】

(1) 本条款是标准的总体性要求，通过建立实施和保持职业健康安全管理体系以实现组织的目标，达到预期的安全绩效并持续改进。

(2)“建立”是从实施标准到形成体系的全过程。该项活动包括根据组织的规模及活动的性质，建立组织机构、编制体系文件、配备资源；以一组核心要素建立职业健康安全管理体系。

“保持”指体系按规定要求长期运行，并不断改进。体系应按要求运行，实施有效的监控，对出现的问题进行纠正，在新情况出现时及时做出变更管理，调整完善，不断改进职业健康安全绩效。

(3) GB/T 28001—2011标准明确组织在建立职业健康安全管理体系时应界定体系的范围，在符合工作场所(参见3.23)定义的前提下，职业健康安全管理体系范围可选择整个组织(如包括办公区域、生产区域、生活后勤区域等)，也可选择组织内某些特定运行单位或活动，一旦工作场所被界定，工作场所内所有与组织或其某部分的活动和服务相关的工作均需包含在职业健康安全管理体系中。

(4) 本标准采用“策划—实施—检查—改进(PDCA)”的运行模式。标准的17个要素恰当地反映了职业健康安全管理体系的运行模式，这就是PDCA管理模式。见图8-4。

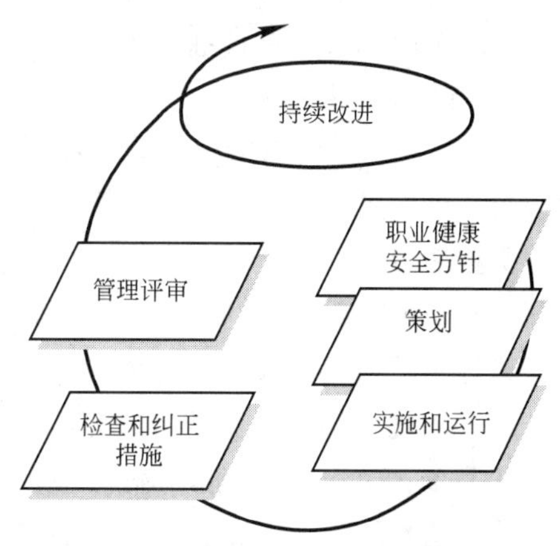

图8-4 职业健康安全管理体系模式

关于PDCA的含意简要说明如下：

1) 策划：建立所需的目标和过程，以实现组织的职业健康安全方针所期望的结果。

2) 实施：对过程予以实施。

3) 检查：依据职业健康安全方针、目标、法律法规和其他要求，对过程进行监测和测量，并报告结果。

4) 改进：采取措施以持续改进职业健康安全绩效。

职业健康安全管理体系通过PDCA动态控制过程，实现体系的持续改进。

许多组织通过由过程组成的体系以及过程之间的相互作用对其运行进行管理，这种方式称为“过程方法”。GB/T 19001—2008倡导使用过程方法。由于PDCA可用于所有过程，因此，这两种方法可以看作是兼容的。

【审核要求】

组织应建立文件化的职业健康安全管理体系，运行并保持其适宜性、符合性、有效性。

组织应在相关的文件中明确职业健康安全管理体系的范围。

> **4.2** 职业健康安全方针
>
> 最高管理者应确定和批准本组织的职业健康安全方针，并确保职业健康安全方针在界定的职业健康安全管理体系范围内：
>
> *a*）适合于组织的职业健康安全风险的性质和规模；
>
> *b*）包括防止人身伤害与健康损害和持续改进职业健康安全管理与职业健康安全绩效的承诺；
>
> *c*）包括至少遵守与其职业健康安全危险源有关的适用法律法规要求及组织应遵守的其他要求的承诺；
>
> *d*）为制定和评审职业健康安全目标提供框架；
>
> *e*）形成文件，付诸实施，并予以保持；
>
> *f*）传达到所有在组织控制下工作的人员，旨在使其认识到各自的职业健康安全义务；
>
> *g*）可为相关方所获取；
>
> *h*）定期评审，以确保其与组织保持相关和适宜。

【理解实施要点】

方针在体系中处于重要的指导地位，是组织在职业健康安全方面的总宗旨、总方向、总原则；是最高管理者做出的正式承诺；是实施和改进组织职业健康安全管理体系的动力。方针由组织的最高管理者制定并正式发布。

1. 方针的内容

（1）适宜性：应根据组织的特点，适合组织面临的职业健康安全风险的性质和规模。组织的活动性质、运行风险、规模大小、复杂程度是不同的，方针应与风险性质与组织实际情况相适应。

（2）3 个承诺：应包括遵守现行适用的职业健康安全法律法规和其他要求、防止人身伤害和健康损害及持续改进的承诺。

遵守法规和其他要求是组织的责任与义务，也是满足和运行职业健康安全管理体系最基本的要求；防止人身伤害和健康损害是职业健康安全管理体系的灵魂；由于内外部环境的变化、法规要求的变化、员工等相关方要求的变化，职业健康安全管理体系必须得到持续的改进。

（3）应为制定和评审目标和指标提供框架。方针是总的意图、方向，它要为目标的建立、评审提供一个框架。

2. 方针的管理

（1）方针应形成文件，传达到组织控制下的全体员工，并贯彻执行（员工是体系最重要的相关方，既影响绩效又受绩效影响）；文件化的方针是保证其有效实施的手段，方针应在组织内交流，有助于员工对体系的理解与参与。

（2）方针具有公开性，应易于相关方获取；方针有助于组织品质和形象的宣传。

（3）方针应定期评审，使之保持持续的与内外部环境的适宜性、有效性，在必要时应得到修订。

示例　职业健康安全管理方针

某汽车公司OHS方针：

员工是公司最宝贵的资源，健康与安全，既是公司的规定，更是企业的文化。在安全地为顾客提供世界级高质量产品和服务的同时，某汽车公司将通过不懈努力和持续改进，实现如下承诺：

（1）贯彻“健康与安全第一”的原则，遵守适用的法律法规及其他要求；

（2）强化设施设备及化学品的管理，不断降低风险；

（3）实施标准化管理，制定有效的工作程序和标准，通过过程控制来完成预定的目标；

（4）为员工和外来人员提供安全培训和指导；

（5）创造安全的工作环境，不断提高职业健康安全绩效。

示例　职业健康安全管理方针

某组织职业健康安全管理方针：

（1）预防为主，控制工程施工危险；强化监督，遵守有关法律法规。

（2）以人为本，提高全员安全素质；科学管理，实现绩效持续改进。

（3）以人为本，科学施工，遵纪守法，消除危害，保障安全。

（4）施工安全第一，隐患预防第一，坚持遵纪守法，不断持续改进。

方针的内涵：

（1）杜绝重大事故发生要依靠全体员工的参与，贯彻“安全第一、预防为主”的方针，积极控制各种危险源，创建文明安全施工现场，确保职工健康安全。

（2）严格遵守各项法律法规，持续改进，确保实现各项职业健康安全承诺。

示例8-1　质量、环境、职业健康安全一体化管理方针

某组织质量、环境、职业健康安全一体化管理方针：

（1）打造精品，高效服务，塑造建筑丰碑；

（2）严格管理，持续改进，实现绿色工程；

（3）遵纪守法，安全达标，确保健康发展。

方针的内涵：

（1）高效、热情地为顾客服务，满足并争取达到或超过顾客要求，提高工作效率和工作质量。在打造建筑精品的同时，提高企业经济效益。

（2）严格管理，是指管理要科学化、系统化和规范化，以适应市场竞争的需要，同时倡导使用绿色建材，持续改进，预防污染，依法控制各种污染物的排放和能源资源消耗，绿化、美化工作环境，从我做起保护环境。

（3）严格遵守各项法律法规，确保实现各项质量、环境、职业健康安全承诺。依靠全体员工的参与，积极控制各种危险源，创建文明安全施工现场，确保职业健康安全。

【审核要求】

组织应提供经最高管理者批准的文件化的职业健康安全管理方针，方针的内容应满足标准中规定的要求；

方针应向全体员工传达，贯彻执行；并易为相关方获取；提供方针定期评审的证据。

4.3 策划

4.3节的目的是对实施实现管理方针作出总的规划（从内部、外部两个方面）。包括危险源的辨识、风险评价、风险控制措施的策划（4.3.1），获取适用的法律法规和其他要求（4.3.2），设定管理方针（4.2），制定职业健康安全管理方案（4.3.3）等。主要要素之间的关系见图8-5。

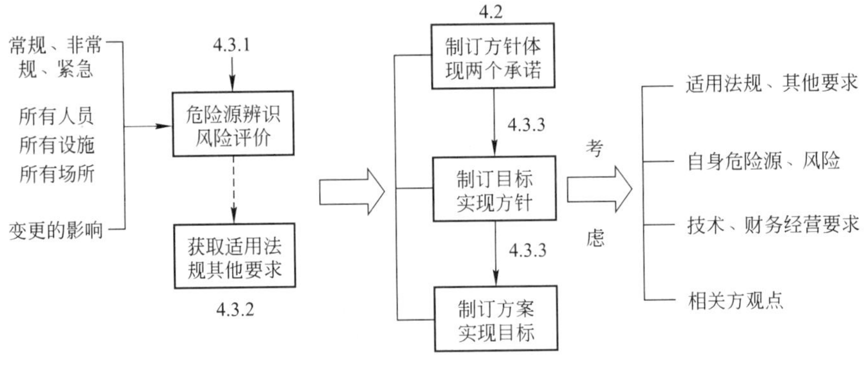

图8-5 “策划”阶段主要要素之间的关系

4.3.1 危险源辨识、风险评价和控制措施的确定

组织应建立、实施并保持程序，以持续进行危险源辨识、风险评价和必要控制措施的确定。

危险源辨识和风险评价的程序应考虑：

（1）常规和非常规活动；

（2）所有进入工作场所的人员（包括承包方人员和访问者）的活动；

（3）人的行为、能力和其他人为因素；

（4）已识别的源于工作场所外，能够对工作场所内组织控制下的人员的健康安全产生不利影响的危险源；

（5）在工作场所附近，由组织控制下的工作相关活动所产生的危险源；

注：按环境因素对此类危险源进行评价可能更为合适。

（6）由本组织还是外界所提供的工作场所的基础设施、设备和材料；

（7）组织及其活动的变更、材料的变更，或计划的变更；

(8) 职业健康安全管理体系的更改包括临时性变更等，及其对运行、过程和活动的影响；

(9) 任何与风险评价和实施必要控制措施相关的适用法律义务(也可参见 3.12 的注)；

(10) 对工作区域、过程、装置、机器和(或)设备、操作程序和工作组织的设计，包括它们对人的能力的适应性。

组织用于危险源辨识和风险评价的方法应：

(1) 在范围、性质和时机方面进行界定，以确保其是主动的而非被动的；

(2) 提供风险的确认、优先次序的区分和风险文件的形成以及适当时控制措施的应用。

对于变更管理，组织应在变更前，识别在组织内、职业健康安全管理体系中或组织活动中与该变更相关的职业健康安全危险源和职业健康安全风险。

组织应确保在确定控制措施时考虑这些评价的结果。

在确定控制措施或考虑变更现有控制措施时，应按如下顺序考虑降低风险：

(1) 消除；

(2) 替代；

(3) 工程控制措施；

(4) 标志、警告和(或)管理控制措施；

(5) 个体防护装备。

组织应将危险源辨识、风险评价和控制措施的确定的结果形成文件并及时更新。

在建立、实施和保持职业健康安全管理体系时，组织应确保对职业健康安全风险和确定的控制措施得到考虑。

注：关于危险源辨识、风险评价和控制措施的确定的进一步指南见 GB/T 28002。

【理解实施要点】

1. 基本要求

危险源有可能导致人身伤害或健康损害，因此，在评价与危险源相关的风险之前，必须先辨识危险源。如果对危险源未采取控制措施或现有控制措施仍不充分，则宜按照控制措施的层级选择顺序要求(参见的 4.3.1 中关于确定或变更控制措施的考虑顺序)实施有效的控制措施。

组织需应用危险源辨识和风险评价过程来确定用于降低事件风险的必要措施。风险评价过程的总目的在于，认识和理解可能由组织活动过程所产生的危险源，并确保其所产生的对人员的风险能够得到评价、给出优先次序和控制至可接受程度。

这可通过以下途径来实现：

(1) 开发一种用于危险源辨识和风险评价的方法；

(2) 辨识危险源；

(3) 评估相关的风险，考虑现有控制措施的充分性；

(4) 确定这些风险是否可接受；

(5) 必要时确定适当的控制措施。

风险评价的结果使组织能够对降低风险的可选方案加以比较，并给予有效的风险管理资源优先权。

危险源辨识、风险评价和确定控制措施的过程的输出也宜用于建立和实施职业健康安全管理体系的全过程。

图 8-6 给出了危险源辨识和风险评价过程关系概况。

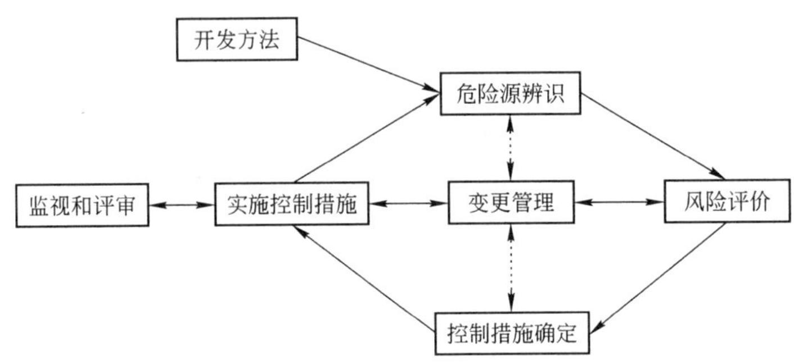

图 8-6 危险源辨识和风险评价过程的关系概况

组织应建立、实施并保持程序，以确定对危险源辨识风险评价和确定控制措施的职责、流程和方法。

2. 危险源辨识

(1) 危险源辨识范围就是识别出组织整个范围内所有的危险源，包括源于工作场所外，能够对工作场所内组织控制下的人员的健康安全产生不利影响的危险源；在工作场所附近，由组织控制下的工作相关活动所产生的危险源。

危险源的辨识应充分和全面，辨识应是主动地而非被动地，具有主动性、前瞻性、预防性，而不是等发生了事件时再确定危险源。

(2) 危险源辨识目的——旨在预先确定所有由组织活动产生、可能导致人身伤害或健康损害的根源、状态或行为或其组合。例如：

1) 根源(如：运动的机械、辐射或能源等)；

2) 状态(如：高处作业等)；

3) 行为(如：手举重物等)。

宜建立特定的、与其职业健康安全管理体系范围相关的危险源辨识工具和技术。

(3) 危险源辨识内容，要考虑：应包括三种状态、三个时态和六种类型：

三种状态：正常、异常和紧急状态；

三个时态：过去、现在、将来；

六种类型：

1) 物理性危险危害因素(15 种)；

2) 化学性危险危害因素(5 种)；

3) 生物性危险危害因素(5 种)；

4) 心理、生理性危险危害因素(6 种)；

5) 行为性危险危害因素(5 种)；

6) 其他危险危害因素。

(4) 对组织对危险源辨识要重点考虑以下 10 个方面：

1）组织常规活动（如正常的生产活动）、非常规的活动（如临时抢修活动）；

2）所有进入工作场所的人员（如分包方、监理人员等）的活动；

3）人员行为（如工人的操作）、能力（完成工作的本领）、其他人为因素（如 指挥、监控方面）；

4）工作场所之外、可对场所内组织控制的人员健康安全产生有害影响的危险源（如场外的高压线）；

5）工作场所附近，由组织控制下的工作活动产生的危险源（如生产施工过程对场外造成的危害影响）；

6）工作场所内的基础设施、设备、材料无论组织自有的或外部提供的（如建筑物、施工设备、物资等）；

7）组织内部活动的改变、材料的变化、计划的变化（新技术的采用、新材料的使用、生产计划变化等）；

8）管理体系的变化，包括临时变化对运行过程活动产生的影响（如组织机构的调整对人员的影响）；

9）任何与风险评价和必要控制措施的实施相关的适用法律义务（遵守法规要求是对组织的基本要求）；

10）工作区域、过程、安装、设备、运作程序、工作组织的设计，包括与人的能力相适应（在工作开始之前就应该考虑如何降低风险，包括工作的安排要适合人的能力等）。

示例 8-2　建筑施工企业进行危险源辨识的思路

建筑施工企业进行危险源辨识的思路

建筑施工企业在进行危险源辨识时，应以工程项目施工过程的辨识为主要内容，应建立以工程项目施工产品实现的工艺流程为主线加上固定区域及临时生产、加工、生活、办公等区域，做到全面辨识无遗漏。

如可以考虑以下一些方面因素：

工地地理位置。水文地质条件，气象条件，资源、交通条件，工地外环境，自然灾害条件等；

（1）工程总平面图。功能分区（施工区、辅助生产区、办公管理区、生活区等）的布局；易燃、易爆有害物料及设施布置；施工流程布置；运输道路布置等。

（2）工地临时建筑、生活临时建筑、办公临时建筑。强度、采光、通风、防火、防雨、防雷、防汛、建筑设备的防漏电、防触电等。

（3）汽油、柴油、酒精、油漆、丙酮、氧气、乙炔、水泥、外加剂、粉煤灰、x 或 γ 射线、易燃、易爆性、腐蚀性、粉尘性等有害物料。

（4）施工机械、电气设备、起重机械、运输车辆、人货电梯、压力容器、压力管道等。

（5）油库、危险化学品仓库、乙炔站、氧气站、锅炉房、配电站等危险区域。

（6）在地基处理、基础结构施工、设备安装施工、装饰工程等施工生产过程，包括常规和非常规的活动以及所有进入工作场所的人员的活动。

(7) 地下、高空、起重、运输、带电、明火、粉尘、噪声、辐射等危险作业

(8) 施工生产活动可能对工作场所外产生的危险源。

(9) 孔洞、盖板、安全防护栏等防护设施、劳动防护用品、安全标识等。

(10) 考虑在活动、计划、材料、体系发生变更时危险源的变化。

(11) 急救、防暑降温、防冻防寒、生活卫生等设施。

(12) 机关总部、生活后勤区的危险源辨识(取暖、用电、绿化、食堂等方面)。

示例 8-3　危险源辨识举例：

蛙式打夯机土方回填施工危险源辨识

序号	危险源	危害类别
1	电源开关未固定或固定不实而跌落	触电
2	电源开关与机体间无绝缘材料隔离	触电
3	电源未接在漏电保护器上或漏电保护器失效	触电
4	漏电保护器长期使用未更换或未作漏电试验	火灾 触电
5	送线员操作员配合不当造成线机缠绕	破损触电
6	手柄绝缘不良或操作人员未戴绝缘手套、穿绝缘鞋	触电
7	打夯机维修时未挂牌造成误合闸	触电 机械伤害

建筑施工作业的危险源辨识

序号	作业活动	危险源	危害类别
1	主体结构施工	大于 25cm×25cm 以上洞口未设盖板防护	高处坠落
2		临边无防护栏杆或未挂密目网防护	高处坠落
3		电梯井未按规定安装防护门，井道内未按标准设水平安全网	高处坠落
4		管道竖井未按规定安装防护门或护栏，安装后高度低于 1.5m	高处坠落
5		出入口未搭设防护棚或搭设不符合规范要求	物体打击
6		高处作业人员不系安全带、安全带没有挂在人体上方牢固可靠处	高处坠落
7		支模、粉刷、砌墙等工种进行立体交叉作业时，在同一垂直方向操作	物体打击
8		吊运零散物散件未使用吊笼	物体打击
9		抛、扔物体等违反安全操作规程	物体打击
10	高压线路送电施工	绝缘层老化失效	触电伤害
11		人员误入高压区	触电伤害
12		违章作业	触电伤害

3. 风险评价

风险是指发生危险事件或有害暴露的可能性与由该事件或暴露可能造成的人身伤害或健康损害的严重性的组合。

风险评价是指对危险源导致的风险进行评估、对现有控制措施的充分性加以考虑以及对风险是否可接受予以确定的过程。

可接受风险是指已降至组织根据其法律义务、职业健康安全方针和目标而愿意承担的程度的风险。

(1) 风险评价方法及其选择

作为针对不同区域或活动的总体策略的组成部分，组织可使用不同的风险评价方法。在试图确立伤害的可能性时，现行控制措施的充分性宜予以考虑。风险评价宜足够详细，以确定适当的控制措施。

在许多情况下，职业健康安全风险可用简单方法进行评价，也可能仅定性评价。由于几乎不依赖于定量数据，因此，这些方法通常包含很大的判断成分。

风险评价的方法如下(GB/T 28002—2011)：

1) 检查表/问卷；

2) 风险矩阵(LC)；

3) LEC 法；

4) 排名/投票表；

5) 失效模式与后果分析(FMEA)；

6) 危害与可操作性分析(HAZOP)；

7) 暴露评价策略；

8) 计算机模拟；

9) 帕累托分析(Pareto analysis，基于“帕累托法则”，即 2/8 原则：做 20%的事可以产生整个工作 80%的效果)。

上述的评价方法各有不同的优点和缺点，GB/T 28002—2011 附录 D:《风险评价工具和方法的示例对照》中明示了各自的优势和弱点。为了提高风险评价有效性和效率，我们建议，在实际操作中采用复合风险评价法。所谓“复合风险评价法”就是指对危险源风险评价中同时使用以上两种或两种以上的评价方法，可扬长避短，以达到提高识别风险的能力并提高工作效率的目的。如专家判断(排名/投票表法)与 LEC 量化打分相结合，且先直接判断后打分的评价方法，实践证明是简便易行且结果较为可信的科学方法。

(2) 复合评价法方法介绍

排名/投票表法是一种定性的评价方法，可导致对不可比的风险进行比较而得出结果，主要优势是相对易用和适用于捕捉专家意见。这里特别强调参加评价的人员能力要求，根据评价人经验、数据、基于事实的决策能力依据事先确定好的评价准则对已识别的危险源是否达到“不可接受风险”给出评定意见，多人参加评定，以少数服从多数原则得出评价项。

专家直接判断法的评价准则：

对被评价的危险源，如具有下列情况之一的可直接评价为“不可接受的风险”：

1) 不符合适用法律法规、标准、规范和其他要求的危险源；

2) 不符合组织的职业健康安全方针要求的危险源；

3）现场直接观察到存在/或潜在有重大安全隐患的危险源；

4）相关方(如员工等)有合理抱怨或投诉而又无有效控制措施的危险源；

5）被动绩效测量中，曾发生过目前又缺少有效控制措施的事件。

注：依据上述准则 1）、3)凡是危险化学品的贮存、使用数量超过《危险源辨识》GB 18218—2000 所规定的临界值的，一律评价为不可接受风险的危险源。

复合评价法有一个方法顺序问题，主张先直接判断后打分，即首先由专家组依据上述准则对识别出的每项危险源进行评价，凡是判断为不可接受风险的就可一步到位得出结果，不再量化打分。凡未被直接判断为不可接受风险的危险源，采用作业条件危险性评价法即 LEC 法判定。

作业条件危险性评价法(LEC 法)介绍：

评价因子设定如下：

L：发生事故的可能性大小；

E：员工暴露于该危险环境中的频繁程度；

C：一旦发生事故可能造成的损失后果；

D：评价参数：危险性分值 D=LEC。

L0.1～10 设若干中间值　E0.5～10 设若干中间值　C1～100 设若干中间值　　表 8-1

分值	事故发生的可能性	分值	暴露于危险环境频度	分值	发生事故的后果
10	完全可以预料	10	连续暴露	100	大灾难多人死亡
6.0	相当可能	6.0	每天工作时间暴露	40	灾难，数人死亡
3.0	可能，但不经常	3.0	每周一次暴露	15	非常严重一人死亡
1.0	可能性小，完全意外	2.0	每月一次暴露	7	严重、重伤
0.5	很不可能，可以设想	1.0	每年几次暴露	3	重大致残
0.2	极不可能	0.5	非常罕见的暴露	1	引人注目，需救护
0.1	实际不可能				

危险性分值 D：根据 D=LEC 就可计算出作业的危险性分值 D。

采用作业条件危险性评价法(LEC 法)对风险评价判定准则：

通过上述量化打分法，将危险性分值 D 细分为Ⅰ～Ⅴ个等级(注：订为几个级别可由组织自订)；分别对应为：特高、高级、中级、低级和轻微级。对不同风险等级 D 值大小及对应的风险等级控制策划结果见表 8-2。

风险等级 D 值划分及对应等级的风险控制策划表　　表 8-2

危险性分值 D	危险程度	风险等级		控制措施
≥320	极其危险，不能继续作业	Ⅰ级	特高	不考虑成本问题 紧急行动降低风险
320～160	高度危险	Ⅱ级	高级	
160～70	显著危险，需要整改	Ⅲ级	中级	努力降低，考虑成本-有效性
70～20	一般危险，需要注意	Ⅳ级	低级	保持现有管理并定期检查
≤20	稍有危险，可以接受	Ⅴ级	轻微级	无须关注，不需记录

注：上述等级划分有一定局限性，组织应用时要根据具体情况适当予以修订。

有关说明：

风险评价的目的在于正确寻求职业健康安全运行与监测控制的重点。建筑行业是高风险行业，其职业健康安全风险主要发生项目施工全过程。为达到对风险控制的有效性，要求组织对危险源评价出的风险等级结果一定要切合组织的实际情况。由于工程项目施工情况的千差万别，不宜盲目照抄照用，只有评价结果适合本项目实际，才会取得预期控制效果。

上述评价方法，对那些低风险企业的风险评价不一定适用，其原理可供参考。

示例 8-4　对危险源风险评价(复合评价)法应用示例：

作业活动	序号	危险源	可能造成的风险事件	对风险的复合评价						备注
				直接评价结果是否不可接受(是：▲)	LEC 法				风险等级	
					L	E	C	D		
基础施工作业	1	挖土方时采用掏挖、反坡的方法	坍塌		3	1	7	21	Ⅴ	
	2	土方施工时放坡不符合规定	坍塌		3	6	7	126	Ⅲ	
	3	机械设备施工与槽边距离不符合规定，又没有措施	坍塌	▲					▲	
	4	深度超过 5m 的基础工程，无专项施工方案	坍塌	▲					▲	
	5	人工挖孔桩未根据地质条件和桩径采取可靠的支护护壁施工方法		▲					▲	
	6	超过 2m 的沟槽，未搭设上下通道，危险处未设红色标志灯	坍塌/高处坠落		3	6	1	18	Ⅴ	
	7	挖孔桩深超过 5m，未按规定通风换气	窒息	▲					▲	
	8	桩孔内气焊作业	火灾		3	2	15	90	Ⅲ	
	9	暂停或停止施工的桩孔未封闭或采取围护	坠落		3	6	7	126	Ⅲ	
	10	未设置有效的排水措施	坍塌		3	6	1	18	Ⅴ	

4. 风险控制措施的策划

(1) 危险源与风险、事故的关系，见图 8-7。

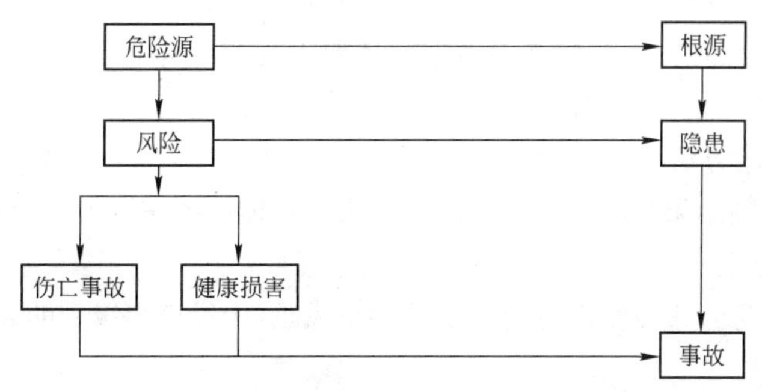

图 8-7　危险源、风险、事故之间关系

危险源是引发风险的原因，由于危险源和风险的存在，才有可能造成人员伤亡或健康损害的事故。因而，总体说，危险源和风险是造成伤亡事故和诱发健康损害的根源和隐患。三者之间关系见图 8-7。因而，预防事故的根本之策在于：在充分辨识危险源的基础上通过风险评价，确定风险等级，针对不同级别的风险分别采取相应的控制措施，将可能引发的事故隐患降至最低，实现事故预防和持续改进。图 8-8 表述了危险源辨识、风险评价及其控制策划的逻辑步骤。

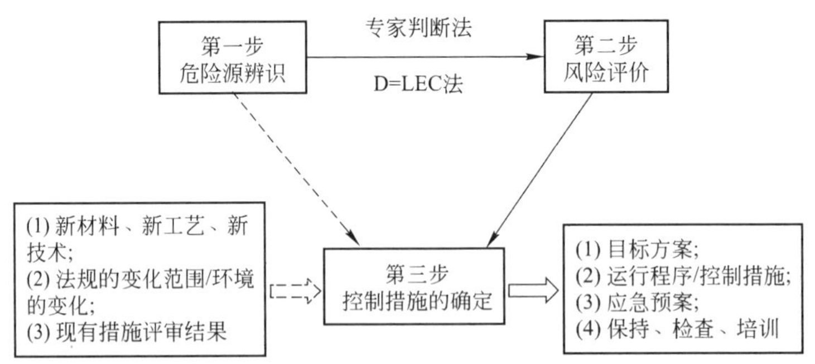

图 8-8　危险源辨识及风险评价及其控制步骤

（2）降低风险方法选择的层级原则

在完成风险评价和对现有控制措施加以考虑之后，组织宜能够确定现有控制措施是否充分或是否需要改进，或者是否需要采取新控制措施。如果需要采取新的控制措施或者需要对控制措施加以改进，可按以下层级原则顺序选择降低风险控制方法：

1）消除：改变设计以消除危险源，如以安全品代替危险品；

2）替代：用低危害材料替代或降低系统能量，如使用低压电器；

3）工程控制措施：如安装通风系统、机械防护、连锁装置、声罩等；

4）标志、警告和(或)管理控制措施：如安全标志、危险区域标识、准入控制措施、作业安全制度、标牌和工作许可证等；

5）个体防护装备：如安全防护眼镜、听力保护器具、面罩、安全带和安全索、口罩和手套。

需注意的两点：

1）不可能对所有风险都期望加以处理，使风险降到零。

2）不但要考虑处理方法的成本与效益，还要考虑与整体管理目标的一致性，具体实施的可行性、可操作性和有效性。

（3）风险控制的方法

依据风险评价的结果，提出风险控制的方法，具体可考虑以下几个方面：

1）制定管理方案

为实现管理目标：重点针对评价为不可接受风险(中等以上级别的风险)的危险源消除不可接受的风险；

2）制定管理程序/或专项管理措施

为实现管理目标，程序/措施中规定运行准则，规范管理过程：针对各种等级风险的危险源，使风险达到可接受或可接受风险状态的保持；

3）制定应急预案

针对有可能发生事件/事故的紧急情况，以消除、降低或控制特殊情况下的风险带来的危害。

4）保持相应的程序/措施

针对评价为低级及其以下的可接受的风险的危险源，应遵循和保持现有管理程序中规定的运行准则和专项方案措施，对人员进行教育和培训，对相关区域进行现场监督和检查等去控制，以防止其超出可接受的风险范围。

（4）风险控制的动态管理

风险控制是一个动态的过程，应随情况的变化，持续进行评审或修订，确保风险管理的适宜、有效。风险管理应坚持如下的螺旋式循环方式：

1）识别要全面；

2）评价要正确；

3）控制要有效；

4）评审要及时/定期；

5）不断增强实效性，持续改进，不断完善。

（5）关注变更的管理

组织宜管理和控制可能影响其职业健康安全危险源和风险的任何变更。这包括组织结构、员工、管理体系、过程、活动、材料使用等的变更。此类变更在其引入前宜通过危险源辨识和风险评价进行评估。

组织宜不仅考虑到在设计阶段与新过程或运行相关的危险源和潜在的风险，还宜考虑到与组织内以及现有运行、产品、服务或供方的变更相关的危险源和潜在风险。

为确保任何新的或变化的风险为可接受风险，对变更过程控制应提出并回答下述问题：

1）已产生新危险源了吗(参见 4.3.1.4 要求)？

2）与新危险源相关的风险是什么？

3）源自其他危险源的风险已发生变化了吗？

4）变更可能对现有风险控制措施产生不利影响吗？

5）在牢记可用性、可接受性以及现时和长期成本的情况下，已选择最适宜的控制措施了吗？

示例 8-5　重大风险评价及控制措施计划

序号	施工部位/或场所	活动/产品/服务	已确定的重大风险描述	评价现有控制措施是否有效	确定是否不可接受风险	控制措施计划	备注

示例 8-6　建筑业常见的重大风险

建筑业常见的重大风险，包括：

（1）高处坠落。

人员从屋顶、倒塌的脚手架、洞口、梯子，以及结构倒塌所造成的坠落。

原因：未系安全带，防护栏杆、扶绳、安全网、孔洞、盖板设置不当，高度牢度不够或改动等。

（2）物体打击和挤压伤害。

存在于各类作业活动：坠落的物体、运动着的重型设备、机械设备的倾覆等。

原因：脚手架绑架不牢、高处作业工具材料无防坠措施、进入现场未戴安全帽、运动设备的安全防护设施存在的问题、施工环境有缺陷等。

（3）电击伤害。

电器设备使用、维修、停送电操作、电工焊工作业等。

原因：带电体设备裸露、误操作电器设备、无漏电保护器、使用不合格电器设备、作业人员与带电设备安全距离不够、安全防护用品使用问题等。

（4）机械伤害。

施工中塔吊、卷扬机、电锯、钢筋加工机械等，尤其是起重机械造成的伤害。

原因：机械转动的危险部位未设防护装置、起重作业信号不当、指挥不当、钢丝绳磨损断丝等。

（5）坍塌。

脚手架、基坑、料堆等发生的倒塌。

原因：脚手架设计不合理、基坑坡度及周围环境防护不到位、料堆重心太高等。

（6）中毒窒息。

原因：地下防水、在空间狭小的区域使用有毒有害的化学品通风不良、未配戴防护用品等。

（7）火灾或爆炸。

原因：防火措施不当，氧气、乙炔安全距离不够、易燃、易爆物品保管不当、使用人员不了解、不遵守规定要求，仓库电器设施选型布置不当、危险区违反消防规定（如抽烟）等。

（8）职业病或其他健康损害。

原因：振捣、机械噪声造成的振动性耳聋；水泥运输搅拌、焊接造成的尘肺；集体用餐引起的传染病等。建筑施工企业目前多数无职业病发生，但职业病危害、健康损害的问题普遍存在，应对这些危险源的进行识别和控制。

【审核要求】

组织应建立该项活动的程序，程序应对危险源辨识、风险评价、风险控制的策划做出规定；

组织应提供危险源辨识清单，风险评价的记录、危险源清单以及对风险控制策划的具体规定；这些活动是否与组织的实际情况相一致；

对危险源的辨识、风险评价是否随着变化的情况持续进行，实施了有效的变更管理；

新建体系的组织应首先进行初始状态评审活动。

4.3.1 要素流程/要点归纳见图 8-9。

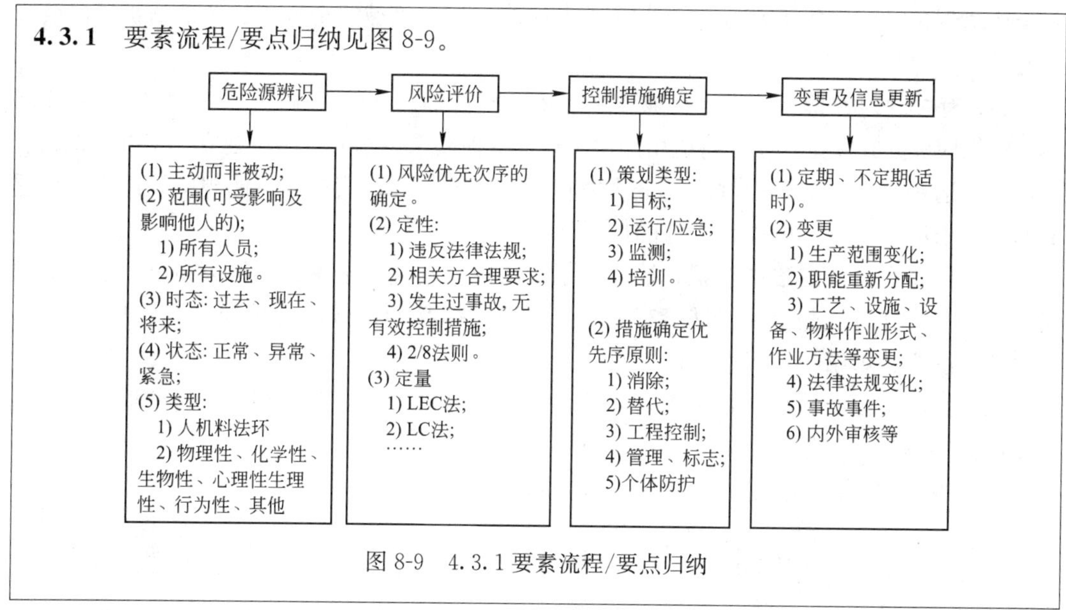

图 8-9　4.3.1 要素流程/要点归纳

4.3.2 法律法规和其他要求

组织应建立、实施并保持程序，以识别和获取适用于本组织的法律法规和其他职业健康安全要求。

在建立、实施和保持职业健康安全管理体系时，组织应确保对适用法律法规要求和组织应遵守的其他要求得到考虑。

组织应使这方面的信息处于最新状态。

组织应向在其控制下工作的人员和其他有关的相关方传达相关法律法规和其他要求的信息。

【理解实施要点】

组织应了解认识其所应履行的法律义务和其他要求，建立获取这些要求的途径，并与有关员工沟通。

法规包括国家、行业、地方政府相关部门所制定的与组织的职业健康安全活动相关的法律法规规章、政令和指令、监管机构发布的命令、条约、公约、协议、法庭判决或行政裁决、许可、执照或其他形式的授权等；

其他要求可包括合同约定、与雇员的协议、与相关方的协议、非法规性指南、产业实施规范、志愿性原则、良好的实践或行为准则、章程、组织或其上级组织的公开承诺、与政府有关机构的协定、上级的要求、公司要求等。

建筑企业有关的法律法规和其他要求包括：

（1）适用于组织的主要的法律，如劳动法、安全生产法、消防法、职业病防治法、妇女权益保护法、未成年人保护法等；

（2）有关的行政法规，如安全生产责任制、安全生产教育制度、安全生产许可条例、建设工程安全生产管理条例、企业职工伤亡事故报告和处理规定、工伤管理条例、国家职业卫生标准管理办法等；

（3）与行业安全生产有关的标准要求，如建筑施工安全检查标准、施工现场临时用电安全技术规范、建筑施工高处作业安全技术规范、起重机械安全规程、劳动防护用品管理规定等；

（4）有关的地方行政法规、行业技术政策、规范等。

组织应建立并保持程序，将适用法律法规及其他要求用于 OHSMS 建立、实施和保持。

确定适用于组织的职业健康安全法规和其他要求，不是简单地将法规罗列出来，而是要明确其中的要求，并以此为管理的依据。

组织应具有充分的法规意识，清楚地了解法规及其他要求是如何约束自己的职业健康安全行为的，并将这些要求传递给有关人员，通过体系的有效运行确保符合法规的要求，实现遵守法规的承诺。

职业健康安全法律法规在不断的制定和补充完善之中，因此组织应及时掌握这些法律法规最新的信息。

要素流程/要点归纳见图 8-10。

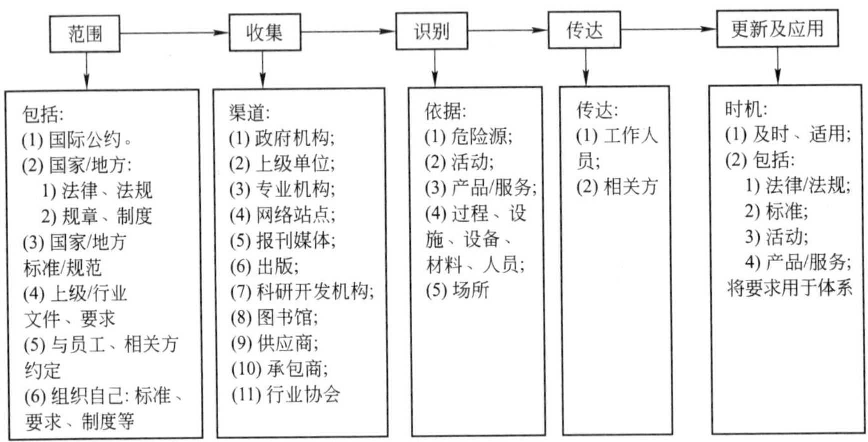

图 8-10　4.3.2 要素流程/要点归纳

【审核要求】

组织应建立该项活动的程序文件，程序中应规定获得法律法规和其他要求的渠道；

组织应建立适用于组织的法律法规和其他要求的清单(包括国家、行业、地方)，并获得相关的文本；

组织应识别法律法规和其他要求中适用的相关条款，明确使用的场所，并传达到相关人员和相关方；确保有关的人员了解并掌握这些要求；

应对法律法规和其他要求的变化进行跟踪，获取最新的信息，实施动态管理。

4.3.3　目标和方案

组织应在其内部相关职能和层次建立、实施和保持形成文件的职业健康安全目标。

可行时，目标应可测量。目标应符合职业健康安全方针，包括对防止受伤与健康损害、符合法律法规要求与组织同意的其他要求，以及持续改进的承诺。

在建立和评审目标时，组织应考虑法律法规要求和应遵循的其他要求及其职业健康安全风险。组织也应考虑其可选技术方案，财务运行和经营要求，以及有关的相关方的观点。

组织应建立、实施和保持实现其目标的方案。方案至少应包括：

为实现目标而对组织的相关职能和层次的职责和权限的指定；

实现目标的方法和时间表。

应定期和按计划的时间间隔对方案进行评审，必要时进行调整，以确保目标得以实现。

【理解实施要点】

为使组织的职业健康安全方针得到真正的落实，应建立与方针相一致的目标。目标是组织在职业健康安全绩效管理方面追求的目的。组织建立职业健康安全管理体系的目的就是要使组织的绩效得到整体改善，并持续改进，而不断更新的目标就是可见证的证据。

1. 组织在建立和评审目标时应考虑的方面

在建立和评审目标时除应满足方针的框架要求外还应考虑的四个方面：

(1) 适用的法律法规和其他要求。目标建立应与组织适用的法规要求一致，目标的绩效水平应符合法规要求；

(2) 识别的危险源和风险。组织确定的不可接受风险是制定目标时重点考虑的内容，控制并达到最好绩效；

(3) 组织的实际情况。考虑组织的财务、运行和经营要求，以及可选择的最佳可行的技术方案；

(4) 考虑相关方的意见。组织应考虑受其影响的相关方，以使目标合理并被广泛接受。

应在有关的职能(涉及的职能部门)和层次(不同级别)上建立目标(与组织的总目标保持一致，是总目标在各区域的分解和落实)；并确保其实施实现。

2. 目标的内容和实施的要求

(1) 目标应符合组织职业健康安全方针要求，内容应包括标准要求的3项承诺；

(2) 目标应具有可测量性和激励性。可行时，目标应量化，以有利于监测其实现的程度。

(3) 目标应形成文件，向组织相关部门和员工传达；目标的实施和实现是衡量职业健康安全绩效的重要依据。所以应定期对目标的实施实现情况评审，必要时予以更新。

(4) 目标类型：按对体系改进作用分可分为监测型、管理型、改进型等。目标类型示例见8-8。

示例 8-7　目标类型

目　标　类　型

(1) 监测型：由于技术、财务等因素限制，暂无法改善，先进行可行性调查分析以找出改善方法；问题尚不明确，需先进行监测分析以找出改善机会。

例：1) 全面进行过程安全评价；

2) 增加安全检查频次。

（2）管理型：硬件已经解决，强化现行管理措施 例：1）加强作业人员培训； 2）建立和实施安全管理制度； 3）强化交通安全管理。
（3）改进型：改善安全绩效 例：1）改善消防设施以符合法规要求； 2）降低车间噪声：由 90dB 降至 80dB； 3）替代有毒化学品； 4）对相关人员将体检范围从此前的 50%扩展到 100%。 注：每年有改进型的目标是组织持续改进主要体现之一。

（5）过程和结果目标

建筑施工企业在制定职业健康安全目标时应突出在职业健康安全绩效方面要达到的目的，这应包括为防止发生安全事故、职业病或职业伤害的管理过程目标和管理结果目标两方面，管理过程目标可包括：

1）特定作业场所环境改善；

2）设施设备改善；

3）特定危险从硬件上改善/消除；

4）配备防护用品；

5）从行为和管理上改进等。

管理结果目标可包括：

杜绝死亡/重伤事故、轻伤负伤频率、职业病/职业伤害的防护结果、杜绝重大火灾、交通、设备事故、创安全生产先进单位、创建安全达标工地率、级别安全文明工地个数等。

职业健康安全目标宜既针对组织内广泛、共同的职业健康安全问题，又针对特定于各单独职能和层次的职业健康安全问题。

职业健康安全目标可分解为不同的任务，在各个不同层次的任务和职业健康安全目标之间，宜建立明确的联系。

职业健康安全目标示例：课堂互动练习题：

根据职业健康安全目标的定义“组织自我设定的在职业健康安全绩效方面要达到的职业健康安全目的。”要求，请对某施工企业制订的职业健康安全目标的符合/适宜性进行评价： **某施工企业职业健康安全管理目标** 杜绝较大伤亡事故及重大设备事故，工伤事故频率不超过 8‰；杜绝职业病事故；现场安全防护达标率 100%；特殊工种持证上岗率达到 100%；特种作业人员上岗前和离岗前及每年一次检查身体。

（6）建立和评审目标，应考虑：

1）法律法规要求和组织应遵守的其他要求；

2）职业健康安全风险；

3）其可选技术方案；

4）财务、运行和经营要求；

5）有关的相关方的观点。

（7）目标制定和评审时，宜遵循 SMART 目标原则：

明确的（specific）、可测量的（measurable）、可实现的（achievable）、相关的（relevant）和及时的（timely）目标（有时这样的目标在英文中被称之为“SMART”目标）使组织能够更容易测量目标实现的进展。

3. 建立职业健康安全管理方案的要求

为了实现目标，宜建立方案。方案是实现所有职业健康安全目标或各单独的职业健康安全目标的行动计划。是组织实现职业健康安全方针的重要保障。职业健康安全管理方案有助于改进组织的职业健康安全绩效。

方案的内容至少包括：

（1）规定职责和权限，如具体负责人

（2）制定实现目标的方法措施和时间表

（3）所需的资源（财力、人力、基础设施）等。

组织宜为各单个任务指定职责、权限和完成时间，以确保职业健康安全目标可在总体时间框架内得到实现。

职业健康安全目标和方案宜与相关人员进行沟通（如通过培训或小组简报会等）。

需定期对方案进行评审，必要时对方案进行调整或修订。这可作为管理评审的一部分来进行，或者可以更频繁地进行。

示例 8-8 东方大厦工程项目部安全管理方案

序号	方案名称	管理现状	目标	方法/措施	责任与权限	时间安排	所需资源
1	基础施工支护安全管理方案	本工程为框架剪力墙结构，地下2层，地上28层，基础底板−6.5m，地下水位−4.5m土质湿陷性黏土	防止土方坍塌事件发生	（1）采用轻型井点降水、大开挖、锚杆土钉墙支护技术； （2）编制技术方案、指导书/交底书； （3）选择合格的专业作业队伍施工，签订合同、安全协议，作好进场教育、交底、验证、检查、验收等	（1）技术方案由项目部技术负责人编制，公司技术部门审核并组织专家论证，总工程师批准并报总监批准； （2）技术员负责技术交底、施工员组织实施，安全员现场监督。 （3）项目经理负责提供所需各种资源，审批专业施工队伍并签订合同和安全协议	（1）3月10日前完成方案编制并报批； （2）3月5日前组织专业队伍进场。 3月1日～4月10日完成土方开挖、支护验收	所需物资、设备、设施计划及劳动力需求计划附后
2							
3							

示例 8-9　某某项目部临电管理方案

目标	指标	措施内容	管理职责	完成时间表
杜绝触电事故	施工过程无触电死亡	(1) 编制临电施工组织设计，按“三相五线”“一机一闸一箱一漏保”；	电气技术员编、主管部门审、总工批	施工前
		(2) 按临电施工组织设计要求安装电气设备、调试符合技术规范、要求，验收要有记录；	安装：项目部；验收：电气技术人员	施工前
		(3) 在设备负荷首端设置安全有效的漏电保护器；	电工	使用前
		(4) 电气线路由专人安装，不得私拉乱接；	电工	施工前
		(5) 安全用电技术交底率 100%；	电气技术员	操作前
		(6) 操作人员工作前按规定佩戴劳动防护用品；	安全员	操作前
		(7) 定期检查线路，破损老化裸露设备线路及时更换；	电工	施工期间
		(8) 对操作人员培训，持证上岗率 100%；	电气技术员	操作前
		(9) 电工定期巡视检查、测试，发现问题处置。	电工	施工中

示例 8-10　东方安装公司防止高空坠落事故的职业健康安全目标管理方案

作业活动	登高作业	可能导致的事故	高空坠落
不可接受风险	已识别、评价确定的与登高作业有关的各种不可接受风险		
目标	杜绝高空坠落事故		
指标	高空坠落事故率为零		
依据标准	《建筑施工高处作业安全技术规范》JGJ 80—91		
方案启动时间	该项作业活动开始前	责任部门	项目部
方案结束时间	该项作业活动结束	责任人	项目经理

(1) 职责与权限

1) 项目经理负责组织对专项施工作业方案的策划、审核或审批，并提供资源。

2) 项目部土建专业技术员负责编制与登高作业有关的专项施工方案。

3) 项目部施工员负责按方案要求组织对所有登高作业人员进行安全技术交底工作。

4) 项目部安全员负责对脚手架搭设过程和登高作业过程现场的安全检查和验收。

(2) 方案措施

1) 大型脚手架的搭设必须编制专项施工方案，项目经理审核，报公司总工程师/项目总监批准后实施，超过规定规模的必须经专家论证通过后上报公司总工程师。

2) 脚手架搭设时，搭设人员均须取得特种作业操作合格证；脚手架、操作平台搭设完毕，应经验收合格后方可投入使用。

3) 施工现场施工员必须严格按《建筑施工高处作业安全技术规范》(JGJ 80—91) 及专项施工方案要求进行安全技术交底工作，应交底到每一个登高作业人员并签字确认，包括外包方的施工管理人员。

4) 登高作业的日常管理

A. 安全员应加强登高作业时的安全检查工作，发现问题或隐患立即提出并跟踪整改效果。

B. 项目部各相关职能管理人员按职能要求共同检查督促本方案、制度、规定的落实。

C. 公司主管部门对项目部本方案实施效果进行监督、检查。

(3) 资源

项目经理应保证方案所需资源及经费的投入，所需资源及经费应在作业活动开始前提供。

【审核要求】

组织建立的目标应与方针一致，并符合法规的要求和组织的实际情况；

目标应在有关的职能和层次分解，对目标指标实施和实现情况应进行监测。

管理方案是为了实现目标指标而建立的重要文件，组织应对管理方案进行有效的控制；

职业健康安全管理方案的内容应满足标准要求，包含四要素：目标、职责、方法措施（包括资源）和时间表，具有可操作可检查性；

对方案的实施情况应进行监控。需要时应做出调整。

职业健康安全方案管理流程见图 8-11。

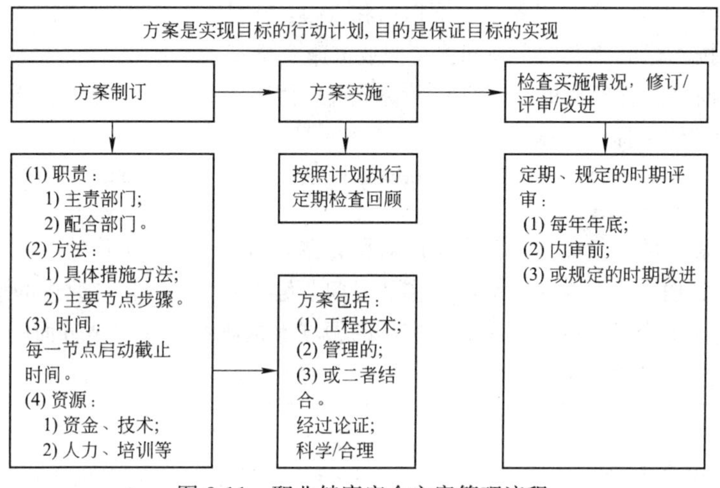

图 8-11　职业健康安全方案管理流程

4.4　实施与运行

4.4 节的目的是有效地控制风险，以实现职业健康安全方针和目标。该节要求落实有关的职责，配置资源，确保信息的沟通，建立并保持职业健康安全管理文件，对正常及紧急情况下的职业健康安全活动进行有效的管理控制。本节共涉及 7 个二级要素，是对危险源进行控制的关键要求，是标准的核心要求部分，它们之间相互关系如 8-12 图。

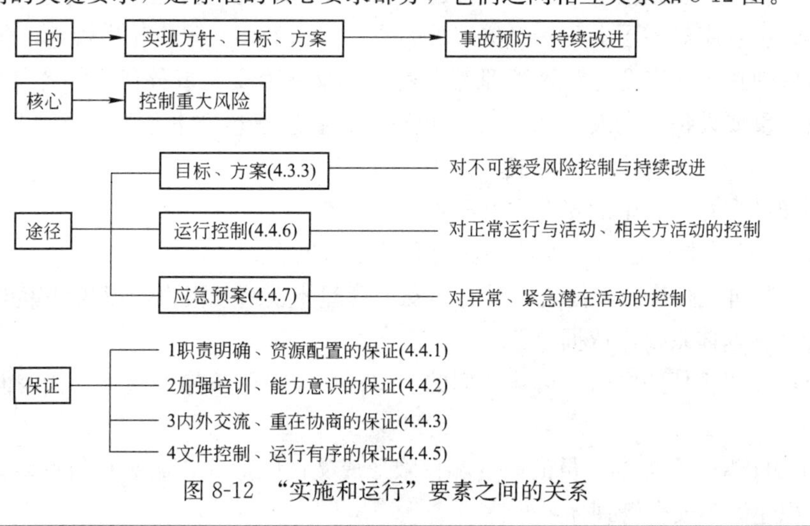

图 8-12　“实施和运行”要素之间的关系

4.4.1 资源、作用、职责、责任和权限

最高管理者应对职业健康安全和职业健康安全管理体系负最终责任。

最高管理者应通过以下方式证实其承诺：

(1) 确保为职业健康安全管理体系建立、实施、保持和改进提供必要的资源。

注：资源包括人力资源和专项技能，组织基础设施、技术和财力资源。

(2) 明确作用、分配职责和责任、授予权力以提供有效的职业健康安全管理；作用、职责、责任和权限应形成文件和予以沟通。

组织应任命最高管理者中的成员承担特定的职业健康安全职责，无论他(他们)是否还负有其他方面的职责，应明确界定如下作用和权限：

(1) 确保按本标准建立、实施和保持职业健康安全管理体系；

(2) 确保向最高管理者提交职业健康安全管理体系绩效报告，以供评审，并为改进职业健康安全管理体系提供依据。

注：最高管理者中的被任命者(比如大型组织中的董事会或执委员会成员)，在仍然保留责任的同时，可将他们的一些任务委派给下属的管理者代表。

最高管理者中的被任命者，其身份应对所有在本组织控制下工作的人员公开。

所有承担管理职责的人员，都应证实其对职业健康安全绩效持续改进的承诺。

组织应确保工作场所的人员在其能控制的领域承担职业健康安全方面的责任，包括遵守组织适用的职业健康安全要求。

【理解实施要点】

“责任”意指最终的“职责”，涉及事情未做、工作未开展或者未实现目标而需承担责任的人员。

作用，又译为“角色”，如职位、岗位等。

标准明确职业健康安全管理的最终责任由最高管理者承担。最高管理者应为职业健康安全管理体系的建立、实施、保持、改进提供必要的资源，包括人力资源、设施设备、专项技术技能、资金、信息等，以保证作业场所的安全和管理体系的有效运行。

为有效实施职业健康安全管理，应建立相应的组织机构。

最高管理者应对各层次及各岗位人员的作用、职责和权限应作出规定，包括最高管理者、最高层中指定的安全主管、管理者代表、职业健康安全事务代表、各部门管理人员、作业人员、重要设备负责人、OHS 培训负责人、管理承包方事务的人员、具有特定 OHS 资格员工或其他专业人员等，形成文件；

应明确最高管理者中的安全主管职责：

(1) 确保按本标准建立、实施和保持职业健康安全管理体系；

(2) 确保向最高管理者提交职业健康安全管理体系绩效报告，以供评审，并为改进职业健康安全管理体系提供依据。

在仍然保留责任的同时，可将他们的一些任务委派给下属的管理者代表但责任还是安全主管的。

承担 OHSMS 义务的人员的职责和权限形成文件的形式，组织自行选用：

(1) 职业健康安全管理体系程序；

(2) 运行程序或操作规程；

(3) 项目和(或)任务说明书；

(4) 岗位描述；

(5) 入职培训文件包。

所有管理者均宜提供显见的证明，以证实其持续改进职业健康安全绩效的承诺。证明的方式可包括：

(1) 访问和检查现场；

(2) 参加事件调查；

(3) 为采取纠正措施提供资源；

(4) 出席且积极参与职业健康安全会议；

(5) 就安全活动状况进行沟通；

(6) 表彰良好的职业健康安全绩效等。

组织应将职业健康安全职责和权限向各层次的人员传达、沟通，确保使其了解有关职责的范围以及之间的接口关系。

【审核要求】

组织应在有关的文件，如手册、程序文件、作业文件中对与职业健康安全有关的人员职责权限作出规定，并界定各层次间职责接口和联系。最高管理者应确保提供足够的资源(含设备、人员、专项技术技能、资金等)，可通过职业健康安全预期效果与实际结果的比较，评价资源的充分性。

最高管理者中的安全主管职责及管理者代表的职责应得到明确和落实。

4.4.2 能力、培训和意识

组织应确保在其控制下完成对职业健康安全有影响的任务的任何人员都具有相应的能力，该能力基于适当的教育、培训或经历。组织应保存相关的记录。

组织应确定与职业健康安全风险及职业健康安全管理体系相关的培训需求。应提供培训或采取其他措施来满足这些需求，评价培训或采取的措施的有效性，并保存相关记录。

组织应当建立、实施并保持程序，使在本组织控制下工作的人员意识到：

(1) 他们的工作活动和行为的实际或潜在的职业健康安全后果，以及改进个人表现的职业健康安全益处；

(2) 他们在实现符合职业健康安全方针、程序和职业健康安全管理体系要求，包括应急准备和响应要求(见 4.4.7)方面的作用、职责和重要性；

(3) 偏离规定程序的潜在后果。

培训程序应当考虑不同层次的：

(4) 职责、能力、语言技能和文化程度；

(5) 风险。

【理解实施要点】

能力和意识具有不同的含义。意识是指对某事有察觉，如职业健康安全风险和危险源等。能力是指已证实的应用知识和技能的本领。

组织应建立形成文件的程序，以确保员工有能力胜任其所承担的任务和职责。

组织应根据各工作岗位的职业健康安全活动及职责，从教育、培训、经历等方面确定对岗位人员工作能力的要求。并选择能胜任的人员承担该岗位工作。

组织应确定和评价完成某项活动所需能力与被要求完成该项活动的个人所具有的能力之间的差异。通过培训和采取其他措施提高员工的能力，以使之胜任工作的要求。

组织应对与职业健康安全有关的职能和层次的人员，以及影响职业健康安全绩效的人员，进行意识和专项技术技能两个方面的培训。

培训或其他措施宜将重点集中在能力要求和强化意识的需求上。

制定程序并保持，并考虑不同层次和要求，对组织控制下的人员进行安全意识培训，使之意识到：

（1）知晓其职业健康安全风险；

（2）遵守方针、程序、OHS 要求的重要性；

（3）改进职业健康安全绩效对个人的效益；

（4）清楚自身的职责和权限和应急程序；

（5）不按规定做可能带来的后果；

（6）具备必要的能力以执行可影响职业健康安全的任务，必要时得到培训以获得所需的意识和能力。

注：ILO-OSH：2001 中 3.4.4 建议：“宜免费向所有参与者提供培训，并在可能的情况下将培训安排在工作时间内。”

1）组织宜要求承包方，能证实其员工具备了安全工作的能力和(或)得到了适当的培训。

2）组织通过考核现状以确定培训需求，制定并实施培训计划，保存培训 记录，并评价培训的有效性。

组织的培训应具有针对性，培训应考虑不同层次的需求。培训内容可从以下方面考虑：

（1）理解组织职业健康安全活动及个人的具体作用、职责和权限的培训；

（2）新员工及转岗员工所需的意识和技能方面的培训，如三级安全教育、特种作业培训；

（3）针对局部危险源和风险所采取的控制措施及应遵守程序的培训；

（4）进行危险源辨识、风险评价和风险控制策划活动人员的培训；

（5）法律法规及体系要求的培训，如法规要求及合规性评价、应急预案和响应等的培训；

（6）对负责管理员工、承包方的有关管理人员的培训；

（7）针对承包方、供应方及进入现场人员所面临风险的培训。

【审核要求】

组织应系统分析组织内各相关职能和层次所需的职业健康安全意识和能力。

确定现状与要求之间的差距，及时系统地提供必要的培训和采取其他措施以满足所需能力的要求；对培训效果进行评价，并保持培训和个人能力的记录。

组织应提供培训方案或计划，培训应有针对性，并符合有关法规的要求。

组织应保持培训的实施及培训效果评价记录(尤其关注关键岗位人员的培训)。培训的内容可能有：意识培训、岗位培训、法规培训、上转岗培训、对相关方培训、“三险”培训、安全技能培训、特种作业培训、应急培训等。

要素流程及要点归纳见图 8-13。

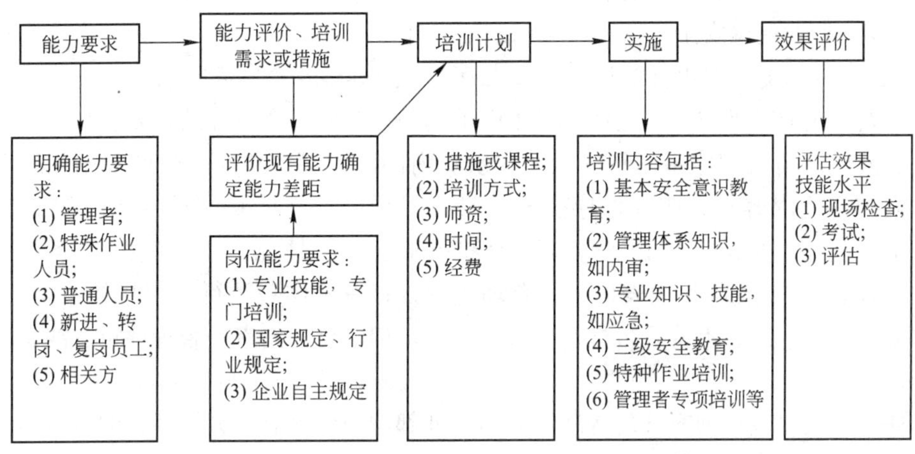

图 8-13　4.4.2 要素流程及要点归纳

4.4.3　沟通、参与和协商

4.4.3.1　沟通

针对其职业健康安全危险源和职业健康安全管理体系，组织应建立、实施和保持程序，用于：

(1) 在组织内部的不同层次和职能进行内部沟通；

(2) 与进入工作场所的承包方和其他访问者进行沟通；

(3) 接收、记录和回应来自外部相关方的相关沟通。

4.4.3.2　参与和协商

组织应建立、实施并保持程序，用于：

(1) 工作人员：

——适当参与危险源辨识，风险评价和确定控制措施的确定；

——适当参与事件调查；

——参与职业健康安全方针和目标的制定和评审；

——对影响它们职业健康安全的任何变更进行协商；

——对职业健康安全事务发表意见。

应告知工作人员关于他们的参与安排，包括谁是他们的职业健康安全事务代表。

(2) 与承包方就影响他们的职业健康安全的变更进行协商。

适当时，组织应确保与相关的外部相关方就有关的职业健康安全事务进行协商。

【理解实施要点】

组织应建立沟通和参与、协商的程序文件，包括在组织内部和外部两个方面。促进就有关职业健康安全信息与工作人员和其他相关方进行相互协商和沟通。“工作人员”包括员工、自愿者、临时工和合同工。

工作人员应参与以下活动：

（1）参与与其作业活动有关的危险源辨识、风险评价和风险控制策划的决策；

（2）对工作场所内影响职业健康安全的任何变更进行协商和沟通；

（3）参与职业健康安全方针和目标的制定、评审活动；

（4）必要时参与有关事件的调查，发表有关职业健康安全事务的意见。

工作人员应清楚参与的这些活动，了解谁是职业健康安全事务的代表。

职业健康安全管理体系运行的信息在组织内部不同层次和部门应得到充分的沟通和协商。内部沟通内容有：职业健康安全方针、目标；管理体系文件要求；职业健康安全的职责、作用；危险源辨识、风险评价和风险控制的情况；职业健康安全的有关变更；向职业健康安全事务代表提出的合理化建议；有关体系运行的信息如：运行程序、管理方案、监测信息、不符合报告、法规要求、培训信息、内审、管理评审、纠正和预防措施等。

与外部相关方应得到充分的沟通和协商。外部沟通内容有：方针目标的宣传；法律法规的获取和其他要求的变化；应急安排的变化；可能影响邻居的危险源或来自邻居的危险源；向政府管理机构的报告；事件的处理等。

与承包方的变更协商，宜考虑：

（1）新的或不熟悉的危险源(包括可能由承包方带来的危险源)；

（2）重组；

（3）新的或改进的控制措施；

（4）材料、设备、有害暴露等的变化；

（5）应急安排的变化；

（6）法律法规和其他要求的变化。

【审核要求】

组织应对组织内、外部就职业健康安全管理体系的参与、协商和沟通活动作出规定。

明确参与协商沟通的机制、方式、内容、频次等要求。

提供与组织内部外部参与、沟通和协商的证据，并确保有效性。

4.4.4 文件

职业健康安全管理体系文件应包括：

（1）职业健康安全方针和目标；

（2）职业健康安全管理体系覆盖范围的描述；

（3）对职业健康安全管理体系主要要素和其相互作用的描述，以及相关文件的查询途径；

（4）本标准所要求的文件，包括记录；

（5）组织为确保对涉及其职业健康安全风险管理过程进行有效策划、运行和控制所需的文件，包括记录。

注：重要的是，文件要与组织的复杂程度、相关的危险源和风险相匹配，按有效性和效率的要求使文件数量尽可能少。

【理解实施要点】

组织应通过建立、保持最新和有效的职业健康安全管理体系文件，以确保建立的职业健康安全管理体系得到充分的理解和有效运行。

职业健康安全管理体系文件是体系运行的依据。

职业健康安全管理体系文件应是分层次的，它们可能包括：管理方针和目标，管理手册（对体系纲领性描述的文件），程序文件（如危险源辨识、运行控制等程序），作业文件（作业指导书、管理方案、控制措施等），以及相关的记录。

组织所建立的管理体系文件应满足标准的要求，并密切结合组织的实际情况。文件应考虑组织的规模、提供的产品、人员的能力、运行的风险和复杂性。文件应适用、简约、有效，便于操作和检查。

管理手册是纲领性的文件，描述体系的核心要素及相互作用，并提供查询相关文件的途径。

程序文件是描述跨部门的活动。作业文件规范了管理和控制的具体活动。

【审核要求】

组织应建立分层次的文件体系，以描述和规范职业健康安全管理体系活动。

组织应对职业健康安全管理体系所需文件进行评审，并明确文件使用者的职责和权限。

4.4.5 文件控制

应对本标准和职业健康安全管理体系所要求的文件进行控制。记录是一种特殊类型的文件，应依据4.5.4的要求进行控制。

组织应建立、实施并保持程序，以规定：

（1）在文件发布前进行审批，确保其充分性和适宜性；

（2）必要时对文件进行评审和更新，并重新审批；

（3）确保对文件的更改和现行修订状态做出标识；

（4）确保在使用处能得到适用文件的有关版本；

（5）确保文件字迹清楚，易于识别；

（6）确保对策划和运行职业健康安全管理体系所需的外来文件做出标识，并对其发放予以控制；

（7）防止对过期文件的非预期使用。若须保留，则应做出适当的标识。

【理解实施要点】

组织应建立书面程序，对职业健康安全管理文件和资料的编制、评审、批准、发放、使用、修订、标识、回收和作废等活动进行管理。

文件和资料控制的目的就是为了传递信息、沟通意图、统一行动。所以控制的最主要的内容是文件发布前得到审批，确保其有效性和适宜性；并确保有关人员可及时获得这些适用文件。

对文件的控制要求有：

（1）文件在发布使用前必须经授权人的批准，批准人要对文件的充分性和适宜性负责；文件如果得到修改，应再次得到授权人的批准；

（2）确保文件清晰，易于识别，对文件的更改和现行修订状态做出标识；

（3）文件要发放到岗位人员手中，对文件发放活动要动态管理：

1）对与体系有关的外来文件加以识别，并控制其发放情况；

2）对文件定期评审其适宜性并及时更新；

3）对作废、失效文件进行有效管理。

【审核要求】

组织应建立文件控制的程序文件，程序中应明确有关的职责权限、文件控制的范围、文件控制的内容。

文件的控制活动应确保：文件发布使用前必须经授权人批准，保证文件是充分适宜的；对文件的发放实施控制，保证相关岗位人员获得适用文件的有关版本。

4.4.6 运行控制

组织应确定那些与已辨识的、需要实施必要控制措施的危险源的相关运行和活动，以管理职业健康安全风险。这应包括变更管理(参见 4.3.1)。

对于这些运行和活动，组织应实施并保持：

（1）适合组织及其活动的运行控制措施；组织应把这些运行控制措施纳入其总体的职业健康安全管理体系之中；

（2）与采购的货物、设备和服务相关的控制措施；

（3）与进入工作场所的承包方和访问者相关的控制措施；

（4）形成文件的程序，以避免因其缺乏而可能偏离职业健康安全方针和目标；

（5）规定的运行准则，以避免因其缺乏而可能偏离职业健康安全方针和目标。

【理解实施要点】

“运行控制”是本标准中最重要的核心要素之一，运行控制活动是职业健康安全管理体系中重要的组成部分。运行控制的总目标是：管理风险、符合法规及其他要求、方针要求。为了对职业健康安全风险进行有效控制，组织应结合自身的产品、服务活动的特点确定那些与已辨识的和危险源相关需要实施必要控制措施的运行和活动、过程和作业工序，这应包括由于受到变更或其影响的那些过程和作业工序。

以建筑施工企业为例，《建设工程安全管理条例》（国务院 393 令）第 26 条明确规定的“达到一定规模的危险性较大的分部分项工程”及住建部建质［2008］87 号《危险性较大的分部分项工程安全管理规定》规定的那些施工的分部分项工程的施工作业活动，均应为需要实施必要控制措施的运行和活动。也是企业或项目部职业健康安全管理活动中运行控制的重中之重。

对于这些运行和活动，组织应实施并保持以下控制要求：

(1) 所制订的运行控制措施应符合适用法规要求、适合于本组织的产品、活动和服务类型的特点，并应把这些运行控制措施纳入到本组织总体的职业健康安全管理体系之中；

(2) 制订并有效实施与采购的货物、设备和服务相关的控制措施；

(3) 制订并有效实施与进入工作场所的承包方和访问者相关的控制措施。这包括：工程专业分包方、劳务分包方、其他施工单位、物资供应商、运输方、服务方、参观访问者、社区居民、监理等进入工作场所的所有相关方人员，均应制订相应控制措施；

(4) 对确定为较高风险的危险源相关的那些运行和活动建立并实施文件化的运行控制程序或控制措施，以避免因其缺乏而可能偏离职业健康安全方针和目标。

为了防止偏离职业健康安全方针和目标，建筑施工企业可以针对典型的风险作业活动建立运行控制程序，如针对防止高处坠落事故，防止触电事故，防止机械伤害事故，防止坍塌事故，防止物体打击事故等所建立的运行控制程序，也可按专业管理要求建立运行控制程序，如：

1) 安全施工方案管理程序；

2) 施工现场安全防护设施管理程序；

3) 施工用电管理程序；

4) 劳动防护用品管理程序；

5) 化学危险品管理程序；

6) 消防管理程序；

7) 女职工劳动保护管理程序；

8) 职业病防护控制程序

9) 机械设备管理程序；

10) 物资管理工作程序；

11) 分包方管理程序等。

上述程序可单独建立，也可合并建立，也可和环境管理体系/质量管理体系的相应运行程序/或制度整合为一体化管理制度。组织在策划运行控制程序、运行控制措施时，应考虑：组织的职业健康安全管理方针和目标，危险源辨识、风险评价和风险控制策划的结果、适用的法规和其他要求、相关方的要求。

(5) 运行程序或控制措施中应明确规定运行准则，以防止对职业健康安全方针目标的偏离。有时，运行准则可以通过操作规程、交底要求、作业标准、法规要求、监测要求等文件中向作业者传达。

标准还要求组织应对运行控制活动中出现的变更情况进行管理控制。当组织的环境、条件、工艺技术、设备设施、原材构配件、施工组织、人员等出现变化时，在变化前应对可能出现的危险源和风险进行评价，并确定新的运行控制措施，这包括对“四新技术”的管理。

下面示例 8-11 给出了针对建筑施工企业典型的风险作业活动控制的运行准则，以供编制运行控制程序或措施的参考。

示例 8-11　建筑施工企业施工现场对风险作业活动的控制措施（运行准则）

(1) 施工策划控制

施工组织设计中应有对重要环境因素/高风险(关键)作业工序如何控制的环境/安全技术方案/或措施的策划专章，编审批符合要求。

(2) 临时用电控制

按《施工现场临时用电安全技术规范》JGJ 46—2005 规定编制临时用电施工组织设计/或施工技术措施，电气专业人员编制、经公司技术负责人审批、总监审批；应执行TN-S系统、有负荷/截面计算、输出“三级配电两级保护”布线图/平面布置图；应有验收合格证据；应有电工日常巡检、测记录；总配电/分配箱应有接地保护、塔吊有防雷接地，其电阻及相间绝缘电阻应满足规定要求；应实行“一机、一闸、一箱、一漏”；漏电保护有定期性能/参数测定并合格；有对用电班组安全用电交底；操作者应按规定佩戴绝缘防护用品；作业人员应有接受安全技术交底的证据(注：安全技术交底要求以下均同)。

(3) 脚手架搭拆控制

H24m 以上钢管式/附着整体提升式/悬挑式/吊篮式/新异型脚手架要有安全技术方案；其中 H50m 以上钢管式/150m 以上附着式/H20m 以上悬挑式脚手架应经专家论证(批准权同前)；技术负责人应对作业人员交底并签字；搭拆过程有监护、有分层分段有验收；架体基础、与建筑物拉结、外网、平网、作业面拦护、脚手板铺设等应符合规定要求；

(4) 模板工程及支撑体系控制

大模、滑模、爬模、飞模及高度超过 5m 跨度 10m 以上的混凝土模板及承重支撑体系等需编制专项施工方案；对于高度超过 8m/跨度超过 18m/总荷或集荷超过规定值(20kN/15kN/M2、M)及滑模、爬模、飞模等，应通过专家论证(审批要求同前)；保持验收证据；安全技术交底证据等。

(5) 塔吊、扶墙电梯等起重吊装设备的安拆

应有安拆安全技术方案，其中起重量 300kN 及以上、高度大于 200m 的内爬起重设备的安拆，采用非常规起重设备、方法、单件起重量大于 100kN 的起重吊装工程等均应经专家论证；委托安拆单位应具备相应资质和人员能力，在协议中应有对 E/S 施加影响的内容；应有经安拆单位验收合格基础上经专业监测单位验收合格证据/或备案证/准用证方可使用；

(6) 其他需编制专项安全技术方案并经专家论证的分部工程还有：

1) 施工高度 50m 及以上的幕墙安装；

2) 跨度大于 36m 的钢结构安装/60m 及以上的网架和索膜结构安装；

3) 深度大于 16m 的人工挖孔桩；

4) 地下暗挖、顶管、水下作业；

5) E 采用“四新”技术尚无相关技术标准的施工等。

(7) 防护控制

“三宝”佩戴、“四口”及“五临边”防护应满足规定要求；

(8) 职业病防治

优先采用无危害或危险性较少的工艺材料；减少有害物质泄漏及扩散；加强通风，减少有害物浓度；尽可能采用过程密闭化、机械化、自动化的设备装置及自动报警监测和连锁保护安全排放等装置；避免减少操作人员在作业过程中直接接触有害因素的设备和物料；操作人员佩戴防护用品等。

应有接尘、接害工种/人员名册，并保持定期体检合格证据；劳动防护用品应有按工种/岗位配备标准及发放到个人手中的客观证据；有日常检查监控佩戴情况证据。

(9) 员工食堂

炊事作业人员应有健康证、卫生许可证、隔油池及定期清掏、生熟食品分隔、燃气瓶与灶口安全距离、用电安全、防蚊蝇措施及卫生等满足相关要求；

(10) 员工宿舍

床铺、照明、卫生、防火、防盗、秩序、环境等应符合规定要求。

【审核要求】

组织应针对评价出的重大风险的运行活动制定控制程序、控制措施。

运行控制程序、控制措施涉及对危险作业活动的控制、危险物料的管理、安全装置及设备的管理和维护等，是实现职业健康安全管理活动的重要保证的文件。组织应按程序的要求开展活动，提供实施的证据。

组织应建立供方管理程序，明确如何对其实施管理和控制。

4.4.7 应急准备和响应

组织应建立、实施并保持程序，用于：

1) 识别紧急情况的潜在性；

2) 对此紧急情况做出响应。

组织应对实际的紧急情况作出响应，防止和减少相关的职业健康安全不良后果。

组织在策划应急响应时，应考虑有关相关方的需求，如应急服务机构、相邻组织或居民。

组织也应定期测试其响应紧急情况的程序，可行时，使有关相关方适当地参与其中。

组织应定期评审其应急准备和响应程序，必要时对其进行修订，特别是在定期测试和紧急情况发生后(参见 4.5.3)。

【理解实施要点】

组织应建立、实施、保持应急准备和响应的控制程序。

(1) 紧急情况识别：组织应事先主动识别、评价组织潜在的紧急情况，确定应急准备响应需求，有针对性制定相应的应急计划和配置应急设备，以便预防、减少可能引发的职业健康安全不良后果。潜在的紧急情况包括如：

1) 导致严重伤害或健康损害的事件；触电、高空坠落、严重心脏病等

2) 火灾和爆炸；

3) 危险材料或气体的泄漏；

4）自然灾害、恶劣天气，如暴雪、台风、水灾、高温 ；

5）公用设施供应的中断，如电力中断等；

6）公共卫生事件：传染病的广泛流行/传播/爆发；

7）内乱、恐怖主义、破坏活动、工作场所暴力；

8）关键设备故障；

9）交通事故；

10）坍塌、踩踏、脚手架倒塌。

（2）紧急情况应对：应制定应急预案(程序)、配备软硬件应急措施、通讯联络、外部救援等。应急预案因符合法规要求，如《危险化学品事故应急预案编制导则》《安全生产事故应急预案编制导则》等。

注：某些情况可能涉及多个类别的灾害后果，需要综合考虑。比如危险品泄漏、水灾、火灾等。

（3）应急程序要求：应急程序宜清楚、简明，以便在紧急情况下易于使用。如电力故障时储存于电脑或者以其他电子方式储存的应急程序可能不易被获取，因此，应急程序的纸质副本需保存在易存取之处。应急预案内容应包括：

1）可能的事故性质，后果；

2）与外部机构的联系(消防、医院等)；

3）报警、联络步骤；

4）应急指挥者，参与者的责任、义务；

5）应急指挥中心地点，组织机构；

6）应急设备、设施；

7）疏散措施；

8）应急措施等。

组织在策划应急响应时，应考虑有关相关方的需求，如应急服务机构：消防队、政府机关、危险品清除机构等；相邻组织或居民：疏散、互救等。

（4）应急响应设备管理：宜可利用且足量，并储存在易获得的场所；宜安全存放并加以防护，以免损坏。这些设备宜定期检查和(或)测试，以确保在紧急状况下能够运行。需特别注意，用于保护应急响应人员的设备和材料。宜告知每个人个体防护装置的局限性并训练其正确使用。应急设备和供应品的类型、数量和储存地点宜作为应急程序评审和测试的一部分予以评估。

（5）启动应急预案(程序)：一旦发生紧急情况，启动应急预案(程序)，含急救，以防止和减轻伤害和健康损害后果。

（6）应急响应培训：宜对人员就如何启动应急响应和疏散程序进行培训(参见 4.4.2)。

对于被指定承担应急响应责任的人员，组织宜确定其所需要的培训，并确保其已得到了培训。应急响应人员宜保持能力，并能够完成其被指派的活动。

当作出影响应急响应的修改时，宜确定再培训或其他沟通的需求。

（7）应急程序的定期测试：应急程序宜定期测试，以确保组织内外部的应急服务能够对紧急情况适当做出响应，以预防或减轻相关的职业健康安全后果。应急演练可用于评估组织的应急程序、设备和培训，也可提高对应急响应协议的整体意识。组织宜保持应急演练记录。

(8) 对应急计划评审和修订：应定期评审该程序，必要时进行修订，特别是在定期测试后和紧急状态发生之后。如下是评审的时机：

1) 列入组织确定的时间表中；

2) 管理评审期间；

3) 随着组织变更之后；

4) 作为变更管理、纠正措施或预防措施(参见 4.5.3)的结果；

5) 随着已激活应急响应程序的事件发生后；

6) 随着已识别出应急响应不足的演练或测试之后；

7) 随着法律法规要求变化之后；

8) 随着影响到应急响应的外部变化发生之后。

评审内容：程序是否合理、措施是否恰当、有效；处置人员能否到位、能力是否胜任；各种救护设施是否齐备、有效等，需要时加以修改。

预案主要内容参见示例 8-12。

示例 8-12　应急预案编写的主要内容

应急预案编写的主要内容：

(1) 识别的具体潜在紧急情况；

(2) 紧急情况发生时的负责人及所有人的职责；

(3) 具有特定作用人员的职责、权限和义务，如消防员、急救人员、危险物质泄漏处理专家等；

(4) 各类人员(包括承包方及外来人员)的行动计划，如集合的地点；

(5) 疏散程序(负责人、方法、步骤、路线、地点、组织管理、工具设备等)；

(6) 危险物料识别、存放及应急处理措施；

(7) 重要资料与设备保护；

(8) 与外部应急服务机构的接口；

(9) 与执法部门的沟通；

(10) 与邻近单位及公众的沟通；

(11) 可利用的必要信息：平面布置图、危险物料数据、程序、作业文件、联络电话等。

应急设备可有：报警系统、应急照明和动力、消防设备、急救设备、通讯设备、逃生工具、安全避难所、紧急隔离栅、开关切断等。设备的提供应充分，并定期检测维护，确保有效使用。

【审核要求】

组织应针对识别出的潜在的紧急情况(如建筑行业的火灾、爆炸、食物中毒、高处坠落、物体打击、触电等)建立文件化的应急计划，配置应急设备。组织应对应急计划及应急设备进行管理。

组织应提供应急计划的演练记录、评审记录，以及必要时对应急计划的修改记录。

当发生事故时，提供应急计划的实施记录及对实施情况及应急计划的评审记录。

本章要素流程与要点归纳见图 8-14。

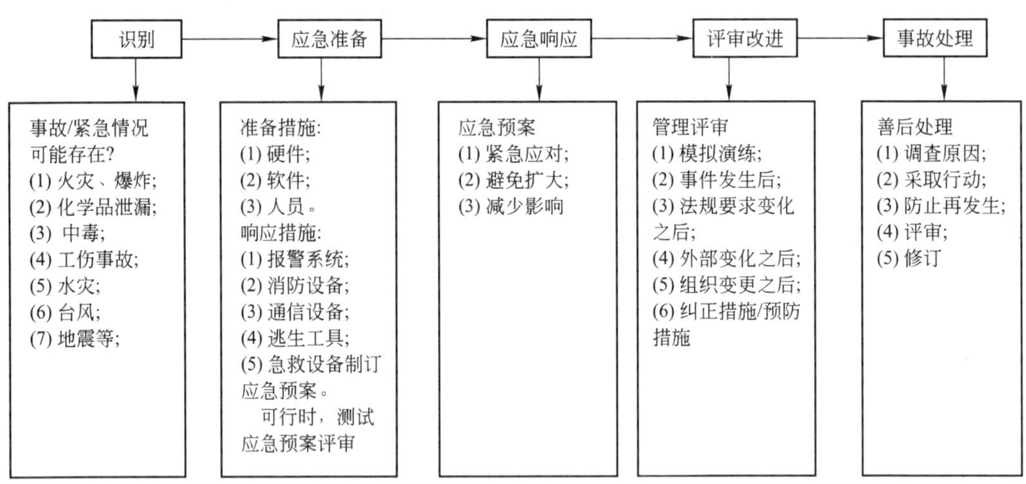

图 8-14　4.4.7 要素流程与要点归纳

4.5　检查

通过对职业健康安全管理绩效的监视和测量、遵法、守法的合规性评价、体系的内部审核等方法检查职业健康安全管理体系的运行情况，对于发现的不符合、事件及时采取纠正和预防措施，以保持职业健康安全管理体系的持续符合性、有效性。

4.5.1　绩效测量和监测

组织应建立、实施并保持程序，对职业健康安全绩效进行例行监测和测量，程序应规定：

(1) 适合组织需要的定性和定量测量；

(2) 对组织职业健康安全目标满足程度的监视；

(3) 对控制措施有效性(既针对健康，也针对安全)的监视；

(4) 主动性绩效测量，即监测是否符合职业健康安全方案、控制措施和运行准则；

(5) 被动性绩效测量，即监测健康损害、事件(包括事故、“未遂事故”等)和其他不良职业健康安全绩效的历史证据；

(6) 对监测和测量的数据和结果的记录，以便于其后续的纠正措施和预防措施的分析。

如果测量和监测绩效需要设备，适当时，组织应建立并保持程序，对此类设备进行校准和维护。应保存校准和维护活动及其结果的记录。

【理解实施要点】

1. 对绩效监视测量的总体要求

绩效的监视测量是职业健康安全管理体系三级监控中的第一级监控系统，其目的是通过日常监控，及时发现并解决运行中的问题。组织应建立并实施职业健康安全管理绩效监测程序。程序中应确定测量和监视的内容、方式、时机、频次和职责。组织对职业健康安全绩效进行监视和测量活动，包括主动性和被动性监视测量；通过监测确保体系有效运行，并持续改进职业健康安全管理绩效。

2. 主动性测量

测量既可定量，也可定性。主动性测量是对组织职业健康安全活动符合性/有效性/预防性的测量，内容包括：

(1) 职业健康安全运行活动过程对运行准则遵循情况的符合性/有效性的监测，可以是技术性监测，也可以是管理性监测；

(2) 对目标指标实现程度的监测；

(3) 对职业健康安全管理方案、控制措施的实施情况的监测；

(4) 对供方职业健康安全管理行为的监控。

> 主动性测量示例包括：
> (1) 法律法规和其他要求的符合性评价；
> (2) 安全检查和巡视；
> (3) 培训的有效性评估；
> (4) 行为观察；
> (5) 职业健康安全文化
> (6) 员工的 OHS 满意度；
> (7) 内、外部审核结果的有效使用；
> (8) 特种设备检定等法定要求或其他检查；
> (9) 方案和目标(参见 4.3.3)实施及实现程度；
> (10) 员工参与过程的有效性；
> (11) 体检；
> (12) 有害暴露的模拟和监测；
> (13) 以良好实践为标杆；
> (14) 工作活动评价。

建筑施工企业主动性测量可通过对下述内容的检查来实现。按《建筑施工安全检查标准》JGJ 59—2011 标准的要求进行 1)、2)项内容的检查，除此外还包括：

1) 系统检查各项作业(尤其是危险作业)与安全要求的符合情况；

2) 对危险物料、装置设备(与安全有关部件的适合性、良好状态)的检查(检查频次按法规要求进行，如电梯一年、起重机械两年)；

3) 监测作业环境状况(如噪声、挥发性有机物)，包括作业的组织状况；

4) 监测各项具体计划(管理方案、运行程序、控制措施等)、绩效标准、目标的实施效果(如对员工行为检查、对不安全的工作方式的检查)；

5) 定期对员工健康监测(员工体检、健康损害追踪)；

6) 有关职业健康安全问题的协议和承诺的实现情况等。

监测/评审活动应进行比对发现不符合及时整改

建筑施工企业对职业健康安全管理体系主动绩效监测的重点是施工现场的运行情况，监测的重点内容参见示例 8-13。

示例 8-13　建筑施工企业对施工项目绩效监测的重点内容

(1) 巡视现场

包括作业面、库房、食堂、办公区、生活区，观察对危险源控制的管理。

(2) 对现场的安全管理情况进行监测

设置的施工标志牌、现场平面布置图、安全生产、消防保卫、环境保护、文明施工制度板。临设工程是否牢固整齐，符合防火要求。平面布置图是否合理。施工现场料具码放是否整齐。各种作业是否遵守相应的作业指导书和安全操作规程。

(3) 对安全防护用品和设施检查

1) 劳保用品包括：安全帽、安全带、护目镜、绝缘手套、绝缘鞋、防尘口罩、防噪声用具及其他个人防护用品是否按规定发放、是否经过验收、是否按规定佩戴、使用是否正确。

2) 对安全设施的检查主要包括：

普通脚手架、满堂红脚手架、吊篮、插口、挑、挂脚手架以及井字架、龙门架等搭设是否符合标准，是否编制了方案。作业面防护是否安全有效。是否经验收合格后再使用；特殊脚手架和高大异性脚手架是否编制了专项方案、是否经过计算和专家论证，并经验收后使用。

脚手架杆件、扣件、安全帽、安全网、安全带及其他个人防护用品是否是认证厂家的合格产品，对其防护性能是否进行了测试。

安全网支搭是否牢固符合标准。

安全防护设施，四口(楼层的出入口、电梯井口、预留口、阳台口)五临边(尚未安装栏板的阳台周边、无外架防护的屋面周边、框架结构楼层周边、雨篷与挑檐边、水箱和水塔周边、斜道两侧边、卸料平台外侧边等)是否设置了安全有效的防护设施，是否经验收后再施工。

(4) 临时用电

是否编制了临时用电施工组织设计，线路照明：施工区、生活区的配电线路和照明设备安装是否符合有关规定。施工区是否分级配电，位置是否合理，配电箱内部设置是否符合规定，箱体是否牢固防雨，箱内是否清洁；保护系统：配电系统和施工机具是否按规范采用接零或接地保护、高大装置有无避雷装置；配电箱、开关箱是否设两级漏电保护、选型是否符合规定；施工机具电源入线压接是否牢固，手持电动工具绝缘是否良好，电源线有无接头破损；电器设备的安装、线路敷设、电器元件选择、施工生活临电的配电箱内电器安装、保护接零、防雷接地等是否经检查验收，应有书面验收手续。

(5) 机械安全

起重机械、施工电梯是否由有资质的施工单位进行安装、经当地劳动部门验收合格后使用，提供合格证明；搅拌机、卷扬机、钢筋加工机械、木工加工机械等大、中、小型机械的安装、试运转是否经安全验收，合格后才能使用，并提供书面验收手续；各种施工机械安全装置、限位装置、防护装置是否齐全、灵敏有效；有锚固要求的施工机械锚固是否符合规定要求。

危险物料，消防保卫

有无保卫、消防负责人和组织，如义务消防队；各种消防设施、工具、器材设置是否符合规定；施工现场是否有明显的防火、禁止吸烟标志；对易燃易爆和化学危险品的运输、装卸和贮存以及发放和使用是否按控制程序的要求进行；电焊工、气焊工从事特种作业是否有操作证及动火证。

（6）场容卫生管理

施工现场是否清洁整齐、无积水；办公室是否清洁整齐、窗明地净；生活区室内清洁整洁卫生；室外干净整齐，不随意泼水、倒污物，冬期取暖设施齐全，验收合格；食堂内外整洁卫生、炊具干净，无腐烂变质食品，有食品卫生许可证；炊事员持证上岗、穿戴工作服、帽，保持个人卫生；加工保管生、熟食品要分开，并有遮盖；工地卫生责任区划分是否明确。

（7）供方的管理

是否按法规的要求与供方签订了安全生产责任书；对供方人员的资格及其有效性进行了审核，包括管理人员、作业人员；是否向供方提出了职业健康安全管理的要求，并对其进行了有效的监控等。

3. 被动性绩效测量

被动性测量是指组织调查、分析和记录管理体系的不良绩效，如事故、事件、工伤、职业病、健康损害、不符合等。示例包括：

（1）健康损害的监视；

（2）事件和健康损害的发生及比率；

（3）事件时间损失率、健康损害时间损失率；

（4）按监管机构评价所需采取的措施；

（5）按收到相关方的意见采取的措施。

4. 监测设备控制：

为确保结果正确，用于测量职业健康安全状况的监视设备(例如：如一照明测量仪、接地电阻测试仪、气体采样仪、漏电保护器等、噪声测量仪、有毒气体探测设备等)宜保持良好工作状态并已被校准或验证，且必要时依照可溯源至国际或国家测量标准的测量标准对其进行校准。若无此类测量标准，则宜将用于校准的基准予以记录。

应保持其校准、维护的记录。校准和维护宜由有能力的人员承担。

【审核要求】

组织应对监测活动建立程序文件，制定对职业健康安全活动监测的计划。

组织应提供主动性检测的有关记录。包括运行活动结果、目标指标实现情况、体系绩效。

组织应建立不良绩效的监测记录。

组织应有对不符合报告的分析及必要时采取的纠正措施或预防措施记录。

组织应提供检测设备的管理台账，以及设备的检定记录。

4.5.2 合规性评价

4.5.2.1 为了履行遵守法律法规要求的承诺(参见 4.2*c*)，组织应建立、实施并保持程序，以定期评价对适用法律法规的遵守情况。(参见 4.3.2)

组织应保存定期评价结果的记录。

注：对不同法律法规要求的定期评价的频次可以有所不同。

4.5.2.2 组织应评价对应遵守的其他要求的遵守情况(参见 4.3.2)。这可以和 45.2.1 中所要求的评价一起进行，也可以另外制定程序，分别进行评价。

组织应保存定期评价结果的记录。

注：组织对不同的应遵守的其他要求，定期评价的频次可以有所不同。

【理解实施要点】

(1) 基本要求：

作为合规承诺的一部分，组织宜建立、实施和保持程序，用于定期评价对适用于其职业健康安全风险的法律法规和其他要求的符合性。组织应在程序中明确评价的频次，评价的内容，评价的方法以及对评价人员能力的要求。在评价时，根据法律法规和其他要求对组织的重要性，确定不同法律法规和其他要求的评价频次和方法。

(2) 合规性评价的输入可包括：

1) 审核；

2) 执法检查的结果；

3) 对法律法规和其他要求的分析；

4) 对事件和风险评价的文件和(或)记录的评审；

5) 访谈；

6) 对设施、设备和区域的检查；

7) 对项目或工作的评审；

8) 对监视和测试结果的分析；

9) 设施巡查和(或)直接观察。

(3) 评价人员能力：

要求组织的合规性评价宜由有能力的人员执行，既可使用组织内部人员，也可使用外部资源。

(4) 评价方式方法：

合规性评价可独立进行或与其他评价活动一并进行。这些活动可包括管理体系审核、环境审核或质量保证检查、文件、观察、访问、检测、专项、独立、结合日常检查等。

(5) 评价频次应定期(不超过 12 个月)，或视法规、或其他要求的具体情况，评价应是全面的。

(6) 建筑施工企业合规性评价的内容可包括：

1) 行政许可的符合性。如安全生产责任制、安全生产许可制度、建筑工程安全生产管理条例等的执行情况；

2) 安全行为的符合性。如高危作业(高处作业、地下作业、带电作业、爆破作业等)，危险物料管理(油漆、烯料、乙炔、氧气、炸药等)，设备装置(塔吊、升降机、混凝土搅拌机、电焊机等)操作和管理的行为与相应法规的符合性；

3) 防止健康损害行为的符合性。如对接触毒物、粉尘、振动、噪声、高温、低温、辐射等危害作业环境人员劳动保护活动与相应职业卫生健康法规的符合性；

4）与地方法规、地方政府协议、行业技术政策、上级部门等其他要求的符合性。

合规性评价应保持有关的证据。

工程项目部的定期评价，应按照不同施工阶段涉及的不同法律法规情况安排评审。有些法律法规可能在多个阶段均涉及，有些只在某个阶段涉及，要根据具体情况确定。

在各个区域评价的基础上，组织应形成组织遵守法律法规和其他要求情况的评价报告，并找出体系持续改进的要求，评价结果作为管理评审的重要输入。

【审核要求】

组织应定期评价对法律法规及其他要求的符合性。

评价应针对适用于组织的每一法律法规和其他要求进行，组织应提供合规性评价的证据。

评价活动应由具备相应能力的人员进行。

4.5.3 事件调查、不符合、纠正措施和预防措施

4.5.3.1 事件调查

组织应建立、实施并保持程序，记录、调查和分析事件，以便：

（1）确定内在的，可能导致或有助于事件发生的职业健康安全缺陷和其他因素；

（2）识别对采取纠正措施的需求；

（3）识别采取预防措施的可能性；

（4）识别持续改进的可能性；

（5）沟通调查结果。

调查应及时开展。

对任何已识别的纠正措施的需求或预防措施的机会，应依据 4.5.3.2 相关要求进行处理。

事件调查的结果应形成文件和保存。

4.5.3.2 不符合、纠正措施和预防措施

组织应建立、实施并保持程序，以处理实际和潜在的不符合，并采取纠正措施和预防措施。程序应明确下述要求：

（1）识别和纠正不符合，采取措施以减轻其职业健康安全后果；

（2）调查不符合，确定其原因，并采取措施以避免其再度发生；

（3）评价预防不符合的措施需求，并采取适当措施，以避免不符合的发生；

（4）记录和沟通所采取的纠正措施和预防措施的结果；

（5）评审所采取的纠正措施和预防措施的有效性。

对于纠正措施和预防措施中识别出新的或变化的危险源，或者对新的或变化的控制措施的需求的情况，程序应要求对拟定的措施在实施之前须经过风险评价。

为消除实际和潜在不符合的原因而采取的任何纠正或预防措施，应与问题的严重性相适应，并与面临的职业健康安全风险相匹配。

对因纠正措施和预防措施而引起的任何必要变化，组织应确保其体现在职业健康安全管理体系文件中。

【理解实施要点】

1. 事故、事件、不符合

GB/T 28001—2011 标准删去了 2001 版标准中的“事故”，将“事故”纳入“事

件”中，因为事故是指已产生了伤害、健康损害等事件，引起事故、事件的原因都会引发不符合。他们之间关系见图 8-15。

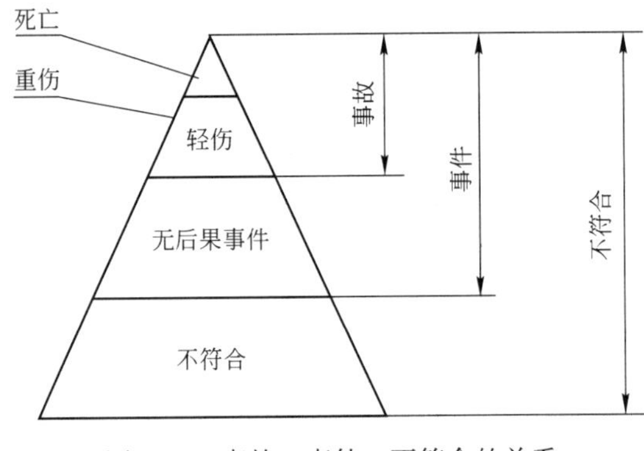

图 8-15　事故、事件、不符合的关系

2. 程序要求

组织应建立事件调查、不符合、纠正措施和预防措施控制程序，内容包括：对事件的调查、记录、分析、处理，以及对不符合的分析、处理、调查及必要时采取纠正措施和预防措施。

3. 调查和处理

针对职业健康安全管理体系活动中出现的事件，组织应进行调查和处理。其内容包括：事件的类型、事件发生的原因、事件的教训及采取的纠正措施预防措施、事件的责任人及其处理、与相关方的沟通。事件调查应：

(1) 及时收集事实和证据；

(2) 分析结果；

(3) 就识别的纠正措施和(或)预防措施的需求进行沟通；

(4) 为危险源辨识、风险评价、应急响应、职业健康安全绩效测量和监视、管理评审的过程。

通过对事故事件原因分析，鉴别出采取纠正措施的需求；鉴别采取预防措施的机会和持续改善的机会并沟通调查的结果。

4. 我国对事故的处理的法规要求

《安全生产事故报告调查和处理条例》要求对事故的处理坚持“四不放过原则”：

(1) 事故原因不清楚不放过；

(2) 事故责任者以及广大职工不受到教育不放过；

(3) 安全措施不落实不放过；

(4) 事故责任者未受到处理不放过。

组织应保留事故处置的有关资料。

5. 不符合、纠正措施和预防措施

不符合是指未满足要求。

(1) 在职业健康安全管理体系绩效方面：

1) 最高管理者未证实其承诺；

2) 未建立职业健康安全目标；

3) 未确定职业健康安全管理体系所要求的职责，如实现目标的职责等；

4) 未定期评价对法律法规要求的合规性；

5) 未满足培训需求；

6) 文件过期或不适宜；

7) 未进行沟通。

(2) 对于职业健康安全绩效方面：

1) 未实施实现改进目标的策划方案；

2) 未持续实现绩效改进的目标；

3) 未满足法律法规或其他要求；

4) 未记录事件；

5) 未及时实施纠正措施；

6) 未处理的疾病或伤害持续保持高比率；

7) 偏离职业健康安全程序；

8) 引入新材料或新工艺时未进行适当的风险评价。

组织应保持不符合的记录，记录包括不符合的描述、性质、采取的措施，以及对措施效果的跟踪验证。组织应建立不符合管理台账，对不符合进行定期分析。对出现的严重的问题，实施这些措施，并对实施的效果跟踪验证。

纠正措施或预防措施的制定应考虑不符合的严重程度和面临的职业健康安全风险，应与问题的严重性相匹配，组织在采取所拟定的纠正措施预防措施前，应对可能面临的新风险进行评价，措施实施的结果应给与评估。措施涉及体系文件变化时，应给与记录、标识、根据新文件执行。

【审核要求】

组织在程序中应规定对事件调查活动的控制要求；对不符合应进行管理，收集并分析不符合信息，必要时采取纠正措施和预防措施，验证措施的有效性。

组织建立事件的管理台账(包括职业病)，保持对事件处置的有关记录。

组织保持不符合记录，记录应包括：事实描述、性质、处理、验证等内容。对出现的不符合信息应进行分析，需要时应采取纠正措施和预防措施。

组织保持采取纠正措施预防措施的评价记录。记录内容包括不符合原因分析、纠正措施或预防措施计划、措施实施情况、措施有效性的验证。纠正措施或预防措施所引起的文件的修订，按文件控制要求进行。

应将采取的纠正措施或预防措施作为管理评审的输入。

要素流程与要点归纳见图 8-16。

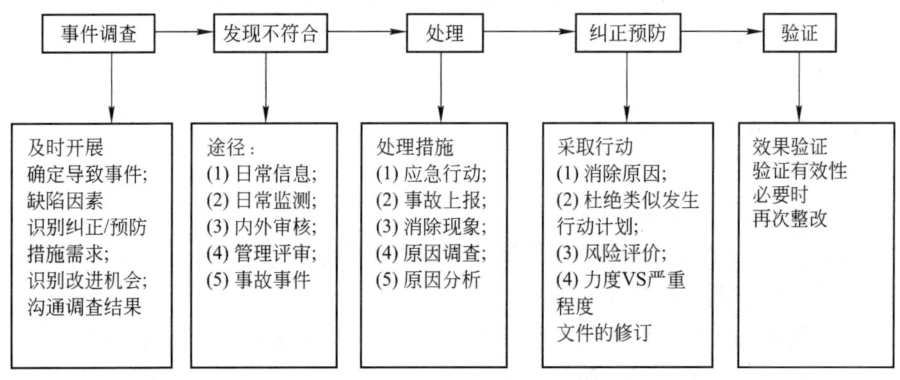

图 8-16　4.5.3 要素流程与要点归纳

4.5.4 记录控制

组织应建立并保持必要的记录，用于证实符合职业健康安全管理体系要求和本标准要求，以及所实现的结果。

组织应建立、实施并保持程序，用于记录的标识、贮存、保护、检索、保留和处置。

记录应保持字迹清楚，标识明确，并可追溯。

【理解实施要点】

记录是阐明所取得的结果或提供所完成活动的证据文件。在职业健康安全管理体系中记录可提供危险源得到有效控制的证据、提供体系有效运行的证据、并作为有追溯性场合以及采取纠正措施和预防措施的依据。标准要求对记录进行程序化管理。

职业健康安全管理体系记录可包括：危险源辨识风险评价及风险控制记录、意识和技能培训记录、安全教育记录、协商交流记录、职业健康安全会议记录、体系运行过程监测记录、健康监测报告、体检报告、安全防护设施管理记录、个体防护用品发放维护记录、应急响应演练报告、事件(包括事故)及跟踪记录、不符合控制记录、合规性评价记录、管理体系审核记录、管理评审报告等。

记录本身应保持清晰、及时、真实，字迹清楚，易于识别。

记录的管理应做好标识、收集、编目、组卷，提供适宜的环境，建立记录保存、使用的管理制度。

在确定适宜的记录控制措施时，组织宜考虑任何适用的法律法规要求，保密问题(尤其与人员有关的保密问题)，储存、获取、处置和备份的要求，以及电子记录的使用。

对于电子记录，宜考虑使用防病毒系统和非现场的备份储存。

【审核要求】

职业健康安全记录是否清晰、真实、及时、完整、有授权人签字。

记录的管理是否分类、标识、收集、组卷、保存、使用、并规定保存期，便于检索和使用。

4.5.5 内部审核

组织应确保按照计划的时间间隔对职业健康安全管理体系进行内部审核。目的是：

(1) 确定职业健康安全管理体系是否：

1) 符合组织对职业健康安全管理的策划安排，包括本标准的要求；

2) 得到了正确的实施和保持；

3) 有效满足组织的方针和目标。

(2) 向管理者报告审核结果的信息。

组织应基于组织活动的风险评价结果和以前的审核结果，策划、制定、实施和保持审核方案。应建立、实施和保持审核程序，以明确：

(3) 关于策划和实施审核，报告审核结果和保存相关记录的职责、能力和要求；

(4) 审核准则、范围、频次和方法的确定。

审核员的选择和审核的实施均应确保审核过程的客观性和公正性。

【理解实施要点】

组织应开展职业健康安全管理体系内部审核活动，全面评价职业健康安全管理体系的符合性、有效性，并作为管理评审的重要输入。审核应按书面规定的程序进行。

GB/T 19011 中所述的基本原理和方法也适用于职业健康安全管理体系审核。组织应对审核方案进行管理，审核方案宜基于组织活动的风险评价结果和以前的审核结果。审核方案包括对审核过程进行策划、实施、监测并改进的全部活动。组织应不断提高审核水平(重点是提高审核员的审核能力)，使审核成为一个增值过程。

组织内部审核的目的：

(1) 判断体系与计划的符合性；

(2) 判断体系与本标准的符合性；

(3) 判断体系是否正确实施保持，体系运行的有效性，实现方针目标的程度；

(4) 向管理者报告审核的结果。

组织针对审核活动进行策划时，应考虑拟审核区域的重要性及以往审核的结果，并确保审核的独立性。

审核组长进行策划并制定审核计划，明确审核准则、范围、方法。审核员按分工范围进行审核前的准备工作。

内部审核活动包括：

(1) 初始审核；

(2) 开展文件评审和进行审核准备；

(3) 实施审核；

(4) 准备审核报告并就其进行沟通；

(5) 完成审核并开展审核后续活动。

审核组长应有效的控制审核的全过程。审核员通过面谈、查阅、观察等方法收集审核证据，并形成审核发现。审核组在对所有审核发现进行汇总、分析后得到审核结论。

审核组应及时向受审核方沟通如下信息：

(1) 审核计划；

(2) 审核活动的状况；

(3) 审核期间引起的任何关注；

(4) 审核结论。

审核计划的沟通可利用首次会议进行。末次会议期间宜报告审核发现和结论。

审核组长应编制审核报告。报告的内容宜清晰、准确和完整。审核报告宜由审核员签署并注明日期。审核报告宜包含下列要素：

(1) 审核目标和范围；

(2) 有关审核计划的信息；

(3) 用于实施审核的依据文件和其他审核准则；

(4) 所识别不符合的详情；

(5) 对于职业健康安全管理体系，任何关于以下方面程度的评价：

1) 符合策划安排的程度；

2）得到合适实施和保持的程度；

3）实现所阐明的职业健康安全方针和目标的程度。

审核的结果宜尽快与所有相关方进行沟通，以使纠正措施得到实施。责任部门应分析不符合的原因，制定纠正措施。

审核组应对纠正措施的实施及有效性跟踪验证。

为确保审核的有效性，组织应对内审员的能力进行管理。

【审核要求】

组织应确保内审活动按程序要求进行。

组织应对审核方案进行管理，并提供策划、实施、监测、改进的记录。

组织应提供审核的文件和资料，包括审核计划、审核检查表及审核记录、不符合报告、审核报告、纠正措施及跟踪验证记录。

组织应提供对内审员能力进行管理的证据。

4.6 管理评审

最高管理者应按计划的时间间隔，对组织的职业健康安全管理体系进行评审，以确保其持续适宜性、充分性和有效性。评审应包括评价改进的可能性和对职业健康安全管理体系进行修改的需求，包括对职业健康安全方针和职业健康安全目标的修改需求。应保存管理评审记录。

管理评审的输入应包括：

1）内部审核和合规性评价的结果；

2）参与和协商的结果(参见 4.4.3)；

3）来自外部相关方的相关沟通信息，包括投诉；

4）组织的职业健康安全绩效；

5）目标的实现程度；

6）事件调查、纠正措施和预防措施的状况；

7）以前管理评审的后续措施；

8）客观环境的变化，包括与职业健康安全有关的法律法规和其他要求的发展；

9）改进建议。

管理评审的输出应符合组织持续改进的承诺，并应包括与如下方面可能的更改有关的任何决策和措施：

1）职业健康安全绩效；

2）职业健康安全方针和目标；

3）资源；

4）其他职业健康安全管理体系要素。

管理评审的相关输出应可供沟通和协商(参见 4.4.3)。

【理解实施要点】

(1) 职责：管理评审是最高管理者的一项重要职责。最高管理者按规定的时间间隔对职业健康安全管理体系进行系统的评价，提出和确定改进的要求(包括方针目标)，并认真落实，以确保职业健康安全管理体系的适宜性、充分性、有效性。

（2）重点：管理评审宜重点关注关于以下方面的职业健康安全管理体系总体绩效：

1）适宜性：有赖于组织的规模、风险的性质等，体系是否适合于组织。由于内外部环境的不断变化，组织的管理体系必须适应这种变化，必要时作出调整；

2）充分性：体系是否充分针对组织的职业健康安全方针和目标，各项措施要充分展开、各项活动是否充分到位；

3）有效性：体系是否正在实现所预期的结果。主要表现为组织实现所设定的方针、目标的程度。

（3）管理评审的频次：最高管理者宜定期(如：每季度、每半年、每年度)开展管理评审，可以以会议或其他沟通方式进行。适当时，职业健康安全管理体系绩效的部分管理评审可更频繁地开展。不同的评审可针对总体管理评审的不同要素。

（4）最高管理者中的被任命者(参见 4.4.1)有责任确保有关职业健康安全管理体系总体绩效的报告被提交给最高管理者，以供其评审。

管理评审输入：

1）应急情况(实际的或演练的)的报告；

2）员工满意度调查；

3）事件统计；

4）执法检查结果；

5）监视和测量的结果和(或)建议；

6）承包方的职业健康安全绩效；

7）所供应的产品和服务的职业健康安全绩效；

8）法律法规和其他要求变化的信息。

也可考虑下列输入：

1）管理者个人关于体系局部有效性的报告；

2）持续进行的危险源辨识、风险评价和风险控制过程的报告；

3）职业健康安全培训计划的完成进展；

4）当前的风险水平和现有控制措施的有效性；

5）资源的充分性(财力、人力、物力)；

6）应急准备的状况；

7）对法规和技术可预见变化的影响评价。

最高管理者在对职业健康安全管理体系作出全面评价的基础上，提出体系改进要求。最高管理者提出的改进要求要落实到责任领导、部门、岗位/人员和时间，主管部门对改进措施的实施情况和有效性进行跟踪和验证，并将结果输入下次管理评审。

【审核要求】

组织对如何开展管理评审活动应作出规定。

最高管理者应主持管理评审活动。评审前应做好充分的准备工作，制定计划并收集评审输入资料。评审时做好记录。评审后编制管理评审报告，明确最高管理者提出的改进要求。对改进的要求要落实并跟踪其有效性。组织应提供上述有关活动内容的记录。

8.7 《职业健康安全管理体系　要求》要素间的相互关系

GB/T 28001—2011 标准的 17 个要素都是有其独立的相互作用。但各要素在体系中的作用是不一样的，有的处于主线，有的起基础和支持性作用，有的是信息源头，有的是过程的输入或输出。各要素之间彼此关联，共同构成系统化的有机整体，在运行中各要素相互配合，前后关联共同发挥整体作用。因而了解他们之间相互关系对更好理解标准建好体系是十分必要的。

1. 危险源辨识、风险评价和控制是 OHSAS 标准的管理核心

实施职业健康安全管理体系的目的在于对危险源的风险进行控制，使风险降至最低，从而实现事故预防和持续改进。因此，对全面辨识危险源，准确评价风险是体系建立、实施和保持的基础。对具有不同等级风险性质的危险源控制成为整个体系的管理核心，也是构成体系的一条重要主线。其他要素均是对体系主线的支持。

在策划阶段，通过对组织危险源全面辨识和风险评价，确定出生产、活动和服务中危险源(4.3.1)，根据企业危险源性质识别适用的法规和其他要求(4.3.2)，制订方针(4.2)、目标和管理方案(4.3.3)。其中心工作是确定控制对象。

在实施阶段，以运行控制(4.4.6)、和应急准备和响应(4.4.7)为控制手段，在其他 5 个要素是支持配合下，确保有效运行。中心工作是对危险源带来的风险进行有效控制。

在监测和改进阶段，通过日常检查、定期内审和管理评审(4.5.1、4.5.5、4.6)三级监控机制的作用发挥，发现问题及时改正，实现对体系、绩效的有效改进，中心工作是监控较高风险等级的危险源是否得到有效控制。

2. 法规和其他要求的识别获取及对其遵循情况评价，构成体系标准的第二条主线

和 GB/T 19001 标准不同，GB/T 28001 标准的关注焦点在于“人”和对人在生产中的健康安全的保护，这涉及诸多法律问题，法律法规在体系标准和体系中占有特殊重要的基础地位，它作为体系策划的输入基础要素(4.3.2)和体系运行过程和绩效结果是否满足法规要求的评价(4.5.2)以及在识别评价危险源、确定方针、目标、方案、实施与运行等要素中均渗透着对适用法规和其他要求，成为判别体系好坏的重要依据，因而，他是构成体系标准的第二条主线。

GB/T 28001—2011 标准中两条主线及各要素之间的关联关系见图 8-17。

“方针”是体系的宗旨、方向和总目标的原则声明。

“4.2 方针”占有重要的地位，它阐明了体系的宗旨、方向和总目标，明确表明组织对事故预防、持续改进和守法的承诺，也是对外展示自身安全文明生产形象的载体。

“管理方案、运行控制、应急准备与响应”是控制风险的三条主要途径。

标准中“4.3.3、4.4.6、4.4.7”三个要素专司对危险源/风险的控制，其中：

1) 管理方案(4.3.3)：是实现目标的行动计划，以消除或降低各类危险源的风险为主要对象；

2) 运行控制程序(4.4.6)：是针各类危险源的各种风险，正常活动和相关方活动；

3) 应急准备和响应(4.4.7)程序：是针对异常、紧急和潜在活动的风险。

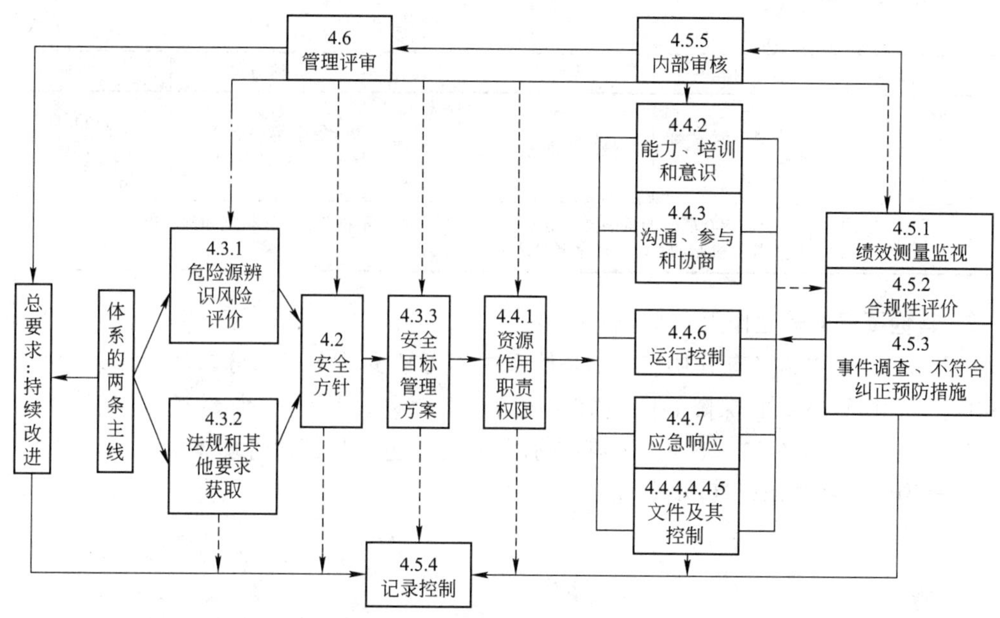

图 8-17　职业健康安全管理体系要素间逻辑关系

明确“4.4.1 资源、作用、职责和权限”是实施 OHSAS 的必要前提。

“三级监控系统”是体系有效运行的保障。

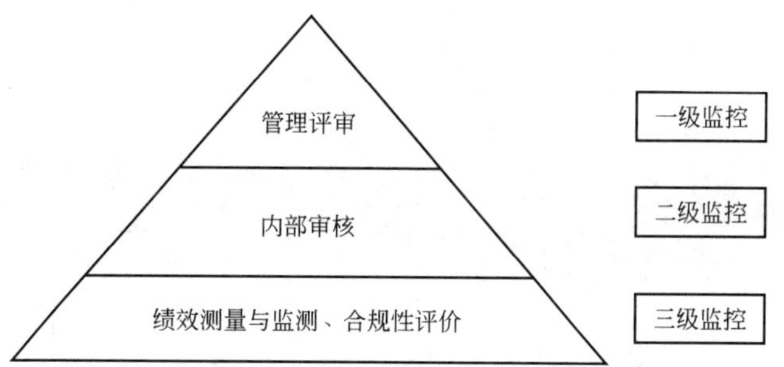

标准中“4.5.1/4.5.2、4.5.5 和 4.6”有 4 个要素专司监控职责，具有独立发现问题、解决问题的功能，形成严密的三级监控系统，构成体系的监控改进机制，使体系具有“自我约束、自我调节和自我完善”的“三自”机制。职业健康安全管理体系的“三级监控”机制中，要素之间的关系见表 8-3。

职业健康安全管理体系“三级监控”机制的要素构成及作用　　表 8-3

级别	要素	监测内容	监测人	频次	监测方式	性质
1 级	4.5.1	主动(4 项)+被动	一般管理人员	例行	日常检查，发现问题及时解决	符合性
2 级	4.5.2	行为和绩效结果是否合规	主管领导、主要职能部门	定期	日常检查与集中评价	符合性
	4.5.5	职业健康安全管理体系	主管领导、管理者代表 内审员	定期	集中发现问题集中解决	符合性 有效性

续表

级别	要素	监测内容	监测人	频次	监测方式	性质
3级	4.6	职业健康安全管理体系	最高管理者	定期	集中解决管理层中无力解决的问题	适宜性 有效性 充分性
说明	1.“三级监控”机制内在联系的桥梁要素是“4.5.3事件调查、不符合、纠正措施和预防措施”； 2.支持“三级监控”机制的基础性证据要素是4.5.4记录。					

3. 其他要素的管理作用

标准的17个要素各有其功能，都是体系中不可缺少的组成部分，都为体系的有效实施和保持提供了必要的保障。除上述介绍的11个外，其余6个要素(4.4.2、4.4.3、4.4.4、4.4.5、4.5.3和4.5.4)都具有较强的管理特色，是其他管理体系所共有的，因此可以整合为多体系共用要素/或过程。

第 9 章　一体化管理体系文件编制

9.1　编制一体化管理体系文件的目的

国际标准化组织（ISO）在其颁布的质量、环境管理国际标准中，都强调了文件的价值和作用，指出组织建立管理体系必须文件化，并明确规定了体系文件的类别、形成文件程序的准则等。一体化管理体系是系统化、结构化、制度（程序）化的管理体系，它采用 PDCA 循环的科学的管理模式，是以文件为支持的管理制度和管理方法的体现。虽然，文件形成本身不是目的，但它是一项增值的活动。

文件的价值在于：能够沟通意图、统一行动，具有重复性和可追溯性，并提供客观证据。

一体化管理体系文件是组织进行策划、管理和运作的基础性文件，是以多层次文件式对管理体系的范围、运行准则进行充分的描述，其目的是使组织的管理手段和方法制度化/程序化、系统化、法制化，使各项管理活动“有法可依”，从而提高组织的管理水平和管理效率，这无疑是一项具有高增值的且动态的活动，也是建立一体化管理体系的目的之所在。

9.2　编制一体化管理体系文件的作用

一体化管理体系文件的作用主要有：

(1) 阐明组织的管理宗旨、方向、目标和承诺；

(2) 提供明晰的工作规范和运行准则。体系文件能传递信息、沟通意图、规范管理、统一行动，是《规范》/标准要求与企业实际相结合的产物，是企业内部的法规；

(3) 能为企业管理提供增值。体系文件是管理体系实施、保持与改进的载体与手段，是一种资源，文件编写过程是一项管理增值的活动；

(4) 是员工培训和运作的依据。能提供培训的教材，使员工了解其职责和工作重要性，通过体系文件可以共享企业乃至社会的知识和经验；

(5) 可向相关方证明组织的管理能力。文件能提供要求已被满足的证据，是体系运行和评价的依据，具有可重复性和可追溯性；作为客观证据，企业还可向相关方和认证机构展示和证实管理体系得到建立并运行，是评价体系符合性、适宜性的依据；

(6) 具有能满足法规和工程建设相关方要求并实现持续改进的作用。

9.3　一体化管理体系文件的特点

1. 法规性

体系文件是组织依据质量、环境、职业健康安全标准并结合组织的实际情况而编制的。

文件规定了组织的方针目标，各项活动的运行准则。体系文件一经最高管理者或其授权人批准发布，它在组织内部的地位即已被确定，具有法规效力和强制的约束力。文件写到的应该做到，各级员工都要执行，从而实现有法可依，有章可循。

2. 系统性

一体化管理体系是由多个管理体系要素共同构成的有机整体。每一个程序文件都是描述体系要素中一个在逻辑上独立或一组相关的活动。不同层次不同类别的文件构成一个文件系统。一个组织的所有文件是在统一指导思想、统一规划下制定的，这反映了体系文件的整体性和系统性。

3. 证实性

由于体系文件规定了各项活动要求、控制标准、记录方式，体系运行中可据此进行检查和考核，从而为管理体系提供了活动过程和结果的证据。

4. 动态性

体系文件的编制和使用是一个动态的、不断完善的过程。根据新的情况和需要，经常对文件进行修改和补充，以适合于操作。这一过程充分体现了文件与实际的逐渐磨合，也体现了与标准的符合性。

9.4 管理体系文件编制的一般要求

一体化管理体系文件应充分体现上述特点，并达到以下 5 方面的要求。

1. 符合性

即内容要符合“三体系四标准”的要求和本组织特点。

编制一体化管理体系文件应做到“两符合”：一要符合 GB/T 19001//GB/T 50430(除合理的删减以外)、GB/T 24001、GB/T 28001 标准的所有要求。上述四个标准是组织建立一体化管理体系的依据，必须深刻理解标准条款的涵义，转化到体系文件中去，不要回避和遗漏。二要符合组织的特点。由于标准的适用范围很广，标准本身只提出一些基本要求，而组织的情况千差万别，因此，组织应根据本行业特征和自身的质量、环境、职业健康安全管理实际情况进行策划。

2. 层次性

即通过一定的结构形式，表达和体现文件的层次性。它反映在文件与文件之间和上下左右关系，也反映在每一个文件内的章、条、段的安排上层次分明性。通过不同层次文件，清楚反映体系的层次和接口，做到：层次清楚、接口明确、协调有序、规定统一，构成有机的文件化整体。

3. 协调性

文件与文件之间接口明晰，职责分清，协调有序，上下呼应，互不矛盾。同一层次文件之间或不同层次文件之间在职责、要求方面要一致，上下层次文件应连贯、衔接应对应。

4. 适宜性与可操作性

文件应主题清晰、明确，内容针对性强，简明扼要，通俗易懂。要做到内容与实际紧密结合。一是要适合企业的规模、产品、服务、活动和过程的复杂程度和人员能力特点，不能照搬照抄标准或他人文本；二是内容要符合企业实际，写、做一致，有指导性、可操作性、便于实施与检查。

5. 数量的最小化

在满足上述要求和确保有效性前提下做到文件数量的最小化。只要过程/要素得到有效控制，文件数量和内容应达到越少、越精越好。文件的内容要完整，条理清晰，语言表达力求简练，用词准确。

9.5 获证组织在贯彻《规范》进行质量管理体系文件转换的基本原则

组织在文件编写前，首先应明确获证组织贯彻 50430《规范》如何转换与编制管理体系文件应遵循的基本原则，主要有：

1. 坚持评审与策划在先的原则

在对《规范》培训理解基础上，应对现有体系文件进行全面且系统评审，主要评审原有体系文件与《规范》要求相比较是否存有“不同、缺失、偏离”之处，找准改进点并策划转换方案。应重点关注：对《规范》明示的 16 处建立质量管理制度、5 处质量管理制度执行文件和 45 处文件记录要求的符合程度。

2. 确立“1+1 原则”的正确转换思路

根据“两部委 21 号公告”精神，施工企业按照《规范》的要求建立的质量管理体系，如果经审核证实满足了《规范》的所有要求，就可以颁发同时带有 ISO 19001 和《规范》标志的认证证书的要求，文件转换原则上依照《规范》要求进行，特别是要重视《规范》在《标准》基础上新增加和扩展的行业化和适用法规的要求。由于《规范》发布于 2007 年，某些地方尚不能完全充分覆盖 GB/T 19001—2008《标准》的要求，因此，凡在《规范》规定不够明确或不尽充分的条款要按照 GB/T 19001—2008《标准》要求执行，就是建立“以规范为主，以标准为辅，体现 1+1 原则”的文件转换思路。

3. 要重视《规范》中适用法律法规的要求，特别是五处“依法”的相关的要求

此项精神在文件编写中应作为编制依据，对相关适用要求加以体现或引用。此部分内容参见本教程第四章附件《〈规范〉引申的相关法规要求》。

4. 对原有体系文件的处置方案

经评审，对原有体系文件可按以下三种不同情况分别处置：

（1）更名保持

原有文件中，有些与《规范》基本一致且没有新要求的，可直接转换格式/或更换名称后使用，如记录、内审、纠正与预防措施控制程序等；

（2）修改修正

《规范》有新要求但增加内容较少的，在原文件基础上加以修订，如文件、监视测量设备控制程序等；

（3）新编

《规范》有新要求或现有文件与规范要求差距较大/或缺失/缺少的都要编制新的文件。如：质量目标管理制度、施工机具管理制度、员工绩效考核制度等。

9.6 管理体系文件的构成及编写次序

1. 管理体系文件的构成

《规范》第 3.3.3 条规定："施工企业应建立文件化的质量管理体系"。质量管理体系文件应包括：

(1) 质量方针和质量目标；

(2) 质量管理体系的说明；

(3) 质量管理制度；

(4) 质量管理制度的支持性文件；

(5) 质量管理的各项记录。

对上述 5 项要求仍可将管理体系文件的结构划分为三个主要层次：

(1) 第一层

第一层文件指《规范》要求的质量管理体系的说明(或 ISO 9001 标准要求的质量管理手册)，可包含形成文件的"三体合一"一体化管理方针与目标。

(2) 第二层

第二层次文件指《规范》要求的质量管理制度/或 ISO 9001 标准要求的形成文件的"程序文件"。它是第一层次的支持性文件，是体系文件最重要最核心的部分。实施(1+1)后，应同时满足《规范》明示规定的 16 处管理制度及 ISO 9001《标准》要求的 6 个程序文件(如：文件控制程序、记录控制程序、内审控制程序、不合格品控制程序、纠正措施控制程序和预防措施控制程序)的要求，以及其他为防止偏离管理方针/目标而策划的其他管理制度/或工作程序。这些制度/或程序可单独编写，也可以以过程为对象归类合并后编写。

(3) 第三层

第三层次文件又叫管理制度的支持性文件。它是对第二层次文件的支持性文件，如：管理办法、规定、方案、指导书和记录格式(表单)等。

三者之间关系见图 9-1。

2. 管理体系文件编制次序

管理体系文件的编制次序可分为自上而下、自下而上或从中间向上下展开 3 种方式。各有利弊，较为常用的为第一种，即自上而下的编写方法，它是按管理方针→管理手册→管理制度/(或程序文件)→作业文件→记录表单等的顺序编写。其优点是有利于上、下文件的衔接，层次明确。缺点是，对编写人员素质要求高且需要反复修改，耗时较长。

根据《规范》新要求，建议采用先编制度后编手册的办法较为适宜。

组织体系文件编制小组应依据对组织结构与职能分配表策划的结果和文件评审后的文件编制计划，开展体系文件的编写工作，编写人员应以体系推进部门为主，吸收其他职能

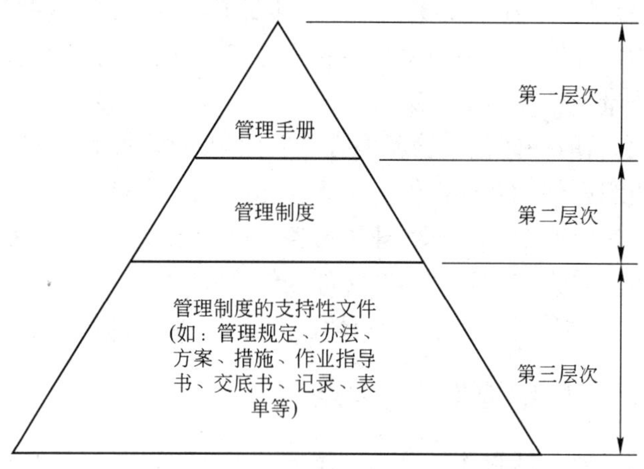

图 9-1 管理体系文件结构图

部门骨干(最好是取证的内审员)共同编写。为确保不同专业/不同标准要求都得到满足，编写小组要吸收质量、环境、安全三方面专业管理人员参加。

9.7 管理手册的编写

9.7.1 管理手册的涵义

管理手册是阐明组织的管理方针和目标，描述管理体系的范围，并向组织内部和外部提供关于管理体系一致性信息的文件。

管理手册系统又纲领性地阐述了组织的质量、环境、职业健康安全管理体系各个过程之间的相互关系，反映组织一体化管理体系的总貌。

管理手册为编制制度文件提供依据或被其引用。管理手册可以是制度文件的汇编，也可以是针对特定的设施或职能、过程或合同要求的一系列核心文件的组合。

9.7.2 《规范》/《标准》对管理手册的编制要求

GB/T 19000—2008 标准 2.7.2 中规定，向组织内部和外部提供关于质量管理体系符合性信息的文件，称为质量手册。

《规范》规定，质量管理体系说明中“应表明质量管理体系的总体概况，用于对内管理或对外声明的需要”。内容应包括：质量管理体系的范围、各项质量管理制度(或引用)，各项质量管理活动之间相互关系、相互影响的说明。它可采取适宜的方式和结构，可单独形成文件，也可与其他文件合并。因此，《质量管理手册》或《质量管理体系说明》，是 GB/T 19001 标准和 50430《规范》两种不同的称谓。如单独建立质量管理体系的组织可设为《质量管理体系说明》，它可以是对过程识别及对其相互关系与作用的识别结果而形成的若干管理流程、过程之间关系图、表单加若干说明来构成。这种方式的优点是第一层次文件可特别简单，缺点是不利于对其他管理体系要求的整合。

GB/T 24001—2004 和 GB/T 28001—2001 都要求，体系文件应描述："管理体系的核心要素及其相互作用，并提供查询相关文件的途径。"为便于与 E/S 管理体系要求的有机整合，可仍采用《质量管理手册》的编写模式。

"三体四标"整合后的一体化"管理手册"应阐明组织的管理方针和目标，描述管理体系的范围，并向组织内部和外部提供关于管理体系一致性的信息，应系统又纲领性地阐述组织的质量、环境、职业健康安全管理体系各个过程之间的相互关系，反映组织一体化管理体系的总体概貌，并为查询管理体系文件提供途径。

下面介绍 QES"三体四标"整合后一体化《管理手册》的编制模式及编制要求。

9.7.3 管理手册的一般结构及编写要点

管理手册的结构主要包括封面、目录、概述、正文和附图、附表等部分组成。

1. 手册封面

应有组织名称、手册名称、版本号、受控状态/受控号、发布日期、实施日期等。

2. 手册目录

应列出手册各章节号名称、对应页码，便于查阅。

3. 概述部分

概述部分内容包括：

(1) 前言。

(2) 手册发布令：应有最高管理者亲自签署的手册发布令，并应清楚表明对其评审、批准和修订状态及日期。

(3) 管理者代表任命授权书。

(4) 管理方针、目标发布令：应有对方针/目标的内涵解释或说明。

(5) 组织简介：简要介绍本企业下述信息：名称、规模、成立与发展历史、行业中地位、资质及主要产品、主要设备装备能力、业务及市场占有、所取得的主要业绩及工程产品和企业获奖、管理体系发展(如三体系建立及认证状况)、办公地点及详细联系方法等信息。

(6) 管理体系覆盖范围及对质量管理体系删减说明：应说明管理体系依据的标准及覆盖范围(包括：产品/过程/活动/服务范围、组织范围、地域和工作场所范围等)；如对《规范》10.3 节施工设计不适用的组织，可声明本节不予约束或明示予以删减，但应对删减该条款及其理由加以说明。

4. 正文部分

管理手册正文部分主要是对管理体系主要活动(过程)/或要素及其相互作用的描述，它是手册编写的主题，是手册中最重要的核心内容。要做到：

(1) 手册对该部分描述应能同时满足所选体系标准的相应要求，当对"三体系"整合时应以描述 QMS 的活动(过程)要求为主线，适当插入 EMS 和 OHSMS 的相应要求的内容，形成巧妙的有机结合，以确保管理手册同时满足并覆盖三个体系标准的所有要求，不能顾此失彼。

(2) 在对 QMS 描述时，存在以哪个标准为主的问题，本章"10.5.2"中已明确回答了这个问题。手册应建立以《规范》要求为主的架构，当《规范》对某项要求不尽详尽/或充分时应采用“标准”的要求，实现“1＋1”。鉴于《规范》对“质量管理体系说明”的要求，凡是对质量管理活动/或过程策划有相应的管理制度的，管理手册可只做简要说明或直接引用该“制度”。

（3）简要说明的重点是对某项 QMS 活动/或过程与其他相关的活动/或过程要求之间的关系和相互作用的表述，即要表明他们之间的接口关系，以防范管理风险，为管理水平提高带来增值。对于小型企业，可以将各项管理制度直接插入手册中。

管理手册正文部分主要内容，参见示例 9-1。

示例 9-1　一体化管理手册的正文内容

一体化管理手册（正文）

1. 总则

包括：管理体系的目的、范围、引用的标准文件。

2. 术语、名词解释和缩略语

应注明手册中使用的术语所依据的标准、本行业、企业的特有的专业术语并进行定义或说明，缩略语代表的函义。

3. 管理体系的基本要求

可说明管理组织的方针目标及体系的策划、建立、实施、检查和改进的总体要求等。可结合 ES 体系标准中对环境因素/危险源的识别评价、适用法规和其他要求识别、获取、更新以及管理方案策划的总体要求，可引用相关程序/制度加以说明等。

4. 组织机构和职责

可简要说明本组织的结构形式、管理层次，各级层次与岗位的管理职权的原则规定，引出组织结构图、职能分配表和各级人员岗位职责与权限规定的相关文件；并应说明资源配置、内外部信息交流与沟通的原则要求和方法，引用相关的管理制度。

5. 人力资源管理

可简要说明本组织人力资源的配置原则，岗位任职能力条件、人力资源发展规划、培训与能力意识教育等制度及其支持性文件，并说明和其他管理过程之间关系与作用等。

6. 施工机具管理

可简要说明施工机具管理范围、职责及总体要求，管理制度及其支持性文件，并说明和其他管理过程之间关系与作用等。

7. 投标及合同管理

可简要说明投标及合同管理的职责及总体要求，管理制度及其支持性文件，并说明和其他管理过程之间关系与作用，并说明查找与工程建设有关方沟通协商规定文件的途径等。

8. 建筑材料、构配件和设备管理

可简要说明建筑材料、构配件和设备管理范围、职责及总体要求，管理制度及其支持性文件，并说明和其他管理过程之间关系与作用等。

9. 分包管理

可简要说明分包管理范围、职责及总体要求，管理制度及其支持性文件，并说明和其他管理过程之间关系与作用等。

10. 工程项目施工过程管理

可简要说明工程项目施工过程管理范围、职责、流程及总体要求，管理制度及其支持性文件，并说明和其他管理过程之间关系与作用；说明规定环境与职业健康安全体系运行控制、应急准备与响应等运行准则的相关制度/程序及其支持性文件等。

11. 施工质量检查与验收

可简要说明施工质量检查与验收管理范围、职责及总体要求，管理制度及其支持性文件，并说明和其他管理过程之间关系与作用；环境与职业健康安全体系的监测发现问题的纠正要求等。

12. 质量管理自查与评价

可简要说明质量管理自查与评价的范围、职责及总体要求，管理制度及其支持性文件，并说明和其他管理过程之间关系与作用等；环境与职业健康安全绩效的监测及其形成的制度/或程序可整合在本章并在手册中加以引用。

13. 质量信息和质量管理改进

可简要说明质量信息和质量管理改进的管理范围、职责及总体要求，管理制度及其支持性文件，并说明和其他管理过程之间关系与作用等；可将 ES 体系的改进要求、纠正和预防措施的要求整合于此，并对相关文件加以引用。

14. 附表/或附录：主要有：

(1) 组织的质量管理过程及相关与作用图；

(2) 组织的产品实现过程主要业务流程图；

(3) ES 体系运行模式图；

(4) 组织的组织结构图；

(5) 组织的管理职能/职权分配表；

(6) 组织的管理制度一览表；

(7) 组织管理制度的支持性文件一览表；

(8) 需要说明的其他信息等。

9.8 管理制度/(或程序文件)的编写

9.8.1 管理制度编写基础

1. 程序的概念

程序是“为进行某项活动或过程所规定的途径”。程序可以形成文件，通常称为“书面程序”或“形成文件的程序”。也可以不形成文件，即所谓口头程序。凡含有程序的文件可称为“程序文件”。

程序的定义中所指的“规定的途径”，也可以理解为：为了完成某项活动所规定的

“方法”。如果把这些活动的方法和要求写成了文件，就成为程序文件。

程序文件的内容通常包括活动的目的、范围、职责、程序和方法，回答可操作性的问题。

2. 程序文件的作用

(1) 程序文件是管理手册的支持性、基础性文件，是管理体系策划的内容之一。

(2) 程序文件是组织正式发布的文件，具有约束力。应用程序文件能使管理规范化、系统化。

(3) 执行程序文件，能恰当而连续地使各项管理活动处于受控状态。

(4) 程序文件可作为验证、审核管理活动的依据。

(5) 程序文件具有针对性和可操作性，各项要求明晰，职责分明。

(6) 能使管理体系具有预防控制和纠偏的能力。

3. 程序文件结构层次

结构和编写规则。程序文件的结构可划分为章、条、段、列项、附录等层次。

(1) 章。“章”是程序文件内容划分的基本单元，用阿拉伯数字从 1 开始编号，“章”应有标题。

(2) 条。“条”是章的细分，用阿拉伯数字编号，需要时最大可分 5 层，如 5.1，5.1.1，5.1.1.1，5.1.1.1.1 等。但一般不宜超过 3 层。应注意，同一层次中有两个以上的“条”才可设“条”。“条”应给出标题。

(3) 段。“段”是“章”或“条”的细分，不编号，但不应出现悬置段，以避免引用此段时产生混淆。如：

1　标题

　1.1　标题

……

　　1.1.2　标题

(4) 列项：由一个句子引出下列平行的分行语句。分行前应加破折号或圆点。如需要识别时则使用带半圆括号的小写拉丁字母序号。在字母形式的列项中，如需进一步细分则应用带半圆括号的阿拉伯数字序号，如：

a)；

b)。

　　1)；

　　2)。

(5) 附录：“附录”为可选要素。“附录”分为“规范性附录”和“资料性附录”，规范性附录与正文同等效力，必须执行。资料性附录属参考性质。附录以 A，B，C……编号。

4. 程序文件内容

(1) 程序文件概述部分内容

1) 版面：采用 A4 幅面。

2) 封面：组织标志、名称、文件名、编号、版本号、受控号、发布日期、实施日期。

3）目次：目次是可选要素。目次内容顺序是：

A. 前言；

B. 引言；

C. 章；

D. 条；

E. 附录。

4）前言：前言是必备要素，每份程序文件均应有前言。前言不包含要求。前言中给出文件的来源、与前版文件的变化或代替情况、附录的性质、文件编制人、审核人、批准人。

5）引言：引言是可选要素。如果需要，引言给出编制该程序的原因，有关文件的技术内容的特殊信息或说明。引言不包含要求。引言不编号，如需要对引言分条时，条的编号为 0.1，0.2 等。

6）名称：名称是必备要素，置于文件的封面和正文首页。名称是程序的主题，应力求简练。

（2）程序文件正文内容

1）目的和适用范围：

是必备要素。阐明该程序的目的、意图、对象，适用哪些过程、产品、活动和部门，以及不适用的界限。

2）规范性引用文件：

可选要素。需要时，引用国家、行业、地方标准及组织内部的体系文件。

3）术语和定义：

可选要素。标准已定义的一般不再列入，根据需要可增加本组织常用或专有术语。

4）职责与权限：

明确实施本程序的归口管理部门、协作部门及其职权与相互关系。

5）要求：为必备要素(除附录外)，包括：

管理内容和方法：这是程序文件的主体。应按管理活动的逻辑顺序(管理流程图)，一步一步列出并描述此项活动的内容。二级标题可按策划(P)、实施(D)、检查(C)、改进(A)顺序排列。

6）相关/或支持性文件：

列出与该程序文件相关的作业指导书、操作规程、运行标准、工艺卡等支持性文件，以便于查询。

7）记录：

列出执行该程序的过程和结果应产生的记录名称、编号。

9.8.2 管理制度与程序文件的关系

GB/T 19000—2008《标准》第 3.4.5 对“程序”的定义为：“为进行某项活动或过程所规定的途径。”程序可以形成文件，也可以不形成文件。当形成文件时，通常称为“书面程序”或“形成文件的程序。”含有程序的文件可称为“程序文件”。程序文件是以文件的形式将进行某项管理体系活动或过程所规定的途径的描述，是体系的第二层次文件。为进行某项活动或过程“所规定的途径”应包括：做什么(What)、为什么要做(why)、谁去做(who)、何时做(when)、在哪做(where)、如何做(How)及做到什么程度等内容，简称为“5W2H”。因此，“所规定的途径”可归纳为做事的步骤、方法和职责。

《规范》对“质量管理制度”定义为：“按照某些质量管理要求建立的、适用于一定范围的质量管理活动要求。质量管理制度应规定质量管理活动的步骤、方法、职责。”

通过对上述两个定义认真比较不难发现，“程序”和“制度”在本质上是一致的。因此，这里讲的“质量管理制度”就是“ISO 9000 标准”中“程序”的本土化称谓。但区别在于：“程序”可以形成文件，也可以不形成文件，而《规范》中术语“质量管理制度”明确一般应形成文件，这是基于对建筑施工行业本身特殊性所要求的。

所以，“质量管理制度”可理解为“形成文件的程序要求”。

9.8.3 管理制度的作用

质量管理制度是能提供使过程能始终如一完成信息的文件，也是总结质量管理实践经验的结晶，所规定活动的方法应是恰当和有效的，只要连续地按质量管理制度执行，便可排除人为的随意性，连续地保持各项质量活动的有效性，恰当而连续地控制各项质量活动；同时，质量管理制度明确规定了每个活动过程的输入、转换、输出，以及活动之间的接口关系，而且事先对失控时的纠正方法和预防措施做了安排，减少了发生质量问题的风险，确保整个体系运行具有最佳的秩序和最佳的效果，使质量管理体系具有预防控制和及时纠偏的能力。

管理制度上承管理手册，下接作业文件，它通过对管理体系过程的策划，将管理手册规定的要求进行具体展开，成为管理体系说明的支持性文件。在管理体系文件中，管理制度起到主体作用，在合同环境下，管理制度还可作为对外承诺和证实管理体系的符合性、有效性的证据之一。

9.8.4 管理制度文件的多少

在 GB/T 19001—2008 标准中只有 6 个要求形成文件的程序，对其他过程的控制途径，企业可以依据自身特点，可以单独编制程序文件，也可以直接在管理手册中加以描述。

在 50430《规范》中明确规定了 16 处应建立质量管理制度的要求。

在 GB/T 24001—2004 标准中有 11 处程序文件的要求，其中第 4.4.6 条中要求：建立、实施并保持一个或多个形成文件的程序，以控制因缺乏程序文件而导致偏离环境方针、目标和指标的情况。

在 OASAS 18001—2007 标准有 14 处程序文件的要求，其中第 4.4.6 条中要求：“对于这些运行和活动，组织应实施并保持：... d)形成文件的程序，以避免因其缺乏而可能导致偏离职业健康安全方针、目标的状况。”

也就是说，对于因缺乏形成文件的程序而可能导致偏离职业健康安全方针、目标的运行情况时，应建立并保持形成文件的程序。

因此，确定“三合一”管理体系中管理制度/程序文件的多少取决于以下诸方面考虑：

(1) 应同时满足上述三个管理体系，四个认证标准中对形成文件程序的数量要求。

(2) 要确保所有需要重点控制的过程受控。

(3)《规范》中这些管理制度控制的对象都是质量管理的关键过程、特殊过程和重要过程；对于E/S体系，凡是涉及重要环境因素/重大危险源和风险控制的过程/活动和服务都要有相应的控制文件，以防止偏离方针与目标。

(4) 要适合企业的具体情况。如产品/服务的类型、过程复杂程度、人员能力、设备设施和规模等特点。

(5) 充分发挥对多体系整合的优势，使三体系通用制度/或程序合并，二体系共用制度/程序合一，使单体系专用文件数量最少。下列制度/程序为三体系所通用，可以合三为一，如：文件、记录、内部审核、人力资源、信息交流与沟通、不合格事件、纠正措施、预防措施、管理评审控制等；而法律法规和其他要求控制、绩效监测控制、合规性评价控制、应急准备与响应控制、消防安全控制等制度/程序为环境管理体系与职业健康安全管理体系两者共用而二合一。QES三体系通用与共用关系整合示意见图9-2。

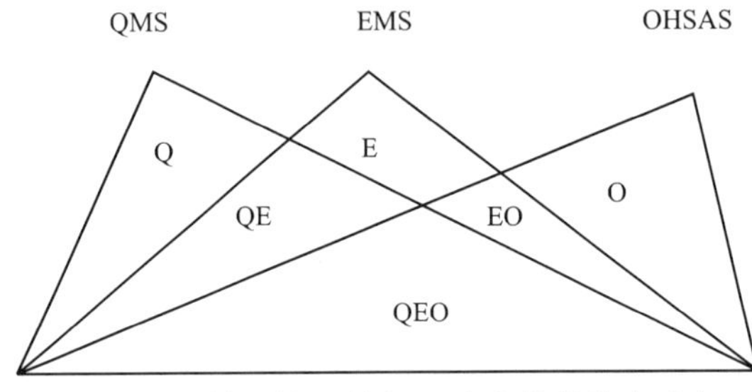

图9-2　一体化管理制度/程序文件的整合示意

在上述考虑基础上，应关注GB/T 19001—2008标准4.2.1条的注：“一个文件可包括一个或多个程序的要求。一个形成文件的程序的要求可以被包含在多个文件中。”

总之，要优化体系文件内容与结构，要最大限度地实现Q/E/S文件兼容，按有效性和效率要求使文件数量尽可能少，尽量增加“三合一”的通用文件或“二合一”的共用文件数量，凡是管理对象相同、相似的过程/活动尽量采用通用、共用制度文件，将专用文件数量减至最少。

示例9-2给出了东方建设公司按照上述要求策划的一体化管理体系管理制度一栏表，供参考。

示例9-2　东方建设公司“三体四标”整合一体化管理体系管理制度

序号	制度名称	对应的规范标准要求/要素	说明
1	目标管理制度	3.2.4/Q5.4.1E/S4.3.3	
2	文件记录管理制度	3.5Q4.2.3/4，E/S：4.4.5、4.5.3	
3	环境因素识别管理制度	E4.3.1	
4	危险源辨识评价与风险控制管理制度	S4.3.1	
5	法律法规及其他要求识别获取与合规性评价管理制度	3.5.2，12.2.1Q5.1；E/S4.3.2；E/S4.5.2	
6	协商沟通与信息交流管理制度	4.3Q5.5.3；E/S4.4.3	

续表

序号	制度名称	对应的规范标准要求/要素	说明
7	人力资源及员工绩效考核管理制度	5.2.3Q6.2E/S4.4.2	
8	施工机具管理制度	6.1.1Q6.3；E/S4.4.1	
9	检测设备管理制度	11.5，Q7.6；E/S4.5.1	
10	工程项目投标及工程承包合同管理制度	7.1.1Q7.2..1/2	
11	建筑材料、构配件和设备管理制度	8.1.1Q7.4，7.5.3/4/5；E/S4.4.6	
12	分包管理制度	9.1.1Q7.4，7.5.1，8.2.3；E/S4.4.6	
13	工程项目施工质量管理制度	10.1.1Q7.1，7.5.1/2/3/5；E/S4.4.6	
14	环境保护管理制度	E4.4.6	
15	施工现场安全生产管理制度	S4.4.6	
16	应急准备与响应管理制度	10.2.3，10.5.1；E/S4.4.7	
17	施工质量检查制度	11.1.1Q7.5.1，8.2.4	
18	试验、检测管理制度	11.3.1Q8.2.4	
19	质量问题处理及质量事故责任追究制度	11.4，Q8.3	
20	质量管理自查与评价制度	12.1.1；Q8.2.3	
21	内部审核制度	12.2.3/4/5；Q8.2.2；E/S4.5.5	
22	对工程建设有关方满意度调查制度	12.2.6；Q8.2.1	
23	ES绩效测量管理制度	E/S4.5.1	
24	质量信息管理和质量管理改进制度	13.1.2，13.2，13.3；Q8.4，8.5	
25	纠正及预防措施制度	13.3.1；Q8.5.2/3；E/S.4.5.3/2	
26	管理评审制度	13.2.4；Q5.6；E/S4.6	

9.8.5 管理制度文件的通用结构与基本内容要求

封面与标题：管理制度形成文件汇编后应有统一的企业标志、名称、版本号、受控号、发布与实施日期。

正文中制度汇编发布令，统一明确依据的规范标准和引用的术语等。

对于每项管理制度文件的通用结构与基本内容的编制格式如示例9-3。

示例9-3　管理制度的通用结构

管理制度的通用结构

（1）目的和适用范围

阐明该制度编制的目的及适用的产品/组织/场所/活动范围，以及不适用的界限。

（2）编制依据/或引用文件(有特殊需要时)。

（3）职责和权限

此项应明确与本制度制订与实施相关的各层次职责与权限和相互关系等内容。

（4）管理要求

这是管理制度的主题。应按管理活动的逻辑顺序，一步一步列出并描述此项活动的5W2H内容。二级标题可按策划(P)、实施(D)、检查(C)、改进(A)模式排列。

（5）制度的支持性文件(或相关文件)

此处可明确对本制度有直接支持作用的有哪些文件，被引用的支持性文件应有惟一性编号作标识。

（6）记录

应明确本制度在实施中应形成的证据性、可操作性的相关记录要求或记录表单，可进行记录表式设计，附于正文之后，也可单独汇编成册便于使用与查阅。

（7）附图。如，管理流程图等。

9.9 管理制度的支持性文件的编写

管理制度支持性文件的控制对象是某项专业作业/或工序管理活动。其内容是该项作业活动的操作、控制、验证的方法和管理要求，是技术或管理性文件，是对制度文件的细化。即当制度文件不能满足某些具体活动的特定要求时，才有必要编制制度支持性文件，如作业指导书。

作业指导书内容既有技术性的，也有管理性的。主要阐述工艺、技术方面的要求，故亦称“工艺规程”。它包括作业项目内容、使用的材料、设备、工艺装备、实施步骤、操作要领、质量评定标准、控制要求、检验与试验方法等，并明确谁来做，什么时间做等相应的职责。

作业指导书的格式与程序文件大体相同，包括标题、范围、职责、关键活动的操作要求和记录要求等。此类文件较多，在建筑施工领域一般包括管理规定、办法、施工组织设计、质量计划、施工方案、技术交底书、操作规程及其他文件等。其中作业指导书、技术交底书数量大用途广，按照 GB/T 19000—2008《质量管理体系　基础和术语》2.7.2 解释：他们应是能“提供使过程能始终如一完成的信息的文件”，也就是用来阐明某项具体过程/活动如何实施的具体可操作性文件，其内容虽然也涉及 5W2H，但重点讲明“2H”如何做和做到什么程度。由于所涉及的过程活动具体且单一，使用人员也相对固定，因此其格式可比程序简单，或不需要专门格式，内容要求简明扼要，直接了当，能达到使操作人员准确理解并按其操作要求为目的，一般可包括：作业项目内容、使用的材料、设备、机具装备、实施步骤、操作要领、质量验收标准、控制要求、检验与试验方法、作业安全技术措施与环保要等，并明确谁来做，什么时间做等相应的职责与要求。示例 9-4 给出了作业指导书编制的一般模式，可供参考。

示例 9-4　作业指导书编制的一般模式

某项专业管理作业指导书

（1）目的/或适用范围；

（2）编制依据/或引用标准、规范；

（3）作业过程概况及控制目标要求；

（4）对参加作业人员的能力或资源要求；

(5) 施工作业前的准备工作/或必须具备的作业条件；

(6) 作业活动中的职责权限或分工；

(7) 作业要求：如包括：施工作业流程/或顺序、操作方法、控制要点、操作规程/或操作要领、作业参数及控制要求、应达到的技术要求等；

(8) 作业结果的工序自检、互检和交接检要求、检查验收和应达到的质量标准。

(9) 施工作业过程的安全技术措施及环境保护要求。

(10) 为圆满完成过程/工序作业所需的记录填写要求。

(11) 其他要求：如文件标识，编、审、批及日期等。

9.10 记录的收集与保持

记录是一种特殊类型的文件，是“阐明所取得的结果或提供所完成活动的证据的文件”。记录的表式可参照文件控制要求去进行设计与更改。

记录的用途有：

(1) 记录表式属管理体系第三层次文件的范畴，是体系文件有机组成部分，是各项职能活动的反映和载体；

(2) 记录是重要的证明和证实性文件，是验证体系运行是否达到预期结果的主要证据；

(3) 记录是各项管理信息的基础资料；

(4) 记录可为采取纠正和预防措施提供依据；

(5) 通过记录可实现产品的标识和可追溯性要求。

记录内容应真实，书写清晰，数据可靠，填写及时，签署完整，易于识别和检索。

记录可以是任何一种媒体形式，但大量的记录是以表格形式出现，也有文字形式，必要时还有实物样品、照片、录像、计算机磁光盘。通常，在程序文件或作业文件后面附录的记录表式是指定的标准格式，便于规范、统一，填写了内容就成为记录。

第 10 章 内 部 审 核

10.1 管理体系审核概述

10.1.1 审核的定义

审核：为获得审核证据(3.3)并对其进行客观的评价，以确定满足审核准则(3.2)的程度所进行的系统的、独立的并形成文件的过程。

注 1：内部审核，有时称第一方审核，由组织自己或以组织的名义进行，用于管理评审和其他内部目的，可作为组织自我合格声明的基础。在许多情况下，尤其在小型组织内，可以由与受审核活动无责任关系的人员进行，以证实独立性。

注 2：外部审核包括通常所说的“第二方审核”和“第三方审核”。第二方审核由组织的相关方(如顾客)或由其他人员以相关方的名义进行。第三方审核由外部独立的审核组织进行，如那些对与 GB/T19001 或 GB/T 24001 要求的符合性提供认证或注册的机构。

注 3：当质量管理体系和环境管理体系被一起审核时，称为“结合审核”。

注 4：当两个或两个以上审核组织合作，共同审核同一个受审核方(3.7)时，这种情况称为“联合审核”。

【理解】 审核是为确定满足审核准则的程度所进行的活动。

(1) 审核准则是一组方针、程序或要求。应包括：相关标准、管理手册、程序文件、法律、法规、标准、规范、作业指导书等。

(2) 审核目的是为了确定是否符合审核准则(符合性检查)以及确定满足审核准则的程度(有效性检查)。审核是通过对获得的审核证据客观评价来确定满足程度的。

(3) 审核证据：与审核准则(3.2)有关的并且能够证实的记录、事实陈述或其他信息。审核证据包括：

1) 记录：管理体系运行记录，产品实现过程的记录包括文件；

2) 事实陈述：直接责任人员的陈述可作为证据；

3) 其他信息：观察、测量、验证结果；权威部门的结论、顾客反馈信息等。

(4) 系统的是指审核是一个有组织、有计划、有步骤的正式活动。

1) 内部管理体系审核是最高管理者、管理者代表授权的；

2) 外审是按照认证中心与组织签订的合同进行的；

3) 按程序有步骤进行的是按 GB/T 19011—2003 和一套正规的国际通行做法进行审核的。

(5) 独立的是指：

1) 审核员是独立的，审核组和审核员与被审核的部门或活动无直接责任或利害关系，审核不能审本人所在部门或本人所从事的活动；

2）不会受到来自各方面的压力；

3）是公正的，是尊重客观事实的。

（6）形成文件的过程是指审核的策划、实施及对审核对象的分析结果等，均应形成正式的文件和记录，如审核方案、审核计划、审核记录、审核报告、检查表等；

（7）审核的性质它是“符合性”、“有效性”的审核。

1）“符合性”指管理体系文件符合约定的标准、合同、法律、法规、技术标准、规范的要求；如质量管理体系活动符合质量手册、程序文件、质量计划等(符合策划的安排)的规定的程度。

2）“有效性”是指组织管理活动结果与策划的目标相比较达到满足目标要求的程度。

10.1.2 管理体系审核的分类

按审核对象管理体系审核可以分为：

（1）质量管理体系审核；

（2）环境管理体系审核；

（3）职业健康安全管理体系的审核等；

（4）当多个体系一起审核时，可以称为结合审核。

按审核方式可分为：

（1）集中式审核

即集中一段时间对组织的各个部门、各个过程进行全面的审核。这种方式的优点是效率高，一次审核即可对整个管理体系的符合性和有效性作出明确判断，并对存在的问题得出整体的评价，缺点是容易出现遗漏，不能有效提高组织持续改进的意识。

（2）滚动式审核

在一段时间(如一个月)进行一次小范围的审核，对部门、单位、或项目等连续而滚动形式开展的审核，在一年或10个月内覆盖组织所有的部门或过程的审核方式。

1）优点是有较充裕的时间和人力进行细致的审核，把组织的审核作为一种经常性的评价式的审核，可以有效提高组织持续改进的意识，提高内审的实效。

2）缺点是前面的审核不能对整个体系的有效性作出评价，整体评价只能在全部的部门、单位都审核完成之后才能做出。

（3）集中与滚动式相结合

对在建项目依据施工形象进度计划，安排滚动式审核，对组织的各个部门/分公司实施集中式审核，对大型组织是一种不错的审核方案方式。

该方式克服了前两种审核方式弊端而继承了他们的优点，应加以提倡。

10.2 GB/T 19011—2003《质量和(或)环境管理体系审核指南》的核心要求

10.2.1 《规范》和“标准”对内审的要求

（1）GB/T 19001—2008《质量管理体系要求》对内审的要求：8.2.2条注中明确：

"作为指南，参见 GB/T 19011。"这说明：该标准已把 GB/T 19011《指南》正式引入到《质量管理体系要求》中，作为管理体系审核应遵循的准则。

(2) GB/T 50430—2007《规范》对内审的要求：

1) "12.2.3 施工企业应对质量管理体系实施年度审核和评价。施工企业应对审核中发现的问题及其原因提出书面整改要求，并跟踪其整改结果。质量管理审核人员的资格应符合相应的要求。"

2) 年度审核可集中进行，也可根据所属机构、部门、项目部的分布情况，按照策划的结果分阶段进行。年度审核应覆盖质量管理体系并按规定流程实施。

3) 审核员的专业资格、工作经历应符合相关要求，并经认可的机构培训合格。审核人员不应检查自己的工作。

4) 结论：工程建设施工企业凡实施 1+1 认证的，其内审工作必须同时满足 GB/T 19001—2008《标准》、GB/T 50430—2007《规范》和 GB/T 19011—2003《指南》的要求。

10.2.2 GB/T 19011—2003 标准的产生

国际标准化组织 ISO/TC 176 和 ISO/TC 207 密切合作，于 2002 年 10 月 1 日，正式发布了 ISO 19011：2002《质量和(或)环境管理体系审核指南》标准。

我国于 2003 年 5 月 23 日等同转换正式发布为国家标准 GB/T 19011—2003(与 ISO 19011 标准号一致)于 2003 年 10 月 1 日正式实施。

10.2.3 GB/T 19011—2003《质量和(或)环境管理体系审核指南》的结构

前言

19011 有两个前言，GB 和 ISO 的前言、ISO 引言；

第一章 标准的适用范围

第二章 引用的规范性文件；—引用了 ISO 19000—2000《质量管理体系 基础和术语》和 ISO 14050《环境管理 术语》

第三章 术语和定义；除采用上述两标准术语外，还给出了 14 个术语(其中：审核/6、审核方案/2、审核员/3、其他/3 个)

第四章 审核原则；—规定了审核的 5 项原则

第五章 审核方案的管理；—提出了 6 项管理要求

第六章 审核活动

第七章 审核员能力和评价

10.2.4 《指南》的作用

(1) ISO 19011：2002《指南》标准反映了世界各国对审核理论、内部审核和外部审核的实施以及实践的最新认识和提高，为审核方案的管理及审核员的能力和评价提供了指南。

（2）该《指南》标准综合了原质量、环境管理体系审核指南标准的长处和实质内容，明确了管理体系审核通用的管理和实施要求。

（3）该标准明确了不同管理体系审核应给予专门关注的事宜，包括对审核员能力的不同要求，该标准的贯彻实施必将促进组织管理体系一体化的进程。

（4）ISO 19011：2002 标准为组织建立管理体系开展内部审核提供了详细指导。

10.2.5 GB/T 19011—2003 标准的特点

（1）比较全面地覆盖了所替代的原 6 个标准的内容；

（2）比较全面地考虑了质量和环境管理体系审核相关方关注的事宜和利益，特别是对结合审核和联合审核的需求；

（3）统一和协调了质量和环境管理体系审核有关的要求和术语；

（4）体现了过程方法；

（5）更加强调了审核员的能力；

（6）提出了统一通用和简洁明确的审核原则；

（7）比较全面系统地阐述了审核方案的管理、内容和方法。

10.2.6 基本概念：术语和定义

1.4.1 审核准则 audit criteria

一组方针、程序或要求。

1.4.2 审核证据 audit evidence

与审核准则(3.2)有关的并且能够证实的记录、事实陈述或其他信息。

1.4.3 审核结论 audit conclusion

审核组(3.9)考虑了审核目的和所有审核发现(3.4)后得出的审核(3.1)结果。

注 1：审核准则是用作与审核证据(3.3)进行比较的依据。

注 2：审核证据可以是定性的或定量的。

1.4.4 审核方案 audit programmer

针对特定时间段所策划，并且有特定目的的一组(一次或多次)审核(3.1)。

1.4.5 审核计划 audit plan

对一次审核(3.1)活动和安排的描述。

注 1：审核方案包括策划、组织和实施审核所必需的所有活动。

注 2：审核方案是在某一时间段内对一组审核的一次总体策划，例如一年内对组织所有内部审核活动的总体安排，可叫年度审核方案。

注 3：内部审核方案一般应由管理者代表编制或批准。

【理解】 审核计划和审核方案是两个不同的概念，即使审核方案只包括一次审核，也不能用审核计划代替审核方案，也不能用审核方案代替审核计划，他们的区别在于：

（1）审核计划是由审核组长编制，审核方案由负责审核方案管理的人员来建立。

（2）审核方案包括对审核计划的制定和实施的管理所必要的所有活动，包括策划、资源等等，而审核计划仅仅是对一次审核活动的安排的描述。

（3）审核计划应形成文件，审核方案不一定要全部形成文件。其区别见表10-1。

审核方案与审核计划的异同与关系 **表10-1**

序号		审核方案	审核计划
1	定义	针对特定时间段策划并具有特定目的的一组（一次或多次）审核	对审核活动和安排的描述
2	性质	对一组审核的总体安排	对一次审核的具体安排
3	内容	对审核方案的策划、实施、监视、评审和改进	对一次审核的策划和实施的安排
4	对象	针对一组（一次或多次）审核、可包括外部审核、结合审核	针对一次具体审核
5	责任者	审核方案的管理者	审核组长
6	目的	指导审核的策划和实施	一次具体审核的计划
7	两者关系	审核方案是审核计划编制的依据	是审核方案实施的证据/记录

1.4.6 审核范围 audit scope

审核的内容和界限。

3.1.6 能力 competence

经证实的个人素质以及经证实的应用知识和技能的本领。

注1：审核范围通常包括对实际位置、组织单元、活动和过程以及所覆盖的时期的描述。

注2：能力包括个人素质和/应用知识和技能的本领两个方面。能力应得到证实，组织应建立相应的评价办法，对审核员进行有效的管理。

10.2.7 审核的五项原则

ISO 19011：2002提出了五项审核原则，包括：

1. 与审核员有关的3项原则：

（1）道德行为是执业的基础。对审核而言，诚信、正直、保守秘密和谨慎是最基本的。

（2）公正表达。即有真实、准确地报告的义务。审核发现、审核结论和审核报告真实和准确地反应审核活动。报告在审核过程中遇到的重大障碍以及在审核组和受审核方之间没有解决的分歧意见。

（3）职业素养体现在审核中勤奋并具有判断力。审核员珍视他们所执行的任务的重要性以及审核委托方和其他相关方对他们的信任。具有必要的能力是一个重要的因素。

2. 与审核有关的2项原则，并通过独立性和系统性来明确

（1）独立性是审核的公正性和审核结论的客观性的基础。审核员独立于受审核的活动，并且不带偏见，没有利益上的冲突。审核员在审核过程中保持客观的心态，以保证审核发现和结论仅建立在审核证据的基础上。

（2）基于证据的方法。在一个系统的审核过程，得出可信的和可重视的审核结论的合理方法。组织的审核员和审核工作必须遵从以上五项原则。

10.2.8 审核方案的管理

（1）组织应策划、实施和管理一个既有效、又高效的内审方案。

（2）内审方案的目的：是对内审的形式和次数进行策划，识别并提供各次内审所需的资源。

（3）内审方案的授权：组织的最高管理者应任命和授权一名内部审核方案管理人员管理内部审核方案。

（4）内审方案的管理包括：方案的策划、实施、检查和改进几个阶段。

（5）内审方案管理的流程见图 10-1。

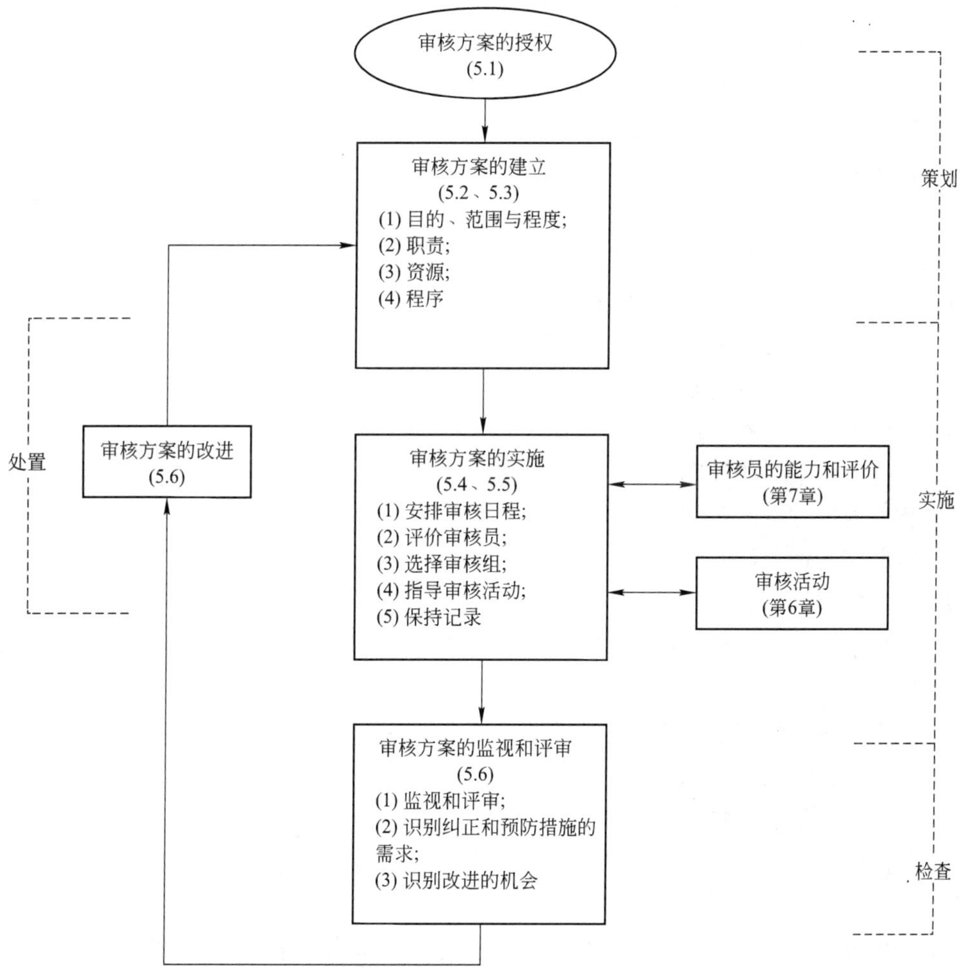

图 10-1　审核方案管理流程示图（ISO 19011）

1. 内审方案的策划

（1）确定内审方案的目标

内审方案有各种目标，在确定目标时，应考虑各种因素，例如：管理上的重点项目、管理体系的要求、顾客要求、与其他相关方的需要、组织的潜在风险等。

（2）确定内审范围

是指在一特定的时间段内针对特定的内审目标所进行的一次或多次内审的总范围（含组织、产品范围、活动过程）。

（3）确定内审方案管理者的职责

方案的管理者最好由管理者代表担任。如果组织规模较大管理者代表可授权给适合的人员作为内审方案管理者。但内审方案编制后还应得到管理者代表的批准。

内审方案管理者的职责是：建立、实施、监视、评审和改进内审方案并提供资源保证，具体如下：

1）确定内审方案的目标和范围；

2）制定职责和程序，并确保资源的提供；

3）确保内审方案的实施；

4）确保保存适当的内审方案记录；

5）监视、评审和改进内审方案；

6）提供内审方案实施所需的资源。

（4）建立内审方案程序

一般可与内审程序结合或将其内容纳入内审程序文件，这些程序应包括下列内容：

1）策划并制订内审计划的程序；

2）保证内审员及内审组长能力的程序；

3）选择适当的内审组并赋予他们职责和作用的程序；

4）内审工作进行程序；

5）进行审核跟踪的程序；

6）监视内审方案的业绩和有效性的程序；

7）向最高管理者报告内审方案总成就的程序。

2. 内审方案的实施

1）通过信息收集和评审确定审核方案中的审核目的、审核范围、审核准则、多场所抽样方案、审核组相应的专业能力要求、时间安排等；

2）依据审核方案编制年度审核计划；

3）向内审组提供必需的资源；

4）发生特殊情况策划非例行审核，如：当受审核区域的组织结构、产品范围、活动或运作发生重大变化 、顾客重大投诉，发生重大质量事故或违法事件等时应安排非例行审核；

5）确保按内审方案要求进行审核，并保持记录、报告结果。

3. 内审方案的记录

包括：

（1）内审计划、内审报告、不合格报告、纠正措施及预防措施报告以及审核跟踪报告等；

（2）内审方案评审结果；

(3) 内审组成员的记录，如内审员能力及业绩评价记录，内审组成员选择记录、内审员能力的保持和改进记录等；

(4) 内审方案记录应保存。

4. 内审方案的监视和评审

内审方案管理者应对内审方案的实施进行监视，并在适当的阶段进行评审，以评价目标是否达到，并识别改进机会。评审结果应报告最高管理者。

评审内审方案时应考虑的因素：

(1) 监视结果及发展趋势；

(2) 与程序的符合性；

(3) 相关方的需求和期望；

(4) 内审方案记录；

(5) 可探讨的新的审核方法；

(6) 在相似情况下不同的内审组业绩的一致性。

内审方案的评审可用业绩指标来衡量内审方案实施情况，如：

(1) 内审组执行内审计划的能力；

(2) 审核实际情况与内审方案及内审计划的符合性；

(3) 来自内审组内审员及受审核部门的反馈。

10.2.9 内审员能力的管理

1. 内审员在体系中的作用

(1) 对体系的运行起监督作用；

(2) 对体系的保持和改进起参谋作用；

(3) 沟通领导与群众之间的渠道和纽带作用；

(4) 在第二、三方审核中起内外接口的作用；

(5) 在体系的有效实施方面起带头作用。

2. 内审员的能力

内审过程的信心和可信程度取决于实施内审人员的能力。这种能力通过能力素质模型体系予以证实。什么是能力素质模型?

在管理学中我们都会提到，人的能力结构就像浮在大海上的一座冰山一样(图 10-2：冰山模型)，露出海面的部分是一个人的行为、知识、技能等一些外在的、可观察的特征，但这仅仅是人的能力的一部分；处于海面以下是另一部分，包括价值观、态度、自我形象、个性品质、动机等。冰山模型告诉我们，真正决定一个人能否在工作中做出突出绩效的，并不仅是他/她的知识和能力等这些表象的我们能够看到的因素，而水面以下的潜在的且更难以培养的职业素质更加重要。

能力素质模型将冰山上我们通常能看到的和冰山下我们通常难以辨别的各种能力通过科学的分析方法识别出来，并通过用行为方式来定义和描述员工完成工作需要具备的各种关键能力，通过对不同层次的定义和相应层次具体行为的描述，确定各项能力的组合和完成特定工作所要求的熟练程度。

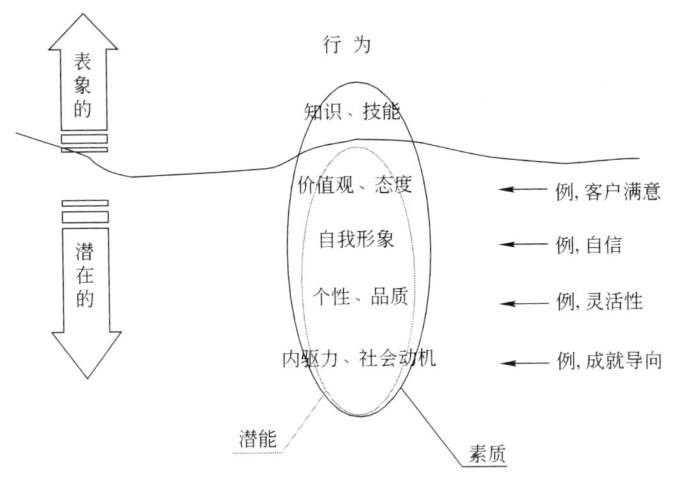

图 10-2　冰山模型

能力素质模型通常包括三类能力：核心能力、通用能力、专业能力(图 10-3 是能力素质模型能力说明)。

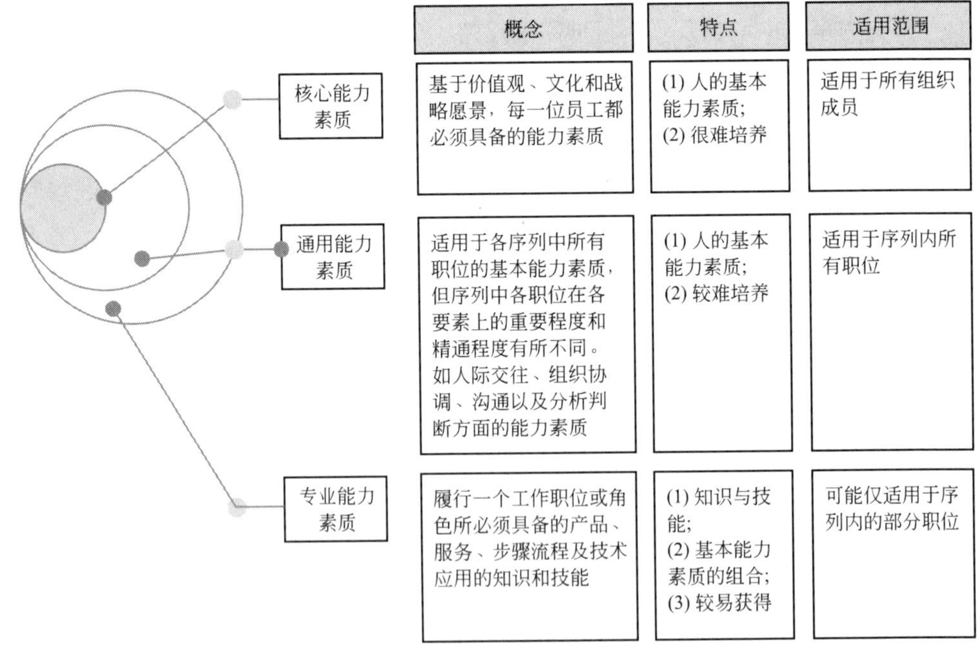

图 10-3　能力素质模型能力说明

3. 内部审核员的能力要求

内部审核员的能力要求应包括内部审核员的核心能力、通用能力和专业能力三个方面。

(1) 核心能力

内部审核员应当具备基本的职业道德和职业使命感，使其能够按照审核原则进行工作。

从认证认可行业从业要求及职业道德维度提取从业人员核心能力素质，具体如下：

1）道德自律

道德即公正、可靠、忠诚、诚实和谨慎；自律即将内审员看做是责任，而不是地位或权限，重视自身形象管理，言语中表现出对审核的尊重，在审核过程中面对审核任务能够做到严于律己，身先士卒，在各种利益面前保持清醒头脑。

2）公平公正

遵守认证行业纪律要求，履行审核员职责，审核过程中追求实事求是，维护内部审核公平，保证审核过程中的客观性，维护公正审核要求的能力。

3）忠诚敬业

调整自己的工作中的行为使其符合审核员要求和维护行业权威的愿望和能力，不因个人情绪或者其他想法而影响审核要求，采取行动来推进和保护审核目标及审核组利益，关键时候优先考虑审核组，并愿意为此牺牲个人利益。

4）团队合作

以审核团队整体为己任，建立、维护并运用高效的审核团队，团队成员之间亲密合作、互帮互助、关系融洽，使审核效果最优化，并以此促进组织内审目标的实现。

5）顾客满意

能够适应企业中不同形式与不断变化的审核环境，并通过个人和审核组的努力按照既定目标完成审核工作，沉着面对并妥善处理审核过程中的突发事件，最终得到受审核方认可与尊重的能力。

（2）通用能力

从内部审核员工作性质和基本要求出发，为胜任岗位工作，内审员应具备如下方面的通用知识能力：

1）具备运用审核原则、程序和审核技术能力。通过对审核流程和重点的掌握，能恰当地将其应用于不同的审核，在审核过程中通过掌握的审核技巧，获取准确的信息并保证审核实施的一致性和系统性的能力。

2）能了解管理体系和引用文件，正确理解审核范围并运用审核准则。了解所评价体系标准、原则及其运用，适用的程序或其他用做审核准则的管理体系文件，认识引用文件之间的区别及优先顺序，掌握引用文件在不同审核情况下的应用，并能正确运用这些审核准则。

3）掌握适用的法律、法规和与其领域相关的其他要求。

4）证据收集和分析能力。通过有效地面谈、倾听、观察和对文件、记录和数据的评审来收集信息并验证所收集信息的准确性，确认审核证据的充分性和适宜性以支持审核发现和结论。

5）审核发现能力。通过对审核知识与审核重点的掌握，在体系审核过程中使用审核技巧，形成适当的审核发现和结论。

6）纠正措施追踪能力。对审核过程中发现的不符合整改情况进行跟踪，验证并评价纠正措施实施有效性的能力。

(3) 专业能力

审核员的专业能力应当从所接受的教育中学习的专业、所从事的工作实践中的专业技术/专业管理的工作实践及从事过相关专业的审核经历三方面综合评价确定。对外审员国家有明确的规定和评价程序要求，可作为对于内审员专业能力评价的参考。作为某体系的专业审核员至少要理解和掌握以下方面专业知识和技能：

1) 行业相关知识。对被审核企业所属行业中特定的术语及过程和产品包括服务的技术特性，行业发展现状，行业中主流与前沿技术领域等信息相关的知识。

2) 行业法规知识。熟悉或掌握对审核中可能涉及的国家的、区域和地方及行业中的相关法律、法规、标准规范的相关知识内容及更新状态。

3) 生产、技术及其管理知识。通过对被审核组织的规模、结构、职能和关系，理解组织的运作情况，能够根据生产计划，了解生产执行的进度、质量及生产成本，掌握生产工艺技术和质量要求的基本知识。其中应掌握：

A. QMS

(A) 与质量有关的方法和技术：使审核员能检查质量管理体系并形成适当的审核发现和结论。

(B) 与过程和产品(服务)有关的方法和技术：使审核员能理解上述范围内的技术内容。

B. EMS

(A) 与环境管理有关的方法和技术使审核员能检查环境管理体系并形成适当的审核发现和结论。

(B) 与过程和产品(服务)有关的方法和技术：使审核员能理解上述范围内的技术内容。

(C) 环境科学和技术：使审核员能理解人类活动和环境间的基本关系。

C. OHSMS

(A) 与职业健康安全有关的方法和技术：使审核员能检查职业健康安全管理体系并形成适当的审核发现和结论。

(B) 与过程和产品(服务)有关的方法和技术：使审核员能理解上述范围内的技术内容。

(C) 职业健康安全科学和技术：使审核员能理解人类活动和职业健康安全间的基本关系。

为了保证和提高审核的有效性(见本章 10.3.3)，区分组织内专业和非专业审核员是十分必要的，组织应对内部审核员中专业审核员应具备条件的基本准则做出规定，并对内审核员的专业能力进行评价保持证据。

4. 审核组长的能力要求

审核组长除应具备审核员上述能力要求外，还应当具备关于领导审核组方面的知识和技能，以确保审核能有效地和高效地进行。主要包括：

(1) 对审核进行策划并在审核中有效地利用资源。根据审核要求编制审核计划，明确审核员分工，组织和指导审核工作，具备对审核工作进行有效地策划和组织并在审核中有效地利用审核资源保证审核效果的能力。

（2）代表审核组与审核委托方/或受审核方进行沟通。代表审核组与审核委托方或受审核方进行沟通，通过个人的言语和肢体等语言形式有效沟通，创造和谐气氛，消除异议、达成理解与尊重，获得审核过程中的支持与配合的能力。

（3）组织和指导审核组成员。为实习审核员提供指导和指南；指导审核员改进完善审核效能，提高审核发现的能力。

（4）时间和进度控制能力。审核前制定完善审核计划与审核安排，审核过程中能够控制审核进度、质量及效果，确保审核任务按计划的时间完成的能力。

（5）预防和解决冲突。对内审工作中面对出现的问题和发生的临时性冲突，能够抓住其事件本质，提出创造性地解决方案，并付诸实施，保障审核计划顺利进行，达到审核目的的能力。

（6）领导审核组得出审核结论，编制和完成审核报告。根据审核计划安排，适时组织审核组内部有效沟通，收集审核发现，与审核组共同得出审核结论，编制和完成审核报告。

5. 内审员能力的提高和评价

（1）内部审核员能力的保持和提高

1）持续的专业发展。持续的专业发展关注核心能力、通用能力和专业能力的保持和提高。这可以通过一些方法来实现，例如：更多的工作经历、专业性的能力提升培训、自学、教学、参加各种有关会议或其他相关培训活动。

2）审核能力的保持。内审员应当通过不断地学习和参加质量、环境、职业健康安全管理体系的审核工作来保持和证实其审核能力。

内审员培训精品课程

（1）内审员核心能力素质提升系列课程（体现公平公正/忠诚敬业/团队合作/顾客满意四项核心能力的行动学习课程）；

（2）内审员通用能力素质提升系列课程（针对自律、沟通能力、策划和组织、时间管理、排除疑难、指导和应用六项通用能力的体验式培训）；

（3）内审员专业能力素质提升系列课程：ISO 9001：2008/GB/T 50430—2007/ISO 14001：2004/GB/T 28001—2011“三体四标”一体化管理体系及内审员培训课程

（2）审核员能力的评价

应当根据审核方案程序，对内审员评价进行策划、实施和记录，以提供客观、一致、公正和可信的结果。评价过程应当识别培训和其他技能提高的需要。

对审核员的评价有以下不同的阶段：

1）对希望成为内审员的申请人进行初始评价；

2）对内审员的评价，作为审核组选择过程的组成部分；

3）对内审员表现的持续评价，以识别核心能力、通用能力和专业能力的保持与提高的需要，图 10-4 描述了评价阶段之间的关系。

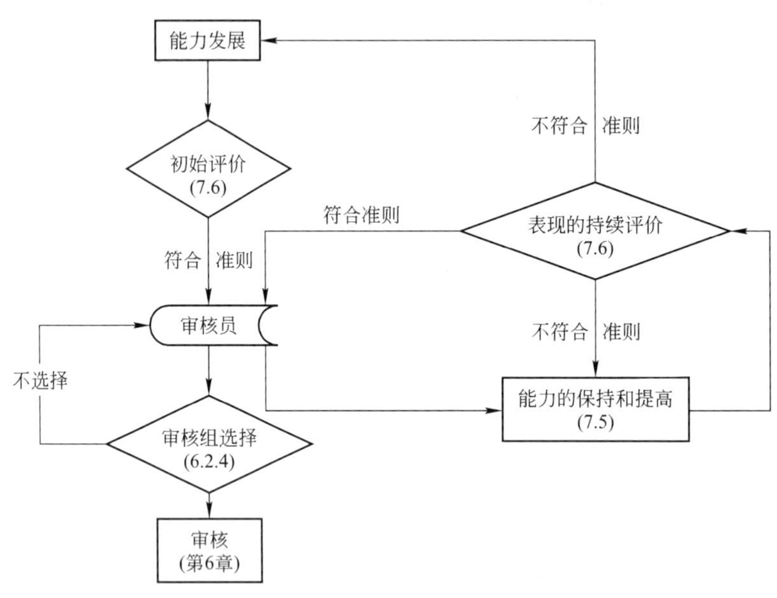

图 10-4 评价阶段之间的关系

（3）评价过程

评价过程包括四个主要步骤：

步骤 1：识别个人核心能力、通用能力及专业能力，以满足审核方案的需要在确定适宜的知识和技能时，应当考虑下列内容：

1）受审核部门的规模、性质和复杂程度；

2）审核方案的目标和内容；

3）认证认可的要求；

4）审核过程在受审核组织管理中的作用；

5）审核方案中所要求的可信性水平；

6）受审核的管理体系的复杂程度。

步骤 2：设立评价准则。准则可以是定量的(如工作经历和教育的年限、审核的次数、审核培训的学时)，或定性的(如在培训或工作中已经证实的核心能力、通用能力及专业能力表现)。

步骤 3：选择适当的评价方法。评价可以由一人或一个小组进行，从表 10-2 中选择的一种或多种方法进行。使用表 10-2 时应当注意：

1）所列举的方法作为选择的范围，不一定适用所有情况；

2）所列举的不同方法的可靠性可能不同；

3）总的说来，应当使用综合的方法以保证结果是客观、一致、公正和可信的。

步骤 4：实施评价。在这个步骤中，将收集到的有关人员信息与步骤 2 设立的准则进行比较。当人员不符合准则时，则要求增加培训、工作经历和(或)审核经历，并进行再评价。

表 10-2 给出了在一个假设的内审方案中如何应用评价过程及各步骤关注的重点与评价方法。

关注的重点与评价方法　　表 10-2

评价方法	目的	举例
对记录的评审	对审核员背景的验证	对教育、培训、工作和审核经历的记录进行分析
正面和负面的反馈	提供观察到的有关审核员表现的信息	调查表，问卷表，个人资料，证明书，抱怨，业绩评价，同行评审
面谈	评价个人素质和沟通技巧，验证信息和测试知识，获得更多信息	评价个人素质和沟通技巧，验证信息和测试知识，获得更多信息
观察	评价个人素质以及运用知识和技能的能力	角色扮演，审核见证，岗位表现
测试	评价个人素质、知识和技能及其运用	口试和笔试，心理测试
审核后的评审	在直接观察不可能或不适当时，提供信息	评审审核报告，与审核委托方、受审核方和同事及审核员交谈

(4) 评价结果的应用

组织应根据上述方法对内审员能力进行评价，评价的结果应：

1) 评价后认为能力满足要求的，可选定为某一次特定审核的内审组成员；

2) 评价认为能力不够的，需进一步培训或得到专业发展。

内审员能力的提高和内审员队伍的建设对组织管理体系有效性和效率的提高具有重要作用，各组织的最高管理层，尤其是管理者代表应把它作为一个重要的战略任务来对待。

表 10-3 为在一个假设的内部审核方案中，对审核员能力评价过程的应用。

在一个假设的内部审核方案中，对审核员能力评价过程的应用　　表 10-3

评价内容 / 能力领域	步骤 1	步骤 2	步骤 3
	重点能力	评价准则	评价方法
核心能力	道德自律、公平公正、忠诚敬业、团队合作、顾客满意	在审核组/及日常工作场所一贯满意的工作表现	多维度表现评价，组长、组员、受审核方反馈
通用能力	运用审核原则、程序和审核技术能力	完成审核实践的证实	多维度表现评价，检查表及审核记录的评审
	正确理解审核范围并运用审核准则	完成审核实践的证实	多维度表现评价，检查表及审核记录的评审
	证据收集和分析能力	完成审核实践的证实	多维度表现评价检查表及审核记录的评审
	审核发现能力	完成审核实践的证实	审核记录及不符合报告并写评价
	纠正措施追踪能力	对不符合验证实践	对不符合验证记录的评审
专业能力	行业、专业相关知识	所学专业并在组织中的技术质量岗位至少工作 2 年	聘用记录的评审
	行业法规知识	完成与受审核活动和过程有关的法规培训课程或自学掌握	培训记录的评审或测试结果
	生产、技术及其管理工作实践知识	直接从事与 QES 有关的技术、施工、生产、计划、试验、质检、资料等技术管理工作岗位时间的要求（如≥2 年）	专业管理工作经历/专业技术工作经历的评审
	所学专业知识	等同的或相近的学历教育中所学专业	学历记录的评审

10.3 如何按《规范》要求开展审核

10.3.1 如何编制审核计划

1. 常见问题及新问题

(1) 计划中缺少对领导层审核策划或不完整；

(2) 计划中对部门/单位审核那些主控与相关过程不明确，导致漏审过程；

(3) 审核范围覆盖面不完整；

(4) 对专业过程审核中未考虑审核员专业能力需求；

(5) 未体现三体系有效整合的优势；

(6) 重点不突出，以往审核问题欠少考虑，缺少针对性；

(7) 未体现过程方法的审核思路等等；

(8) 实施 GB/T 50430—2007《规范》后如何开展审核。

2. 要重点明确的几个问题

《规范》12.2.4 要求对审核的策划要依据下述信息：

(1) 各部门和岗位的职责；

(2) 质量管理的薄弱环节；

(3) 有关的意见和建议；

(4) 以往审核的结果。

审核计划是对审核方案中一次具体审核的策划安排的输出结果。要重点明确以下几点：

(1) 要准确描述审核范围：应包括组织范围和产品/过程/活动范围；

(2) 编制职责：内审计划应由审核组长按内审方案要求编制、经管理者代表批准；

(3) 获证企业在《规范》转换过程中，应对组织的职能分配表予以调整或重新制订。要求体现以《规范》过程职能分配为主、ISO 19001 相对应标准条款为辅原则，并明确相对应关系(参见附录 10-2 职能分配模式)；

(4) 内审计划编制方法：可以按部门编制，也可按过程编制；

(5) 按部门编制时：应突出过程方法在审核中的应用以及各过程的 PDCA 循环。该部门主责的过程应全部审核，而对相关过程/要素可以有选择的审核；

(6) 按过程编制时：必须审核负责实施该过程的所有部门，包括协控/或配合此过程的相关部门；

(7) 明确审核领导层/职能部门/工程项目部的与《规范》对应的主控和相关过程名称或过程条款代号，可用“内主外辅”原则在( )内外加以标识；

(8) 注意专业分工：下述专业过程要安排具有相应专业能力的审核员审核：

Q：10.2 项目策划(7.1)；10.3 施工设计(7.3)；10.4 施工准备-10.5 施工过程(7.5)；11.2-11.3 质量检查与验收(8.2.4)；10.6 服务(7.5.1f)；11.4 质量问题处理(8.3)(注：上面括号外是《规范》、括号内为《标准》章节号)E/S：4.3.1；4.3.3/4.3.4；4.4.6；4.4.7；4.5.1；4.5.3。

(9) 计划要体现多体系的合理整合(如：共用过程合并为三合一等)；

(10) 审核计划内容应(至少)包括：

1) 审核目的；

2) 审核的范围；

3) 审核准则(依据)；

4) 审核的性质；

5) 审核的日程安排和地点；

6) 对部门/项目拟审核的过程/要素(主控、协控及相关)及时间安排；

7) 审核组成员名单及分组、分工；

8) 对审核的首、末次会议、交流交谈等关键活动的安排；

9) 其他。

(11) 审核的日程安排和地点：

1) 首次会议(20～30min)(括号内的时间是编制计划的参考时间)；

2) 审核公司领导(60～120min)；

3) 到部门审核(视情况定时间)明确审核员安排(包括分支机构和项目部等临时机构)；

4) 审核组内部会议；

5) 与领导交换意见(必要时)；

6) 末次会议(20～30min)。

审核计划的示例见附录 10-1。

10.3.2 如何做审核准备

1. 审核的启动及准备

(1) 指定审核组长。

(2) 确定审核目的、范围和准则。

(3) 确定审核的可行性。

(4) 建立审核组：

1) 内审人员能力要求：审核员必须是经具备相应培训资格单位培训合格的人，并由管理者代表任命。

2) 坚持回避制：审核员不能审核本部门和自己的工作。

3) 必要时可聘请技术专家或外部审核人员担任内部审核组成员。

(5) 与受审核部门建立初步联系。

(6) 编制审核计划。

(7) 审核组工作分配。

(8) 编制检查表等工作文件。

2. 如何编制检查表

检查表是审核员的工作文件、提纲或工具，是审核员对审核任务事先策划的结果。(需要认真准备)

检查表的作用。保持目标清晰明确 、内容周密完整；节奏连续、减少偏见和随意性。

检查表的格式：有横式和竖式两种。

检查表的编制要求：

（1）总要求：按计划分工对照标准和手册/程序要求结合现场实际编写；

（2）按部门审核时，结合受审核部门的特点，对主控/关键过程审核要点要覆盖完整，相关过程/要素要审到；

（3）按过程方法审核时，按业务/过程流程编制，应考虑每个过程将涉及哪些部门，过程间输入输出与接口，列出与过程相应的条款，并体现 PDCA 循环；

（4）明确审核的步骤和方法，进行抽样量设计，抽样应有代表性；（注：审核员应从总体中分类随机抽样，切忌受审方送样）

（5）内容可繁可简、因人而异，欠熟练者应详，熟练者可简；应具有可操作性，时间上应留有余地；

（6）要体现多体系整合优化，做到：共用过程/要素合并，关联过程/要素兼顾，体现内在联系。

1）共用过程/要素指：三体系的方针、目标、职权、内审、管评、文件、记录、能力意识培训、纠正/预防措施等；

2）关联过程/要素指：如，6 施工机具管理与 E/S4.4.6；8 工程物资管理与 E/S4.4.6；9 分包管理与 E/S4.4.6；10.5 施工过程质量管理与 E/S4.4.6 等具有跨体系内在的相关要求或关联性。

（7）检查表的编制要体现：

1）解决查什么？是指对象：应列出拟将审核的过程/或要素及其审核要点，覆盖面要完整；

2）解决怎么查？是指方法：应明确审核的具体步骤和方法，进行抽样量设计。

3. 检查表的编制示例

参见，附录 10-3：检查表的格式示例。

附录 10-4：对领导层审核检查表。

附录 10-5(一)："部门审核方法"对部门审核的检查表。

附录 10-5(二)："过程审核方法"对部门审核的检查表。

附录 10-6：对工程项目管理部审核的检查表。

10.3.3 如何实施现场审核

1. 现场审核的基本思路和流程

（1）现场审核的主要任务是收集审核信息，审核信息收集和验证是现场审核最重要的工作；

（2）审核信息搜集的主要方法是现场抽样；

（3）信息源通过适当抽样和验证形成审核证据，只有可以验证的信息才能成为审核证据；

（4）审核证据通过对照审核准则进行评价可形成审核发现；

（5）再通过对全部审核发现的评审可得出审核结论；

（6）现场审核的基本思路与流程：

信息源→通过适当抽样收集和验证→审核证据→对照审核准则进行评价→审核发现→评审→审核结论。

现场审核过程应重点解决好审核的有效性。

审核的有效性是指在有限时间内获取充分有效的审核发现(符合及不符合的客观证据)的能力。

现场审核的有效性是决定审核成败的关键，现场审核的有效性取决于内审员现场审核的能力。因此，提高审核员现场审核能力是提高内审有效性的关键。

如何提高现场审核能力？应重点关注以下内容。

2. 信息收集方式与技巧

(1) 顺向追踪：按照管理体系运作的顺序进行收集。(优点是可以系统了解体系运行的整个过程，查证其接口和协调情况，缺点是耗时较长。)

(2) 逆向追溯：按照管理体系运作的反方向进行审核。(优点是从管理体系运作形成的结果查起，有强烈的针对性，切实具体，缺点是在问题复杂且审核时间有限时，不宜达到预期的目的。)

(3) 部门审核：是以部门为对象进行的审核。(优点是审核效率高，符合性强，缺点是对过程审核内容欠完整且对过程接口关注不够，有效性欠佳，应注意加强对审核发现内容的综合汇总分析。)

(4) 过程方法审核：这种方式是以管理体系过程要求为对象进行的审核。(优点是目标集中，关注接口与结果，有效性强，能给组织提供增值，更容易体现与实际工作的一致性，其缺点是审核效率较低，因此路线安排要合理。)

(5) 可通过现场观察，查阅文件和记录，提问与交谈和实际测定等方法收集审核信息：

1) 现场观察。对过程的活动、工作条件、环境以及现场情况进行观察。

2) 查阅文件和记录。如方针目标、手册、程序、作业指导书、检测记录、验收记录、校准记录等。

3) 记。要详细记录所获得的有用信息，包括：时间、地点、人、事实描述、凭证、资料、涉及的文件、标识等，记录要清晰、准确、具体、易重查。

4) 提问与交谈。当事人的话可以作为审核证据，其他无关人员的话(包括陪同人员)的话不能作为证据。

5) 提问与交谈技巧。与当事人交谈时应自然、和谐、耐心礼貌，切忌生硬、死板：

对象—适当层次、关键岗位人员。

时机—工作时间及工作场所。

开场白—说明面谈的理由。

度—创造平等和谐气氛，多问、多听、少讲。

方式—直截了当，抓住主要问题；封闭式问题和开启式问题相结合。

谦诚—感谢对方的合作和协助。

3. 现场抽样与实施审核的技巧

推荐采用“T 型审核方法”：

它是一种差异化审核方式，不平分精力，在确保主要/关键过程审核深度到位基础上，注意到其他支持性过程使审核覆盖面完整性的形象描述。形如工程上的 T 型截面梁的截面，因此简称为“T 型审核方法”。

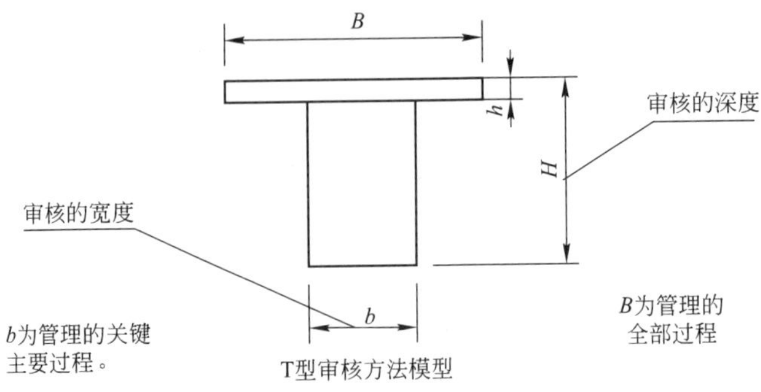

T型审核方法模型

4. 抓住关键/主要过程，确保审核到位

(1) 科学选择抽样部位。如抽取那些同时具有关键/特殊过程属性的/或重要环境因素/或重大危险作业的工序过程做为抽样审核的对象。

(2) 覆盖全部审核要点。如 10.2 项目策划，要按《规范》要求的 15 项内容逐项审查其符合性，以判定是否策划到位并切合现场实际。

(3) 遵照“企业管理固有的业务流程”，体现 PDCA。如对“10 工程项目的质量管理”审核时应从施工策划到施工准备、施工过程、施工质量检查与验收、质量问题的处理到交付后服务等全过程开展审核。

(4) 内在联系的结合。要做到以下三点：

1) 同一体系内按过程之间相互关系与作用去安排审核，有利于提高审核的有效性。如审查工程物资的进场验收时(8.3)应与物资进场后应开展的质量检查与评定、检、试验(11.2—11.3)相结合一并进行；

2) 对三体系共用要素要做到有机的结合审核：如方针与目标、职责与权限、内审、文件、记录、管理评审等可三体系整合到一块审核，可大大提高审核的效率而节约时间；

3) 跨体系相关性过程/要素的结合：如审查对施工机具、工程物资、分包管理时均涉及对供方签订合同问题，这时可与 E/S4.4.6c 要求的对相关方施加影响一并结合在一块审核，可达到一箭三雕之功效。

5. 如何做好内审记录

(1) 内审记录作用：证实内审过程符合性、有效性、可信性证据；

(2) 内审记录的特征：可重查、可追溯、反映符合性有效性；

(3) 内审记录要求：把握“三要素”，即：

1) 记录抽样样本；

2) 记录样本中符合/不符合要求的证据；

3) 评价所抽样本的符合性/和有效性。

(4) 内审记录的注意事项：

1) 记录应清楚、翔实、易懂、便查阅；

2) 记录应准确、具体、记录样本，如查阅的文件名称、编号、发布日期、批准人，当事人要记录岗位、职务；

3) 记录应及时、当场记，不宜后补。

10.3.4 如何编写不符合报告

审核发现是指将收集的审核证据对照审核准则进行评价的结果，可分为符合项或不符合项。

不符合项是指“未满足规定的要求”。

1. 不符合项的分类

内审时不符合项可按不符合的性质或严重程度分类。按照内审通过与否的审核结论，审核部门在不符合项的关注程度和纠正措施的力度有所不同。不符合项按性质可分为三类：

（1）体系性不符合；

（2）实施性不符合；

（3）效果性不符合。

按不符合的严重程度可分为严重不符合和一般不符合。其中，

（1）严重不符合的判定准则：下面的情况之一可判为严重不符合：

1）体系运行出现了系统性失效；

2）体系出现区域性失效；

3）造成事故或对体系运行有效性产生严重后果的不符合。

（2）一般不符合：是指一般性、个别、偶然，对体系有效性影响不大的不符合。

2. 不符合报告的选定

在审核组内部会议上由审核员提出开具不符合报告方案审核组讨论，由审核组长确定。

不符合报告的确定原则：要综合考虑下述因素：

（1）不符合实事清楚、已查证、无争议；

（2）选择影响体系/绩效关键性问题；

（3）系统分析有代表性问题；

（4）能为组织提供改进方向性问题；

（5）考虑分布的合理性；

（6）未开不符合的可开观察项报告(只要求纠正)。

3. 不符合报告的编写

不符合报告格式由组织自行设计，但应至少包括以下内容：

（1）不符合事实的描述及其理由。应做到全面、正确、清楚、简练，即：应写清楚与不符合项有关的时间、地点、人物、事件和细节；描述尽量简单、事实确凿、直接表述、不加修饰。

（2）不符合审核准则的条款判定。

在证据确凿前提下的判定原则是：

第一就近不就远；

第二按原因判条款；

第三按大中小/或粗中细依次选定，尽量判到小条款（如似查地图，先找出哪个省，再找出哪个县）。

注：质量管理体系实行1+1认证的组织应同时判定不符合《规范》和“标准”的条款号。

（3）严重程度判定。判明为一般不符合还是严重不符合/或体系性、实施性、效果性。

（4）其他要求

1）审核员与受审核方签字、对整改计划及整改完成时间等的其他要求。

2）不符合报告的编写见附录10-7示例：东方建设工程有限公司不符合项报告。

10.3.5 如何做好纠正与纠正措施及其验证

1. 不符合的整改与验证

（1）职责

1）不符合原因分析及纠正措施计划，由受审核方提出，管理者代表批准。

2）纠正措施实施与记录，由受审核方完成。

3）纠正措施验证与记录，由体系协调部门组织内审员验证并填写。

（2）纠正与纠正措施的区别：

项目	纠正	纠正措施
对象不同	是针对已发现的不符合	针对不符合的原因所采取的措施
目的不同	是对不符合进行的处置、改正	是针对不符合的原因所采取的措施
作用不同	可使已做错的事改正过来	可防止再做错事

（3）纠正措施的重要性

1）是管理体系保持有效运行的重要手段；

2）是自我发现问题，自我改进，自我完善运行机制的重要组成部分；

3）完善体系提升管理水平重要途径。

（4）对制订与实施纠正措施及其验证的要求

1）对内审中发现的不符合原则上均要制订纠正措施，需要时予以纠正。

2）关键在原因分析。

3）原因分析着眼点：依次按下列顺序逐层深入分析：

文件有否规定。

对要求是否理解。

职责是否清楚。

为啥实施不到位。继续从人、机、料、法、环、管六方面着眼做进一步分析，以确定原因。

2. 纠正措施的跟踪验证

应由审核员验证并签署，验证内容如下：

（1）如果需要修改文件是否进行了修改。如果需要培训学习的是否有针对性培训学习的证据。如属职责不清的，是否重新明确了相应职责。

（2）是否按规定的期限完成。

（3）效果如何？

（4）实施的记录的保持如何等。

10.3.6 如何编写内审报告

1. 编写职责

内审报告由审核组长负责编制，并对报告内容的正确性和完整性负责。企业管理体系协调部门负责人审核，报管理者代表批准。

2. 内审报告的主要内容

应至少包括：

（1）审核目的、范围、准则；

（2）审核组成员；

（3）审核情况综述：包括现场审核的日期及所审核的部门或场所，上次不符合整改效果有效性验证结果等审核的基本情况简述；

（4）对审核发现的不符合项分布及其分析及对观察项问题点的说明，包括总结成绩，肯定优点，指出缺点，改进的建议要求等；

（5）对纠正及纠正措施完成及其验证的要求，包括对观察项问题点的整改要求；

（6）对管理体系的符合性和有效性的自我评价；

（7）审核结论；

（8）报告的分发清单。

3. 对管理体系的自我评价的内容

（1）岗位职责的落实及管理目标的实现程度；

（2）法律、法规和标准规范的执行情况；

（3）企业各项管理制度、程序及其支持性文件的实施；

（4）对各项整改要求的落实及持续改进机制建立与实施情况等。

4. 审核结论的内容

（1）组织管理体系在审核范围内是否符合审核准则要求。

（2）组织管理体系在审核范围内是否得到了有效实施。

（3）组织管理体系是否具备实现方针、目标和审核方案目标的能力。

10.3.7　对审核方案的监视、评价及改进

每次审核结束后，应由审核方案管理者(管理者代表)组织管理体系协调部门对审核方案实施情况及内审员表现业绩进行监视、评审，识别改进机会。

1. 对内审方案的评审

用内审过程是否达到审核方案目标要求的业绩指标来衡量内审方案实施有效性。对内审方案评审时应考虑：

（1）内审组执行内审计划的能力；

（2）审核实际情况与内审方案及内审计划的符合性；

（3）来自内审组、内审员及受审核部门的反馈等信息。

2. 对内审员能力及业绩评价

（1）对内审员能力及业绩评价的必要性。

（2）对参加审核的每位内审员审核能力，包括组长的协调管理能力及表现业绩进行评价，并形成记录，为其后的专业发展和下次选用提供依据，同时可以识别知识和技能的保持与提高的需求。

（3）对内审员能力评价方法可参考本教程表 10-2 中一种或多种及表 10-3 方法。

（4）对评价结果的应用。

（5）经评价后认为能力满足要求的，可选定为下次审核的内审员。

（6）经评价认为能力不够的，需进一步培训或得到专业发展。

附录 10-1，示例：

东方建设工程有限公司 2010 年第一次管理体系内审计划

编号 2010-01　页码：1/3

审核目的：

检查本公司所建立的“三合一”管理体系是否满足相应体系标准要求，是否具备申请认证的条件。

审核范围：

（1）管理体系覆盖的所有职能部门和在施工程项目部；

（2）拟申请认证所覆盖的房屋建筑工程施工总承包和装修装饰工程专业承包的产品范围及相关的管理体系活动和服务。

审核性质：

例行内部管理体系审核。

审核依据：

（1）GB/T 19001—2008《质量管理体系要求》；

（2）GB/T 50430—2007《工程建设施工企业质量管理规范》；

（3）GB/T 24001—2004《环境管理体系　要求及使用指南》；

（4）GB/T 28001—2001《职业健康安全管理体系规范》；

（5）公司(B/0 版)管理手册、程序文件及与体系有关的其他支持性管理文件；国家适用的法律、法规、标准、规范和其他要求。

审核时间：2010 年 11 月 26 日至 28 日

审核组成员：	姓名	资格	专业能力	分组代码
组长：	张文	QES 内审员	同上专业范围	A
组员：	李平	QES 内审员	同上专业范围	B
	王红	QES 内审员	…………………	C
	陈英	QES 内审员	…………………	D

计划编制人：　张文(审核组长)

计划编制日期：　2010 年 11 月 16 日

计划批准人：　赵文刚(管理者代表)

2010 年 11 月 18 日

（审核日程安排附后）

审核计划日程安排

编号 2010-01　页码：2/3

日期	时间	受审核区域或项目	审核的主要过程或要素（注：确保专业活动/过程审核分组的专业能力！）	组别
11月26日	08：30～09：00	首次会议		ABCD
	09：00～10：00	与公司领导层交谈（其中：总经理、管代（总工）经营/生产副总）	Q：3.1/3.2/3.3/3.4/4/5/12/13；E/S：4.1，4.2，4.3，4.4.6，4.5.3/2，4.5.5/4，4.6；管理体系的建立及运行情况/体系业绩/顾客满意监测/体系改进/相关方投诉/事故事件及处理等；	AC BD
	10：00～12：00	企管办	Q：（3.1～3.4，4.1～4.3，12.2.6/12.2.1-3，13.2.4，13.3），5.2，12.2；E/S：（4.1，4.2，4.4.1，4.4.4，4.5.4/3，4.5.5/4，4.6)4.4.5，4.4.2；	AC
		工程管理部	Q：（6.1～6.3，8.5，9.1-3，10.4，10.6，11.1-4，13.3.1)3.2.3，4.3，5.2；E/S：(4.3.1，4.3.3/4，4.4.6，4.4.7，4.5.1)4.4.1，4.4.2；	BD
	14：00～16：00	办公室及机关固定区巡视	Q：（3.5.1-3)4.3，12.2；E/S：（4.3.2，4.4.3，4.4.5)4.4.1，4.4.2，E/S：4.4.6/7；	AC
		工程管理部	持续上午审核	BD
		审核组内部会及与	受审核部门领导沟通	ABCD
	16：00～18：00	技术管理部	Q：(10.1/2，10.5.1-2，12.5，13.3.1)，3.2.3，12.2；E/S(4.4.6，4.5.3/2，E4.5.2)4.4.5，4.3.3；	AC
27日	09：00～12：00	材料供应部	Q：（8.1～8.4），12.2.2，13.3.1；E/S：4.4.6，4.5.1，4.5.3/2；	BD
	14：00～17：00	劳动人事部	Q：（5.1～5.3），12.2，13.3；E/S：（4.4.2)4.4.6/7；	AC
		经营管理部	Q：（7.1～7.3)4.3，3.2.3；E/S：4.4，6，4.4.1，4.3.3；/S	BD
	17：00～18：00	审核组内部会及与	受审核部门领导沟通	ABCD

审核计划日程安排

页码：3/3

11月28日	08：30～12：00	第一项目部	Q：3.5，3.2.3，4.3，5.2，6.2-3，10.2，10.4，10.5.1-2，10.3，8.2～8.5，11.2-4，11.5，12.2，13.3；E/S：4.4.5，4.5.4/3，4.4.1，4.4.2，4.3.1，4.3.2，4.3.3/4，4.4.6，4.4.7，4.5.1，4.5.3/2，E4.5.2；	AC
		第二项目部	（审核内容同上）	BD
	14：00～17：00	审核组内部会及与公司领导层沟通审核信息		ABCD
	17：00～18：00	末次会议		ABCD

注：上述计划中，QMS 审核的过程主要以 GB/T 50430—2007《规范》对应的条款号进行策划，可将相对应的 GB/T 19001—2008 的条款号加以注明；按过程审核方法进行审核，括号内为主控过程对应的条款号，括号外为相关过程，根据受审核区域职能进行抽查。

附录 10-2

东方工程建设有限公司管理体系组织机构图及 QES 职能分配表

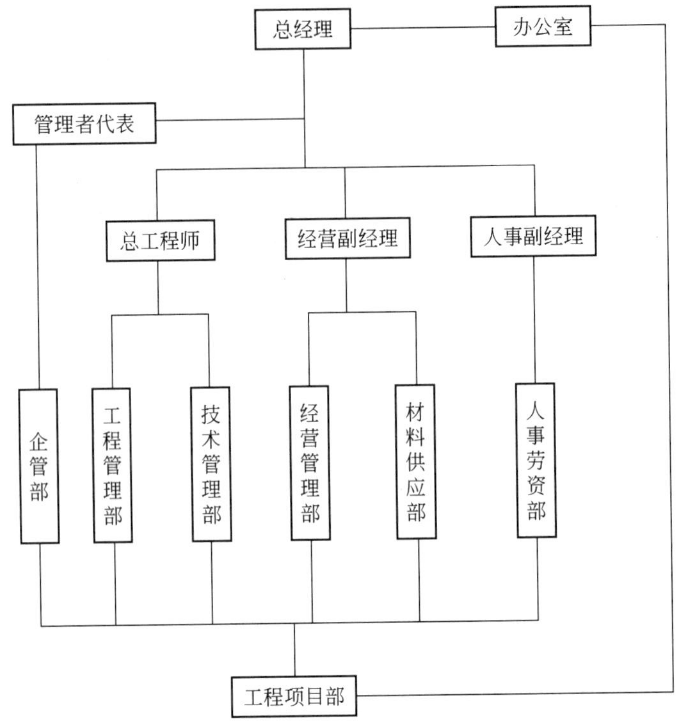

东方工程建设有限公司质量管理体系职能分配表

过程（职能分配）			领导层					职能管理部门							工程项目部
GB/T 50430—2007《规范》过程章节代号		GB/T 19001—2008 标准对应条款	总经理	管理者代表	总工程师	人事副经理	经营副经理	企管办	办公室	工程管理部	技术管理部	材料供应部	劳动人事部	经营管理部	
3 质量管理基本要求	3.1 一般规定	4.1	●	⊙				●	○	○	○	○	○	○	○
	3.2 质量方针目标	5.3/5.4.1	●	⊙	○	○	○	●	○	○	○	○	○	○	○
	3.3 QMS 策划和建立	5.4.2	●	⊙	○	○	○	●	○	○	○	○	○	○	○
	3.4 QMS 实施与改进	4.1/5.6.1/6.1	●	⊙	○	○	○	●	○	○	○	○	○	○	○
	3.5 文件管理	4.2.3/4.2.4	●	○	○	○	○	⊙	●	○	○	○	○	○	○
4 组织机构职责	4.1 一般规定	5.5.1	●					●							○
	4.2 组织机构	5.5.1	●	○	○	○	○	●							○
	4.3 职责和权限	5.5.1/5.5.2/5.5.3	●	⊙	○	○	○	●	○	○	○	○	○	○	○

续表

过程 \ 职能分配			领导层					职能管理部门							
GB/T 50430—2007《规范》过程章节代号		GB/T 19001—2008 标准对应条款	总经理	管理者代表	总工程师	人事副经理	经营副经理	企管办	办公室	工程管理部	技术管理部	材料供应部	劳动人事部	经营管理部	工程项目部
5 人力资源管理	5.1 一般规定	6.2.1	●			⊙							●		○
	5.2 人力资源配置	6.2.2	●	○	○	⊙		○	○	○	○	○	●	○	○
	5.3 培训	6.2.2	⊙	○	○	●		○	○	○	○	○	●	○	○
6 施工机具管理	6.1 一般规定	6.3/7.4.1-3			●					●					○
	6.2 施工机具配备	6.3/7.4.1-3			●					●					○
	6.3 施工机具使用	6.3			●					●					○
7 投标及合同管理	7.1 一般规定	5.2.1～7.2.3					●							●	○
	7.2 投标及签约	7.2.1、7.2.2					●			○	○	○	○	●	○
	7.3 合同管理	7.2.2、7.2.3					●							●	○
8 材料构配件和设备管理	8.1 一般规定	7.4.1～7.4.3					●					●			○
	8.2 物资的采购	7.4.1、7.4.2					●					●			○
	8.3 物资的验收	7.4.3/8.2.4/8.3					●			⊙		●			○
	8.4 物资的现场管理	6.4、7.5.3、7.5.5					●			⊙		●			○
	8.5 发包方提供的物资	7.5.4					●			●					○
9 分包管理	9.1 一般规定	7.4.1～7.4.3			●					●					○
	9.2 选择和分包合同	7.4.1、7.4.2			●					●	○	○	○		○
	9.3 分包项目实施过程的控制	7.4.3、8.2.3			●					●	○				○
10 工程项目施工质量管理	10.1 一般规定	7.1、8.2.3			●					○	●				○
	10.2 策划	6.3/7.1/7.5.1～7.5.5			●					○	●				○
	10.3 施工设计	7.3	此过程被删减					此过程被删减							

续表

过程 职能分配			领导层					职能管理部门							工程项目部
GB/T 50430—2007《规范》过程章节代号		GB/T 19001—2008 标准对应条款	总经理	管理者代表	总工程师	人事副经理	经营副经理	企管办	办公室	工程管理部	技术管理部	材料供应部	劳动人事部	经营管理部	
10 工程项目施工质量管理	10.4 施工准备	7.5.1			●					●	○			○	
	10.5 施工过程 Q 控制	6.4/7.2.3/7.5.1-5			●					○	●	○			○
	10.6 服务	7.5.1/4/5/8.2.1/8.4			●					●	○				○
11 施工质量检查与验收	11.1 一般规定	8.1			●					●					○
	11.2 施工质量检查	8.2.3			●					●	○	○			○
	11.3 施工质量验收	8.2.4			●					●	○				○
	11.4 施工质量问题的处理	8.3			●					●	○	○			○
	11.5 检测设备管理	7.6			●						●				○
12 质量管理自查与评价	12.1 一般规定	8.1						●							○
	12.2 质量管理活动的监督检查与评价	8.2.2、8.2.3	○	●	○	○	○	●	○	○	○	○	○	○	○
	12.2.6 工程建设相关方满意	8.2.1	○	○	●	○	○	●		○	○			⊙	○
13 质量信息与质量管理改进	13.1 一般规定	5.5.3/8.1			●			●							○
	13.2 Q信息收集分析与改进	5.1/8.2.1/8.4	⊙	⊙	●			⊙	○	⊙	⊙	○	○	○	○
	13.2.4 管理评审	5.6	●	⊙	○	○	○	●		○	○	○	○	○	○
	13.3 QM 改进与创新	8.5.1-3	●	○	○	○	○	●	○	⊙纠	⊙预	○	○	○	○

注：职能代号：●主控；⊙协控(强相关)；○相关。

东方工程建设有限公司环境与职业健康安全管理体系职能分配表

要素条款号 \ 职权分配			领导层					职能管理部门								工程项目部
			总经理	管理者代表	总工程师	人事副经理	经营副经理	企管办	办公室	工程管理部	技术管理部	材料供应部	劳动人事部	经营管理部		
E/S 管理体系标准要求																
4.1	总要求		●	⊙	⊙			●								○
4.2	E/S 方针		●	⊙	⊙	○	○	●	○	○	○	○	○	○		○
4.3 策划	4.3.1	环境因素/危险源识别评价/控制策划			●			○	○	●	⊙	○	○	○		○
4.3 策划	4.3.2	法规和其他要求			●			○	●	○	○	○	○	○		○
4.3 策划	4.3.3	E/S 目标、E 指标和方案			●			○	⊙	●	⊙	⊙		○		○
4.3 策划	4.3.4	S 管理方案			●			○		●		⊙		○		○
4.4 实施与运行	4.4.1	资源、作用、结构职责与权限	●					●	○	○	○	○	○	○		○
4.4 实施与运行	4.4.2	能力、培训和意识	●	⊙		⊙	○	●	○	○	○	○	○	○		○
4.4 实施与运行	4.4.3	信息交流、协商和沟通			●		○		●	○	○	○	○	○		○
4.4 实施与运行	4.4.4	文件		●				●						○		○
4.4 实施与运行	4.4.5	文件控制		●	○	○	○	○	●	○	○	○	○	○		○
4.4 实施与运行	4.4.6	运行控制			●	○	○	○	⊙	●	⊙	○	○	○		○
4.4 实施与运行	4.4.7	应急准备和响应			●	○	○	○	⊙	●	○	○	○	○		○
4.5 检查和纠正措施	4.5.1	绩效测量和监测			●					●				○		○
4.5 检查和纠正措施	4.5.2	E 合规性评价			●					⊙	●			○		○
4.5 检查和纠正措施	4.5.3/2	事故、事件、不符合纠正和预防措施			●					⊙	●			○		○
4.5 检查和纠正措施	4.5.4/3	记录控制			●			●						○		○
	5.5/4	内部审核	○	●	○	○	○	●	○	○	○	○	○	○		○
	4.6	管理评审	●	○	○	○	○	●	○	○	○	○	○	○		○

注：职能代号：●主控；⊙协控(强相关)；○相关。

附录 10-3　　　检查表的格式示例

典型的审核检查表表式(横式)

<table>
<tr><td>受审区域</td><td colspan="4"></td><td>检查表编号</td><td></td></tr>
<tr><td>审核依据</td><td colspan="6">☐ GB/T 19001—2008　☐ GB/T 50430—2007　☐ GB/T 24001—2004　☐ GB/T 28001—2011</td></tr>
<tr><td>审核过程/要素</td><td colspan="3">审核要点</td><td colspan="3">审核记录(备注)</td></tr>
<tr><td></td><td colspan="3">(事先填写)</td><td colspan="3"></td></tr>
<tr><td>受审核区域负责人</td><td></td><td>陪同人员</td><td></td><td>审核员/日期</td><td colspan="2"></td></tr>
</table>

备注：审核记录：记载所抽样样本(审核证据)和审核发现(适当时)。

(注：若记录不够可记载在背页相应位置，并用标准条款号明示)

典型的审核检查表表式(立式)

<table>
<tr><td>受审核区域</td><td colspan="2"></td><td>检查表编号</td><td colspan="2"></td></tr>
<tr><td>审核过程/要素</td><td colspan="5"></td></tr>
<tr><td colspan="6">审核依据：☐ GB/T 19001—2008　☐ GB/T 50430—2007　☐ GB/T 24001—2004　☐ GB/T 28001—2011</td></tr>
<tr><td colspan="6">审核要点：</td></tr>
<tr><td colspan="6">审核记录：</td></tr>
<tr><td>受审核区域/负责人</td><td></td><td>陪同人员</td><td></td><td>审核员/日期</td><td></td></tr>
</table>

附录 10-4：对领导层审核检查表

<table>
<tr><td>审核区域</td><td>公司领导层</td><td>检查表号</td><td></td></tr>
<tr><td>审核内容</td><td colspan="3">领导者管理过程—(体系的策划、建立及实施运行情况/体系业绩/对体系、产品、顾客满意监测/对体系的评审、改进/相关方投诉/事故事件及其处理等)。</td></tr>
<tr><td>管理体系
审核标准</td><td colspan="3">☒ GB/T 50430—2007《规范》3.1/3.2/3.3/3.4/4/5/12/13；
涉及：☒ GB/T 19001—2008 标准(4.1，5.1，5.，5.3，5.4.，5.5，5.6，6.1，8.2，8.5)</td></tr>
<tr><td colspan="4">审核要点：
(1) 最高管理层是否结合企业自身特点按规范和标准要求建立了确保施工产品符合要求和适用法律法规要求的质量管理体系、且形成了文件。体系过程活动的识别是否全面和充分(包括过程的外包，以及若有删减是否说明理由，且充分)。各过程活动的顺序(流程)规定是否合理。过程之间的接口是否明确。
(2) 质量管理体系文件的策划(质量管理手册、程序文件、方针、目标等)是否满足规范和标准的要求。其内容是否描述得充分、适宜。是否覆盖了规范和标准要求的内容，并考虑了质量管理体系变更时保持完整性的策划。规范和标准要求编制的程序、管理制度等是否已形成了可操作性的文件。
(3) 最高管理层对质量方针的策划结果是否有遵守法规/持续改进/顾客满意的内容。是否反映了建筑施工行业的特点、并体现了本企业的质量管理宗旨和方向。是否定期评审了质量方针的持续适宜性，是否做了必要的修订。以什么方式向员工宣讲了质量方针的内涵。
(4) 质量目标是否在质量方针的框架下展开。是否具有激励性。是否包含了质量管理目标和工程质量目标的要求。是否用工程质量特性指标表示。并具有可测量性。是否建立并实施了《质量目标管理制度》。是否分级分层建立。实施效果如何。
(5) 企业是否为质量管理体系有效运行配备了充分的资源。(资源包括：人力资源和专业技能、基础设施、机械设备、检验试验和检查设备、仪器仪表和计算机软件以及资金储备等。)
(6) 最高管理者(层)是否按照规定的时间间隔和周期组织并主持了质量管理体系运行状况的分析评价(评审)。且有针对性地提出了改进的目标和要求，并得到落实和跟踪验证。
(7) 企业组织结构设置是否适宜质量管理的需要。相应各层次管理部门和岗位的确定是否满足建筑施工行业管理要求。是否以文件形式规定了各部门、各层次、各岗位管理、执行和验证人员的专职质量管理的职责和权限；及其他相关职能部门的质量管理职责和权限。最高管理者是否清楚自己在质量管理体系方面的职责和权限。
(8) 询问有否相关方投诉/事故事件。及其处理情况等。</td></tr>
<tr><td colspan="4">审核记录：</td></tr>
</table>

审核区域负责人		陪同人		审核员/日期	

附录 10-5(一)"部门审核方法"——对部门审核的检查表

<table>
<tr><td>审核区域</td><td colspan="2">技术管理部</td><td>检查表号</td><td colspan="2"></td></tr>
<tr><td>审核内容</td><td colspan="5">GB/T 50430—2007《规范》：(10.1，10.2，10.5，11.5)4.3，3.2.3；对应：ISO 19001—2008(7.1，7.2.3，7.5.1～7.5.5，7.6)5.5.1，5.4.1</td></tr>
<tr><td>管理体系
审核标准</td><td colspan="5">☒ GB/T 50430—2007《规范》
☒ GB/T 19001—2008 标准</td></tr>
<tr><td colspan="6">审核要点：
(1) 询问部门人员构成、部门的管理职权及按分工对各岗位职权是否有明确的规定并有效实施了内部沟通。
(2) 部门是否按规定建立了本部门的管理目标。目标内容是否能体现部门履行管理职能下所追求的目的。是否制订并实施了实现目标的措施。实现情况如何。
(3) 是否建立并实施了《工程项目施工质量管理制度》以实现对企业的"工程项目施工质量策划、施工设计、施工准备、施工过程质量和服务"等的控制。
(4) 对工程项目的策划职责是否明确。策划的结果形成哪些文件。从台账中分别抽查代表公司产品范围的策划输出文件各 1～2 份，看编、审、批是否符合规定要求。策划的内容是否涵盖了《规范》10.2 要求的 15 项内容。对不满足要求之处部门是否在审核文件中指出并跟踪改正。条件变化时内容有动态的修改或补充，并是否满足了要求。
(5) 部门编制了哪些作业指导书或指导性文件。能否对相关人员起到指导作用。对危险性较大的专项施工方案是否组织了专家论证。能否提供论证结果的证据。
(6) 是否开展有"施工设计"。如被删减，确认删减的理由是否充分并在体系文件中加以说明。
(7) 是否按工程项目质量策划的结果(施工组织总设计、单位施工组织设计或施工方案，以及主要施工管理计划)实施了施工准备。是否对工程项目实施了具备开工条件的验收和确认活动。部门是否将质量管理策划的内容，向项目经理部人员进行了交底。并保存了记录。
(8) 对特殊过程、关键工序是否进行了识别确定。对项目部有否确认的要求？部门对项目部检查中有对确认情况的检查内容。
(9) 部门是否策划并实施了对项目部施工过程质量控制情况的检查记录。抽查相关记录，检查内容是否完整、发现的问题是否进行了跟踪。评价监控的有效性。
(10) 是否按程序规定和施工合同及国务院 279 号令、住建部 80 号令等的要求，开展了对工程的交付后服务的控制。有否对服务进行了策划并形成文件下发实施。对工程保修期内顾客(指建设方、监理方、物业或使用者)所反馈的有关工程质量信息是否做出了积极的响应和处理。并对保修的服务质量(指返修的工程质量和参加返修人员的工作质量及服务态度等)按规定进行了有效的控制、检查和验收。对所收集到的有关服务质量方面的信息是否用于了质量分析和改进。
(11) 部门是否明确了对检测设备的管理要求。各管理层次的职责是否清楚。采购或租赁的检测设备，是否对供方进行了评价。有否检测设备的清单。从清单中抽查 5～7 件在用的监视和测量设备是否按规定的周期校准。是否在有效期内。自检的监视和测量设备，是否制定了作为检验依据的自检文件(如：自校规程)。用于测量、试验的计算机软件是否经过有效鉴定或确认以及必要时的再确认。查部门对检测设备现场管理与维护情况的监控证据并评价控制的有效性。</td></tr>
<tr><td>审核区域
负责人</td><td></td><td>陪同人</td><td></td><td>审核员/
日期</td><td></td></tr>
</table>

附录 10-5(二)：按“过程审核方法”对部门审核的检查表

<table>
<tr><td>审核区域</td><td>材料供应部/工程管理部</td><td>检查表号</td><td></td></tr>
<tr><td>审核内容</td><td colspan="3">建筑材料、构配件和设备的管理/发包方提供物资的管理过程</td></tr>
<tr><td>管理体系
审核标准</td><td colspan="3">☒ GB/T 50430—2007《规范》8.1，8.2，8.3，8.4，8.5
☒ GB/T 19001—2008 标准 6.4，7.4.1，7.4.2，7.4.3，7.5.3，7.5.4，7.5.5，8.2.4，8.3</td></tr>
<tr><td colspan="4">审核要点：
(1) 企业是否建立并实施了《建筑材料、构配件和设备采购的管理制度》。并规定和明确了各项职责、权限和管理办法(包括采购验收发现不合格的处理)。
(2) 是否对“工程项目所需的建筑材料、构配件和设备(下称工程物资)”提供的供方选择、评价和重新评价的准则做出了规定。对供方和采购的品种的控制类型和程度是如何划分的。
(3) 是否建立和更新了合格供方名录。从名录中抽查采购合同签订前是否对供方进行了评价。评价的内容是否包括了：经营资格和信誉、产品质量、供货能力、产品价格、售后服务。能否提供评价记录。对合格供方是否有跟踪措施并进行动态管理。是否在出现以下情况时对供方进行再评价(包括因供应商的原因导致质量问题时；需要长期使用某一供应商的重要产品和服务时；需要使用过去放弃的供应商时)。
(4) 是否对项目提出的采购计划按照《管理制度》的规定进行了审批。
(5) 分类抽查与供方签订的采购合同，合同中是否清楚地规定了有关的技术质量要求和验收或验证的职责、权限及方式方法，已识别的重要环境因素、职业健康风险的管理要求通报给供方和合同方的安排是否实施。以及产品的放行方式。(涉及 E/S：4.4.6c)采购文件发放前是否经过审批，以确保采购要求是充分的、适宜的。确保所采购的工程物资符合有关职业健康安全和环保的要求。采购合同的供方是否在合格供方名录中。
(6) 抽查进场验收记录或验证记录，是否对采购的工程物资实施了有效验收或验证(包括进货检验、构配件和设备的过程监测或同发包方代表到供方处的验证等)。当采购的物资验收或验证的方式采用对其质量特性实施检测活动时，是否按相关要求进行了控制与管理。(涉及《规范》的 11.3“标准”的 8.2.4)。
(7) 是否确定了发包方提供的工程物资并对其实施了验收活动？当进行验收、验证或使用中发现不符合采购要求时，是否及时向发包方报告并按规定进行了处置。是否保存了相关的处置记录。(涉及《规范》8.5；“标准”7.5.4，此部分证据按规定由工程管理部负责提供)。
(8) 企业是否明确了施工现场对工程物资的管理规定？对工程物资的储存、保管、标识、搬运、防护和发放的管理要求是否明确并得到有效实施？对超高、超长、超重、易燃、易爆品、怕潮品等特殊物资搬运及贮存有否专项方案并实施。(通过现场巡察及查阅资料取证)。
(9) 是否建立工程物资的发放记录。对已使用的工程物资有无可追溯性。</td></tr>
<tr><td colspan="4">审核记录：</td></tr>
</table>

审核区域 负责人		陪同人		审核员/ 日期	

附录 10-6：对工程项目管理部审核的检查表

审核区域	工程项目管理部	检查表号	
审核内容	工程项目施工质量管理过程		
管理体系审核标准	☒ GB/T 50430—2007《规范》： 3.2.3/4.3/5.2-3/6.2-3/8.2-5/9.2-3/10.2/10.4/10.5/11.2/11.3/11.4/12.2/13.3.1/11.5 ☒ GB/T 19001—2008 标准 5.4.1/5.5.1/6.2/ 7.1/7.5.1—7.5.5/8.2.4/8.3/8.5		

审核要点：

(1) 查项目施工、策划(10.2)：

1) 查项目部的组织机构设置、人员配备是否满足规定要求和质量管理需要。抽查项目经理、主要管理岗位人员持证上岗情况。

2) 是否按规定接收设计文件，分专业组织图纸自审，记录发现的问题，并参加图纸会审和设计交底并对结果进行了确认。

3) 策划输出文件《施工组织设计》或《质量计划》等是否按规定经公司技术负责人和总监批准。其内容是否明确了工程项目的质量目标、验收准则、检验和试验活动安排等《规范》10.2.3 条要求的 15 项内容。

4) 针对工程项目确定施工过程流程图和施工进度表以及物资、机械设备、监测设备、人力资源需求计划。

5) 是否有主要分部、分项工程施工方案或控制措施编制计划。

6) 关键或需确认的过程，是否识别并明确控制的文件和方法。

7) 采用的《四新》技术以及重点部位和关键工序是否策划了施工方案和相应的质量保证措施。

8) 是否有适当的雨期、冬期施工质量、安全控制措施以及质量通病防治措施。

9) 行业规定的危险性较大工程施工方案是否安排经专家论证，并提供审批表。

10) 施工现场的平面布置图是否适宜并充分等。

(2) 查是否按策划的结果有效实施了施工准备工作(10.4)

1) 是否做好了施工设备、工具、材料等基础设施进场及现场“七通一平”的现场准备工作和资金准备。

2) 项目部技术负责人是否已按照规定要求分别向管理层/作业层人员进行了技术交底并提供记录。

3) 项目部能否提供开工申请报告，经公司主管部门检查验收后同意开工的批复文件。同时应提供经总监理工程师/或建设单位批复的工程开工令/或开工报告。

(3) 项目施工过程控制(10.5)

1) 管理人员是否得到有关工程施工方面要求的文件(如：图纸、图纸会审纪要、图集、洽商、验收规范，作业指导书等技术文件)并正确得到使用。(如对设计变更洽商文件的控制，是否做到标识标注或打改，图纸使用者得到变更的相关信息而防止误用等。)

2) 是否调配符合规定的操作人员，如专业工种和特种作业人员是否持证上岗，配备数量满足施工需要等。

3) 是否按策划结果的要求配备和使用建筑材料、构配件和施工机具及监测设备。(通过现场巡视，查阅有关记录获取证据。)

4) 抽查地基与基础施工/或主体结构施工的关键施工部位，作业人员是否做到了按规定的准则作业。管理人员是否对过程能力及其参数开展了检查与监测，对发现的问题是否有跟踪验证的证据。

5) 通过现场巡察与查阅证据评价对施工作业环境是否得到了有效控制。(如季节性施工措施及实施、结构混凝土养护、焊条烘干后使用等。)

6) 根据工程设计及新技术推广应用要求，审查本工程采用了哪些“四新”技术，有否应用的策划和控制要求，是否编制有专项施工方案并进行了详细的施工技术交底。对初次使用的“四新”技术是否对应用方案进行了评审或试验验证，对相关人员进行了培训。

7) 对施工进度计划是否进行了策划并形成了文件(如网络图、横道图等)，对主要施工阶段是否确定了时间里程碑，制订控制计划，明确控制责任。当实际进度发生拖期，有否对拖期原因进行分析并采取适当赶工措施。效果如何。

8) 对原材料、过程产品、半成品、成品是否制订并实施了保护措施，效果如何。(可通过现场巡察和查阅相关资料获取证据。)

9) 对不稳定和能力不足的施工过程是否实施了有效监控，并采取了加强措施。对潜在突发事件是否策划了应急预案。有否定期演练并对预案进行评审修订，尤其事件发生后能否迅速启动和事后评审。

10) 对工程和劳务分包是否按策划要求进行了施工过程有效监控。(注：以上 1)～10)均为 10.5.1)

11) 对需要确认的过程(特殊过程)是否实施了事先确认的有效管理，包括：

A. 对工艺标准和技术文件进行评审，并对操作人员上岗资格进行鉴定；

B. 对施工机具进行认可；

C. 定期或在人员、材料、工艺参数、设备发生变化时，重新进行再确认。

续表

12）通过对特殊过程工序能力管理情况的抽查评价是否满足要求(10.5.2)。

13）是否按策划要求对原材料、过程产品 、最终产品进行标识。根据抽查的关键、特殊工序的控制资料评价，其是否具备可追溯性。(10.5.3)

14）在施工过程中与顾客、监理是否保持有效信息交流与沟通。通过查阅监理会议纪要/或工作联系单/通知单及其回复资料加以证实并做出评价(10.5.4)。

15）通过对上述过程的施工记录的抽查可评价记录管理是否相关规定要求。(10.5.5)

(4) 施工质量的检查、评定与验收(11.2～11.3)

1）项目部是否做到按策划安排和现行工程质量验评标准要求有效实施了质量检查与评定(如检验批、分项、分部质量的评定)，所产生的质量记录是否符合记录控制的要求。(注：可通过对主要原材料、商品混凝土、设备及检验批、分项、分部等评定资料的抽查，评价上述要求的执行情况的有效性。)(11.2)

2）查项目部是否按规定策划并实施了施工质量的验收，在竣工验收前是否实施了内部验收，对发现问题的跟踪处置是否符合“质量管理制度”的要求？(注：可通过对分项、分部、单位工程等评定资料的抽查，评价上述要求的执行情况的有效性)。(11.3)

3）从项目部在用监测设备台账中分类抽查监测设备是否按规定周期校准、对自检设备(如试模、坍落度筒等)是否按自检规程校准、对计算机软件用于计量的是否使用前确认及定期再确认。(11.5)

(5) 施工质量、问题的处理(11.4)

1）项目部对日常检查、评定和参加分级验收中发现的不合格品、严重不合格品是否建立有处置措施和对处置结果进行了重新评定的记录。抽查并评价处置过程的符合性、有效性。(11.4)

2）项目部对发包方、监理、公司主管部门及当地质检监督机构等下达的对各项质量问题整改要求的落实及反馈情况记录，抽查并评价控制的有效性。(12.2.2)

3）通过现场巡察、与项目部主要负责人及监理交谈，了解是否发生有质量事故。如有，则跟踪事故处理全过程，评价处理过程、分级报告、处理措施、对处理结果的验证以及对事故责任者的处罚等是否符合相关管理制度和法规要求。(11.4)

(6) 质量管理自查和质量管理改进(12.2；13.2～13.3)

1）项目部是否按相关制度规定开展对质量管理的自查活动，自查的内容是否包括了：*A.* 项目质量管理策划结果的实施；*B.* 对本企业、发包方或监理方提出的意见和整改要求的落实；*C.* 合同的履行情况；*D.* 质量目标的实现。

2）项目部是否收集了为正确评价质量管理水平所需的质量信息、对项目质量策划结果实施情况进行了总结。是否对上述信息用于质量管理的改进与创新。

3）抽查对工程建设有关方对项目工程质量和质量管理水平的满意监测及分析改进证据；对目标完成、合同履行、法规和标准遵循、对产品检测、管理检查等信息的分析利用的纠正和预防措施的实施情况及对结果有效性评价等用于质量改进的证据，并评价其有效性。

审核区域负责人		陪同人		审核员/日期	

附录 10-7(一)：不符合项报告示例

不 符 合 项 报 告

审核编号：Q 1008R______E______S______

<table>
<tr><td>受审核方</td><td colspan="2">东方建设工程有限公司</td><td>报告编号</td><td colspan="2">Q-1008-1/2</td></tr>
<tr><td>发生地点</td><td colspan="2">公司领导层及企管办</td><td>陪同人员</td><td colspan="2">王武</td></tr>
<tr><td colspan="6">不符合事实：
审核员现场审核时发现，各个部门都拥有电脑，并且公司有统一电子信息系统，如生产计划部门生产计划时从电脑系统中查仓库的库存品数量，采购从电脑系统中查采购物资回公司质量部门检验的结果，各部门日常工作联系都是通过内部网络，人力资源部门利用电脑系统建立人事档案等，但公司的 IT 信息主管部门没有纳入质量管理体系，问及如何进行 IT 信息系统管理，谈到有部门联系电脑有问题，就协助处理，故该部门没有对 IT 网络采取切实有效的管理，存在电脑系统瘫痪、资料外泄等隐患。

不符合☒ GB/T 19001—2008(ISO 9001：2008)标准/5.4.2a，5.5.1
☒ GB/T 50430—2007《规范》/4.2.1
☐ GB/T 24001—2004(ISO 14001：2004)标准/条款号
☐ GB/T 28001—2001 标准/条款号
受审核方☒ 管理手册 ☐ 程序文件/条款号 4.2.1
不符合的程度：☐ 严重 ☒ 一般 2010 年 12 月 6 日</td></tr>
<tr><td colspan="6">对整改的要求：☒ 制定纠正措施并予以实施 ☒ 实施纠正活动并予以完成
实施整改时间：☒ 30 日内完成 ☐ 60 日内完成 ☐ 90 日内完成
验证方法：☐ 审核组书面评审受审核方提供的纠正和纠正措施计划，实施整改活动的证实性资料下次审核时进行书面验证
☒ 审核组对受审核方提供的实施整改活动的证实性资料进行书面验证
☐ 审核组对受审核方实施整改活动的有效性进行现场验证</td></tr>
<tr><td>管理者代表</td><td>赵志刚(签)</td><td>审核员</td><td>李平(签)</td><td>审核组长</td><td>张文(签)</td></tr>
<tr><td>纠正措施实施效果验证情况的记录</td><td colspan="3"></td><td>验证人员/日期</td><td></td></tr>
</table>

附录 10-7(二)：不符合项报告示例

不 符 合 项 报 告

审核编号：Q 1008R______E______S______

<table>
<tr><td>受审核方</td><td colspan="2">东方建设工程有限公司</td><td>报告编号</td><td colspan="2">Q-1008-2/2</td></tr>
<tr><td>发生地点</td><td colspan="2">材料供应部</td><td>陪同人员</td><td colspan="2">王浩</td></tr>
<tr><td colspan="6">不符合事实：
现场审核中只查到了 2009 年度公司“合格物资供方名册”，未查到对所列供方评价的证据。部门领导解释说，管理制度文件有修订，修订后改为项目部评价，公司汇总结果并监控。但在天成郡府 2 号、3 号楼工程项目部审核时却发现，对商品混凝土供方(河北沧兴物资集团有限公司)、水泥供方(河北金隆水泥集团有限公司)和钢材供方等均未提供出经评价合格的客观证据。

不符合☒ GB/T 19001—2008(ISO 9001：2008)标准/条款号 7.4.1
☒ GB/T 50430—2007《规范》/条款号 8.2.2
☐ GB/T 24001—2004(ISO 14001：2004)标准/条款号
☐ GB/T 28001—2001 标准/条款号
受审核方☒ 管理手册 ☐ 程序文件/条款号 4.2.1
不符合的程度：☐ 严重 ☒ 一般 2010 年 12 月 6 日</td></tr>
<tr><td colspan="6">对整改的要求：☒ 制定纠正措施并予以实施 ☒ 实施纠正活动并予以完成
实施整改时间：☒ 30 日内完成 ☐ 60 日内完成 ☐ 90 日内完成
验证方法：☐ 审核组书面评审受审核方提供的纠正和纠正措施计划，实施整改活动的证实性资料下次审核时进行书面验证
☒ 审核组对受审核方提供的实施整改活动的证实性资料进行书面验证
☐ 审核组对受审核方实施整改活动的有效性进行现场验证</td></tr>
<tr><td>管理者代表</td><td>赵志刚(签)</td><td>审核员</td><td>李平(签)</td><td>审核组长</td><td>张文(签)</td></tr>
<tr><td>本次验证情况</td><td colspan="3">☐ 纠正和纠正措施可行
☐ 纠正和纠正措施可行，整改活动有效已封闭</td><td>验证人员/日期</td><td></td></tr>
<tr><td>纠正措施实施效果验证情况的记录</td><td colspan="3"></td><td>验证人员/日期</td><td></td></tr>
</table>

附录 11-8：不符合报告编写示例

情景：假定你是审核员，依据下述情景，请开写一份内审不符合项报告。

东方建筑工程有限公司新世纪广场工程项目部采用移动式混凝土搅拌站配制现浇结构混凝土，通过泵车输送到浇筑部位。2010 年 8 月 15 日审核员在李杨陪同下去混凝土搅拌站查看基础底板 C30p8 级混凝土配料中碎石计量，型号为 J—CD50，厂内编号为 DL—1324 的电子称无校准标识。问现场施工工长，工长解释说“由于时间长，标识破损掉了，具体校准时间我也记不清了。”于是审核员将该电子称的型号和编号记录下来，回项目办查看有关记录，发现该电子称是 2009 年 5 月购入并安装使用的，安装验收时作了校准，校准日期是 2009 年 5 月 15 日，之后未查到再次校准的记录。

不 符 合 项 报 告

<table>
<tr><td>受审核方</td><td colspan="2">东方建筑工程有限公司</td><td colspan="2">报告编号</td><td>Q：01/3</td></tr>
<tr><td>发生地点</td><td colspan="2">新世纪广场工程项目部</td><td colspan="2">陪同人员</td><td>李杨</td></tr>
<tr><td colspan="6">不符合事实：
现场审核发现，混凝土搅拌站用于碎石计量的型号为 J—CD50、厂内编号为 DL—1324 的电子称无校准标识。工长解释说“由于时间长，标识破损掉了，具体校准时间我也记不清了。”查有关记录发现，该电子称购入后校准日期是 2009 年 5 月 15 日，之后未查到再次校准的记录。

不符合☒ GB/T 19001—2008 (ISO 9001：2008)标准/条款号 7.6
☒ GB/T 50430—2007《规范》/条款号 11.5.1
☐ GB/T 24001—2004 (ISO 14001：2004)标准/条款号
☐ GB/T 28001—2001 标准/条款号
受审核方☐ 管理手册 ☐ 程序文件/条款号
不符合的程度：☐ 严重 ☒ 一般
2010 年 8 月 15 日</td></tr>
<tr><td colspan="6">对整改的要求：☒ 制定纠正措施并予以实施 ☒ 实施纠正活动并予以完成
实施整改时间：☒ 30 日内完成 ☐ 60 日内完成 ☐ 90 日内完成
验证方法：☐ 审核组书面评审受审核方提供的纠正和纠正措施计划，实施整改活动的证实性资料下次审核时进行书面验证
☒ 审核组对受审核方提供的实施整改活动的证实性资料进行书面验证
☐ 审核组对受审核方实施整改活动的有效性进行现场验证</td></tr>
<tr><td>管理者代表</td><td>赵刚</td><td>审核员</td><td>李平</td><td>审核组长</td><td>张文</td></tr>
<tr><td>本次验证情况</td><td colspan="3">☐ 纠正和纠正措施可行
☐ 纠正和纠正措施可行，整改活动有效已封闭</td><td>验证人员/
日期</td><td></td></tr>
<tr><td>纠正措施实施效果验证情况的记录</td><td colspan="3"></td><td>验证人员/
日期</td><td></td></tr>
</table>

第 11 章　一体化管理体系认证审核

11.1　一体化管理体系认证审核的概念

GB/T 19011—2003《质量和(或)环境管理体系审核指南》的引言中称："尽管本标准的适用范围限于质量和环境管理体系审核，没有针对其他审核进行阐述，但使用者可以将其用于其他管理体系或其他类型的审核。"

基于上述，一体化审核可定义为："一个审核组，在规定的时间内，按同一审核计划，对同一组织已建立并保持一体化管理体系进行的审核。"该组织的一体化管理体系应由两个以上的管理体系整合而成。

本书所称的一体化管理体系主要指将质量、环境和职业健康安全管理体系整合而成的管理体系。而认证机构组成一个审核组对受审方的质量、环境和职业健康安全管理体系进行的结合审核，就是一体化审核。

11.2　一体化管理体系认证审核的优势

1. 强化评价功能，提高审核效率

单标审核只涉及组织的部分活动，评价很难准确，而一体化审核涉及组织方方面面的活动，研究整体效应，作出整体评价，提高审核结果的可信度，这是系统的观点。同时，一个审核组一次审核完成三个审核组的工作，无疑是大大提高了审核效率。

2. 有效提高认证效率

一体化审核可达到：一次审核，可同时颁发三张管理体系认证证书，可有效提高认证效率且降低了组织的认证费用。

如按单标方法认证，企业建立的"三体系"，要么由三个机构同时进行，要么由一个认证机构每年需进行 3 次审核，每次都要单独付费，重复接待，费时、费力、费钱。而一体化管理体系审核是由一个认证机构进行的，一次审核，颁发三张证书，不但减少费用，而且节省接待工作量，同时可节约 40％的认证时间。

3. 统一策划，有利于提高审核的系统性和效益

对组织建立的一体化管理体系当由同一个认证机构认证审核时，可实现在三年认证周期内对组织的审核方案进行全面统一策划，对每次具体地审核，无论是认证审核或监督审核可由派出的审核组对组织的"三体系"进行具体策划安排，可采用同一过程和方式进行审核，保证了对管理体系的系统、有序和高效审核。

4. 有利于促进和提高组织体系运行的整体有效性

由于质量与环境、职业健康安全三体系既具有相同的过程和要素，也具有内在的关联性，因此，对审核组发现的某一体系不合格项的整改中，可对其他两体系进行“举一反三”整改，取得整改的综合效果。所以说，一体化审核有利于促进提高组织体系运行的整体有效性。

11.3 一体化管理体系认证的工作流程

申请认证的组织(申请方)向自己选定的、国家认可的认证机构提出一体化管理体系认证申请到取证、证书保持和再认证过程的流程见图 11-1。

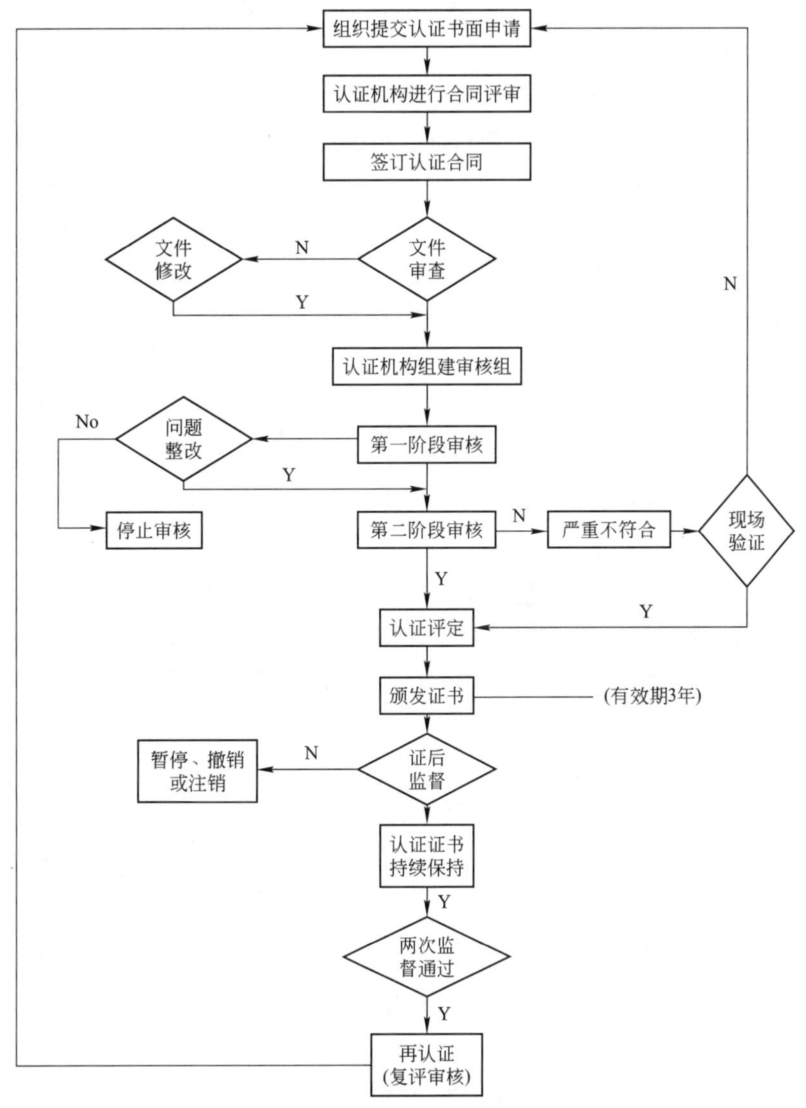

图 11-1 认证流程

一个认证周期的时间为 3 年，其主要认证环节包括：认证申请、签订认证合同、文件审查、第一阶段审核、第二阶段审核、认证评定、颁发认证证书、证后监督(包括第一、第二次监督审核)、再认证(复评审核)等过程。3 年的认证周期从初次认证或再认证决定算起。现将主要阶段企业和认证机构要做的主要工作分述如下。

11.4 管理体系的认证申请

初次申请认证的组织应当确认具备或基本具备认证条件后，向所选择的认证机构填写认证申请书，并提供反映组织基本情况的有关信息，如：名称、地址、详细联系方式、组织结构、总部和分支机构的办公区域所在地详细信息、拟认证的产品、活动和服务的范围、员工人数和体系运行有关的信息等。具体提供的信息文件主要有：

(1) 证明文件复印件包括：合法的营业执照、组织机构代码证和必要的资质证明、生产/或安全生产许可证等。

(2) 现行有效版本的管理体系文件的有关信息，包括：

1) 管理手册(包括管理方针和管理目标、组织机构图、生产或服务流程图、职能分配表)，管理制度/或程序文件；

2) 已识别的管理管理体系运行中所遵守的适用法律、法规和其他要求的文件清单(按体系分类，涉及对产品和服务活动的要求)；

3) 申请组织的多场所清单(本项仅适用于有“多场所”的申请组织。“多场所”是指

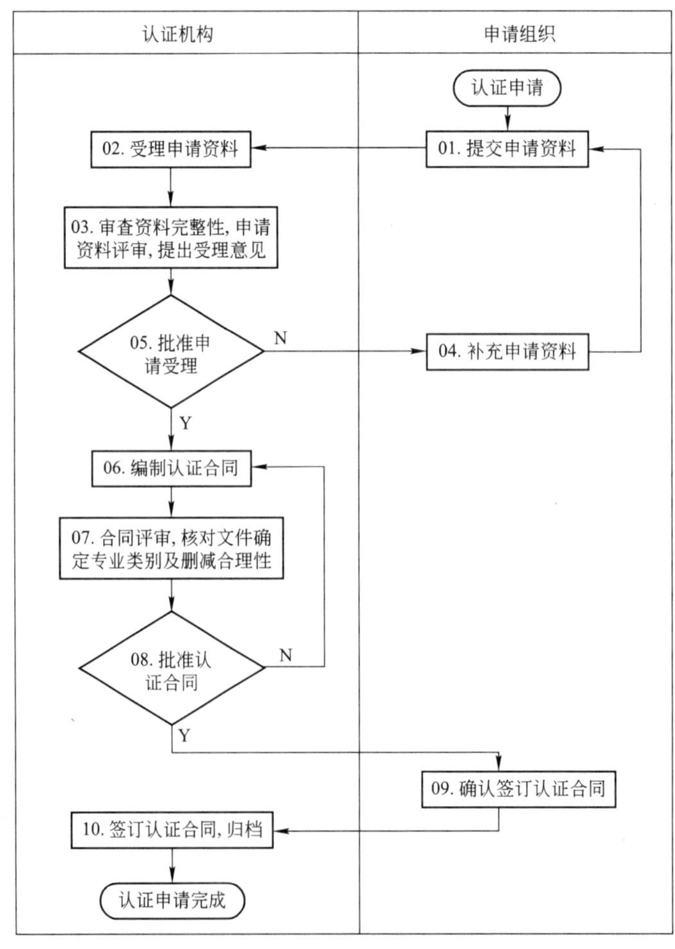

图 11-2　认证申请流程图

组织管理体系中的活动覆盖有多个不同地点的经营场所，如分厂、分公司等）；

4）重要环境因素/重大危险源清单；ES 目标、指标和管理方案；三级以上环境因素复杂程度必须提供工厂/施工场所内部情况草图，图中应标明环境设施位置，例如：产生废气、废水、噪声、振动的设施或设备；废弃物场地、环境治理设施或设备，生产污水排放管网草图，重点危险场所布置图；

5）申请人对审核和认证的要求或其他信息。申请方应确保一体化管理体系建立后实施运行已达 3～6 个月。

认证机构对受审核方的申请材料进行评审，判断该组织是否符合申请认证条件，并给予明确答复。以北京中建协认证中心有限公司(以下简称为认证中心)为例，申请认证阶段工作流程见图 11-2。

11.5 初次认证审核

管理体系初次认证审核包括文件审核、第一阶段审核和第二阶段审核。

过去，环境和职业健康安全管理体系认证初次审核进行两次。而质量管理体系认证初次审核只进行一次。现在，质量管理体系认证初次审核同样需要进行两个阶段审核。中国合格评定国家认可委员会(CNAS)于 2008 年 9 月发布 CNAS—CC01《管理体系认证机构要求》(ISO/IEC 17021：2006，IDT)，明确了质量管理体系(QMS)认证初次审核分为两个阶段进行，即第一阶段审核和第二阶段审核。

11.5.1 文件审核

1. 文件审核的目的

文件审核就是对受审核方一体化管理体系文件的符合性、完整性进行审查，即文件是否符合质量、环境、职业健康安全相关标准的要求，删减是否合理，文件是否已发布实施，并为制定第一阶级审核计划做准备。

2. 文件审核内容

(1) 文件内容是否符合《规范》和三个标准的核心要求；

(2) 是否结合组织的产品、活动特点，并提出了控制要求；

(3) 各项活动的职能分配、接口是否明确与协调；

(4) 文件的层次结构是否合理，同一层次文件或不同层次文件在职责、要求方面是否一致，连贯对应；

(5) 主要过程、活动是否有相应制度/或程序文件控制。

3. 文件审核结论

有以下 3 种情况之一，见图 11-3。文件审核人做出对所发现的问题是否经修改后才能实施现场审核的判断。

组织按文件审核意见修改后的结果是否符合文审的整改要求，在审核组进场后要有审核组长确认并签署。当然，文件审核贯穿于整个认证审核过程，在第一阶段和第二阶段现场审核中，还应继续在现场关注文件的适宜性和充分性。

文件审核结论

☐ 符合要求。

☐ 基本符合要求，但需对部分内容进行修改。

☐ 不符合要求，请于______天内完成修改，提交认证中心重新评审。在受审核方对所发现的问题修改文件后才能实施现场审核：

☐ 是 ☐ 否。

图 11-3 文件审核结论

11.5.2 第一阶段审核

文件审核通过后，可进行第一阶段审核。

1. 第一阶段审核目的

（1）通过对组织的方针目标、法律法规、主要部门、场所的活动情况的现场审核，了解组织的基本概况，判断组织的管理体系策划、运行的合理性和有效性，了解第二阶段审核中应关注的重点，并评价是否具备第二阶段审核的条件；

（2）对第二阶段审核进行策划提供输入信息；

（3）确定第二阶段审核范围、审核方法和审核准则；

（4）确定第二阶段审核应策划的重点、时间安排和审核组成专业能力的特殊要求等。

2. 第一阶段审核内容

（1）组织的基本概况。

（2）组织的施工生产、活动和服务特点、主要过程及运作方式。

（3）识别业务的主要风险，相关法律法规识别、获取及其应用。

（4）评价体系的策划是否符合要求，受审核方所确定的过程是否充分，删减是否合理，过程的运行是否满足其目标和策划要求；对环境因素/危险源识别是否充分、评价是否合理、结果是否可靠，是否根据需要建立并实施了目标及管理方案。

（5）确认内审、管理评审是否已开展。

（6）了解是否有顾客、社会、相关方投诉及对其处理。

（7）了解对适用法律法规和许可证制度要求的遵守情况。

（8）了解近期是否发生事故、事件及对其的处理情况。

（9）体系运行及监视改进的基本情况等。

第一阶段审核不需要对标准的所有要素进行审核，而是有侧重点的审核，审核的重点是对体系的策划是否到位，体系是否已初步建立，运行控制和监测活动是否已得到实施与开展，确定受审核方已按约定标准建立并运作了一个管理体系，并依此确认受审核方对审核的准备程度，为审核组第二阶段审核的顺利实施做充分的准备工作。

3. 第一阶段审核结论

审核组在第一阶段审核后应将第一阶段审核发现形成审核报告并告知客户，包括识别任何引起关注的、在第二阶段审核中可能被判定为不符合的问题。即不开不符合项报告，针对审核发现只提出整改意见，开列问题清单，并确定整改验证的职责与完成时间要求，对某些策划或运行中缺失的或严重不到位的问题要求受审核方完成整改，报审核组书面验证后方可进行第二阶段审核。

因此，在确定第一阶段审核和第二阶段审核的间隔时间时，应考虑客户解决第一阶段审核中识别的任何需关注问题所需的时间。需要时，可能调整第二阶段审核的时间安排。

11.5.3 第二阶段审核

1. 第二阶段审核的目的

(1) 第二阶段审核是认证活动的核心部分，第二阶段审核的目的是确认组织持续遵守了其方针、目标和程序，并确认其管理体系符合标准的所有要求，并且正在实现其方针和目标。

(2) 决定是否给予认证注册。

2. 第二阶段审核内容

第二阶段审核内容包括但不限于下列内容：

(1) 审核范围覆盖组织拟申请认证的产品和服务范围及组织的所有部门、场所和区域；

(2) 方针、目标、管理方案的合理性及目标实现程度；

(3) 最高管理者的承诺及证据；

(4) 各部门、各岗位的职责权限是否已落实；

(5) 管理目标是否在各层次上建立并已量化；

(6) 质量、环境、职业健康安全各类风险因素识别是否充分，评价是否准确，目标指标和管理方案是否落实；

(7) 制度/程序是否得到有效实施，体系运行的有效性、风险因素控制及绩效监测是否到位；

(8) 内审、管理评审是否按计划实施，对发现的不符合是否采取了纠正和预防措施并进行了有效性验证；

(9) 三级监控机制是否已经建立并实施；

(10) 认可规范、认证审核计划规定的其他内容。

3. 第二阶段审核程序

(1) 首次会议；

(2) 按审核计划实施现场审核；

(3) 审核组内部会议，就不符合报告和审核结论达成一致意见；

(4) 与受审核方领导交流，确认审核发现和结论意见；

(5) 末次会议。

4. 第二阶段审核的审核结论

第二阶段审核末次会议上，由审核组长宣布审核组推荐的审核结论和审核报告。报告对组织一体化的质量、环境、职业健康安全管理体系分别进行评价，然后再综合评价一体化管理体系的符合性、有效性和充分性，依据所有审核发现确定现场审核结论。审核结论在审核组讨论后，由组长做出。

对现场审核发现的一般问题以书面的“不符合项报告”形式提出，限期整改，由组长或审核组其他成员书面验证后，交认证机构技术委员会进行审定，最终由认证机构做出认证注册与否的决定。

现场审核发现的“严重不符合”及其多少决定着审核结论，当数量较少时(1～2 项)，可与受审核方共同商定整改要求的完成时间，必要时经审核组现场验证符合要求后，再给出推荐通过的结论，这也叫“推迟推荐通过”；但当现场审核发现的“严重不符合”数量较多(≥3 项)时，审核组将不予推荐通过。

11.6 获证后的监督审核

1. 监督审核的目的

受审核方获准认证后，认证机构分别颁发质量、环境、职业健康安全管理体系三张认证证书，其中，质量管理体系必须同时带有符合 GB/T 19001—2008《标准》和 GB/T 50430—2007《规范》的“1+1”认证标识，证书有效期为 3 年。认证机构定期进行监督检查，其目的是验证组织的一体化管理体系是否持续符合标准的要求。

2. 监督审核的要求

3 年有效期内，认证机构对获证方要进行定期的监督审核，首次监督审核在获证约半年至 10 个月内进行，以后再次监督审核时间间隔一般为 10 个月，最多不超过 12 个月，视获证组织管理体系的情况，必要时可增加审核的频次。监督审核的程序与初次认证现场审核相同，只不过每次审核的过程/要素较完整体系审核为少，但 3 年必须覆盖全部过程/要素和部门至少一次。

3. 监督审核的结论

监督审核的结论可能有下列 3 种结论之一：

(1) 保持注册资格，证书继续有效使用。

适用于审核中未发现严重不符合，只有一般不符合，且数量较少的情况。

(2) 暂停认证资格和证书的使用。

适用于监督审核中发现有严重不符合，但数量较少(一般 1～2 项)，且企业可以在较短时间内完成整改的情况。待受审核方整改完成后由认证机构派出审核员现场验证合格后报中心技术委员会同意，恢复组织的认证注册资格。但在对严重不符合的整改与验证期间应停止认证证书和标志的使用。认证中心规定将暂停获证方的认证资格的情况还有：

1) 获证组织对获准认证的管理体系进行更改，且该项更改影响到体系认证范围或运行的有效性而未及时通报认证中心；

2) 获证组织对体系认证证书和标志的使用不符合规定；

3) 获证组织未认真履行认证合同中承诺的责任条款；

4) 获证组织接受监督审核时间超过规定时间一个月以上的；

5) 发生重大质量、环境、职业健康安全事故和相关方重大投诉、媒体曝光，未在一周内通报认证中心，其后果影响到了认证资格；

6) 发现获证方有严重违反法律、法规、标准的行为，受到媒体曝光，在弄清事实或采取有效措施前；

7）发生了重大质量安全事故、重大环境污染和重大火灾事故，经调查与获证方有直接关系的；

8）其他违反体系认证的规则。

（3）注销认证资格，收回认证证书。

适应于监督审核中发现有严重不符合较多，数量达到3项及其以上且企业不可能在较短时间内完成整改的情况。说明受审核方的管理体系不能满足所选的认证标准的要求，这时，认证机构将注销认证资格、收回认证证书并公告公示。认证中心规定将撤销获证方的认证资格的情况还有：

1）暂停管理体系认证资格的通知发出后，获证组织未按规定要求采取适当纠正措施；

2）经过证实，获证组织在证书有效期内不再接受认证中心按规定进行的监督审核；

3）其他违反管理体系认证规则构成撤销认证资格；

4）由于管理体系认证规则发生变更，获证方不愿或不能确保符合新要求；

5）获证方书面提出不再保持认证资格的。

11.7 再认证/或复评审核

所谓再认证/或复评是指认证证书3年有效期满前，组织应重新提出申请，认证机构重新组织再认证/或复评审核，再认证审核是完整体系审核，其程序同于初次审核。

认证中心规定以下情况之一时，应对获证组织进行复评/再认证：

（1）当获证组织在证书有效期届满时申请延续的；

（2）当获证组织对其管理体系作了重大更改(组织机构、所有权、关键设备)而影响其活动和运行时，管理体系认证标准变更或体系认证范围扩大、缩小时；

（3）当对用户投诉的分析及其他管理信息表明该组织的管理体系不再满足认证要求时。

第 12 章　审核内容与案例分析

12.1　质量管理体系审核要点与取证方式

质量管理体系审核要点与取证方式见表 12-1。

质量管理体系审核要点与取证方式　　表 12-1

标准条款	审核要点	取证方式
1　范围	1. 组织 QMS 覆盖范围和过程是否有缺失	现场询问、观察，了解作业流程
	2. QMS 有无删减，合理性	查手册说明、根据组织活动确认是否合理
4　质量管理体系		
4.1　总要求	1. QMS 是否建立、实施、保持和改进	从体系文件编制、运行、各过程控制、监视和测量、内审、管理评审综合评价
	2. QMS 过程是否被确定和管理。过程间顺序及关系是否被确定和管理	
	3. 组织 QMS 关键过程所需资源和信息是否充分	
	4. 组织 QMS 及过程测量和监控点是否确定并有效。对测量和监控结果是否有分析、改进活动	
	5. 外包过程有无控制	
4.2　文件要求 4.2.1　总则	1. QMS 文件中是否包含了质量方针、目标、手册、6 个程序及其他文件	查阅文件清单、调阅相关文件，并结合现场审核综合评价
	2. 标准要求的记录是否进行了控制?（管评、培训、策划、产品要求评审、设计、供方评价、内审等）	先文件审核，再在具体条款审核时验证
	3. 文件详略是否适宜	审核时，依据人员素质、控制效果等综合判断
4.2.2　质量手册	1. 范围是否明确，删减是否有说明，并充分、可信	查阅手册、结合现场审核
	2. 对其他程序文件有无引用	
	3. 过程间的作用及接口关系是否明确	
4.2.3　文件控制	1. 是否编制了文件控制程序，并包括了内、外部文件；各种类型和媒体文件	查阅程序文件、结合现场审核
	2. 文件发布前是否审批其充分性、适用性	查程序规定、抽查几份文件看执行情况
	3. 文件再评审、更新有无涉及，并再次批准	再评审规定，抽查更新文件有无再评审
	4. 文件的更改和现行修订状态是否可识别	查文件规定，及控制情况
	5. 各现场能得到有效版本的文件	查现场文件持有情况
	6. 文件是否清晰、易于识别	查看文件
	7. 外来文件有无识别，并控制分发	查接收部门对外来文件的处理情况
	8. 作废文件处理是否符合要求	查文件管理及相关部门

续表

标准条款	审核要点	取证方式
4.2.4 质量记录	1. 是否编制了记录控制程序	查阅程序文件，结合现场审核工作重点看其规定的有无执行，是否符合企业实际，可操作性如何
	2. 程序文件中有无规定记录的标识、贮存、保管、检索、保存期和处置所需的控制	
	3. 记录本是否清晰、易于识别和检索	在各部门审核时，调阅相关记录、查其检索方法是否可行、方便
5 管理职责		
5.1 管理承诺	1. 最高管理者以何种方式传达满足顾客和法规要求的重要性	通过与最高管理者交谈，员工询问来判断
	2. 组织的适用法规有哪些，是否均得到有效执行	查看法规清单，及转化为要求的材料(如：检验文件)
	3. 质量方针、目标有无制定	提供材料
	4. 管理评审有无开展	询问，并查阅管理评审资料
	5. 资源如何保证	询问，并提供证实材料
5.2 以顾客为关注焦点	1. 该理念是否在员工中得到贯彻执行	各部门审核时了解(中层干部、员工的意识是否建立)
	2. 组织有哪些方式、途径，以确保顾客要求得到确定，转化为要求并予以满足	询问了解，并结合 7.2.1/8.2.1 审核做判定
5.3 质量方针	1. 质量方针是否与组织的宗旨相适应，有企业特色	看质量方针及其内涵
	2. 方针中是否包含满足相关方(顾客、员工、供方、社会)的承诺，是否有持续改进的承诺	
	3. 质量方针是否为质量目标的制定、评审提供了较强的方向性和指导性	方针与目标对应性如何
	4. 方针在组织内沟通、理解情况	各层面员工抽查、了解
	5. 方针持续评审情况	文件有无规定，频次、时机、何种情况下需进行评审
5.4 策划 5.4.1 质量目标 5.4.2 质量管理体系策划	1. 在组织的相关职能和层次上是否已建立质量目标	询问最高管理者，结合各部门目标审核时进行
	2. 目标中是否包含了满足产品要求的内容，如产品性能、参数	查目标内容
	3. 目标是否可测量	看能否定性或定量说明，目标实现与否可判定
	4. 为实现质量目标时是否进行了策划	了解及调阅相关策划资料
	5. 体系策划改变时，是否有确保其完整性	询问了解
5.5 职责、权限和沟通 5.5.1 职责和权限	1. 组织各个部门、各级人员职责、权限及其相互关系是否确定并予以沟通	文件规定是否明确，无交叉现象
5.5.2 管理者代表	1. 最高管理者是否指定管理者代表，并对其授权	询问最高管理者，查任命书
	2. 管理者代表是否清楚自己的职责和权限，并被履行	询问管理者代表，查相应工作材料
5.5.3 内部沟通	1. 最高管理者建立了哪些沟通渠道	询问最高管理者，并提供相关沟通材料
	2. 沟通开展情况	各部门审核时结合生产、监视、内审、顾客满意度等信息处理情况进行

续表

标准条款	审核要点	取证方式
5.6 管理评审	1. 管理评审是否按规定的时间间隔进行，是否适宜	询问并了解管理评审开展情况
	2. 管理评审的输入、输出是否符合标准要求	调阅相关材料
	管理评审有无对 QMS 的适宜性、有效性、充分性、作出评价，并确定改进的机会和措施	查管理评审报告及相应的改进措施落实情况
6 资源管理		
6.1 资源提供	1. 为实施、保持、改进 QMS 过程，达到顾客满意，组织是否能够及时确定并提供所需资源，关键过程资源是否充足、适宜	询问了解，并结合生产、监视、测量、持续改进等方面综合判定(生产设备、检测设备的配备)
6.2 人力资源 6.2.1 总则	1. 各岗位人员是否胜任？人员安排是否从其教育、培训、技能和经验等方面进行考虑	从各层次审核中了解，询问最高管理者用人的想法
6.2.2 能力、意识和培训	1. 有无确定影响产品质量工作人员的能力要求及目前状况	查阅岗位能力要求
	2. 有无针对不足提供分层培训或其他措施	培训计划及实施情况，其他措施落实情况
	3. 有无评价措施的有效性	询问及调阅证实材料
	4. 经培训后人员意识是否有提高	询问经培训人员
	5. 保持适当的记录	调阅相关培训记录
6.3 基础设施	1. 基础设施(建筑物、工作场所、过程设备、支持性服务)是否能确保产品符合要求	通过各部门审核(重点是生产、监测、安装、服务等方面)进行判定
6.4 工作环境	1. 工作环境是否符合要求	通过各部门审核(重点是生产、监测等方面)进行判定
7 产品实现		
7.1 产品实现策划	1. 组织在产品实现中有无进行策划	询问控制要求，抽查新产品开发及相关材料进行判定
	2. 策划内容是否符合标准要求，(产品目标和要求，过程、文件和资源要求，验证、检验要求，记录要求)	
7.2.1 与产品有关的要求的确定	1. 顾客类型有哪些，其要求有哪些(性能、交付、价格、包装、运输、服务)，是否确定并被组织充分理解	询问销售人员。 查与顾客沟通的相关材料。 查合同内容是否明确。 调阅组织的公开性文件
	2. 隐含要求是否被确定	
	3. 法规要求是否识别	
	4. 组织确定了哪些附加要求	
7.2.2 与产品有关要求的评审	1. 组织在接受合同或订单之前是否进行了评审，评审方式是如何规定的	询问，并查阅已签订的合同，看执行情况
	2. 评审中引发了哪些措施，有无落实？有无在组织内部和顾客间进行沟通	查合同评审记录
	3. 顾客提出更改时，组织是否评审、确认？当组织提出更改时，是否得到顾客认可	查与顾客联络记录
	4. 若顾客要求没有形成文件，组织有无在接受前加以确认，作为合同评审的依据之一	查电话订单确认情况
	5. 产品要求发生变更后，相关文件有无更改，并确保相关人员清楚变更的要求	了解产品要求发生变化时相关文件更改情况，有无通知相关人员
7.2.3 顾客沟通	1. 组织与顾客沟通的渠道和方式是否作出有效安排，内容有无涉及产品信息、合同、抱怨	询问，并查阅相关记录

续表

标准条款	审核要点	取证方式
7.3.1 设计和开发策划	1. 组织有无对产品的设计和开发进行策划	查看1～2新产品开发项目的策划
	2. 有无规定每个设计开发阶段的工作内容和要求	抽查设计开发计划书等进行确认
	3. 有无规定每个设计开发阶段的评审、验证和确认，参与的人员和活动要求	
	4. 各有关人员在参加设计开发活动中的职责和权限是否明确	
	5. 参加设计开发各部门或小组间的接口关系是否明确	
7.3.2 设计和开发输入	1. 设计输入是否充分	查看1～2新产品开发项目，看设计和开发输入情况是否充分
	2. 有无包括产品功能和性能方面的要求	
	3. 法规要求有无考虑	
	4. 以往类似设计中的有效和必要的要求有无考虑	
	5. 其他要求有无纳入？如：使用条件限制，安装条件限制，材料限制	
7.3.3 设计和开发输出	1. 设计输出是否充分	查看1～2新产品开发项目，看设计和开发输出情况是否充分
	2. 有无考虑满足设计和开发输出的要求	
	3. 是否给出采购、生产和服务提供的适当信息	
	4. 是否包含或引用产品接收准则	
	5. 是否规定对产品的安全和正常使用所必需的产品特性	
7.3.4 设计和开发评审	1. 在设计开发结果的各阶段，设置了哪些评审点	查设计策划书
	2. 评审目的是评审设计和开发的结果(阶段结果)满足要求(质量、法律法规、顾客要求及组织附加要求)	抽查1～2个项目的设计评审记录
	3. 评审人员是否包括了各有关职能的代表，是否集思广益的过程	
	4. 评审结果及任何必要措施有无得到落实	
	5. 评审记录是否保持	
7.3.5 设计和开发验证	1. 在设计开发结果的各阶段，设置了哪些验证点	查设计策划书
	2. 验证的目的是确定设计和开发输出满足输入的要求(采用的方法有：变换方法进行计算、对装配图、材料定额表进行评审)	抽查1～2个项目的设计验证记录
	3. 验证中提出的问题和措施有无得到落实	
	4. 验证记录是否保持	
7.3.6 设计和开发确认	1. 在设计开发的产品交付或批量投产前，是否经过设计确认	查设计输出文件
	2. 设计确认内容，是否围绕着预期使用要求进行	抽查1～2个项目的设计确认记录
	3. 设计确认是否在规定的使用条件下进行，确认方式是否适宜	
	4. 确认过程中提出的问题和措施有无得到落实	
	5. 确认结果及跟踪记录是否保持	

续表

标准条款	审核要点	取证方式
7.3.7 设计和开发更改的控制	1. 设计更改有无按规定程序进行	抽查设计图纸，查更改情况
	2. 对重要的设计更改有无进行评审、验证和确认，评审有无评价更改对产品组成部分和已交付产品的影响	
	3. 更改记录，更改的评审记录及相应措施记录是否保持	
7.4.1 采购过程	1. 组织的采购过程有哪些，这些过程的控制方法是否确定、适宜且有效(随后产品的影响大小)，能确保采购产品符合要求	询问，并结合其他部审核时进行
	2. 对供方选择，评价准则是否确定	调阅评价准则
	3. 是否按准则进行供方的选择	查评价记录
	4. 供方选择、评价结果是否形成记录并予以保持	查评价记录
	5. 有无制定合格供方重新评价准则	查文件夹，询问
	6. 采购有无在合格供方中进行	查采购进货资料
	7. 对临时供方有无相应的控制方法	询问，查采购进货资料
7.4.2 采购信息	1. 有无编制采购信息	调阅采购信息，询问采购人员是否清楚各类产品的采购要求
	2. 采购要求是否全面、明确，无歧途	
	3. 适当时是否包括：当供方的产品、程序、过程、设备的变化会导致影响组织质量时，组织对这种变化是否要求得到批准	
	4. 是否对供方人员、质量管理体系提出要求	
7.4.3 采购产品的验证	1. 对采购产品有无规定验证方法，是否适宜、有效	询问并调阅验证要求，查执行情况
7.5.1 生产和服务提供的控制	1. 在生产和服务提供前，组织是否进行策划	询问并抽查相应生产过程控制情况(人、机、料、法、环、测)
	2. 生产是否在受控的条件下进行，受控条件是： 相关人员可获得相应的产品特性要求； 适宜设备； 必要时，有作业指导书； 获得和使用监视和测量装置； 实施监视和测量； 放行，交付和交付后活动的实施	
7.5.2 生产和服务提供的确认	1. 组织是否充分识别需进行过程确认的所有过程	询问并结合现场审核加以识别
	2. 确认有无按要求进行，以证明过程实现所策划的能力。 确认方式有： 过程能力的评价； 设备的认可和人员资格的鉴定	查相应确认记录
7.5.3 标识和可追溯性	1. 组织是否充分识别产品标识要求	询问并结合现场审核加以识别
	2. 了解产品标识和状态标识的方法，是否适宜，有效	询问，现场查看，结合产品特点
	3. 有可追溯要求的情况下，是否规定了唯一性标识并予以实施	
7.5.4 顾客财产	1. 组织是否充分识别了顾客财产，顾客财产如何控制有无规定	询问，并结合现场审核识别，查阅相应规定
	2. 抽查具体实施情况	查相应记录

续表

标准条款	审核要点	取证方式
7.5.5　产品防护	1. 组织是否针对产品的符合性，在标识、搬运、包装、贮存期间采取防护措施，确保产品不损坏，不变质、不丢失	询问并结合现场审核加以识别
	2. 过程产品的防护是否也纳入管理	
7.6　监视和测量装置的控制	1. 组织是否规定了监视和测量活动，所配置的监视和测量装置是否适宜	询问、查阅检定证书，自校记录、现场查看。（测重有无遗漏、未受控以及精度等级是否）
	2. 监视和测量装置有无按规定时间进行送检	
	3. 自检有无规程，并作相应记录	
	4. 检定状态是否明确	
	5. 搬运、维护、贮存采取了哪些防护措施	
	6. 当出现偏离时，有无评价以往的结果，并做记录	
8　测量、分析和改进		
8.1　总则	1. 组织在证实产品符合性，QMS 的符合性，持续改进 QMS 有效性方面是否进行了监视、测量、分析和改进过程的策划	询问 并结合 8.2.1/8.2.2/8.2.3/8.2.4/8.5 等条款审核加以判定
	2. 在以上策划过程中有无确定适用的统计技术	
8.2.1　顾客满意	1. 对顾客满意信息的获取渠道有哪些，采用了哪些方法来监控顾客满意	询问 调阅相关顾客满意的记录
	2. 对影响顾客满意的环节采取了哪些措施	
8.2.2　内部审核	1. 组织是否依据标准要求建立、实施、保持了内审程序	询问相关人员如内审员、并查阅相关内审员记录。询问、并结合现场审核加以识别
	2. 有无按规定时间间隔，进行内审，并涉及所有部门、主要场所和过程	
	3. 审核是否覆盖了所审核对象的主要职能，以往审核的结果、是否突出了重点	
	4. 内审员的选择是否能确保审核的客观性和公正性？内审员的能力如何	
	5. 检查表、内审记录、不合格报告是否清楚、可追溯	
	6. 不合格有无进行原因分析、并取相应的纠正措施	
	7. 纠正措施有无针对性；是否经验证	
	8. 内审报告是否形成，结论是否明确	
	9. 其他内审记录是否齐全	
8.2.3　过程的监视和测量	1. 组织采用了哪些方法对质量管理体系过程进行了监视和测量	询问，并查阅相关监控记录，核实措施实施情况
	2. 当测量结果表明未达到所策划的结果时有无采取相应的措施	
8.2.4　产品的监视和测量	1. 对采购产品的测量和监控策划结果是否形成文件；并被执行	询问，并查阅进货、过程、最终检验记录，调阅产品标准。 抽查相应的检测设备、人员
	2. 对半成品的测量和监控策划结果是否形成文件，并被执行	

续表

标准条款	审核要点	取证方式
8.2.4　产品的监视和测量	3. 对最终产品的测量和监控策划结果是否形成文件，并被执行	询问，并查阅进货、过程、最终检验记录，调阅产品标准。 抽查相应的检测设备、人员
	4. 有无保持符合接收准则的证据，记录上有无有权放行产品的人员的签字	
	5. 在未来完成测量和监控活动之前，需放行产品和交付服务，是否得到组织有关授权人批准，适用时得到顾客批准	
8.3　不合格品控制	1. 有无制定不合格品控制程序，是否规定了对不合格品的控制和评审处置的要求	询问，并结合检验各阶段看不合格品的控制情况是否符合要求
	2. 不合格品处置方式是否符合要求。让步时，是否经授权人员批准或按顾客要求批准	
	3. 不合格纠正后有无重新验证？是否采取措施，消除发现的不合格或防止其非预期的使用	
	4. 对不合格的性质、评审、处置是否保持记录	
	5. 在交付或开始使用后出现了不合格，有无采取与其影响相适应的措施	
8.4　数据分析	1. 组织为证实 QMS 的适宜性、有效性并识别持续改进机会，确定、收集、分析了哪些数据。这些数据的统计方法、时间、传递要求是否得到规定和实施	询问、调阅相关统计技术应用记录
	2. 采用的统计技术是否正确	
	3. 对统计技术中发现的问题有无采取相应的措施	
8.5.1　持续改进	1. 组织 QMS 持续改进的机制是否形成	询问，并查阅证实材料
	2. 组织是否通过使用质量方针、目标、审核结果、数据分析、纠正和预防措施以及管理评审，以持续改进 QMS	
8.5.2　纠正措施	1. 组织有无制定纠正措施程序，内容是否符合标准要求	询问，并查纠正措施开展情况
	2. 采取的纠正措施是否能防止不合格品再次发生	
8.5.3　预防措施	1. 组织有无制定预防措施程序，内容是否符合标准要求	询问，并查预防措施开展情况
	2. 采取的预防措施是否能防止不合格品的发生	
	3. 预防措施信息来源是否充分	

12.2　环境管理体系审核要点与取证方式

环境管理体系审核要点与取证方式见表 12-2。

环境管理体系审核要点与取证方式　　**表 12-2**

标准条款	审核要点	取证方式
1　范围	1. 组织 EMS 覆盖范围和过程是否有缺失	现场询问、观察，了解作业流程
	2. EMS 有无删减，合理性	查手册说明、根据组织活动确认是否合理

续表

标准条款	审核要点	取证方式
4 环境管理体系		
4.1 总要求	1. EMS是否建立、实施、保持和改进	从体系文件编制、运行、各过程控制、监视和测量、内审、管理评审综合评价
	2. EMS活动是否被确定和管理	
	3. 组织EMS关键过程所需资源和信息是否充分	
	4. 组织EMS及过程测量和监控点是否确定并有效，对测量和监控结果是否有分析、改进活动	
4.2 环境方针	1. 环境方针的制定 (1) 了解环境方针制定的思路，高层是否了解标准对环境方针制定的要求； (2) 了解方针的内涵，是否满足"一个适宜性"、"三个承诺、一个框架"的要求； (3) 方针是否由最高管理者批准	(1) 交谈； (2) 查环境方针文件； (3) 环境方针制定的审核可安排在现场查看和策划要素审核之后进行
	2. 环境方针的传达 (1) 环境方针以什么方式传达； (2) 员工是否了解组织的环境方针	(1) 交谈； (2) 查记录； (3) 现场查看； (4) 询问
	3. 环境方针的实施、保持 高层、各管理层是否了解实现和保持环境方针的措施	(1) 交谈； (2) 通过与环境方针有关问题的审核判断其实施情况
	4. 环境方针是否为公众所获取	查记录
	5. 环境方针的修订 如修订，还应对2、3、4的问题进行审核	(1) 交谈； (2) 查文件
4.3.1 环境因素	1. 环境因素及其相关影响识别、评价、更新的工作流程和方法	(1) 询问； (2) 查程序文件
	2. 环境因素识别 (1) 是否覆盖了受审核方的活动、产品或服务； (2) 是否考虑了不同时态、状态、不同影响的环境因素； (3) 是否考虑了可施加影响的环境因素； (4) 能控制和可施加影响的环境因素是否有漏识(尤其是产品、服务、过去、将来、紧急和相关方的环境因素)	(1) 现场查看； (2) 询问了解受审核方的活动，产品或服务； (3) 查环境因素识别汇总表 (1) 现场深入查看； (2) 查各部门的环境因素识别表
	3. 环境因素评价 (1) 评价准则、方法是否合理； (2) 评价是否依据了评价准则/方法； (3) 评价结果的准确性，是否反映了组织的重大环境影响	(1) 询问； (2) 查评价准则或标准； (3) 查评价记录； (4) 查重要环境因素清单
	4. 环境因素、重要环境因素更新 (1) 环境因素、重要环境因素更新是否及时，如有更新，识别评价是否充分、准确； (2) 是否传递给相关部门	(1) 询问； 1) 了解是否有新的活动、产品或服务(包括相关方)； 2) 了解重要环境因素更新的情况。 (2) 查更新后的环境因素记录(如有更新的环境因素，重点环境因素)。 交谈、现场查看： (1) 是否有新的活动、产品或服务； (2) 是否将有关信息传递给主控部门； (3) 查更新后的环境因素记录(如有)
	5. 重要环境因素的策划，是否有相应管理文件	查目标指标文件、运行控制程序、应急准备响应程序

续表

标准条款	审核要点	取证方式
4.3.2 法律法规和其他要求	1. 法律法规的确认 (1) 是否与组织/部门的活动、产品或服务相适宜； (2) 是否适用于组织/部门的环境因素； (3) 法律法规是否确认到条款； (4) 是否有漏识和失效的； (5) 是否得到了有关的法律法规文本	(1) 查公司/法律及其他要求清单(包括上级部门的)； (2) 查文本(也可作为 4.4.5 要素审核)。 (1) 查与部门有关的法律法规清单； (2) 查部门是否得到了法律及其他要求文本或相关规定(也可作为 4.4.5 要素审核)； (3) 询问有关人员，是与了解与本职有关的法律法规要素，如有不符合判在 4.4.2 要素
	2. 获取渠道 受审核方法律及其他要求获取渠道是否通畅	(1) 查部门是否得到了法律及其之要求文本或有关规定(也可作为 4.4.5 要素审核)； (2) 询问有关人员，是与了解与本职有关的法律法规要求，如有不符合判在 4.4.2 要素
4.3.3 目标指标和方案	1. 目标指标的制定 (1) 批准人是否了解标准对目标指标制定的要求； (2) 目标指标是否依据组织的环境方针制定，是否包括了污染预防的承诺； (3) 是否针对其内部每一个有关职能和层次，能分解的是否进行了分解； (4) 如何考虑法律法规与其他要求； (5) 是否考虑了自身的重要环境因素； (6) 如何考虑相关方的要求； (7) 目标指标是否可实现、可操作、可考核(技术运行、财务的可行性)； (8) 指标是否有低于 EMS 建立前的现象，是否体现了持续改进的思想； (9) 指标参数是否合理； (10) 能量化的目标指标，是否予以量化	(1) 交谈； (2) 查阅组织/相关部门的目标指标文件； (3) 询问、查阅体系建立前与目标指标有关的情况和资料 (4) 查目标指标的评审记录
	2. 目标指标的实施实现情况	(1) 查相关文件、统计数据、监测报告等： 1) 现场查看； 2) 目标指标实施实现情况的审核可与环境管理方案一起审核。 (2) 目标指标未能按规定要求实施实现，不一定判在 4.3.3 要素
	3. 环境管理方案的制定 (1) 了解组织制定环境管理方案的过程； (2) 环境管理方案是否针对目标指标制定，是否与目标指标相适应； (3) 环境管理方案中的措施方法、职责、进度是否具体、明确、可行(分阶段的措施是否有分阶段的时间表)	(1) 询问； (2) 查目标指标和环境管理方案
	4. 环境管理方案的修订 (1) 了解是否有与环境管理方案有关的新的开发或修改的活动、产品或服务； (2) 如有，原有的方案是否适应，是否需修订	(1) 询问； (2) 现场查看； (3) 如修订，查修订后的管理方案
	5. 环境管理方案的实施 是否按规定的方法、措施和时间进度实施	(1) 查阅有关证实材料(如研究报告，采购单、发票、验收报告等)； (2) 现场查看； (3) 环境管理方案未能按规定要求实施，不一定判在 4.3.3 要素

续表

标准条款	审核要点	取证方式
4.4.1 资源、作用、职责和权限	1. 受审核方的组织结构 (1) 了解受审核方的组织结构； (2) 了解受审核方环境管理体系覆盖的部门； (3) 了解变化的部门	(1) 交谈
	2. 职责、权限 (1) 各部门在环境管理体系中的职责、权限是否规定； (2) 17个要素的要求是否全部分配给相关部门； (3) 重要环境岗位职责是否有规定，是否涉及重要环境因素控制的职责； (4) 各部门领导，重要岗位人员是否了解本部门，本岗位的职责，有无职责不清现象； (5) 变化的职责	(1) 交谈； (2) 查各部门职责、权限的文件。 (1) 查职责文件； (2) 询问(如不了解本部门，本岗位的职责，判在4.4.2要素，如各部门间职责不清判在4.4.1要素)
	3. 资源 (1) 为环境管理体系建立提供了哪些人力资源； (2) 技术及财力资源的提供	(1) 交谈； (2) 查有关文件、记录
	4. 管理者代表任命与职责 (1) 是否由最高管理者任命； (2) 管理者代表职责，是否了解； (3) 管理者代表是否执行了相应职责	(1) 查任命文件； (2) 交谈； (3) 通过环境管理体系建立、实施及保持情况加以判断
4.4.2 能力、培训和意识	1. 培训需求的制定 (1) 是否根据各个层次、岗位的环境管理要求和环境因素控制技能等因素制定； (2) 是否包括了可能产生重大环境影响岗位的人员需求	(1) 询问； (2) 查可能产生重大环境影响的岗位、人员名单； (3) 查培训需求记录
	2. 培训计划(2)(3) (1) 是否按规定的时间制定； (2) 是否根据培训需求安排计划	查培训计划：时间、内容、参加人员、培训方式、培训教师教材(必要时)等
	3. 培训记录 培训是否按照计划实施	(1) 查培训记录； (2) 培训教材(必要时)
	4. 培训效果验证 (1) 了解受审核方对培训效果验证的方法； (2) 确认受审核方培训效果(尤其是重要环境影响岗位的人员是否能胜任工作)	(1) 交谈； (2) 查验证记录
4.4.3 信息交流	1. 内部信息交流 (1) 交流方式 (2) 交流内容 (3) 信息交流是否通畅	(1) 询问； (2) 查相关文件、相关信息传递的记录
	2. 与外部相关方的联络(1) (1) 了解有哪些外部相关方 (2) 了解对外部相关方要求的接收渠道，是否形成文件，是否答复 (3) 对涉及重要环境因素的外部信息是否处理，是否记录了处理的决定	(1) 询问； (2) 查与环境管理体系运行有关的外部相关方名单； (3) 查信息交流单/或外部信息处理、答复的记录； (4) 查外来文件，(尤其是环保局来文了解要求)

续表

标准条款	审核要点	取证方式
4.4.4 文件	1. 环境管理体系文件的结构及组成(3)	(1)询问； (2)查看文件清单
	2. 文件是否对17个要素进行了描述，是否符合标准的要求	查看文件
	3. 文件各要素、各层次间的相互关系是否描述，是否清晰，是否给出相关文件的途径	查看文件
	4. 文件变更情况 如变更，还应对1、2、3的内容进行审核	(1)询问； (2)查看文件清单； (3)查变更后的文件
4.4.5 文件控制	1. 文件的建立与修改 (1)职责； (2)程序	(1)询问； (2)查程序文件
	2. 文件的管理方法 (1)文件的查询方法； (2)文件的标识方法； (3)归档要求； (4)归档部门等	(1)询问； (2)查程序文件
	3. 文件的发放、保管、回收和处置	(1)查文件清单； (2)查文件发放、回收记录； (3)现场查看： 1)管理者、重要环境影响岗位是否得到有关文件； 2)文件是否为有效版本； 3)文件的标识是否符合要求； 4)查看文件的保存场所； 5)调阅尚需保留的失效文件，是否有标识
	4. 文件定期评审 (1)是否按规定的时间进行了文件的评审； (2)文件修订后是否由授权人员确定	(1)查文件评审记录：关注(参加人员的能力、提出的评审意见及修改要求)； (2)查修改后的文件
4.4.6 运行控制	1. 运行控制的策划 (1)有哪些运行控制程序(含作业文件)； (2)程序是否覆盖了与重要环境因素有关的运行与活动； (3)对可能偏离方针、目标指标的运行，是否有文件支持的程序	(1)询问； (2)查看程序文件或有关作业文件
	2. 对相关方的管理(组织所使用的产品和服务的相关方)(1) (1)是否有管理程序； (2)是否对相关方提出有关环境保护的要求； (3)是否将有关要求告之相关方，相关方是否签字 (4)判断对相关方施加影响的程度	(1)查对相关方的管理文件； (2)查对相关方的评价记录； (3)查与相关方的合同/协议/对相关方要求的文件； (4)对可能产生重大环境影响的紧密相关方的选择和施加影响的程度，当证据不能充分说明问题时，可到相关方现场进行验证

续表

标准条款	审核要点	取证方式
4.4.6　运行控制	3. 行控制情况 对于生产型组织，与受审核方重要环境因素的运行与活动可考虑以下审核内容 (1) 废水污染防治的控制； (2) 废气污染防治的控制； (3) 噪声污染防治的控制； (4) 固体废弃物污染防治的控制，(重点是危险废弃物)； (5) 化学品的贮存、使用的管理控制； (6) 节约资源能源使用的管理； (7) 新产品、新工艺环境影响的控制； (8) 新、扩、改项目的管理； (9) 环保设施的运行管理； (10) 其他有关法律、法规规定的运行管理等	(1) 按照程序文件/作业文件的规定查有关文件、记录和现场； (2) 根据受审核方的运行与活动可查下列记录： 1) 原材料清单及采购记录，是否有禁用的有毒有害原材料； 2) 危险废物设置、转移记录及处置方的能力或资质； 3) 设备维护保养记录； 4) 主要能源、资源使用统计分析记录； 5) 生产运行记录废水、废气等治理设施运行记录等； (3) 现场查看，根据受审核方的运行与活动，可重点的观察重点下列内容： 1) 散发的气味； 2) 排放的粉尘； 3) 废水排放的去向； 4) 废水的颜色、浑浊度、漂浮物； 5) 环保设施的运行； 6) 生产设备是否有异常的跑冒滴漏； 7) 地面上是否有洒落的油类或原材料； 8) 固体废弃物暂存点的标识、分类存放； 9) 化学品的标识、存放点的条件，是否有危险化学品的 MSDS； 10) 其他 (4) 查法律法规要求的有关运行记录
4.4.7　应急准备和响应	1. 在事故或紧急情况的确定 (1) 是否准确、全面； (2) 所有潜在事故或紧急情况是否均有应急准备和响应的规定	(1) 查程序文件/作业文件； (2) 现场查看
	2. 应急准备响应 规定是否可行，可操作	(1) 询问； (2) 查文件； (3) 查现场
	3. 对应急准备与响应规定的评审 (1) 了解评审的时机； (2) 了解是否发生过事故或紧急情况； (3) 是否进行过评审，事故发生后是否进行过评审	(1) 询问； (2) 查评审记录
	4. 演练 (1) 可行的演练有哪些？是否进行过； (2) 演练后对规定是否进行过评审	(1) 询问； (2) 查演练记录
	5. 潜在事故或紧急情况的受控情况 (1) 各相关部门/岗位是否有相应的应急设施、材料，是否有效； (2) 是否有发生潜在事故或紧急情况的隐患	现场查看
	6. 岗位人员的能力 (1) 是否了解应急准备与响应的具体规定； (2) 是否了解应急设施，材料的使用	(1) 询问； (2) 请岗位人员对应急设施进行操作(模拟)； (3) 如有不符合，判在 4.4.2 要素

续表

标准条款	审核要点	取证方式
4.5.1 监测和测量	1. 可能具有重大环境影响运行与活动的关键特性的监测测量 (1) 关键特性是如何确定的; (2) 确定是否准确，是否包括了环境表现、有关运行控制、目标指标符合情况的跟踪信息的监测测量	(1) 询问; (2) 查有关文件
	2. 环境表现的监测测量，根据受审核方的运行与活动，可考虑下列环境表现的监测测量(标注 1 的必须在一阶段审核): (1) 原材料或能源的使用水平; (2) 材料和能源的使用效率; (3) 单位产量的成品所产生的废物; (4) 废物再利用率; (5) 包装材料中再循环利用材料的含量; (6) 废气排放量、排放浓度; (7) 环境保护投资; (8) 意外环境事件、事故的次数; (9) 诉讼次数	(1) 查有关监测测量记录; (2) 查有关统计分析报表、报告图表等
	3. 有关运行控制的监测测量	查检查记录
	4. 目标指标符合情况的监测测量 (1) 目标指标的实施情况; (2) 环境管理方案的实现情况	(1) 查有关目标指标方案实施情况检查记录; (2) 查有关统计分析记录; (3) 某些情况下，监测测量可能与部分环境表现的监测测量的证据相同，可引用
	5. 对监测测量中发现的不符合的处理要求	见 4.5.3 条款要求
	6. 环境监测仪器、设备的维护、标准 (1) 了解维护、校准的职责和规定; (2) 是否按规定进行了维护、校准	(1) 查维护、校准规定; (2) 查环境监测仪器、设备校准的有关记录 1) 仪器设备台账; 2) 校准/鉴定报告，是否按规定周期进行，是否符合要求; 3) 现场查看仪器设备状态、状况
4.5.2 合规性评价	1. 法律法规遵守情况的自我评审 (1) 评审主持人、参加部门; (2) 评审输入; (3) 评审输出; (4) 对评审中发现的问题是否制定了纠正/预防措施	(1) 查评审记录; (2) 查不符合的纠正/预防措施(4.5.2)
4.5.3 不符合、纠正措施和预防措施	1. 了解对各种不符合进行处理与调查，采取纠正与预防措施的职责与权限	(1) 询问; (2) 查看有关规定
	2. 查不符合的原因分析和纠正/预防措施 (1) 原因分析是否找到问题的根源; (2) 纠正或预防措施是否与问题的严重性和伴随的环境影响相适应; (3) 是否可防患于未然	(1) 查来自监测测量产生的不符合、纠正/预防措施及纠正措施的有效性(可与 4.5.1 要素一并审核); (2) 查内审产生的不符合、纠正/预防措施及纠正措施的有效性(可与 4.5.5 要素一并审核); (3) 查管理评审发现的不符合、纠正/预防措施 (可与 4.6 要素一并审核); (4) 查来自相关方抱怨的不符合，纠正与预防措施及纠正措施的有效性。(可与 4.4.3 要素一并审核)
	3. 采取纠正或预防措施，是否涉及有关规定的修改 如涉及是否对相关文件进行了修改 是否按修改后的规定实施并记录	(1) 询问; (2) 查相关文件 现场查看修改后的实施情况及实施记录

续表

标准条款	审核要点	取证方式
4.5.4 记录控制	1. 记录的管理 (1) 记录的标识； (2) 记录保存期限； (3) 记录归档要求； (4) 归档部门	(1) 询问； (2) 查记录清单和有关文件； (3) 现场查看记录存放状况、状态
	2. 记录的要求 (1) 字迹是否清楚； (2) 标识是否明确； (3) 是否具有可追溯性(记录时间，记录人)	(1) 查有关记录； (2) 该要求可在审核其他要素时一并进行
4.5.5 内部审核	1. 内审的安排，是否按规定进行 (1) 时间； (2) 频次； (3) 内审依据； (4) 内审范围； (5) 审核组的组成及分工； (6) 是否立足重要环境活动和以前审核的结果	(1) 查审核方案/程序； (2) 查审核计划
	2. 内审的实施 (1) 是否按计划实施； (2) 审核的可信度； (3) 审核的有效性	(1) 查内审检查表/审核记录； (2) 查不符合报告(事实描述、原因分析、纠正/预防措施及验证)； (3) 查内审报告
	3. 内审员的能力、经验及独立性的判断	(1) 查内审的培训、资格证； (2) 查内审计划； (3) 通过内审检查表、审核记录、不符合报告描述、判标及验证情况进行分析判断
	4. 内审报告的发放 是否发给各层管理者	查内审报告发放、接收记录
	5. 内审不符合的纠正、纠正/预防措施的效果	现场查看不符合纠正、纠正/预防措施的效果
4.6 管理评审	1. 管理评审的安排 (1) 是否按规定时间间隔。 (2) 管理评审的内容： 1) 是否包括了内审的结果； 2) 目标指标的实现情况； 3) 体系的有效性； 4) 外部变化的信息； 5) 环境管理体系是否持续适宜、充分、有效； 6) 改进的方向等。 (3) 输入要求。 (4) 主持人、参加人员	(1) 询问； (2) 查管理评审计划/会议通知
	2. 管评的实施 是否按照计划/会议通知的要求实施	(1) 查会议签到表； (2) 查评审输入材料/管理评审会议记录； (3) 查管理评审报告
	3. 管理评审结论 (1) 是否对体系的持续适宜性、充分性、有效性进行评审； (2) 是否包括了环境管理体系改进的机会和要求	(1) 询问； (2) 查管理评审报告
	4. 管理评审改进要求的落实	现场查看

12.3 职业健康安全管理体系审核要点与取证方式

职业健康安全管理体系审核要点与取证方式见表12-3。

职业健康安全管理体系审核要点与取证方式　　表12-3

标准条款	审核要点	取证方式
1　范围	1. 组织OHSMS覆盖范围和过程是否有缺失	现场询问、观察，了解作业流程
	2. OHSMS有无删减，合理性	查手册说明、根据组织活动确认是否合理
4　环境管理体系		
4.1　总要求	1. OHSMS是否建立、实施、保持和改进	从体系文件编制、运行、各过程控制、监视和测量、内审、管理评审综合评价
	2. OHSMS活动是否被确定和管理	
	3. 组织OHSMS关键过程所需资源和信息是否充分	
	4. 组织OHSMS及过程测量和监控点是否确定并有效，对测量和监控结果是否有分析、改进活动	
4.2　职业健康安全方针	1. OHS方针的制定 (1) 了解OHS方针制定的思路，高层是否了解标准对OHS方针制定的要求； (2) 了解方针的内涵，是否满足“一个适宜性”、“三个承诺、一个框架”的要求； (3) 方针是否由最高管理者批准	(1) 交谈； (2) 查OHS方针文件； (3) OHS方针制定的审核可安排在现场查看和策划要素审核之后进行
	2. OHS方针的传达 (1) OHS方针以什么方式传达； (2) 员工是否了解组织的OHS方针	(1) 交谈； (2) 查记录； (3) 现场查看； (4) 询问
	3. OHS方针的实施、保持 高层、各管理层是否了解实现和保持OHS方针的措施	(1) 交谈； (2) 通过与OHS方针有关问题的审核判断其实施情况
	4. OHS方针是否为公众所获取	查记录
	5. OHS方针的修订 如修订，还应对2、3、4的问题进行审核	(1) 交谈； (2) 查文件
4.3.1　危险源识别、风险评价和控制措施的确定	1. 危险源识别、更新和风险评价的工作流程和方法。 (1) 有无危险源辨识、风险评价和风险控制策划的程序。 (2) 程序中是否包括危险源辨识、风险评价和风险控制策划的要求	(1) 询问； (2) 查程序文件
	2. 危险源的识别 (1) 是否按程序要求辨识危险源及其风险。 (2) 是否规定了辨识的范围和对象。 (3) 是否有危险源及其风险的清单。 (4) 受审部门的危险源及其风险有哪些。 (5) 是否规定了辨识危险源及其风险的方法。 (6) 是否考虑三种状态。 (7) 是否考虑三种时态。 (8) 是否考虑了各种类型的危险情况。 (9) 是否考虑到可对其施加影响的相关方带来的OHS风险	(1) 现场查看； (2) 询问了解受审核方的活动，产品或服务； (3) 查危险源识别汇总表； (4) 现场深入查看； (5) 查各部门的危险源识别表

续表

标准条款	审核要点	取证方式
4.3.1 危险源识别、风险评价和控制措施的确定	3. 风险评价 (1) 有无规定风险评价的方法、准则和步骤。 (2) 有无重大危险源及其风险清单。 (3) 评价结果是否合理。 (4) 对新项目和变化是否进行了风险评价和事前评价	(1) 询问; (2) 查评价准则或标准; (3) 查评价记录; (4) 查重大危险源及风险清单
	4. 危险源、重大危险源的更新 (1) 危险源、重大危险源更新是否及时，如有更新，识别评价是否充分、准确; (2) 是否传递给相关部门	(1) 询问: 1) 了解是否有新的活动、产品或服务(包括相关方); 2) 了解重要危险源、重大危险源更新的情况; (2) 查更新后的危险源、重大危险源记录交谈、现场查看: 1) 是否有新的活动、产品或服务; 2) 是否将有关信息传递给主控部门; 3) 查更新后的危险源、重大危险源记录(如有)
	5. 重大危险源控制的策划 (1) 是否根据风险评价结果，制订了风险控制措施计划? (2) 对危险源及其风险的控制措施有哪些? (3) 对潜在 OHS 风险是否制定了应急准备和响应措施?	查目标指标管理方案文件、运行控制程序、应急准备响应程序
4.3.2 法规和其他要求	1. 法律法规的确认 (1) 是否与组织/部门的活动、产品或服务相适宜; (2) 是否适用于组织/部门的危险源; (3) 法律法规是否确认到条款; (4) 是否有漏识和失效的; (5) 是否得到了有关的法律法规文本	(1) 查公司/法律及其他要求清单(包括上级部门的) (2) 查文本(也可作为 4.4.5 要素审核) 1) 查与部门有关的法律法规清单 2) 查部门是否得到了法律及其他要求文本或相关规定(也可作为 4.4.5 要素审核) 3) 询问有关人员，是与了解与本职有关的法律法规要素，如有不符合判在 4.4.2 要素
	2. 获取渠道和传递沟通方式 (1) 受审核方法律及其他要求获取渠道是否通畅; (2) 法规信息如何进行内、外部沟通。谁负责; (3) 和需要了解法律法规和其他要求的员工面谈，看其是否充分了解; (4) 员工是否意识到不遵守法规的后果	(1) 查部门是否得到了法律及其之要求文本或有关规定(也可作为 4.4.5 要素审核); (2) 询问有关人员，是与了解与本职有关的法律法规要求，如有不符合判在 4.4.2 要素
	3. 本组织的守法情况及守法证明性文件: (1) 过去、现在有无违法; (2) 各项职业健康标准是否清楚? 有无违背情况; (3) 有无守法证明性文件	查新建、扩建项目和技术改造项目的职业健康安全评价报告、三同时验收报告，噪声的监测数据等
4.3.3 目标	1. 目标指标的制定 (1) 目标的内容是否符合方针的要求; (2) 目标的内容是否考虑了法规和其他要求; (3) 目标的内容是否考虑了重大 OHS 危险源及其风险; (4) 目标的内容是否考虑了员工和相关方的观点; (5) 目标是否体现了持续改进的承诺; (6) 实现目标的方案是否可行，是否考虑了技术上的问题、财政及运作上的要求; (7) 目标是否尽可能的具有可测量性，有无测量目标的方法	(1) 交谈; (2) 查阅组织/相关部门的目标指标文件; (3) 询问、查阅体系建立前与目标指标有关的情况和资料; (4) 查目标指标的评审记录

续表

标准条款	审核要点	取证方式
4.3.3 目标	3. 目标指标的实施实现情况 (1) 受审部门是否均有相应的目标； (2) 目标是否具体并尽可能量化； (3) 是否设置了必要的可测量参数； (4) 是否制定了实施目标的方案； (5) 企业资源是否能保证目标的实现； (6) 是否明确了执行部门和负责人； (7) 是否已向有关人员传达； (8) 有关人员是否清楚； (9) 检查绩效测量结果，确认目标是否得到实现	(1) 查相关文件、统计数据、监测报告等； (2) 现场查看； (3) 目标指标实施情况的审核可与职业健康安全管理方案一起审核
4.3.4 职业健康安全管理方案	1. 职业健康安全管理方案的制定 (1) 方案是如何制定、批准的； (2) 受审核部门有否相应的方案； (3) 是否所有的目标都有相应的方案； (4) 是否明确了责任人； (5) 是否明确了实现目标的措施、方法； (6) 是否明确了时间要求； (7) 是否规定了资源保证	(1) 询问； (2) 查职业健康安全管理方案
	2. 职业健康安全管理方案的修订 (1) 了解是否有与职业健康安全管理方案有关的新的开发或修改的活动、产品或服务； (2) 如有，原有的方案是否适应，是否需修订	(1) 询问； (2) 现场查看； (3) 如修订，查修订后的管理方案
	3. 职业健康安全管理方案的实施 是否按规定的方法、措施和时间进度实施	(1) 查阅有关证实材料(如研究报告，采购单、发票、验收报告等)； (2) 现场查看
4.4.1 资源、作用、职责和权限	1. 受审核方的组织结构 (1) 了解受审核方的组织结构； (2) 了解受审核方环境管理体系覆盖的部门； (3) 了解变化的部门	(1) 交谈
	2. 职责、权限 (1) 各部门在环境管理体系中的职责、权限是否规定； (2) 17 个要素的要求是否全部分配给相关部门； (3) 重要环境岗位职责是否有规定，是否涉及重大危险源控制的职责； (4) 各部门领导，重要岗位人员是否了解本部门，本岗位的职责，有无职责不清现象； (5) 变化的职责	(1) 交谈； (2) 查各部门职责、权限的文件。 1) 查职责文件； 2) 询问
	3. 资源 (1) 为职业健康安全管理体系建立提供了哪些人力资源； (2) 技术及财力资源的提供	(1) 交谈； (2) 查有关文件、记录
	4. 管代任命与职责 (1) 是否由最高管理者任命； (2) 管理者代表职责，是否了解； (3) 管理者代表是否执行了相应职责	(1) 查任命文件； (2) 交谈； (3) 通过职业健康安全管理体系建立、实施及保持情况加以判断

续表

<table>
<tr><th>标准条款</th><th>审核要点</th><th>取证方式</th></tr>
<tr><td rowspan="4">4.4.2　能力、培训和意识</td><td>1. 培训需求的制定
(1) 是否根据各个层次、岗位的职业健康安全管理要求和危险源控制技能等因素制定；
(2) 是否包括了可能产生重大的风险岗位的人员需求；
(3) 对从事特殊工作的人员(包括可能具有重大职业健康安全风险岗位的人员)是否进行了培训并进行了资格认定</td><td>(1) 询问；
(2) 查可能产生重大风险的岗位、人员名单；
(3) 查培训需求记录</td></tr>
<tr><td>2. 培训计划
(1) 是否按规定的时间制定；
(2) 是否根据培训需求安排计划</td><td>查培训计划：时间、内容、参加人员、培训方式、培训教师教材(必要时)等</td></tr>
<tr><td>3. 培训记录
培训是否按照计划实施</td><td>(1) 查培训记录；
(2) 培训教材(必要时)</td></tr>
<tr><td>4. 培训效果验证
(1) 了解受审核方对培训效果验证的方法；
(2) 确认受审核方培训效果(尤其是重大风险的岗位的人员是否能胜任工作)</td><td>(1) 交谈；
(2) 查验证记录</td></tr>
<tr><td rowspan="3">4.4.3　协商和沟通</td><td>1. 内部信息交流
(1) 员工是否参与职业健康安全方针和程序的制定、修订与评审；
(2) 员工是否参与商讨影响工作场所职业健康安全的任何变化。如引入新的或改进的设备、原材料、技术、程序或工作模式等；
(3) 员工是否参与职业健康安全事务，包括危险源辨识、风险评价、风险控制的策划和事故的调查处理等；
(4) 员工是否了解谁是职业健康安全员工代表以及谁是管理者代表</td><td>(1) 询问；
(2) 查相关文件、相关信息传递的记录</td></tr>
<tr><td>2. 协商和交流的记录
(1) 涉及重大风险的外部信息有无适当处理和记录；
(2) 是否保存有接收和答复员工意见建议的记录</td><td>查询相关的文件和记录</td></tr>
<tr><td>3. 与外部相关方的联络
(1) 是否参加政府劳动保护机构组织的活动；
(2) 是否同供方和承包方交流职业健康安全信息</td><td>(1) 询问；
(2) 查与职业健康安全管理体系运行有关的外部相关方名单；
(3) 查信息交流单/或外部信息处理、答复的记录；
(4) 查外来文件</td></tr>
<tr><td rowspan="4">4.4.4　文件</td><td>1. 职业健康安全管理体系文件的结构及组成</td><td>(1) 询问；
(2) 查看文件清单</td></tr>
<tr><td>2. 文件是否对 17 个要素进行了描述，是否符合标准的要求</td><td>查看文件</td></tr>
<tr><td>3. 文件各要素、各层次间的相互关系是否描述，是否清晰，是否给出相关文件的途径</td><td>查看文件</td></tr>
<tr><td>4. 文件变更情况
如变更，还应对 1、2、3 的内容进行审核</td><td>(1) 询问；
(2) 查看文件清单；
(3) 查变更后的文件</td></tr>
</table>

续表

标准条款	审核要点	取证方式
4.4.5 文件和资料的控制	1. 文件的建立与修改 (1) 职责; (2) 程序	(1) 询问; (2) 查程序文件
	2. 文件的管理方法 (1) 文件的查询方法; (2) 文件的标识方法; (3) 归档要求; (4) 归档部门等	(1) 询问; (2) 查程序文件
	3. 文件的发放、保管、回收和处置	(1) 查文件清单; (2) 查文件发放、回收记录; (3) 现场查看: 1) 管理者、重大危险源涉及的岗位是否得到有关文件; 2) 文件是否为有效版本; 3) 文件的标识是否符合要求; 4) 查看文件的保存场所; 5) 调阅尚需保留的失效文件,是否有标识
	4. 文件定期评审 (1) 是否按规定的时间进行了文件的评审; (2) 文件修订后是否由授权人员确定	(1) 查文件评审记录:关注(参加人员的能力、提出的评审意见及修改要求); (2) 查修改后的文件
4.4.6 运行控制	1. 运行控制的策划 (1) 对缺乏程序指导可能偏离方针、目标的运行是否制定和保持了管理程序; (2) 组织所使用的货物、设备和服务中已识别的重大职业健康安全风险是否规定了管理规定; (3) 对组织活动、工作场所、过程、装置、机械、运行程序和工作组织的设计,是否规定了管理规定; (4) 与职业健康安全有关的设备,是否有日常管理规定; (5) 是否有原材料供应的职业健康安全风险评价程序; (6) 化学品和设备入厂前是否评价,有无程序; (7) 运行程序中是否有运行准则之类内容; (8) 对关键设备和工序是否明确了须监测的内容和控制限界值,有无支持的作业文件; (9) 运行控制是否充分,能否达到控制重大危险源及其风险的目的; (10) 运行控制程序和作业指导书是否具备可操作性	(1) 询问; (2) 查看程序文件或有关作业文件
	2. 对相关方的管理(组织所使用的产品和服务的相关方) (1) 组织所使用的货物、设备和服务中已识别的重大职业健康安全风险是否规定了管理规定; (2) 有关的程序和要求是否通报供方和承包方,采用何种方式通报	(1) 查对相关方的管理文件; (2) 查对相关方的评价记录; (3) 查与相关方的合同/协议/对相关方要求的文件; (4) 对可能涉及重大危险源的紧密相关方的选择和施加影响的程度,当证据不能充分说明问题时,可到相关方现场进行验证

续表

标准条款	审核要点	取证方式
4.4.6　运行控制	3. 运行控制情况 (1) 员工是否了解运行标准； (2) 实际运行是否严格按程序执行？是否超越控制界限； (3) 是否按要求记录，有关的运行记录是否证明其遵守程序； (4) 是否向供方和承包方通报了与他们所提供的产品和服务有关的职业健康安全信息； (5) 特种作业人员和特种设备的管理情况； (6) 新、改、扩建工程项目的三同时实施情况	(1) 按照程序文件/作业文件的规定查有关文件、记录和现场； (2) 查法律法规要求的有关运行记录
4.4.7　应急准备和响应	1. 潜在事故或紧急情况的确定 (1) 是否准确、全面； (2) 所有潜在事故或紧急情况是否均有应急准备和响应的规定	(1) 查程序文件/作业文件； (2) 现场查看
	2. 应急准备响应 规定是否可行，可操作	(1) 询问； (2) 查文件； (3) 查现场
	3. 对应急准备与响应规定的评审 (1) 了解评审的时机； (2) 了解是否发生过事故或紧急情况； (3) 是否进行过评审，事故发生后是否进行过评审	(1) 询问； (2) 查评审记录
	4. 演练 (1) 可行的演练有哪些，是否进行过； (2) 演练后对规定是否进行过评审	(1) 询问； (2) 查演练记录
	5. 潜在事故或紧急情况的受控情况： (1) 各相关部门/岗位是否有相应的应急设施、材料，是否有效； (2) 是否有发生潜在事故或紧急情况的隐患	现场查看
	6. 岗位人员的能力 (1) 是否了解应急准备与响应的具体规定； (2) 是否了解应急设施，材料的使用	(1) 询问； (2) 请岗位人员对应急设施进行操作(模拟) 如有不符合，判在 4.4.2 要素
4.5.1　绩效测量和监视	1. 绩效测量和监视管理程序 (1) 是否建立并保持绩效监视和测量程序； (2) 绩效监视和测量程序是否覆盖了具有重大风险的运行与活动的关键特性； (3) 通过对具有重大风险的运行与活动的关键特性的例行监视和测量，能否保证相关活动处于受控状态； (4) 监视和测量的方法、依据有无具体的规定； (5) 监视和测量的依据是否符合法规要求	(1) 询问； (2) 查有关文件
	2. 对组织的职业健康安全目标、管理方案的完成情况进行例行检查： (1) 能否追踪目标的执行情况； (2) 是否对职业健康安全管理方案执行情况进行追踪	(1) 查有关监测测量记录； (2) 查有关统计分析报表、报告图表等
	3. 有关运行控制的监测测量 (1) 是否检查运行控制程序，结果如何； (2) 是否检查应急准备与响应程序的执行情况； (3) 是否检查作业文件的执行结果； (4) 对重点工序、设备的日常监测，是否有记录	查检查记录

续表

<table>
<tr><th>标准条款</th><th>审核要点</th><th>取证方式</th></tr>
<tr><td rowspan="3">4.5.1 绩效测量和监视</td><td>4. 职业健康安全绩效的监测测量
(1) 有无测定记录；
(2) 外部项目监测是否由具有资格的单位进行</td><td>(1) 查有关职业健康安全绩效的检查记录(包括政府主管部门的监测记录)；
(2) 查有关统计分析记录</td></tr>
<tr><td>5. 对监测测量中发现的不符合的处理要求</td><td>见 4.5.2 条款要求</td></tr>
<tr><td>6. 监测仪器、设备的维护、标准
(1) 了解维护、校准的职责和规定；
(2) 是否按规定进行了维护、校准</td><td>(1) 查维护、校准规定；
(2) 查监测仪器、设备校准的有关记录
1) 仪器设备台账；
2) 校准/鉴定报告，是否按规定周期进行，是否符合要求；
3) 现场查看仪器设备状态、状况</td></tr>
<tr><td rowspan="3">4.5.2 事故、事件、不符合、纠正和预防措施</td><td>1. 了解对各种不符合进行处理与调查，采取纠正与预防措施的职责与权限
(1) 程序中对事故、事件、不符合进行处理、调查以及采取纠正和预防措施的职责和权限的规定是否明确，由哪个部门组织调查事故、事件、不符合的原因和确定纠正和预防措施并实施；
(2) 是否包含对事故、事件、不符合进行应急处理的内容；
(3) 是否包含对事故、事件、不符合的原因进行调查的内容；
(4) 是否明确要求须针对事故、事件、不符合的原因采取防止再发生的纠正措施</td><td>(1) 询问；
(2) 查看有关规定</td></tr>
<tr><td>2. 查事故、事件、不符合的原因分析和纠正/预防措施
(1) 对发生的事故、事件、不符合是否采取了紧急应变措施；
(2) 对已发生的事故、事件、不符合和潜在的不符合是否进行了调查，结果如何，采取了怎样的措施；
(3) 采取纠正和预防措施之前，是否对问题的重要性及采取纠正和预防措施伴随的职业健康安全风险进行了评估，措施是否与该问题的严重性和伴随的职业健康安全风险相适应；
(4) 纠正措施的实施效果如何，能否防止不符合的再发生；
(5) 对潜在的不符合是否进行了原因调查，是否采取了预防措施；
(6) 所有措施是否完成，是否有效，有无记录</td><td>(1) 查来自监测测量产生的不符合、纠正/预防措施及纠正措施的有效性；(可与 4.5.1 要素一并审核)；
(2) 查内审产生的不符合、纠正/预防措施及纠正措施的有效性；(可与 4.5.4 要素一并审核)；
(3) 查管理评审发现的不符合、纠正/预防措施(可与 4.6 要素一并审核)；
(4) 查来自相关方抱怨的不符合，纠正与预防措施及纠正措施的有效性。(可与 4.4.3 要素一并审核)</td></tr>
<tr><td>3. 采取纠正或预防措施，是否涉及有关规定的修改如涉及是否对相关文件进行了修改，
是否按修改后的规定实施并记录</td><td>(1) 询问；
(2) 查相关文件。
现场查看修改后的实施情况及实施记录</td></tr>
<tr><td rowspan="2">4.5.3 记录控制</td><td>1. 记录的管理
(1) 记录的标识；
(2) 记录保存期限；
(3) 记录归档要求；
(4) 归档部门</td><td>(1) 询问；
(2) 查记录清单和有关文件；
(3) 现场查看记录存放状况、状态</td></tr>
<tr><td>2. 记录的要求
(1) 字迹是否清楚；
(2) 标识是否明确；
(3) 是否具有可追溯性(记录时间，记录人)</td><td>(1) 查有关记录
(2) 该要求可在审核其他要素时一并进行</td></tr>
</table>

续表

标准条款	审核要点	取证方式
4.5.4 审核	1. 内审的安排，是否按规定进行 (1) 时间； (2) 频次； (3) 内审依据； (4) 内审范围； (5) 审核组的组成及分工； (6) 是否立足重大风险的作业活动和以前审核的结果	(1) 查审核方案/程序； (2) 查审核计划
	2. 内审的实施 (1) 是否按计划实施； (2) 审核的可信度； (3) 审核的有效性	(1) 查内审检查表/审核记录； (2) 查不符合报告(事实描述、原因分析、纠正/预防措施及验证)； (3) 查内审报告
	3. 内审员的能力、经验及独立性的判断	(1) 查内审的培训、资格证； (2) 查内审计划； (3) 通过内审检查表、审核记录、不符合报告描述、判标及验证情况进行分析判断
	4. 内审报告的发放 是否发给各层管理者	查内审报告发放、接收记录
	5. 内审不符合的纠正、纠正/预防措施的效果	现场查看不符合纠正、纠正/预防措施的效果
4.6 管理评审	1. 管理评审的安排 (1) 是否按规定时间间隔。 (2) 管理评审的内容： 1) 是否包括了内审的结果； 2) 目标指标的实现情况； 3) 体系的有效性； 4) 外部变化的信息； 5) 环境管理体系是否持续适宜、充分、有效； 6) 改进的方向等。 (3) 输入要求。 (4) 主持人、参加人员	(1) 询问； (2) 查管理评审计划/会议通知
	2. 管理评审的实施 是否按照计划/会议通知的要求实施	(1) 查会议签到表； (2) 查评审输入材料/管理评审会议记录； (3) 查管理评审报告
	3. 管理评审结论 (1) 是否对体系的持续适宜性、充分性、有效性进行评审 (2) 是否包括了环境管理体系改进的机会和要求	(1) 询问； (2) 查管理评审报告
	4. 管理评审改进要求的落实	现场查看

12.4 审核案例分析

【案例 1】

在建筑公司第一项目部，审核员看到在建办公楼的消防系统是请某消防安装公司安装的。审核员要求查看该消防公司安装资质证明材料，项目部经理出示了消防安装公司的安装资质证明。审核员进一步要求查看具体在现场进行安装的施工队人员资质的证明文件。项目部经理说："这事不归我们管，应该由消防安装公司自己负责。"

案例分析：消防安装公司是建筑公司的外包方，在施工时应该纳入建筑公司的质量管理体系统一管理。因此，不仅对消防安装公司资质有要求，而且对其现场施工人员的资质也应进行控制，只有这样才能真正保证质量。本案违反了标准"4.1 总要求"中"针对组织所选择的任何影响产品符合要求的外包过程，组织应确保对其实施控制。对此类外包过程的控制应在质量管理体系中加以识别。"的规定。

【案例 2】

在某建筑公司业务部进行审核时，审核员查阅公司承担的当地乡政府办公楼建设开工的有关文件。结果发现该项目的中标日期是 5 月 3 日，而工地开工日期却是 4 月 1 日，公司与甲方签定的施工合同为 4 月 20 日。审核员问业务部经理："这是怎么回事?"经理笑着回答："这种事儿谁都明白，招标只是个虚的。跟当地乡政府搞好关系，施工许可证还没发下来就进驻工地了，其他手续都是后补的。"

按照国家规定：建筑业必须实行招投标制度，实行公平竞争。

案例分析：这种现象在实际中常有看到，从质量管理体系标准的角度来看，公司这样做明显地违反了国家有关的法律法规的规定，这也说明在公司有关的人员中关于应符合法律法规要求的意识太差。本案造反了标准"5.1 管理承诺"的"d)向组织传达满足顾客和法律法规要求的重要性;"的规定。

【案例 3】

在试验室检验员正在进行管道压力试验，压力表显示所用的压力为 130N/m^2。审核员问："应该试压多长时间?"检验员回答："一分半钟。"审核员在查阅检验规程时看到上面规定的压力应该是 160N/m^2，便问："为什么不按照规程的规定压力做试验?"检验员说："规程规定的不合理，上个月厂里开会做了修改，检验科长电话通知我们按照 130N/m^2 的压力做试验。"审核员问："有没有更改规程的文件下发?"检验员说："大概没来得及发下来吧。"

案例分析：检验文件的更改没有按规定的程序进行审批，只用电话通知就进行修改是不正确的。本案违反了标准"违反了标准"4.2.3 文件控制"的"b)必要时对文件进行评审和更新，并再次批准。"

【案例 4】

审核员在审核某建筑公司第一项目经理部时，看到技术交底和检验记录填写的笔体非常相似，于是询问项目经理："技术交底和检验记录是由谁填写的?"项目经理说："是资料员填写的。"审核员问："资料员有技术员和检验员的上岗证吗?"项目经理说："由于工地人手少，只好由资料员代劳了，好在质检站对此也没有提出异议。"当地政府主管部门规定："技术交底应由具有资质的技术员或技术队长负责，检验工作应由具有资质的检验员负责。"

案例分析：这种事情在建筑施工企业中常有发生。技术交底应由技术员或技术队长交到施工的班组长，检验记录应该是检验员在施工现场实际检测的结果，而不是事后由别人在屋子里补填记录。填写记录的人员没有相应的资质，违反了标准"5.1 管理承诺"的

“a)向组织传达满足顾客和法律法规要求的重要性；”及“4.2.4 记录控制”的“应建立并保持记录，以提供符合要求和质量管理体系有效运行的证据。”

【案例 5】

在门窗厂销售科，审核员查看 8 月份与某建筑公司签定的一份销售合同，规定门窗厂负责门窗的加工和安装。审核员要求工厂出示门窗安装的资质等有关材料，销售科长说：“我们申请质量管理体系认证范围没有包括门窗的安装。”审核员问：“安装工作由谁来完成?”销售科长：“我们包给另一个安装公司来做。”审核员：“请把那家公司的安装资质和对供方评价的有关材料给我们看看。”销售科长：“因为是老合作单位，我们没有向对方索要资质文件，不过我们有时候也派人到现场检查他们的安装质量，并填写了相关的检查记录。”

案例分析：按照建筑业的规定，门窗的安装公司是应该有安装资质的。该厂没有提供安装公司的资质证明是不对的。违反了标准“5.1 管理承诺”的“向组织传达满足顾客和法律法规要求的重要性；”及“7.4 1 采购过程”的“组织应根据供方按组织的要求提供产品的能力评价和选择供方。”的规定。

【案例 6】

在人事部培训主管处了解到，今年的年度培训计划至今(5 月)尚未制定出来，问其原因，主管回答：“年初就把制定培训计划的要求通知到下属部门了，应该在他们报上来的计划基础上制定公司的年度计划。由于各部门没有上报计划，因此我也就没法制定公司的年度计划。”

案例分析：下面没有报计划，于是主管部门也就不管了。这明显地违反了标准“6.2 人力资源”的有关规定。

【案例 7】

在建筑公司设备部仓库，审核员看到在露天场地整齐地摆放着许多由建筑工地撤回来的工具，如模板、脚手架等。在场地东南角还一溜摆放着 10 台斗车。审核员走过去查看这些斗车，看到有些车的零件已经不全，传动部位有的地方已经生锈，有的地方污垢很厚。审核员问仓库保管员：“对于这些设备你们有什么保养规定吗?”仓库保管员说：“没什么规定，因为是从工地撤回来的设备，肯定很脏。一般我们是再发放使用时，检查修理一下，不会耽误使用的。”

案例分析：即使是在仓库一时不用的设备，也应规定保养制度。本案违反了标准“6.3 基础设施”的“组织应确定、提供和维护为达到产品符合要求所需的基础设施。”的规定。

【案例 8】

审核组在供应科检查 9 月份的进货记录时，发现连续三批进货的包装瓶出现批量不合格，但是检验科均按规定办理了让步接收。审核员在检验科进一步查看这三批瓶子的进货验证记录时发现，这三批包装瓶均是由于瓶高度较标准要求高了 0.5mm。质检科长说：“以前这种瓶子从未发生过此类事情。”这时在一旁的供应科长突然想起来说：“因为这些瓶子在压盖时老是盖不严实，因此生产科要求把瓶高增加 0.5mm，这事儿我们忘了通知检验科，结果他们仍然按老的标准进行进货验证。”

案例分析：既然检验标准发生了变化，就应按规定用书面文件通知检验科。本案违反了标准“4.2.3文件控制”的“d)确保在使用处可获得适用文件的有关版本。”

【案例9】

在设备科审核员想了解一下对于设备的保养情况，设备科长拿出一摞设备维修单交给审核员看。审核员看到维修单上记载的都是某台设备什么时候发生了什么故障，更换了什么零件。审核员问设备科长：“维修和保养有什么区别?”设备科长说：“修好了也就保养了。”

案例分析：许多企业的设备管理部门经常把设备维修和保养混为一谈。保养应该按一定的时间间隔进行，对设备的关键保养点进行维护，一般可分为日保、周保或月保等；而维修是指设备出了问题而进行修理。因此，为了保证设备的能力，应该对设备进行定期的保养。该例违反了标准“6.3基础设施”的“组织应确定、提供并维护为达到产品符合要求所需的基础设施。”的规定。

【案例10】

某厂《车间生产环境管理规定》中规定：“车间温度应保持在20～30℃，湿度40％～60％。“但是审核员在检查11月份的环境记录时发现：11月10号～13号的湿度均为30％。审核员问车间主任：“对于湿度30％符合规定要求吗?”主任回答：“我们已经更改了规定，把湿度改为30％。”审核员要求出示文件更改记录，车间主任说只是口头通知更改的。审核员注意到，车间没有加湿或除湿的设备，便问车间主任：“有什么手段可以根据需要加湿或除湿?”车间主任说：“没有”。审核员在翻阅有关产品的行业标准时看到，车间环境湿度要求规定最低为40％。

案例分析：由于生产条件达不到规定的要求，就随意降低要求，这是不正确的。违反了标准“6.4工作环境”的规定。而且更改《车间生产环境管理规定》的方法也不对，不能仅是口头通知，应履行必要的手续。违反了标准“4.2.3文件控制”的“b)必要时对文件进行评审与更新，并再次批准：“车间没有加湿或除湿的设备，因此即使作出规定也形同虚设。说明基础设施配置不足。违反了标准“6.3基础设施”的“组织应确定、提供并维护为达到产品符合要求所需的基础设施。”的规定。

【案例11】

某建筑装饰构件公司对外承接楼宇室外的装修设计和饰品加工任务，在设计室审核员看到员工们正在使用CAD软件进行装修效果图的设计。设计室内有工作电脑十余台。审核员问工作人员：“你们公司有多少台电脑?”工作人员回答；“有30多台吧”。审核员：“全公司都哪些部门使用电脑?”工作人员回答：“技术档案、财务、销售、车间统计、工艺等部门都有电脑。我们正在计划建立公司内部的局域网，以便实现管理的自动化。”审核员：“你们经常上网吗?”工作人员：“各科室都有人上网。”审核员：“你们公司对电脑有没有主管部门?对于电脑的使用，例如上网下载文件、查杀病毒等有什么规定没有?”工作人员回答：“我们公司没有电脑主管部门，好在大家对电脑都很熟悉，有了病毒一般自己都能解决。”在销售科，审核员发现由于电脑感染了病毒，电脑里的客户档案丢失，销售员正在为此而大伤脑筋。

案例分析：电脑管理是目前我国企业迫切需要解决的问题，前一段时间中美之间爆发的“黑客大战”也暴露了我国许多企业对电脑防病毒的意识太差。凡是使用电脑进行工作的组织，尤其是经常需要上网的部门，应该对电脑的使用管理起来。首先要确定电脑的主管部门，制定严格的规章制度，对于电脑的使用，包括上网、查杀病毒、文件下载、文件备份、外来软件的使用、电脑中文件的编码、检索等作出明确的规定，并由主管部门定期检查。电脑的管理属于“基础设施”的控制，也属于“文件控制”，因为电脑中的数据都是文件。因此上例违反了标准“6.3 基础设施”及“4.2.3 文件控制”的规定。

【案例 12】

某新建成的居住小区居民反映室内有很浓的尿味，经环保部门检测室内氨气严重超标。居民因此将开发商告上了法院，开发商说这事与我们无关，应该由建筑商负责。查其原因，是因为施工方为了加快工期，在冬天施工需在混凝土中加入氨水作为防冻剂。但建筑商说我们也没有责任，因为开发商没有对我们提出要求不许加氨水。

案例分析：虽然开发商没有说不能用氨水，但是从居民住房条件要求，显然使用氨水是有害健康的。因此本案违反了标准“7.2.1 与产品有关的要求的确定”的“b)顾客虽然没有明示，但规定的用途或已知的预期用途所必需的要求；”的规定。

【案例 13】

在建筑工地，工人正在进行钢筋绑扎。工地监理发现某部位基础钢筋直径偏细，于是要求停工，向设计院询问。设计院经核对后承认出现了计算错误，并说因为是用的计算机辅助设计软件设计的，设计人一般情况下不再核对计算，可能是计算机软件用错了。

案例分析：很显然，设计院对于设计输出的结果没有进行验证。违反了标准“7.3.5 设计和开发验证”的规定。

【案例 14】

审核组对某企业进行第三次监督审核。在供应科查看合格供方的评价记录，看到企业列入合格供方名录的供方共有 20 家，而对这些供方的评价材料还是两年前做的。审核组问供应科长：“对这些供方所供物资的合格率是否有统计?”供应科长说：“我们没有统计。但是如果有什么问题，检验科会告诉我们。”审核组请供应科出示对供方再评价的记录，供应科长说没有。

案例分析：供应科应掌握采购物资合格率的情况，以便对供应商的质量保证能力进行再评价。对合格供方的评价，不能只是做一次就一劳永逸了，而应该是动态管理的。本案违反了标准“7.4.1 采购过程”的“应制定选择、评价和重新评价的准则。评价结果及评价所引起的任何必要措施的记录应予保持。”

【案例 15】

在采购部，审核组看到《采购部工作手册》中规定采购部质量目标的一个内容是：“采购物资合格率 100％。”审核员问采购部经理：“采购来的物资能保证都是 100％合格吗?”经理说：“凡是不合格的物资我们都退货，所以进库物资可以保证 100％合格。”审核员问：“你们对于退货的情况有记录吗?”经理答：“没有记录。”

案例分析：既然不合格的物资都退货，当然进库的物资应是 100％合格了。这个目标定的意义不大。采购部可以把目标改为，例如“进货物资一次交验合格率 98％”。采购部应该记录供方进货物资的一次交验结果，这实际上也是对供方的一次评价记录，每个月进行汇总分析，以便对供方合格率进行控制，作为对供方质量重新评价的依据。本案违反了标准“7.4.1采购过程”的“应制定选择、评价和重新评价的准则。评价结果及评价所引起的任何必要的措施的记录应予保持。”

【案例 16】

在某建筑装饰构件生产厂，其产品是由水泥、沙子和各种添加剂按配比搅拌均匀后，在模型中放入玻璃纤维布及加强筋，然后填入混合料而成。审核员看到在车间四周有许多已由模型中脱模的产品靠墙而立。审核员问检验员：“这些产品检验了没有？”检验员说：“我们是百分之百检验，检验完一件就拉到外面场地去，因此这些是没有完成检验的产品。”审核员问：“有没有可能出现已经检验完而来不及拉出去的产品？”检验员：“有时候也可能有，但我们都能记住哪些是检验完的。”审核员看到，产品摆放比较混乱，因为由模型中脱模出来的产品时间不同，有快有慢，因此，到处都可能有已经完成的产品，但是产品上没有任何检验状态的标记。

案例分析：这是产品的检验状态标识不明的问题。即使检验员能记住产品的检验状态，但是由于现场到处都摆放着产品，难免没有混淆的时候。检验员可以使用粉笔在检验合格的产品上打“勾”，对不合格品在不合格部位打“叉”，就可以对产品的状态进行标识了。本案违反了标准“7.5.3标识和可追溯性”的“组织应针对监视和测量要求识别产品的状态。”

【案例 17】

某厂生产混凝土搅拌站，属大型设备，总重量达数十吨。其中主要的一道工序是框架的焊接，框架承受的重量很大，而且工作时振动很大。审核员检查了5台电焊机，其中焊接电流指示有3台是用电流表，2台没有电流表，只是用摇臂指针表示。由于焊接电流大小直接影响到了产品的焊接质量，审核员询问工人：“电流指示经过校准吗？”工人说：“没有，但是应该没问题，我们都有经验，凭经验就知道电流是否合适。”工厂的《焊接检验规程》上规定，对于焊接只是用肉眼进行外观检验。

案例分析：由于焊接电流大小直接影响焊接质量，因此应该对于焊机上的电流指示进行校准。这里违反了标准“7.6监视和测量装置的控制”的“a）对照能溯源到国际或国家标准的测量标准，按照规定的时间间隔或在使用前进行校准或检定”的规定。由于框架承重很大，因此检验规程上只规定了进行外观检验是不够的，应该添置必要的检测设备，例如超声波探伤仪等进行检验，以保证焊接质量。这里违反了标准“7.6监视和测量装置的控制”的“组织应确定需实施的监视和测量以及所需的监视和测量装置，为产品符合确定的要求提供证据。”

【案例 18】

在某物业公司管理部的值班日志中，审核员看到一个月前住户孙某家的热水管破裂，造成大面积水淹，并波及楼下住户引起邻里纠纷。经维修班检查是由于塑料水管质量低劣所致。当日维修班紧急抢修才避免了问题进一步恶化。公司《不合格品控制程序》中规定：“对于住户设施出现的重大不合格项，应在修理后1～2周的时间内进行回访，确保设施没有再发生问题。”审核员要求查阅回访记录，维修班长说：“最近工作太忙，没顾上回访。好在住户没有再打来电话，这说明没有问题发生。”

案例分析：当住户设施出现问题时，这属于对不合格品的控制。对设施修理相当于对不合格品的处置。对已经修好的设施使用情况的回访，相当于对不合格品处置后的再次验证。本案违反了标准“8.3 不合格品控制”的“在不合格品得到纠正之后应对其再次进行验证，以证实符合要求。”的规定。

【案例 19】

某建筑公司第一项目部正在建设一栋 20 层办公楼。审核员问项目经理：“对于存在或潜在的不合格项如何进行控制?”项目经理说：“除了上个月内审时发现的 3 项不合格均已采取了纠正措施外，平时没有发现什么不合格或潜在的不合格，因此就没必要采取纠正或预防措施了。”

案例分析：一个 20 层楼的建筑工地，在 10 个月的时间内，除了内审时发现的 3 项不合格项外，就再也没有发现问题，这是不合实际的。只能说明企业对于存在或潜在的不合格项没有进行控制。标准“8.5 改进”中关于纠正措施和预防措施的控制，尤其是预防措施的控制，许多组织往往提供不出控制的证据来。这个问题的答案有两种选择：或者什么问题也没有发生，或者对这方面根本没有控制。如果是后者，则可能导致判为严重不合格，因为完全漏掉了标准要求的一个重要内容。除非组织有充分的证据说明什么问题也没发生，否则是不可能出现这种情况的。本案违反了标准“8.5 改进”的有关规定。

【案例 20】

在装饰构件厂质检科，审核员看到 7 月 8 日和 8 月 1 日的两张《纠正措施处理单》，第一张单子上对不合格事实的陈述为：当日生产的构件出现 50 件的批量不合格，主要是构件尺寸不对。原因是模型工将模型尺寸看错所致；第二张单子上的不合格事实陈述与第一张的事实差不多，也是将模型尺寸看错导致产品出现批量的不合格。而两张单子上采取的纠正措施都是“已经返工，并且再检验合格。”审核员问车间主任：“为什么两次出现的错误都一样?”主任回答：“对于模型工序我们没有专职检验员，都是模型工对照图纸自检。可能工人自己干活时间长了，脑子疲劳造成看图错误。”

案例分析：两次纠正措施都是“已经返工，并且再检验合格。”这些并不是纠正措施，只是纠正而已。应该针对问题发生的原因采取纠正措施，例如可能是由于工人识图有错，但是连续出现两次，就不能说是偶然的事故。应该加强对工人的识图能力和责任心的培训和教育。本案违反了标准“8.5.2 纠正措施”的“组织应采取措施，以消除不合格的原因，防止不合格的再发生。”的规定。

第13章　增值审核和管理成熟度评价

13.1　认证增值审核

关于增值审核的概念，目前为止在认证认可规范和相关标准中并没有十分严格的定义。我们认为，在结合对管理体系进行常规性审核的同时，进一步帮助企业规避风险，增加收益，增强顾客满意度和市场竞争能力，确保企业获得并保持市场竞争的优势和持续发展的活力，即是增值审核。增值审核是目前国际认证业发展的一种新的审核方法。

13.2　认证组织开展增值审核的作用和意义

1. 认证组织开展增值审核的作用：

有以下三个方面的作用。

（1）系统、全面地分析企业管理现状及管理成熟度，对企业内部管理工作进行全面诊断并提供战略、文化、绩效、人力资源管理、经营结果等方面的增值审核报告；

（2）通过全面现场审核对企业的优势和改进空间进行系统评价，归纳整理组织的改进点；

（3）适度提出企业管理相关改进建议，开拓视野、了解最新的管理思想、方法和工具为建立全面解决方案提供有力保障和有力支持。

2. 认证组织开展增值审核的意义

（1）可以帮助企业找到管理的瓶颈；

（2）进一步降低成本；

（3）提高效率；

（4）最终提高管理体系的有效性和效率。

13.3　认证组织管理成熟度评价内容

认证组织管理成熟度评价主要依据《卓越绩效评价准则》GB/T 19580—2004进行，主要内容如下：

13.3.1　组织文化

成功的企业都有非常好的企业文化，重点关注以企业愿景、使命、价值观为主线的企业文化体系。首先从文化体系建立的角度进行审核，关注体系是否完整，另外从文化内涵角度进行审核，从企业的历史演变到企业的未来发展，关注文化本身的先进性及融合性。

审核过程中注重中国文化的博大精深与西方企业文化的可测量性有机结合。依据“尼尔森”企业文化模型，文化要与企业人力资源管理对人员的价值观要求有机结合，进而转化为企业人员和岗位的能力要求，使之不仅可宣传、可推广，而且可测评、可考核，推动企业战略目标的达成。

同时还要关注品牌、企业治理结构、社会责任与公民义务等方面内容。

13.3.2 战略管理

将战略管理置于企业管理的“轴心”地位，任何资源配置与管理活动的展开都围绕战略管理展开。集团化增值审核的战略管理审核，重点之一是关注战略制定的科学性，如战略指定的方法、工具使用是否得当，如单一业务模式分析可应用“SWOT、PEST”等工具，多业务单元战略分析则需要应用“波士顿矩阵”等辅助工具进行分析，还要关注长短期计划的合理性。在战略部署与实施方面，重点审核过去3年的战略达成情况，以及业务战略和职能战略的具体分解。例如，战略目标的分解应用了什么方法？目标设置是否符合“SMART”原则？常用的方法是应用“平衡计分卡”进行战略目标分解，从“客户、财务、流程、学习与发展”四个方面系统梳理企业各级目标体系，进而形成企业“战略地图”，从而实现可持续发展。

13.3.3 顾客与市场管理

顾客第一是现代企业共同遵循的价值准则。集团型企业面临的是市场多维度、顾客多元化等实际情况。从市场的角度，审核时要注重企业对市场的细分，如从地域、业务类型、投资类型等方面细分。

重点关注是目标市场的分析、变化与战略的相关性，以及不同市场对营业额的构成比例。如：企业未来3年的市场细分构成与企业核心资源匹配的关系。

顾客关系管理是此部分审核重点。关注企业顾客细分方式，根据“20/80”原则，企业如何关注重点客户，除了完成产品实现过程，交付客户合格产品以外，还有哪些与不同顾客进行双向沟通的方式？顾客满意度测评方式与实际效果也是现场审核的重点之一。

13.3.4 资源管理

任何企业的资源和其发展要求相比较都是有限的，资源管理的审核重点是人力资源、财务资源、技术、基础设施、信息化及相关方关系。以人力资源审核为例，企业确定了总体战略，明确了职能战略和业务发展战略，是否每个战略都有与之匹配的人力资源保障。另外，可从组织架构是否定期评审与调整、人员招聘、学习发展、职业发展、绩效考核等方面进行系统审核。此部分审核标准可参照“能力素质模型”系统方法。一般增值审核对人力资源都较为关注，企业需求也较为明显。人力资源专项审核也是中建协认证中心的单项审核产品之一。

建设行业集团型企业技术创新体系也是审核重点之一，如何充分发挥集团各层级的技术研发力量，有组织、系统配置资源进行研发与创新，目标、成果以及创造的效益，企业知识管理系统、学习型组织建设的具体措施等内容都是关注的重点。另外企业的信息化建设是目前特级企业普遍关注的问题，审核组除了关注软硬件的配置与建立以外，重点是梳理流程，因为流程再造是信息化的前提和基础。

13.3.5 过程管理

有效的过程管理是企业经营与发展的基础，也是实现战略目标的前提。ISO9001/ISO14001/OHSMS-18001是重要的过程之一，专业、有效的三体系审核是重要基础。同时，我们从企业流程管理的角度，将关系企业运营的各个过程从“识别和设计，实施和改进”等方面进行系统评价，着眼于管理成熟度提升，涵盖所有工作部门的主要过程，关注是否有大的过程识别不到位，已经识别出的过程关注是否有持续的降低成本和提高效率的系统方法。

13.3.6 测量分析与改进系统

此部分重点关注四个方面，一是组织整体绩效及运营管理的监视测量系统，如集团的战略目标分解到各部门、子分公司、项目经理部，各类目标指标的动态监控情况，以及通过何种形式进行监测。如中铁六局集团提出了管理体系与日常管理“本质融合”的重要思想，通过几年的努力，已经将体系文件与管理文件有机融合，审核时真正体现了“过程方法”，内审和日常检查融合，管理评审和年度行政工作总结相融合，有效避免了体系运行的“两层皮”现象。

第二个关注重点是企业的知识管理系统。有效的知识管理系统是企业核心竞争优势不断累积的重要基础。知识与信息不同，信息有具备价值的，也有不具备价值的，企业要把自身运行过程中的知识发掘、积累下来，并建立系统进行管理。如建设企业如何将重要项目在管理、技术及工艺方面的知识积累下来？企业如何激励全体员工进行技术创新？集团型企业各级子分公司如何协同作战，优势互补，共享知识等问题，都要在审核过程中重点关注。如中铁六局集团引进、吸收国外技术，自主创新了CRTSⅡ型轨道板技术，成为中国高速铁路建设的重要技术之一，是知识管理和创新的典范。

第三个重点是改进的管理，确定改进计划和目标，实施改进，测量和评价改进成果。开展各种形式的改进活动应用统计技术和方法利用数据、信息和知识，为改进提供支持。改进的深度和广度决定了企业成熟度所处的水平。

第四个重点是标杆分析和管理(Benchmarking)，适当的选择标杆和竞争对手，进行系统、全面的对标管理是推动企业快速发展的有效手段。早期的对标管理一般会选择一个或几个目标企业进行对标管理，目前以发展为战略展开为重点的多纬度对标管理，如建设企业完全可以从不同业务板块、不同管理职能等纬度跨行业选择适宜的标杆进行对标管理。

13.3.7 经营结果

经营结果主要从市场、财务、产品质量、服务能力、技术创新、信息化、人力资源、项目管理、社会责任等方面进行系统审核。建设类集团化企业除以上基础数据以外，还应重点关注子公司之间、项目之间的横向对比，有针对性地对不同子公司的绩效结果提供数据分析结果，用以支持不同业务板块及子分公司的重点改进领域。

从时间纬度上，则应重点审核各类数据的发展趋势，以及在行业内的先进性对比，因此要求审核组要了解行业发展数据。对各领域做出准确评价，并给出行业最佳实践结果及相应对比数据(涉及企业技术及商业机密数据除外)。

13.4 组织管理成熟度评价方法

13.4.1 评分系统

(1) 对于组织文化、战略、顾客与市场、资源管理、过程管理、测量分析与改进系统六方面内容，采用方法—展开—学习—整合(Approach—Deployment—Learning—Integration，简称 A—D—L—I)的四个要素评价组织的过程处于何种阶段。

1)“方法”评价要点：

A. 组织完成过程所采用的方式方法；

B. 方法对标准评分项要求的适宜性；

C. 方法的有效性；

D. 方法的可重复性，是否以可靠的数据和信息为基础。

2)“展开”评价要点：

A. 为实现标准评分项要求所采用方法的展开程度；

B. 方法是否持续应用；

C. 方法是否使用于所有适用的部门。

3)“学习”评价要点：

A. 通过循环评价和改进，对方法进行不断完善；

B. 鼓励通过创新对方法进行突破性的改变；

C. 在组织的各相关部门、过程中分享方法的改进和创新。

4)“整合”评价要点：

A. 方法与在标准其他评分项中识别出的组织需要协调一致。

B. 组织各过程、部门的测量、分析和改进系统相互融合、补充。

C. 组织各过程、部门的计划，过程、结果、分析、学习和行动协调一致，支持组织的目标。

D. 经营结果的内容采用“水平—趋势—对比—重要性”四个方面进行评价。

E. 组织绩效的当前水平。

F. 组织绩效改进的速度和广度。

G. 与适宜的竞争对手和标杆的对比绩效。

H. 组织绩效的重要性。

(2) 在确定分数的过程中应当遵循以下原则：

1）应当评审评分项中的所有各方面，特别是对组织具有重要性的方面，即：必须考虑过程和结果对关键经营因素的重要度，其最重要的方面应当在“组织概述”和诸如战略制定、战略部署、顾客与市场的了解、价值创造过程、绩效测量与分析等评分项中识别，关键顾客要求、竞争环境、关键战略目标和战略规划尤其重要。

2）给一个评分项评分时，首先判定哪个分数范围(如 50%～65%)总体上“最适合”组织在本评分项达到的水平。总体上“最适合”并不要求与评分范围内的每一句话完全一致，允许在个别要素(过程的“A——D——L——I”要素或结果要素)上有所差距。

3）组织达到的水平是依据对 4 个过程要素、4 个结果要素整体综合评价的结果，并不是专门针对某一要素进行评价或对每一要素评价后进行平均的结果。

4）在适合的范围内，实际分数根据组织的水平与评分要求相接近的程度来判定。

5）“过程”评分项分数为 50%，表示方法符合该评分项的总体要求并持续展开，且展开到该评分项涉及的大多数部门；通过一些改进和学习的循环，满足了关键的组织需要。更高的分数则反映更好的成就，证实了更广泛的展开、显著的组织学习以及日趋完善的整合性。

6）“结果”评分项分数为 50%，表示该评分项在对组织重要的经营方面，有清晰的改进趋势和(或)良好的绩效水平，并有相适宜的对比数据。更高的分数则反映更好的改进速度和(或)绩效水平、更好地对比绩效和更广泛的范围，并与经营要求相融合。

13.4.2 评分指南

1.“过程”评分项评分指南(表 13-1)

“过程”评分项评分指南 **表 13-1**

分数	过　程
0%或 5%	(1) 显然没有系统的方法；信息是零散、孤立的。(A) (2) 方法没有展开或仅略有展开。(D) (3) 不能证实具有改进导向；已有的改进仅仅是“对问题做出反应”。(L) (4) 不能证实组织的一致性；各个方面或部门的运作都是相互独立的(I)
10%，15% 20%或 25%	(1) 针对该评分项的基本要求，开始有系统的方法。(A) (2) 在大多数方面或部门，处于方法展开的初级阶段，阻延了达成该评分项基本要求的进程。(D) (3) 处于从“对问题做出反应”到“一般性改进导向”方向转变的初期阶段。(L) (4) 主要通过联合解决问题，使方法与其他方面或部门达成一致(I)
30%，35% 40%或 45%	(1) 应对该评分项的基本要求，有系统、有效的方法。(A) (2) 尽管在某些方面或部门还处于展开的初期阶段，但方法还是被展开了。(D) (3) 开始有系统的方法，评价和改进关键过程。(L) (4) 方法处于与在其他评分项中识别的组织基本需要协调一致的初级阶段(I)
50%，55% 60%或 65%	(1) 应该对评分项的总体要求，有系统、有效的方法。(A) (2) 尽管在某些方面或部门的展开有所不同，但方法还是得到了很好的展开。(D) (3) 有了基于事实的、系统的评价和改进过程，以及一些组织的学习，以改进关键过程的效率和有效性。(L) (4) 方法与在评分项中识别的组织需要协调一致(I)

续表

分数	过　程
70%，75% 80%或 85%	（1）应对该评分项的详细要求，有系统、有效方法。（A） （2）方法得到了很好的展开，无显著的差距。（D） （3）基于事实的、系统的评价和改进，以及组织的学习，成为关键的管理工具；存在清楚的证据，证实通过组织级的分析和共享，得到了精确、创新的结果。（L） （4）方法与在其他评分项中识别的组织需要达到整合。（I）
90%，95% 或 100%	（1）应对该评分项的详细要求，全部有系统、有效的方法。（A） （2）方法得到了充分的展开，在任何方面或部门均无显著的弱项或差距。（D） （3）以事实为依据、系统的评价和改进，以及组织的学习是组织的主要的管理工具；通过组织级的分析和共享，得到了精细的、创新的结果。（L） 方法与在其他评分项中识别的组织需要达到很好的整合。（I）

2. "结果"评分项评分指南（表 13-2）

"结果"评分项评分指南　　表 13-2

分数	结　果
0%或 5%	（1）没有描述结果，或结果很差。 （2）没有显示趋势的数据，或显示了总体不良的趋势。 （3）没有对比性信息。 （4）在对组织关键经营要求重要的任何方面，均没有描述结果
10%，15% 20%或 25%	（1）结果很少，在少数方面有一些改进和（或）处于初期的良好绩效水平。 （2）没有或极少显示趋势的数据。 （3）没有或极少对比性信息。 （4）在少数对组织关键经营要求重要的方面，描述了结果
30%，35% 40%或 45%	（1）在该评分项要求的多数方面有改进和（或）良好绩效水平。 （2）处于取得良好趋势的初期阶段。 （3）处于获得对比性信息的初期阶段。 （4）在多数对组织关键经营要求重要的方面，描述了结果
50%，55% 60%或 65%	（1）在该评分项要求的大多数方面有改进趋势和（或）良好绩效水平。 （2）在对组织关键经营要求重要的方面，没有不良趋势和不良绩效水平。 （3）与有关竞争对手和（或）标杆进行对比评价，一些趋势和（或）当前绩效显示了良好到优秀的水平。 （4）经营结果达到了大多数关键顾客、市场、过程的要求
70%，75% 80%或 85%	（1）在对该评分项要求重要的大多数方面，当前绩效达到良好到卓越水平。 （2）大多数的改进趋势和（或）当前绩效水平可持续。 （3）与有关竞争对手和（或）标杆进行对比评价，多数到大多数的趋势和（或）当前绩效显示了领先和优秀的水平。 （4）经营结果达到了大多数关键顾客、市场、过程和战略规划的要求
90%，95% 或 100%	（1）在对该评分项要求重要的大多数方面，当前绩效达到卓越水平。 （2）在大多数方面，具有卓越的改进趋势和（或）可持续的卓越绩效水平。 （3）在多数方面被证实处于行业领导地位和标杆水准。 （4）经营结果充分地达到了关键顾客、市场、过程和战略规划的要求

13.5　增值审核案例分析

近年来，中建协认证中心为近百家企业开展了增值审核，如中建一局集团发展公司、中铁六局集团公司、北京建工集团、烟建集团等，得到了客户的高度评价和一致认可。以下为某企业(以下简称公司)增值审核案例。

13.5.1 增值审核的策划

为确保审核效率及最终成果，从客户的需要出发，以三体系审核策划为基础，确保审核有效性，准确识别需求，明确审核重点与标准，匹配具备相关专业能力的审核员，为有效实施增值审核奠定良好基础。

1. 准确识别客户需求

某铁路建设集团在2004年由多家公司重组而成，营业额从成立之初的30亿元迅速增长至2009年的近200亿元，下属有10个子分公司，业务范围包括铁路、市政、房建等领域，公司在高层班子的带领下，完成了京津城际等一批标志性工程项目，创造了中国高速铁路等自主创新综合技术，业务类型也拓展至BT、铁路配套产品制造、海外业务等多个领域。公司ISO 9001/ISO 14001/OHSMS18001通过多年有效运行，已与日常管理有效融合。

随着公司的快速发展，如何提升管理的系统性，从总体战略和职能战略落地、流程梳理、文化融合、专业技术、人力资源、项目管理等方面都有较大的需求，需要审核组在现场审核中运用系统方法进行审核，并提出管理改进建议。

2. 集团化增值审核的重点

增值审核首先要满足CNAS有关认可规范的要求，从施工现场、子分公司、集团总部职能部门进行有效审核策划，满足专业范围、人员能力、抽样比例等要求，确保审核有效性，这是第一个重点。

第二个重点是突出公司的专业性，从集团型企业产品结构与类型、专业技术领域、施工项目特点等方面，满足企业在专业技术方面的需求，为企业产品实现过程提供有效帮助。公司的专业重点为铁路既有线改造、高速铁路、轨道交通、BT项目运作、海外项目等为重点关注领域。

第三个重点是母子公司管控及流程。集团公司迅速壮大，也不可避免地存在子分公司之间的发展不平衡，以及母子公司在流程方面、业务领域及战略落地方面、文件体系、执行力和效率不一致等方面的问题。因此，审核组要重点关注以上问题，有效提供改进建议，也就是从下而上的追溯问题点，实现从发现问题到解决问题的一个审核过程。

3. 增值审核的标准

选择了《卓越绩效评价准则》GB/T 19580—2004，以及战略管理相关模型及工具、如能力素质模型、项目管理规范、铁道部相关规范等工具作为增值审核标准，组织实施了现场审核服务活动。

4. 增值审核的审核人员能力要求

审核组的人员能力与团队协作，是确保增值审核成功的关键。从管理和专业两个维度进行人员匹配，本次审核共派出审核员9人，历时38天，累计133人日。总体审核工作设大组长一人，统一协调有关审核事宜，设审核组长3人共同分担现场审核任务。审核组中有卓越绩效专家、铁路专业资深审核员、鲁班奖评审等行业及管理专家并组织数理统计、人力资源等方面的专家组成技术支持小组。

13.5.2 增值审核的实施

在与企业充分沟通的基础上，确定增值审核计划。审核计划注意优化审核线路安排，充分利用有效审核时间。同时需要发挥团队效力及审核员的专业优势，展开增值审核。

在审核内容上，从文化、战略、市场与顾客关系管理、资源管理、过程管理、测量分析与改进等方面提供全面诊断，在有效的三体系审核基础上，通过周密策划，认真组织，向企业提供全面的增值审核报告，从而为企业管理体系持续改进、管理成熟度提高提供有效帮助。

13.5.3 增值审核的成果

审核结束后，根据审核发现及对各类改进建议的系统整理及分析，形成《增值审核报告》，在审核末次会之前提交企业最高管理层，并与高层领导及集团公司各职能部门进行充分沟通，对重点改进领域提供进一步的管理及技术支持，持续关注客户改进过程，并通过知识传递、增值培训、专项技术研讨等方式，全方位协助客户将管理改进措施有效实施，并在下一个周期的审核策划时给予输入。

增值审核工作难度大、时间长、内容覆盖面多，审核工作需运用科学的方法、审核计划安排合理、策划周密全面、审核思路新颖，自上而下的审核过程紧密贴合企业的自身结构和管理特性；审核报告中提出的建议和不符合项重点突出、针对性强，紧紧围绕企业产品结构和战略重点，从系统的观点分析发现的问题，而不是生硬传统地比照标准条款；

增值审核活动为企业的管理工作提供了改进思路，对于企业系统提升管理水平具有非常重要的指导意义。

某建工集团量化增值审核案例：

2011 年是我国国民经济和社会发展“十二五”规划实施的第一年，也是转变经济增长模式、转型升级的重要一年。随着中国建筑企业的快速发展，企业的需求已不局限于认证服务，增值能力已成为认证机构重要的核心竞争力。中心根据当前建筑企业在管理实际中的需求以及建筑业转型升级的大背景，集中了一大批专家调查研究，共推出四项增值审核产品：综合管理体系量化测评审核、人力资源专项审核、集团化审核和建筑施工安全管理量化测评审核。

2011 年 4 月，认证中心派出了以总经理为组长，3 名高级审核员为组员的审核组，在复评审核的基础之上，对某建工集团有限公司实施了综合管理体系量化测评审核。

该建工集团有限公司作为国内建设的中坚力量，自 1953 年成立到 2010 年底，共完成各类建筑 1.1779 亿 m^2，公司承建了绝大多数标志性工程，在各个年代评选出的 40 项“十大建筑”中，该建工集团入选 22 项；在“建国 60 年百项经典暨精品工程”评选中，该建工集团入选 8 项，为城市化、现代化建设做出了突出贡献。近年来，该建工集团公司以解放思想、转变观念为先导，积极适应市场，转换经营机制，加快调整产业产品结构、产权结构和市场结构，取得明显效果。主要经济指标连续 10 年保持两位数增长，2010 年新签合同额突破 500 亿元，综合经营额近 400 亿元。该建工集团有限公司在快速发展的同时，也带来了管理上的相应问题，因此，中建协认证中心的增值审核恰恰在合适的时机介入，按照建工集团领导的话说：“欢迎中建协认证中心给我们做一次全面的体检，指出我们企业改进和发展的方向”。

审核组的各位专家在体系审核的基础之上，按照卓越绩效模式，对建工集团的全面管理进行了诊断，主要体现以下几个特点：

按照卓越绩效模式，从领导、战略、顾客和市场、资源、过程、测量分析和改进、经营结果 7 个方面 22 个条目，对该建工集团的管理成熟度做全面的评价，并且实现了与三体系审核的融合，做到一次审核，全面诊断。

充分体现量化测评审核的特点，和三体系的符合性审核有所不同，综合管理体系量化审核是一种管理成熟度的审核，采用“方法—展开—学习—融合（ADLI）”的评价模式，对该建工集团有限公司的管理成熟度作出量化的评估。同时依托海德国际的企业数据库，可以为企业提供建筑行业平均管理成熟度曲线和建筑行业最佳管理成熟度曲线，帮助企业做到知己知彼、找到改进空间。见图 13-1、图 13-2。

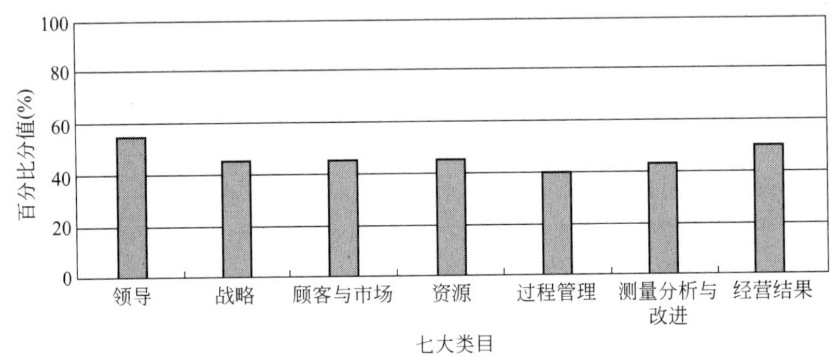

图 13-1　七大类目成熟度对比情况（%）

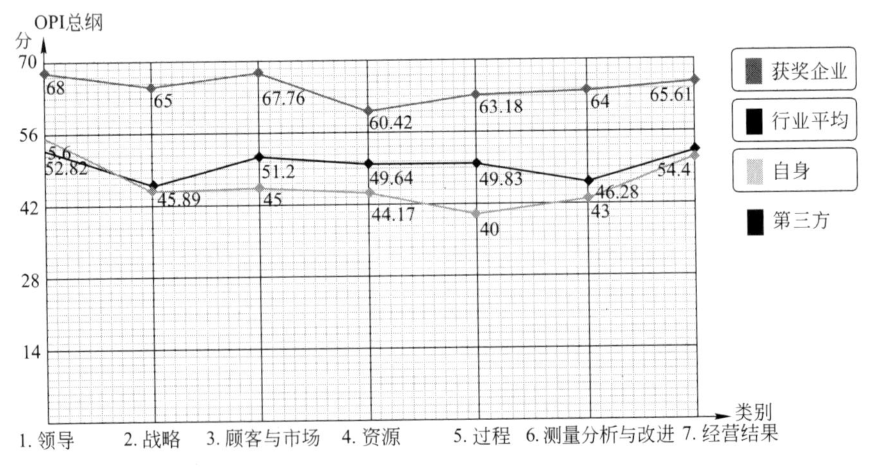

图 13-2　最佳管理成熟度曲线

（1）本次增值审核，除提供三体系审核报告以外，审核组同时提交了该建工集团增值审核报告，按照卓越绩效模式，对企业的领导、战略、顾客和市场、资源、过程、测量分析和改进、经营结果 7 个方面逐一评价，共提出管理优势 36 项，改进空间 26 项，充分肯定建工集团有限公司在企业文化、经营结果、技术管理、财务管理、公益支持方面的优势，也指出在动态管理组织架构及权责分配、流程体系及人力资源管理和发展方面的改进空间。

（2）本次增值审核在认证中心和建工集团双方的紧密合作之下顺利完成，为增值审核产品的进一步完善和发展作了有益的探索，中建协认证中心的增值服务产品，将会推动中心为客户创造更大的价值，满足客户个性化的服务需求，是国内认证机构发展与创新的必由之路。

第14章 工程建设施工企业一体化管理体系的法规要求

14.1 和质量相关的法律法规及其他要求

遵守法律法规要求是对组织的基本要求。质量管理涉及的法律法规要求与组织的产品、活动和过程有直接的关系，因此，组织应当及时了解和掌握本行业重要的法规、规章和规范性文件，随时查阅国务院、国家质检总局、行业主管部门和当地人大、政府的政策法规通报，及时补充更新组织的法律法规要求。

新中国成立以来，国务院及住建部等有关部门颁布了一系列的关于建筑产品质量的法律法规，建立了我国建筑行业的法规体系。这些法规对规范建筑产品的质量，减少建筑工程质量事故发挥了重要的作用。因此，了解与组织产品质量有关的国家法律法规和相关要求是实施质量管理体系，开展质量管理体系认证的重要要求。本教程附录4-1给出了《规范》引申的相关法规要求。

与建筑施工产品有关的质量法规主要有：

(1)《中华人民共和国建筑法》。

(2)《中华人民共和国招标投标法》。

(3)《中华人民共和国合同法》。

(4)《中华人民共和国安全生产法》。

(5)《中华人民共和国计量法》1986。

(6)《中华人民共和国标准化法》1988。

(7)《建设工程质量管理条例》国务院279号令。

(8)《关于基本建设程序的若干规定》国家计委、建委、财政部计［1978］234号。

(9)《建筑市场管理规定》建法字798号。

(10)《工程建设施工企业质量管理规范》GB/T 50430—2007

(11)《建筑工程施工质量评价标准》GB/T 50375—2006

(12)《建设工程项目管理规范》GB/T 50326—2006

(13)《建设项目(工程)竣工验收办法》国计委计建设［1990］251号。

(14)《建设工程施工现场管理规定》建设部15号令。

(15)《工程建设项目报建管理办法》建设部建建［1994］482号。

(16)《工程建设项目实施阶段程序管理暂行规定》建设部建建［1995］494号。

(17)《国家重点建设项目管理办法》国家计委［1996］。

(18)《国家计委关于基本建设大中型项目开工条件的规定》及建设［1997］52号。

(19)《建设部关于进一步加强工程招标投标管理的规定》建建［1998］162号。

(20)《建设工程勘察设计市场管理规定》建设部65号令。

(21)《建筑工程施工许可管理办法》建设部91号令。

(22)《工程建设施工招标投标管理办法》建设部23号令。

(23)《关于印发“民用建筑工程设计质量评定标准”的通知》建设部［1992］186号。

(24)《关于印发“关于提高住宅工程质量的规定”的通告》建设部建字第504号。

(25)《住宅工程初装饰竣工验收办法》建监［1994］392号。

(26)《关于加强工程质量检测工作的若干意见》建监［1996］第208号。

(27)《建设工程质量投诉处理暂行规定》建设部建监［1997］60号。

(28)《关于严肃工程建设重大质量事故报告和调查处理制度的通知》建监［1997］63号。

(29)《家庭居室装饰装修管理试行办法》建建［1997］92号。

(30)《加强建筑幕墙工程管理的暂行规定》建建［1997］167号。

(31)《关于加强建设项目工程质量管理的通知》城建［1998］215号。

(32)《房屋建筑工程和市政基础设施工程竣工验收备案管理暂行办法》建设部第78号。

(33)《房屋建筑工程质量保修办法》建设部80号令。

(34)《实施工程建设强制性标准监督规定》建设部81号令。

(35)《工程建设标准强制性条文》。

(36)《压力容器安全技术监察规程》质技监局锅发［1999］154号。

(37)《特种设备安全监察条例》2003国务院373号令。

(38)《住宅室内装饰装修管理办法》建设部110号。

(39)《建设工程监理规范》GB 50319—2000。

(40)《建筑工程施工质量验收统一标准》GB 50300—2001。

(41)《建筑装饰装修工程质量验收规范》GB 50210—2001。

(42)《住宅装饰装修工程施工规范》GB 50327—2001。

(43)《民用建筑工程室内环境污染控制规范》GB 50325—2001(2006)。

(44)《建筑节能工程施工质量验收规范》GB 50411—2007。

(45)《工业安装工程质量检验评定统一标准》GB 50252—94。

(46)《建筑机械使用安全技术规程》JGJ 33—2001。

(47)《建筑项目工程总承包管理规范》GB 50358—2005。

(48)《建设工程文件归档整理规范》GB/T 50328—2001。

还有大量的涉及各类专业施工所用设计规范、技术规程、验收规程、验收规范、检测标准等有关的要求(包括国家标准、建设部标准、各专业部标准)。认证的企业应根据产品的具体情况加以识别。

14.2 和环境相关的法律法规及其他要求

14.2.1 环境法规体系

环境法体系指在一定的范围内，按其内在的联系将有关开发、利用、保护和改善环境的全部法律规范构成的一个有机的整体。中国现行的环境法规体系框架结构如图 14-1 所示。

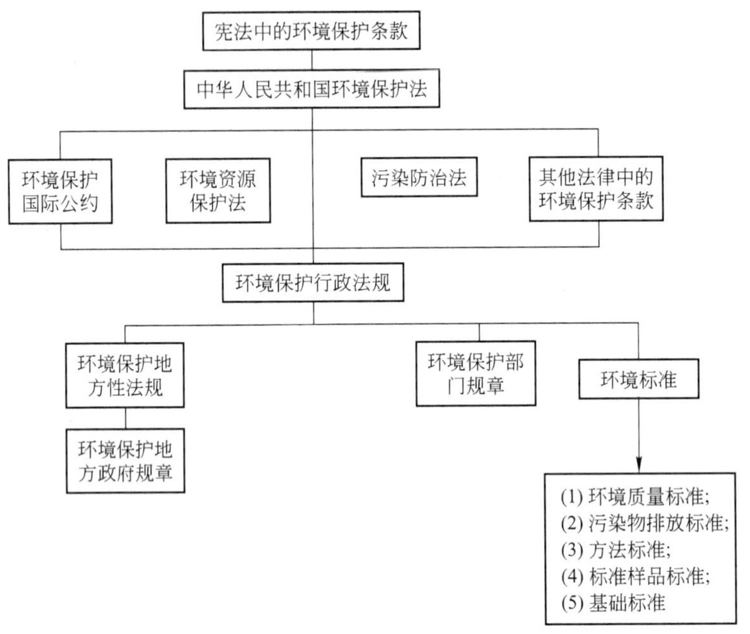

图 14-1　中国环境法规体系框架结构图

《中华人民共和国宪法》

是我国的基本大法，环境保护相关的条款主要内容有：

第九条　矿藏、水流、森林、山岭、草原、荒地、滩涂等自然资源，都属于国家所有，即全民所有；由法律规定属于集体所有的森林和山岭、草原、荒地、滩涂除外。

国家保障自然资源的合理利用，保护珍贵的动物和植物。禁止任何组织或者个人用任何手段侵占或者破坏自然资源。

第二十六条　国家保护和改善生活环境和生态环境，防治污染和其他公害。国家组织和鼓励植树造林，保护林木。

《中华人民共和国环境保护法》

是中国环境保护的基本法，确定了环境保护的基本方针、单位和个人的权利和义务。是制定其他环境法规和其他法律中涉及环境保护条款制定的依据。

在《环境保护法》基础上颁布的环境保护法律法规主要分为“污染防治法”和“资源保护法”两个主要方面。

污染防治类法律法规主要有《中华人民共和国水污染防治法》、《中华人民共和国大气污染防治法》、《中华人民共和国固体废物污染环境防治法》、《中华人民共和国海洋环境保护法》、《中华人民共和国噪声污染防治法》、《中华人民共和国清洁生产促进法》、《中华人民共和国环境影响评价法》等。

环境资源类保护法律包含了合理利用、开发和保护环境和自然资源的内容，如《中华人民共和国森林法》、《中华人民共和国草原法》、《中华人民共和国矿业资源法》、《中华人民共和国土地管理法》、《中华人民共和国水法》等有关法律。

环境保护行政法规是由国务院发布的行政法规和由有立法权的各级人大制定的地方法规。如《排污费征收使用管理条例》、《建设项目环境保护管理条例》、《中华人民共和国大气污染防治法实施细则》等为贯彻相关法律而制定的相关实施细则或条例。

14.2.2 主要环境法律法规

1. 环境法，《中华人民共和国环境保护法》

是我国环境保护的基本法。第七届全国人民代表大会常务委员会第十一次会议于1989年12月26日通过并公布实施，1997年公布的《中华人民共和国环境保护法(试行)》同时废止。《环境保护法》共6章47条。具体内容见原件。

2. 污染防治法

(1)《中华人民共和国大气污染防治法》

2000年4月29日第九届全国人民代表大会第十五次常务委员会修订通过了《大气污染防治法》，共七章66条，其主要内容如下：第十五条规定：对尚未达到规定的大气环境质量标准的区域和国务院批准划定的酸雨控制区和二氧化硫污染控制区，可以划定为大气污染物排放总量控制区。

1）采用新工艺新设备防止大气污染。

2）防治燃煤产生的大气污染第24条到31条对防治燃煤污染作了法律规定。

A. 在锅炉产品质量标准中规定相应的要求，达不到规定要求的锅炉，不得制造、销售或者出口。

B. 城市应当发展集中供热。

C. 城市应改进能源结构，推广清洁能源的生产和使用。

D. 在人口集中地区存放的煤炭、煤矸石、煤渣、石灰等物料，必须采取防尘、防燃措施。

E. 推行煤炭洗选加工，降低煤的硫份和灰份，限制高硫份，高灰份煤的开采。

F. 禁止开采含放射性和砷等有毒有害物质超过标准的煤炭。

G. 居民使用的炉灶，应限期燃用固硫型或使用其他清洁能源。

H. 新建、扩建排放二氧化硫的火电厂和其他大中型企业，超过规定的污染物排放标准或者总量控制指标的，必须建设配套脱硫、除尘装置或者采取其他控制二氧化硫排放的措施。

I. 企业应当逐步对燃煤产生的碳氧化物采取控制措施。

3）防治机动车船排放污染。

A. 机动车船向大气排放污染物不得超过规定的排放标准。

B. 在用机动车不符合制造当时的在用机动车污染物排放标准的，不得上路行驶。

C. 国家鼓励生产和消费使用清洁能源的机动车船。

4）防治废气、尘和恶臭污染。

《大气污染防治法》第36条到45条对防治废气、尘和恶臭作了规定：

A. 向大气排放粉尘的单位，必须采取除尘措施。

B. 工业生产产生的可燃气体，应回收利用，不具备回收利用条件的，应进行防治污染处理。

C. 向大气排放恶臭气体的单位，必须采取措施防止周围居民受到污染。

D. 在人口集中地区和其他依法需要特殊保护的区域内，禁止焚烧沥青、油毡、橡胶、塑料、皮革、垃圾以及其他产生有毒有害粉尘和恶臭气体的物质。

E. 储运、装卸不能散发有毒有害气体或者粉尘物质。

F. 在城市市区进行建设施工或者从事其他产生扬尘污染活动的单位，必须按照当地环境保护的规定，采取防治扬尘污染的措施。

(2)《中华人民共和国环境噪声污染防治法》

《中华人民共和国环境噪声防治法》于 1996 年 10 月 29 日第八届全国人民代表大会第二十二次常务委员会通过，共八章 84 条。主要内容包括：

1）环境噪声污染的监督管理。

2）工业与建筑施工噪声污染防治。第 22 条到 30 条规定：

A. 在城市范围内向周围生活环境排入工业与建筑施工噪声的，应当符合国家规定的工业企业厂界和建筑施工环境噪声排放标准。

B. 产生环境噪声污染的工业企业，应当采取有效措施，减轻噪声对周围生活环境的影响。

C. 国务院有关部门要对产生噪声污染的工业设备，根据噪声环境保护要求和技术经济条件，逐步在产品的国家标准和行业标准中规定噪声限值。

D. 在城市市区范围内，建筑施工过程可能产生噪声污染的，施工单位须在开工 15 日以前向所在地县以上环境行政主管部门申报该工程采取的环境噪声污染防治措施情况。

E. 在城市市区噪声敏感区域内，禁止夜间进行产生噪声污染的施工作业，但个别情况除外者，必须公告附近居民。

(3)《中华人民共和国固体废物污染环境防治法》

《中华人民共和国固体废物环境防治法》于 1995 年 10 月第八届全国人民代表大会第十六次常务委员会通过，2004 年 12 月 29 日修订，2005 年 4 月 1 日实施。本法共有 6 章 91 条。内容主要包括如下。

1）固体废物污染环境的防治。

A. 产生排放固体废物的单位和个人，应当采取措施防止或减少对环境的污染。

B. 收集、贮存、运输、利用、处置固体废物的单位和个人，要采取措施防止扬散、渗漏、流失、丢弃。

C. 产品应采用易回收、消纳的包装物，有关部门应加强对包装物的回收利用工作。

D. 转移固体废弃物，应向移出地的省环保部门报告，并应经接受地省环保部门的许可。

E. 禁止境外废物进境倾倒、堆放、处置。

F. 禁止进口不能用做原料的固体废物，限制进口可以用做原料的飞网，确需进口的需经国家环境保护主管部门批准。

G. 推广防治固体废物污染的先进工艺设备，淘汰落后工艺设备，有关部门应公布限

期淘汰目录，有关单位和个人必须在限期内停止生产、销售、进口或使用目录中规定的设备和停止采用目录中的工艺。被淘汰的工艺设备不得转给他人使用。

H. 企业事业单位应合理选择，利用原材料、能源、采用先进的工艺设备，减少工业固体废物的产生量。

I. 露天堆放冶炼渣、化工渣、燃煤灰渣、废物矿石、尾矿和其他固体废物，应设置专用的贮存设施、场所并须符合环保标准的规定。

J. 城市生活垃圾收集、贮存、运输和处置，应符合环境保护和环境卫生规定。

2）危险废物污染防治。

A. 危险废物的包装物以及收集、贮存、运输、处置的设施、场所必须设有识别标志。

B. 产生危险废物的单位，必须按国家规定处置，不处置的，环保部门应限期改正，逾期不处置或处置不符合规定的，由环保部门指定单位代为处置，费用由生产单位承担。

C. 处置危险废物不符合国家规定的，应缴纳排污费，排污费应用于危险废物污染防治，不得挪作他用。

D. 从事收集、贮存、运输危险废物经营活动的单位必须申请领取经营许可证，无经营许可证不得从事上述活动。

E. 收集、贮存危险废物必须按照危险废物特性分类进行，禁止混合收集、贮存、运输、处置性质不相容，且无安全处理的危险废物。禁止危险废物和非危险废物混存。

（4）《中华人民共和国水污染防治法》

2008 年 2 月 28 日第十届全国人民代表大会常务委员会通过，共八章 92 条，内容主要包括如下。

1）水环境的监督管理。

A. 城市污水应当进行集中处理与重复利用。

B. 省级以上人民政府可依法规定生活饮用水源保护区，保护区可分一 级保护区和其他等级保护区。

C. 禁止向一级保护区水体排入污水；禁止在一级保护区从事旅游、游泳和其他可能污染水源的活动；禁止向一级保护区新建、扩建供水设施和保护水源无关的建设项目；在一级保护区设置的排污口，由当地政府限期拆除或限期治理。

2）防止地表水污染。

《水污染防治法》第 29 条至 34 条对防止地表水污染做了规定：

禁止向水体排放、倾倒油类、酸液、碱液、剧毒废液、放射性固体废物或者含有高、中放射性物质的废水、工业废渣、城镇垃圾、含有汞、镉、砷、铬、铅、氰化物、黄磷等的可溶性剧毒废渣。

含低放射性物质的废水，含热废水，含病原体的污水应达标排放。

禁止在江河、湖泊、运河、渠道、水库最高水位线以下的滩地和岸坡堆放、存贮固体废弃物和其他污染物。

3）防止地下水污染。

《水污染防治法》第 35 条至 39 条对防止地表水污染做了规定：

对于含有毒污染物的废水、含病原体的污水等废弃物，禁止利用渗井、渗坑、裂隙和溶洞排放、倾倒，禁止利用无防渗漏措施的沟渠、坑塘等输送或者存贮；

分层开采含水层水质差异大的多层地下水；对已受污染的潜水和承压水，不得混合开采；

兴建地下工程设施或者进行地下勘探、采矿等活动，应当采取防护性措施；人工回灌补给地下水，不得恶化地下水质。

3. 资源保护法

(1)《中华人民共和国节约能源法》

由中华人民共和国第十届全国人民代表大会常务委员会第三十次会议于2007年10月28日修订通过，修订后的《中华人民共和国节约能源法》自2008年4月1日起施行。

(2)《中华人民共和国水土保持法》

1991年6月29日颁布，同日生效施行，共6章42条，制定该法的目的是预防和治理水土流失，保护和合理利用水土资源，减轻水、旱、风沙灾害，改善生态环境。该法主要规定了预防水土流失、水土流失的治理、水土流失动态的监督预报以及相应法律责任等内容。

4. 国际环境保护法规

国际环境法的概念是指调整国家之间在国际环境领域中的行为关系的各种国际环境保护法律规范的总称。

国际环境法的基本原则有以下9条。

(1) 地球一体原则；

(2) 防治污染和公害，保护和改善全球生活环境的原则；

(3) 合理开发、利用自然资源，保护地球生态环境的原则；

(4) 自然资源共享原则，也称人类共同财产原则；

(5) 自然资源的永久主权原则；

(6) 不得损害国家管辖范围外的环境的原则；

(7) 无过失责任原则；

(8) 区域共同治理原则；

(9) 加强协商、合作原则。

14.2.3 环境保护制度

1. 环境影响评价制度

是指为了严格控制新的污染，对可能影响环境的工程建设、开发活动和各种规划项目，在工程兴建以前，对它的规划选址、设计以及在建设施工过程中和建成投产以后可能对环境造成的影响，进行调查、预测和评价，提出环境影响及防治方案报告，经主管当局批准后，进行建设的制度。它与“三同时”制度相辅相成。

2.“三同时”制度

是指建设项目需要配套建设的环境保护设施，必须与主体工程同时设计、同时施工、同时投产使用的制度。

《建设项目环境保护管理条例》对“三同时”的管理程序做了具体的规定。

3. 征收排污费制度

是指对一切向环境排放污染物的单位和个工商户，依照国家和地方法律和标准的规定，实行排污征收费用的制度。征收排污费的污染物包括污水、废气、固体废物、噪声、放射性等 5 大类。

4. 限期治理制度

是指国家为了保障人民利益，对现已存在危害环境、并位于环境敏感区域的污染源，或位于非敏感区域，造成严重污染或潜在严重污染的污染源，由法定机关作出决定，强令其在规定的期限内完成治理任务并达到规定要求的制度。

5. 排污申报登记制度

是指由排污者向环境保护行政主管部门申报其污染物的排放和防治情况，接受监督管理的一项法律制度。该制度规定：现有的排污单位，必须按所在地环境保护行政主管部门指定的时间，填报《排污申报登记表》，并提供必要的资料。

凡在建筑施工中使用机械、设备，其排放噪声可能超过国家规定的环境噪声施工场界排放标准的，应当在工程开工 15 日前向当地人民政府环境保护行政主管部门提出申报，说明工程项目名称、建筑者名称、建筑施工场所及施工期限、可能排到建筑施工场界的环境噪声强度和所采用的噪声污染防治措施等。

排污单位拒报或谎报排污申报登记事项的，环境保护行政主管部门可给予 300 元以上 3000 元以下罚款，并限期补办排污申报登记手续。应当办理变更申报登记手续而未办理的，视为拒报，并按拒报给予处罚。

6. 环境保护许可证制度

环境保护许可证制度，是指从事有害或可能有害环境的活动之前，必须向有关管理机关提出申请，经审查批准，发给许可证后，方可进行该活动的一整套管理措施。

环境保护许可证，从其作用看，可分为两大类。一是防止环境污染许可证。如排污许可证。二是保障自然资源合理开发和利用许可证。如林木采伐许可证。

7. 污染物排放总量控制制度

污染物排放总量控制制度正在形成过程中。目前已在全国各地进行试点工作，准备全面推广。在《中华人民共和国水污染防治法》、《中华人民共和国海洋环境保护法》、《中华人民共和国大气污染防治法》等法律中已明确规定了污染物排放总量控制。

14.2.4 环境标准

环境标准通常指为了防治环境污染、维护生态平衡、保护社会物质财富和人体健康、保障自然资源的合理利用对环境保护中需要统一规定的各项技术规范和技术要求的总称。

由国家环境保护权力机构，将全部与环境保护有关的标准，按其内在的联系，进行全面规划、统一协调、组成一个相互联系、相互依存、相互衔接又相互补充的有机整体，即环境标准体系。

总体上环境标准分国家环境标准、地方环境标准和国家环境保护部局标准。国家环境保护部局标准又称环保行业标准。

环境质量标准和污染物排放标准分国家环境标准和地方环境标准两个层次。在两级标准的关系上，地方标准不能与国家标准相冲突，地方标准必须严于国家标准。地方标准发布后，管辖区域内的一切企事业单位执行地方环境标准。

国家环境标准有以下几类：

（1）环境质量标准；

（2）污染物排放标准；

（3）方法标准；

（4）标准样品标准；

（5）基础标准。

14.2.5 工程建设施工企业适用的环境法规和其他要求

工程建设施工企业在贯彻环境法规时最基本和最主要的要求是正确识别适用法规的适用要求，尤其是那些与本企业评价出的每项重要环境因素有关的那些适用要求。表 14-1 提供的是建筑安装施工企业应遵守的适用法律、法规的最基本要求，并不是企业贯彻标准时的所要求遵守的所有法规要求。不排除企业收集和执行的法规高于或超出表 14-1 的内容。同时，环境法规是动态的，不排除在一定时期内，所引用的法规发生变化。鼓励各单位及时收集、获取与使用新的适用法规的适用具体要求。

工程建设施工企业适用的环境法规和其他要求　　表 14-1

1. 和噪声排放相关的要求

（1）《中华人民共和国环境噪声污染防治法》

第 28 条规定，在城市市区内向周围生活环境排放建筑施工噪声的，应当符合国家规定的建筑施工场界噪声排放标准。

第 29 条规定，在城市区市区范围内，建筑施工过程中使用机械设备，可能产生噪声污染的，施工单位必须在工程开工十五日以前向工程所在地县级以上地方人民政府环境保护行政主管部门申报该工程的项目名称、施工场所和期限、可能产生的环境噪声值以及所采取的环境噪声防治措施的情况。

第 30 条规定，在城市市区噪声敏感建筑物集中区城内，禁止夜间进行产生环境噪声污染的建筑施工作业，但抢险作业和因生产工艺上要求或者特殊需要必须连续作业的除外。

因特殊需要必须连续作业的，必须有县级以上人民政府或者其他有关部门的证明。

前款规定的夜间作业，必须公告附近居民。

（2）建筑施工场界噪声限值(GB/T 12523—2011)规定：

建筑施工过程中场界环境噪声不得超过下表规定的排放限值：

排放限值

昼间	夜间
70dB(A)	55dB(A)

注：此标准 2011 年 12 月 5 日发布，2012 年 7 月 1 日实施。

（3）对于有处于城市区内固定生产区域/现场(如钢结构车间、厂，商品混凝土搅拌站等)的按所在地点所处的区城类别执行《工业企业厂界噪声标准》GB 12348—2008，限值如下：

适用区域《声环境质量标准》GB 3096—2008 中的分类	工业企业厂界噪声标准		
	类别	昼间 dB(A)	夜间 dB(A)
康复疗养区等特别需要安静的区域	0	50	40
居民住宅、医疗卫生、文化教育、科研设计、行政办公为主要功能，需要保持安静的区域	1	55	45
商业金融、集市贸易为主要功能，或者居住、商业、工业混杂，需要维护住宅安静的区域	2	60	55
以工业生产、仓储物流为主要功能，需要防止工业噪声对周围环境产生严重影响的区域	3	65	55
交通干道两侧一定距离之内，需要防止交通噪声对周围环境产生严重影响的区域	4	70	55

注：该标准已包含了工业企业厂界噪声测量方法标准。

（4）北京市人民政府关于维护施工秩序减少施工噪声扰民通知要求，土方工程及按设计要求必须连续施工的工程，需在 22 时至次日 6 时进行施工的，施工单位必须向工程所在地的建设行政主管部门提出申请，经审查批准后在工程所在地区的环保部门备案。未经批准，严禁施工单位在 22 时至次日 6 时进行超国家标准噪声限值的作业。

续表

2. 与粉尘排放的有关要求： (1)《中华人民共和国大气污染物防治法》 第31条，在人口集中地区存放煤炭、煤矸石、煤碴、煤灰、砂石、灰土等物件，必须采取防燃、防尘措施，防止污染大气。 第41条，在人口集中地区和其他依法需要特殊保护的区域内禁止焚烧沥青、油毡、橡胶、塑料、皮革、垃圾以及其他产生有毒有害烟尘和恶臭气体物质。 第43条，在城市区进行建设施工或者从事其他产生扬尘污染活动的单位，必须按照当地环境保护的规定，采取防治扬尘污染的措施。 (2) 国家环保局/建设部《关于有效控制扬尘污染的通知》： 第三｛二｝条，市区施工应严格控制并逐步实行禁止在施工现场搅拌混凝土。施工现场周边应设置符合要求的围挡。施工车辆出入施工现场必须采取措施防止泥土带出现场。施工过程中堆放的渣土必须有防尘措施并及时清运；竣工后要及时清理和平整场地。市区道路施工应推行合理工期并采取逐段施工方法。 第三(四)条，运送易产生扬尘物质车辆应实行密闭运输，避免在运输过程中发生遗撒或泄漏。 第五条，采取措施防止堆放物的扬尘污染，在市区堆放渣土、煤渣、灰土、煤矸石、沙石等易产生扬尘的物质，必须采取防止扬尘措施；生活垃圾要逐步做到分类收集，密闭贮存，无害化处理。 (3)《建筑施工现场环境卫生标准》JGJ 146—2004 要求： 第3.11条，施工现场主要道路必须进行硬化处理，土方应集中堆放。裸露的场地和集中堆放的土方应采取覆盖、固化或绿化等措施。 第3.1.7条，建筑物内施工垃圾的清运必须采取相应容器或管道运输，严禁凌空抛掷。 第3.1.11条，施工现场严禁焚烧各类废弃物。 第3.12条，拆除建筑物应采取隔离、洒水措施。 第3.13条，施工现场土方作业应采取防止扬尘措施。 第3.14条，从事土方、渣土和施工垃圾运输采用密闭式运输车辆或采取覆盖措施，现场出入口应采取保证车辆清洁等措施。 第3.16条，施工现场混凝土搅拌场所应采取封闭降尘措施
3. 与污水排放有关的要求 (1)《建筑施工现场环境卫生标准》JGJ 146—2004 要求： 第3.2条，施工现场应设置排水沟及沉淀池，施工污水经沉淀后方可排入市政污水管网或河流。食堂应设置隔油池，并应及时清理。厕所的化粪池应做抗渗处理。食堂、盥洗室、淋浴间的下水管线应设置过滤网，并应与市政污水管线连接，保证排水通畅。 (2) 北京市建设工程施工现场管理办法(市政府72号令)： 第16条，搅拌机前台及运输车辆清洗处应当设置沉淀池。清洗搅拌机和运输车辆的污水，经沉淀处理不得直接排入城市排水设施和河道。
4. 与固体废弃物排放有关的要求： (注：固体废弃物包括建筑垃圾、生活垃圾及有毒有害危险废弃物等) (1)《中华人民共和国固体废物污染环境防治法》： 第16条　产生固体废物的单位和个人，应当采取措施，防止或者减少固体废物对环境的污染。 第17条　收集、贮存、运输、利用、处置固体废物的单位和个人，必须采取防扬散、防流失、防渗漏或者其他防止污染环境的措施：不得擅自倾倒、堆放、丢弃、遗撒固体废物。 第40条　对城市生活垃圾应当按照环境卫生行政主管部门的规定，在指定的地点放置，不得随意倾倒、抛撒或者堆放。 第46条　工程施工单位应当及时清运工程施工过程中产生的固体废弃物，并按照环境卫生行政主管部门的规定进行利用或处置。 第52条　对危险废物的容器和包装物以及收集、贮存、运输、处置危险废物的设施、场所，必须设置危险废物识别标志。 第55条　产生危险废物的单位，必须按照国家有关规定处置危险废物，不得擅自倾倒、堆放： 第57条…禁止将危险废物提供或者委托给无经营许可证单位从事收集、贮存、利用、处置的经营活动。 第58条…禁止将危险废物混入非危险废物中储存。 (2)《城市建筑垃圾管理规定》(建设部第139号令)： 第7条　处置建筑垃圾的单位，应当向城市人民政府市容环境卫生主管部门提出申请，获得城市建筑垃圾处置核准后，方可处置。 第9条　任何单位和个人不得将建筑垃圾混入生活垃圾，不得将危险废物混入建筑垃圾，不得擅自设立弃置场受纳建筑垃圾。 第12条　施工单位应当及时清运工程施工过程中产生的建筑垃圾，并按照城市人民政府市容环境卫生主管部门的规定处置，防止污染环境。 第13条　施工单位不得将建筑垃圾交给个人或者未经核准从事建筑垃圾运输的单位运输。 第15条　任何单位和个人不得随意倾倒、抛撒或者堆放建筑垃圾。 (3)《建筑施工现场环境卫生标准》JGJ 146—2004 要求： 第3.1.7条　建筑物内施工垃圾的清运，必须采用相应容器或管道运输，严禁凌空抛掷。 第3.1.8条　施工现场应设置密闭式垃圾站，施工垃圾、生活垃圾应分类存放，并应及时清运出场。 第3.1.11条　施工现场严禁焚烧各类废弃物。

续表

5. 与防止火灾爆炸有关的要求 (1)《中华人民共和国消防法》 第 11 条…公共场所室内装修、装饰根据国家工程建设消防技术标准的规定，应当使用不燃、难燃材料的，必须选用依照产品质量法的规定确定的检验机构检验合格的材料。 第 18 条　禁止在具有火灾、爆炸危险的场所使用明火；因特殊情况需要使用明火作业的应当按照规定事先办理审批手续。作业人员应当遵守消防安全规定，并采取相应的消防安全措施。进行电焊、气焊等具有火灾危险作业的人员和自动消防系统的操作人员，必须持证上岗，并严格遵守消防安全操作规程。 (2)《建设工程施工现场管理规定》： 第 29 条　施工单位应当严格依照《中华人民共和国消防条例》的规定，在施工现场建立和执行防火管理制度，设置符合消防要求的消防设施，并保持完好的备用状态。在容易发生火灾地区施工或者贮存、使用易燃易爆器材时，施工单位应当采取特殊的消防安全措施。 (3)《北京市建设工程施工现场消防安全管理规定》(市政府 18 号令)： 第 11 条　建设工程内不准存放易燃易爆化学危险品和易燃可燃材料。对易燃易爆化学危险品和压缩可燃气体容器等，应当按其性质设置专用库房分类存放。 第 12 条　施工单位应当建立健全用火管理制度。施工作业用明火时，应当经施工现场防火负责人审查批准，领取用火证后，方可在指定地点、时间内作业。施工现场内禁止吸烟。 第 13 条　施工单位应当建立健全用电管理制度，并采取防火措施。安装电气设备和进行电焊、气焊作业等，必须由经培训合格的专业技术人员操作。 (4)《北京市施工现场消防工作标准》共 21 条，对施工现场消防安全工作应达到的标准提出了具体要求(略)。
6. 与油品化学品泄漏、运输遗撒有关的要求 (注：在《国家危险废物名录》中与施工企业有关的包括：油漆使用过程中产生的废物、胶片、废荧光灯管、废铅酸蓄电池、石棉废物、机械更新废油等) (1) 国家《工作场所安全使用化学品的规定》： 第 12 条　使用单位使用的化学品应有标识，危险化学品应有安全标识，并向操作人员提供安全技术说明书。 第 15 条　使用单位对工作场所使用的危险化学品产生的危害应定期进行检测和评估，对检测评估结果应建立档案。作业人员接触的危险化学品浓度不得高于国家规定的标准。 第 20 条　使用单位应将危险化学品的有关安全卫生资料向职工公开，教育职工识别安全标签和安全技术说明书，掌握必要的应急处理方法和自救措施，经常对职工进行工作场所安全使用化学品的教育和培训。 (2)《建筑施工现场环境卫生标准》JGJ 146—2004 要求： 第 3.2.2 条　施工现场存放的油料和化学溶剂等易燃物品应设有专门的库房，地面应做防渗漏处理。废弃的油料和化学溶剂应集中处理，不得随意倾倒。 第 3.1.4 条　从事土方、渣土和施工垃圾运输应当采用密闭式运输车辆或采取覆盖措施： (3)《北京市政府关于禁止车辆运输泄漏遗撒的规定》： 第 3 条(五)运输车辆不得超量装载，装载工程土方，土方最高点不得超过槽帮上缘 50cm，两侧边缘低于槽帮上缘 10cm 至 20cm，装载建筑渣土或其他散装材料不得超过槽帮上缘；(六)运输车辆驶出施工现场前，必须将车辆槽帮和车轮冲洗干净。 第 12 条　应由单位或个人自行清运垃圾、渣土，可以委托环境专业单位或经市环境卫生管理局资质认定的服务公司清运，双方应签订委托清运的垃圾、渣土协议。委托方应向受托方交付清运费，受托方负责清运垃圾、渣土，并对清运过程中发生的泄漏、遗撒承担责任。 (4)《中华人民共和国固体废物污染环境防治法》第 74 条规定了对下述违法行为进行处罚，(五)在运输过程中沿途丢弃、遗撒生活垃圾的。
7. 节水节电节约能源、资源有关的要求： (1)《中华人民共和国节约能源法》(主席令第 90 号)： 第 21 条　用能单位应当按照合理用能的原则，加强节能管理，制订并组织本单位的节能技术措施，降低能耗。 第 37 条　建筑物的设计和建造应当依照有关法律、行政法规的规定，采用节能型的结构、材料、器具和产品，提高保温隔热性能，减少采暖、制冷、照明的能耗。 (2)《中华人民共和国水法》第 7 条规定，国家实行计划用水，后行节约用水。 (3)《中华人民共和国清洁生产促进法》： 第 24 条，建筑工程应采用节能、节水等有利于环境和资源保护的建筑设计方案、建筑和装饰材料、建筑构配件及设备。……禁止生产、销售和使用有毒有害物质超过国家标准的建筑和装饰材料。 第 12 条，国家对浪费资源和严重污染环境的落后生产技术、工艺、设备和产品实行限期淘汰制度。

14.3　和职业健康安全有关的法律法规及其他要求

职业健康安全法律法规是指国家为了保护劳动者在劳动过程中的安全和健康而制定的

各种法律法规的总称。

法律法规是组织建立职业健康安全管理体系的前提和基本要求，职业健康安全管理体系是全面宣贯国家职业健康安全法规和标准的有效手段。

14.3.1 我国的职业健康方针

安全第一、预防为主、综合治理；

我国职业健康安全管理体制；

企业负责、行业管理、国家监察、群众监督。

14.3.2 我国职业健康安全法律法规体系

我国现行职业健康安全法律法规体系结构见图 14-2。

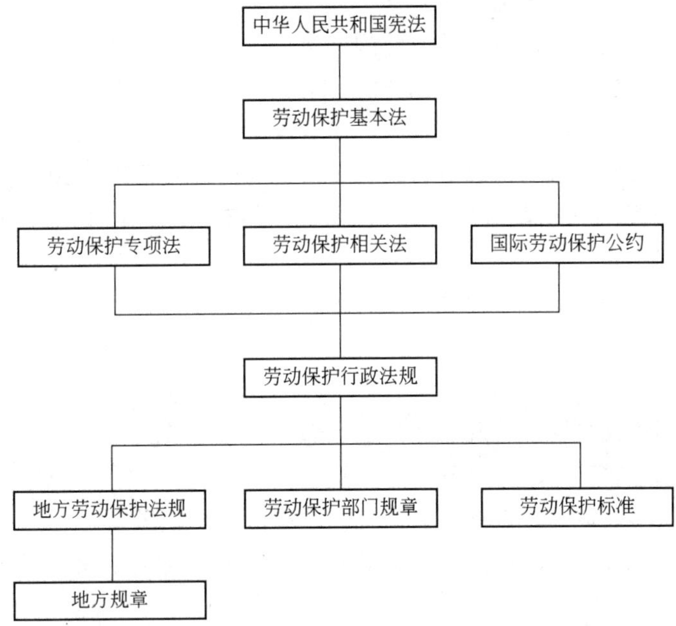

图 14-2 我国现行职业健康安全法律法规体系结构图

14.3.3 建筑施工企业涉及的一些主要职业健康安全法律法规

(1)《中华人民共和国劳动法》。

(2)《中华人民共和国劳动合同法》。

(3)《中华人民共和国安全生产法》。

(4)《中华人民共和国建筑法》。

(5)《中华人民共和国刑法》。

(6)《中华人民共和国消防法》。

(7)《中华人民共和国行政处罚法》。

(8)《中华人民共和国行政诉讼法》。

(9)《中华人民共和国妇女权益保障法》。

(10)《中华人民共和国未成年人保护法》。

(11)《中华人民共和国工会法》。

(12)《中华人民共和国职业病防治法》。

(13)《安全生产许可证条例》国务院 397 号令。

(14)《中华人民共和国矿山安全法》。

(15)《中华人民共和国矿山安全法实施条例》。

(16)《中华人民共和国土地管理法》。

(17)《中华人民共和国物权法》。

(18)《中华人民共和国城市房地产管理法》。

(19)《中华人民共和国城乡规划法》。

(20)《中华人民共和国道路交通安全法》。

(21)《建设工程安全生产管理条例》国务院 393 号令。

(22)《建设工程质量管理条例》国务院令第 279 号(2000-1)。

(23)《建设工程高大模板支撑系统施工安全监督管理导则》。

(24)《国务院关于特大安全事故行政责任追究的规定》国务院 302 号令。

(25)《职业病范围和职业病患者处理办法的规定》其中附件部分被《职业病目录》废止。

(26)《职业病目录》2002 卫生部、劳动部。

(27)《国家职业卫生标准管理办法》卫生部，应为《建设项目职业病危害分类管理办法》。

(28)《职业病诊断与鉴定管理办法》卫生部。

(29)《职业病危害项目申报管理办法》卫生部。

(30)《实施工程建设强制性标准监督规定》建设部 81 号令。

(31)《危险性较大工程安全专项施工方案编制及专家论证审查办法》建设部 213 号文。

(32)《建筑业企业资质管理规定》建设部 159 号令，应为《建筑工程施工许可管理办法》。

(33)《建设工程项目管理规范》GB/T 50326—2006。

(34)《建筑企业职工安全培训教育暂行规定》建设部建教［1997］83 号。

(35)《特种作业人员安全技术培训考核管理办法》1999 年国家经贸委 13 号。

(36)《特种作业人员安全技术考核管理规则》GB 5306—85。

(37)《施工现场安全防护用具及机械设备使用监督管理规定》建设部建建［1998］64 号。

(38)《液压滑动模板施工安全技术规程》JGJ 65—89。

(39)《建筑基坑支护技术规程》JGJ 120—99。

(40)《建筑施工安全检查标准》JGJ 59—99。

(41)《建筑桩基技术规范》JGJ 94—2008。

(42)《工程建设标准强制性条文—房屋建筑部分》。
(43)《施工现场临时用电安全技术规范》JGJ 46—2005。
(44)《安全电压》GB 3805—83。
(45)《剩余电流动作保护器的一般要求》GB 6829—95。
(46)《漏电保护器安装和运行》GB 1395—92。
(47)《手持式电动工具的管理、使用、检查和维修安全技术规程》GB 3787—93。
(48)《高处作业分级》GB/T 3608—2008。
(49)《建筑施工高处作业安全技术规范》JGJ 80—91。
(50)《高处作业吊篮安全规则》JGJ 5027—92。
(51)《高处作业吊篮的安全规程》JG/T 5032—93。
(52)《建筑施工附着升降脚手架管理暂行规定》建建[2000]230号。
(53)《建筑施工门式钢管脚手架安全技术规范》JGJ 128—2000。
(54)《建筑施工扣件式钢管脚手架安全技术规范》JGJ 130：2011。
(55)《钢管脚手架扣件》GB 15831—2006。
(56)《建筑机械使用安全技术规程》JGJ 33—2001。
(57)《建筑机械技术试验规程》JGJ 34—86。
(58)《塔式起重机安全规程》GB 5144—2006。
(59)《起重机械安全规程》GB 6067—2010。
(60)《起重吊运指挥信号》GB 5082—85。
(61)《起重机械超载保护装置》GB 12602—2009。
(62)《起重机　钢丝绳保养、维修、安装检验和报废》GB/T 5972—2009。
(63)《起重机司机安全技术考核标准》GB 6720—86。
(64)《塔式起重机操作使用规程》JG/T 100—99。
(65)《建筑卷扬机》GB/T 1955—2008。
(66)《龙门架及井架物料提升机安全技术规范》JGJ 88—2010。
(67)《施工升降机》GB/T 10054—2005。
(68)《施工升降机安全规则》GB 10055—2007。
(69)《柴油打桩机安全操作规程》GB 13749—2003。
(70)《振动沉拔桩机安全操作规程》GB 13750—2004。
(71)《安全帽》GB 2811—2007。
(72)《安全帽测试方法》GB 2812—2006。
(73)《安全带》GB 6095—2009。
(74)《安全带测试方法》GB/T 6096—2009。
(75)《安全网》GB 5725—2009。
(76)《安全网力学性能试验方法》GB 5726—85。
(77)《密目式安全立网》GB 16909—97。
(78)《焊接护目镜和面罩》GB 30691—1983。
(79)《安全色》GB 2893—2008。

(80)《安全标志及其使用导则》GB 2894—2008。

(81)《危险化学品安全管理条例》国务院令第 344 号［2002］。

(82)《使用有毒物品作业场所劳动保护条例》。

(83)《劳动防护用品管理规定》劳动部［1996］。

(84)《劳动防护用品监督管理规定》国家安全生产监督管理总局令第 1 号［2005］。

(85)《劳动防护用品配备标准》经贸委［2000］。

(86)《企业职工伤亡事故分类》GB 6441—86。

(87)《建筑施工特种作业人员管理规定》建质 2008　75 号文。

(88)《建筑施工企业安全生产管理机构设置及专职安全生产管理人员的配备办法》建质 2008　91 号文。

(89)《工业企业设计卫生标准》GBZ 1—2002。

(90)《工业企业噪声控制设计规范》GBJ 87—85。

(91)《生产安全事故报告和调查处理条例》国务院令 493 号 2007 年 6 月 1 日实施。

(92)《中华人民共和国尘肺病防治条例》应为《使用高毒物品作业场所职业卫生安全许可证管理办法》。

(93)《放射工作人员职业健康管理办法》。

(94)《职业健康监护管理办法》。

(95)《作业场所职业危害事故调查处理暂行办法》。

(96)《作业场所职业健康监督管理暂行规定》。

(97)《作业场所职业危害申报管理办法》。

组织应考虑我国的职业健康安全法律法规在不断的制定和完善，因此，组织要及时获取最新的法律法规。另外，各地方还有针对地方的特点和要求制定的一些地方法规和技术要求，组织应根据总部所在地、项目所在地识别确定并满足这些要求。

14.3.4　与行业职业健康安全有关主要的法规要求简介

《建设工程安全生产管理条例》、《建筑施工安全检查评分标准》、《中华人民共和国职业病防治法》等是与建筑施工企业相关的非常重要的法规要求，对于建筑施工企业职业健康安全管理具有普遍指导意义，内容简介如下。

1.《建设工程安全生产管理条例》

该条例是国务院第 393 号令。2004 年 2 月 1 日起实施。条例共八章七十一条。其中：

(1) 第三章规定了勘察、设计、工程监理及其他有关单位的安全责任

第十二条　勘察单位应当按照法律、法规和工程建设强制性标准进行勘查，提供的勘察文件应当真实、准确，满足建设工程安全生产的需要。勘察单位在勘察作业时，应当严格执行操作规程，采取措施保证各类管线、设施和周边建筑物、构筑物的安全。

第十三条　设计单位应当按照法律、法规和工程建设强制性标准进行设计，防止因设计不合理导致安全生产事故的发生。设计单位应当考虑施工安全操作和防护的需要，对涉及施工安全的重点部位和环节在设计文件中注明，并对防范生产安全事故提出指导意见。采用新结构、新材料、新工艺的建设工程和特殊结构的建设工程，设计单位应当在设计中

提出保障施工作业人员安全和预防生产安全事故的措施建议。设计单位和注册建筑师等注册执业人员应当对其设计负责。

第十四条 工程监理单位应当审查施工组织设计中的安全技术措施或者专项施工方案是否符合工程建设强制性标准。工程监理单位在实施监理过程中，发现存在安全事故隐患的，应当要求施工单位整改，情况严重的，应当要求施工单位暂时停止施工，并及时报告建设单位。施工单位拒不整改或者不停止施工的，工程监理单位应当及时向有关主管部门报告。工程监理单位和监理工程师应当按照法律、法规和工程建设强制性标准实施监理，并对建设工程安全生产承担监理责任。

第十五条至第十九条 规定了与建设工程有关的其他单位的安全责任。

(2) 第四章规定了施工单位的安全责任

第二十条 施工单位从事建设工程的新建、扩建、改建和拆除等活动，应当具备国家规定的注册资本、专业技术人员、技术装备和安全生产等条件，依法取得相应等级的资质证书，并在其资质等级许可的范围内承揽工程。

第二十一条 施工单位主要负责人依法对本单位的安全生产工作全面负责。施工单位应当建立健全安全生产责任制度和安全生产教育培训制度，制订安全生产规章制度和操作规程，保证本单位安全生产条件所需资金的投入，对所承担的建设工程进行定期和专项安全检查，并做好安全检查记录。施工单位的项目负责人应当由取得相应执业资格的人员担任，对建设工程项目的安全施工负责，落实安全生产责任制度、安全生产规章制度和操作规程，确保安全生产费用的有效使用，并根据工程的特点组织制定安全施工措施，消除安全事故隐患，及时、如实报告生产安全事故。

第二十二条 施工单位对列入建设工程概算的安全作业环境及安全施工措施所需费用，应当用于施工安全防护用具及设施的采购和更新、安全施工措施的落实、安全生产条件的改善，不得挪作他用。

第二十三条 施工单位应当设立安全生产管理机构，配备专职安全生产管理人员。专职安全生产管理人员负责对安全生产进行现场监督检查。发现安全事故隐患，应当及时向项目负责人和安全生产管理机构报告，对违章指挥、违章操作的，应当立即制止。专职安全生产管理人员的配备办法由国务院建设行政主管部门会同国务院其他有关部门制定。

第二十四条 建设工程实行工程总承包的，由总承包单位对施工现场的安全生产负责。总承包单位应当自行完成建设工程主体结构的施工。总承包单位依法将建设工程分包该其他单位的，分包合同中应当明确各自安全生产方面的权利、义务。总承包单位和分包单位对分包工程的安全生产承担连带责任。分包单位应当服从总承包单位的安全生产管理，分包单位不服从管理导致生产安全事故的，由分包单位承担主要责任。

第二十五条 垂直运输机械作业人员、安装拆卸工、爆破作业人员、起重信号工、登高架设作业人员等特种作业人员，必须按照国家有关规定经过专门的安全作业培训，并取得特种作业操作资格证书后，方可上岗作业。

第二十六条 施工单位应当在施工组织设计中编制安全技术措施和施工现场临时用电方案。对下列达到一定规模的危险性较大的分部分项工程编制专项施工方案，并附具安全验算结果，经施工单位技术负责人、总监理工程师签字后实施，由专职安全生产管理人员进行现场监督：1. 基坑支护与降水工程；2. 土方开挖工程；3. 模板工程；4. 起重吊装工程；5. 脚手架工程；6. 拆除、爆破工程；7. 国务院建设行政主管部门或者其他有关部门规定的其他危险性较大的工程。对前款所列工程中涉及深基坑、地下暗挖工程、高大模板工程的专项施工方案，施工单位还应当组织专家进行论证、审查。本条第一款规定的达到一定规模的危险性较大工程的标准，由国务院行政主管部门会同国务院其他有关部门制定。

第二十七条 建设工程施工前，施工单位负责项目管理的技术人员应当对有关安全施工的技术要求向施工作业班组、作业人员作出详细说明，并由双方签字确认。

第二十八条 施工单位应当在施工现场入口处、施工起重机械、临时用电设施、脚手架、出入通道口、楼梯口、电梯井口、孔洞口、桥梁口、隧道口、基坑边沿、爆破物及有害危险气体和液体存放处等危险部位，设置明显的安全警示标志。安全警示标志必须符合国家标准。施工单位应当根据不同施工阶段和周围环境及季节、气候的变化，在施工现场采取相应的安全施工措施。施工现场暂时停止施工的，施工单位应当做好现场防护，所需费用由责任方承担，或者按合同约定执行。

第二十九条 施工单位应当将施工现场的办公、生活区域作业区分开设置，并保持安全距离，办公、生活区的选址应当符合安全性要求。职工的膳食、饮水、休息场所等应当符合卫生标准。施工单位不得在尚未竣工的建筑物内设置员工集体宿舍。施工现场临时搭建的建筑物应当符合安全使用要求。施工现场使用的装配式活动房屋应当具有产品合格证。

第三十条 施工单位对因建设工程施工可能造成损害的毗邻建筑物、构筑物和地下管线等，应当采取专项防护措施。施工单位应当遵守有关环境保护法律、法规的规定，在施工现场采取措施，防止或者减少粉尘、废气、废水、固体废物、噪声、振动和施工照明对人和环境的危害和污染。在城市市区内的建设工程，施工单位应当对施工现场实行封闭围挡。

第三十一条 施工单位应当在施工现场建立消防安全责任制度，确定消防安全责任人，制定用火、用电、使用易燃易爆材料等各项消防安全管理制度和操作规程，设置消防通道、消防水源，配备消防设施和灭火器材，并在施工现场入口处设置明显标志。

第三十二条 施工单位应当向作业人员提供安全防护用具和安全防护服装，并书面告知危险岗位的操作规程和违章操作的危害。作业人员有权对施工现场的作业条件，作业程序和作业方式中存在的安全问题提出批评、检举和控告，有权拒绝违章指挥和强令冒险作业。在施工中发生危及人员安全的紧急情况时，作业人员有权立即停止作业或者在采取必要的应急措施后撤离危险区域。

第三十三条 作业人员应当遵守安全施工的强制性标准、规章制度和操作规程，正确使用安全防护用具、机械设备等。

第三十四条 施工单位采购、租赁的安全防护用具、机械设备、施工机具及配件，应当具有生产(制造)许可证、产品合格证，并在进入施工现场前进行查验。施工现场的安全防护用具、机械设备、施工机具及配件必须由专人管理，定期进行检查、维修和保养，建立相应的资料档案，并按照国家有关规定及时报废。

第三十五条 施工单位在使用施工机械和整体提升脚手架、模板等自升式架设设施前，应当组织有关单位进行验收，也可以委托具有相应资质的检验检测机构进行验收；使用承租的机械设备和施工机具及配件的，由施工总承包单位、分包单位、出租单位和安装单位共同进行验收，验收合格的方可使用。《特种设备安全监察条例》规定的施工起重机械，在验收前应当经有相应资质的检验检测机构监督检验合格。施工单位应当自施工起重机械和整体提升脚手架、模板等自升式架设设施验收合格之日起30日内，向建设行政主管部门或者其他有关部门登记。登记标志应当置于或者附着于该设备的显著位置。

第三十六条 施工单位的主要负责人、项目负责人、专职安全生产管理人员应当经建设行政主管部门或者其他有关部门考核后方可任职。施工单位应当对管理人员和作业人员每年至少进行一次安全生产教育培训，其教育培训情况记入个人工作档案。安全生产教育培训考核不合格的人员，不得上岗。

第三十七条 作业人员进入新的岗位或者新的施工现场前，应当接受安全生产教育培训。未经教育培训或者教育培训考核不合格的人员，不得上岗作业。施工单位在采用新技术、新工艺、新设备、新材料时，应当对作业人员进行相应的安全生产教育培训。

第三十八条 施工单位应当为施工现场从事危险作业的人员办理意外伤害保险。意外伤害保险费由施工单位支付。实行施工总承包的，由总承包单位支付意外伤害保险费。意外伤害保险期限自建设工程开工之日起至竣工验收合格止。

(3) 第六章规定了施工单位对生产安全事故的应急救援和调查处理

第四十八条 施工单位应当制定本单位生产安全事故应急救援预案，建立应急救援组织或者配备应急救援人员，配备必要的应急救援器材、设备，并定期组织演练。

第四十九条 施工单位应当根据建设工程施工特点、范围，对施工现场易发生重大事故的部位、环节进行监控，制定施工现场生产安全事故应急救援预案。实行工程总承包的，由总承包单位统一组织编制建设工程生产安全事故应急救援预案，工程总承包单位和分包单位按照应急救援预案，各自建立应急救援组织或者配备应急救援人员，配备救援器材、设备，并定期组织演练。

第五十条 施工单位发生生产安全事故，应当按照国家有关伤亡事故报告和调查处理的规定，及时、如实地向负责安全生产监督管理的部门、建设行政主管部门或者其他有关部门报告；特种设备发生事故的，还应当同时向特种设备安全管理部门报告。接到报告的部门应当按照国家有关规定，如实上报。实行施工总承包的建设工程，由总承包单位负责上报事故。

第五十一条 发生生产安全事故后，施工单位应当采取措施防止事故扩大，保护事故现场。需要移动现场物品时，应当作出标记和书面记录，妥善保管有关证物。

(4) 第七章规定了有关法律责任

第五十六条 规定了勘察单位、设计单位的法律责任。

第五十七条 规定了工程监理单位的法律责任。

第六十二条到第六十七条 规定了施工单位的法律责任。

2.《建筑施工安全检查评分标准》JGJ 59—99

该标准为建设部颁布的行业标准，标准采用安全系统工程原理，结合建筑施工中伤亡事故规律，依据国家有关法律法规、标准和规程编制，对于建筑施工企业安全管理和检查具有普遍的指导意义。标准自 1999 年 5 月 1 日起施行。

(1) 该标准对建筑施工中易发生伤亡事故的主要环节、部位和工艺等的完成情况进行安全检查评价时，分为安全管理、文明工地、脚手架、基坑支护和模板工程、“三宝”、“四口”防护、施工用电、物料提升机与外用电梯、塔吊、起重吊装和施工机具共十项检查评分表和检查评分汇总表。

该标准规定了打分标准和各种情况下的计算方法。在安全管理、文明施工、脚手架、基坑支护与模板工程、施工用电、物料提升机与外用电梯、塔吊和起重吊装八项检查中，设立了保证项目和一般项目，保证项目是安全检查的重点和关键。

建筑施工安全检查评分，以汇总表的总得分及保证项目达标与否，作为对一个施工现场安全生产情况的评价依据，分为优良、合格、不合格三个等级。

(2) 建筑施工安全检查表由下列表格组成

1) 建筑施工安全检查评分汇总表。主要内容包括：安全管理、文明施工、脚手架、基坑支护与模板工程、“三宝”及“四口”防护、施工用电、物料提升机与外用电梯、塔吊起重吊装和施工机具 10 项。

2) 安全管理检查评分表。内容包括：安全生产责任制、目标管理、施工组织设计、分部(分项)工程安全技术交底、安全检查、安全教育、班前安全活动、特种作业持证上岗、工伤事故处理和安全标志 10 项。

3) 文明施工检查评分表。内容包括：现场围挡、封闭管理、施工场地、材料堆放、现场宿舍、现场防火、治安综合治理、施工现场标牌、生活设施、保健急救、社区服务 11 项。

4) 脚手架检查评分表分为落地式外脚手架、悬挑式脚手架、门式脚手架、挂脚手架、吊篮脚手架、附着式升降脚手架 6 种检查评分表。

5) 基坑支护安全检查表。内容包括：施工方案、临边防护、坑壁之护、排水措施、坑边荷载、上下通道、土方开挖、基坑支护变形监测和作业环境等 10 项。

6) 模板工程安全检查评分表。内容包括：施工方案、支撑系统、立柱稳定、施工载荷、模板存放、支拆模板、模板验收、混凝土强度、运输道路和作业环境 10 项。

7) “三宝”、“四口”防护检查评分表。内容包括：安全帽、安全网、安全带、楼梯口、电梯井口、预留洞口、坑井口、通道口及阳台、楼板、屋面等临边使用及防护情况。

8) 施工用电检查评分表。内容包括：外电防护、接地与接零保护系统、配电箱、开关箱、现场照明、配电线路、电器装置、变配电装置和用电档案 9 项。

9) 物料提升机(龙门架、井字架)检查评分表。内容包括：架体制作、限位保险装置、架体稳定、钢丝绳、楼层卸料平台防护、吊篮、安装验收、架体、传动系统、联络信号、卷扬机操作棚和避雷 12 项。

10) 外用电梯(人货两用电梯)检查评分表。内容包括：安全装置、安全防护、司机、荷载、安装与拆卸、安装验收、架体稳定、联络信号、电气安全和避雷 10 项。

11) 塔吊检查评分表。内容包括：力矩限制器、限位器、保险装置、附墙装置与夹轨钳、安装与拆卸、塔吊指挥、路基与轨道、电气安全、多塔作业和安装验收 10 项。

12）起重吊装安全检查评分表。内容包括：施工方案、起重机械、钢丝绳与地锚、吊点、司机、指挥、地耐力、起重作业、高处作业、作业平台、构件堆放、警戒和操作工12项。

13）施工机具检查评分表。内容包括：平刨、圆盘锯、手持电动工具、钢筋机械、电焊机、搅拌机、气瓶、翻斗车、潜水泵和打桩机械10种设备。

建筑施工涉及多个行业，它们除具有一些相同的要求以外，每个行业的施工还具有行业的要求和特点。为此，各行业均制定了行业标准，是各行业的强制性标准。因篇幅所限，不再赘述。

3.《中华人民共和国职业病防治法》

《中华人民共和国职业病防治法》2001年10月27日通过。该法共7章79条。本法的调整范围限定在企业、事业单位和个体经济组织的劳动者在工作或其他职业活动中，因接触粉尘、放射线和有毒、有害物质等职业危害因素而引起的职业病。该法的主要内容：

（1）关于职业病防治工作的基本方针和基本管理原则的规定

我国的职业病防治工作的基本方针是"预防为主、防治结合"。

职业病防治工作的基本管理原则是"分类管理、综合治理"。职业病的管理除了监督管理部门的职责外，还需用人单位、劳动者和其他相关单位人员都履行自己的法定义务，需要各方面的人员和单位认真重视。

（2）职业病的前期预防

从"源头"实施管理，规定了预评价制度：

1）在建设项目可行性论证阶段，建设单位对可能产生的职业危害因素及其对工作场所和人员的影响进行职业危害预评价，并经卫生行政部门审核。

2）建设项目的职业卫生防护设施，应与主体工程同时设计，同时施工，同时运行或者使用；竣工验收前，建设单位应当进行职业危害控制效果评价。

（3）劳动过程中的防护与管理

1）对可能发生急性职业损伤的有毒有害工作场所，用人单位应当设置报警装置，配备现场急救用品、冲洗设备、应急撤离通道和必要的泄险区；对放射工作场所和放射性同位素运输、储存，用人单位应当配置防护设备和报警装置，保证接触放射线的工作人员佩戴个人剂量计。

2）用人单位应当实施由专人负责的职业危害因素日常监测，并确保监测系统处于正常运行状态；用人单位应当定期对工作场所进行职业危害检测、评价；发现工作场所职业危害因素不符合国家职业卫生标准和卫生要求时，应当立即停止存在职业危害因素的作业，并采取相应补救措施；职业危害因素符合国家职业卫生标准和卫生要求后，方可重新开工。

3）生产、经营、进口可能产生职业危害因素的设备、危险化学品、放射性同位素、含放射性物质的原料的，应当提供中文说明书，说明书中应当载明与职业危害相关的事项和职业卫生防护条件的单位和个人。不具备职业卫生防护条件的单位和个人，不得接受产生职业危害的作业。

4）任何单位和个人不得将产生职业危害的作业转移给不具备职业卫生防护条件的单

位和个人。不具备职业卫生防护条件的单位和个人，不得接受产生职业危害的作业。

5）产生职业危害的用人单位，应当在醒目位置设置公告栏，公布与职业病防治有关的事项；用人单位应当在产生严重职业危害的作业岗位的醒目位置，设置警示标识和中文警示说明；用人单位与劳动者订立劳动合同时，应当在劳动合同写明可能存在的职业危害危险；劳动者因调换岗位或者工作内容改变而从事合同中未事先告知的存在职业危害危险的作业时，用人单位应当告知劳动者有关职业危害、职业卫生防护措施和待遇等内容，并协商变更原劳动合同相关条款。

6）用人单位应当组织从事接触职业危害作业的劳动者进行上岗前、在岗期间和离岗时职业健康检查；用人单位不得安排未经上岗前职业健康检查的劳动者从事接触职业危害的作业；不得安排有职业禁忌的劳动者从事其所禁忌的作业；对在定期职业健康检查中发现有与所从事的职业相关的健康损害的劳动者，应当调离原工作岗位，并妥善安置；不得解除或者终止与未进行离岗前职业健康检查的劳动者订立的劳动合同；用人单位应当为劳动者建立职业健康监护档案，并按照规定妥善保存。

法规还对劳动者应当享有的职业卫生保护的权利、履行的义务以及工会组织在职业病防治工作中的地位和作用做了相应的规定。

（4）关于职业病的诊断管理

1）职业病诊断应当由医疗卫生机构承担。从事职业病诊断的医疗卫生机构由省级以上人民政府卫生行政部门批准，并在其《医疗机构执业许可证》上注明获准开展的职业病诊断项目。

2）劳动者可以在用人单位所在地或者本人居住地的医疗卫生机构进行职业病诊断。

3）承担职业病诊断的医疗卫生机构在进行职业病诊断时，应当组织3名以上取得职业病诊断资格的执业医师集体诊断；职业病诊断证明书应当由诊断医师共同签署，并经承担职业病诊断的医疗卫生机构审核盖章。

（5）对职业病病人的治疗与保障

1）用人单位应当及时安排对疑似职业病病人进行诊断；疑似职业病病人在诊断、医学观察期间的费用，由用人单位承担。

2）用人单位应当按照国家有关规定，安排职业病病人进行治疗、康复和定期检查；职业病病人的诊疗、康复费用，按照国家有关工伤社会保险的规定执行；没有参加工伤社会保险的，其医疗和生活保障由造成职业病的用人单位承担。

3）用人单位在疑似职业病病人诊断或者医学观察期间，不得解除或者终止与其订立的劳动合同。用人单位对不适宜继续从事原工作的职业病病人，应当调离岗位，并妥善安置。职业病病人变动工作单位，其职业病待遇不变；用人单位发生分立、合并、解散、破产等情况的，应当按照国家有关规定妥善安置职业病病人。

该法律所设定的制度、措施，按照不同违法行为的不同性质、危害后果，规定了相应的法律责任，加大了对违法行为的处罚力度；突出了责令停止产生职业危害的作业、停建、停产直至关闭的处罚；对造成职业危害事故的，依法追究刑事责任。

4.《职业病范围和职业病患者处理办法的规定》

2002年4月18日卫生部颁布的新规定确定的职业病目录(共10类115种)：

(1) 尘肺 13 种
(2) 职业性放射性疾病 11 种
(3) 职业中毒 56 种
(4) 物理因素职业病 5 种
(5) 生物因素职业病 3 种
(6) 职业性皮肤病 8 种
(7) 职业性眼病 3 种
(8) 职业性耳、鼻、喉、口腔疾病 3 种
(9) 职业性肿瘤 8 种
(10) 其他职业病 5 种

附录：

“四标”一体化管理体系内审员培训练习题

一、判断题（请在括号内答“对”或“错”，分别用√、×代号回答）

1. [ ] 对员工绩效考核结果可作为对施工企业人力资源管理评价和改进的依据。

2. [ ]《工程建设施工企业质量管理规范》GB/T 50430—2007 是总结我国建设行业历史经验基础上形成的单独另创的施工企业质量管理标准。

3. [ ] 塔式起重机在施工现场安装完毕后，须经监理工程师检验合格后方可使用。

4. [ ]《工程建设施工企业质量管理规范》GB/T 50430—2007 第 6 章“施工机具管理”中，所规定的管理对象是所有的机械设备，既包括施工机械，也包括安装在工程上的机械设备。

5. [ ]《工程建设施工企业质量管理规范》GB/T 50430—2007 所规定的“质量管理制度”在本质上不同于 ISO19001 中的“质量管理程序”。因为，质量管理程序可以形成文件也可以不形成文件，而《工程建设施工企业质量管理规范》对所规定的“质量管理制度”要求一般应形成文件。

6. [ ]《工程建设施工企业质量管理规范》GB/T 50430—2007“3.5 文件管理”中分别要求建立和实施《文件管理制度》和《记录管理制度》，因此，施工企业不能将上述两个《制度》合二为一。

7. [ ] 施工企业组织机构和职责的变化或调整必须以文件形式公布并应对相应文件进行调整。

8. [ ] 按照我国现行法规要求，施工企业的施工员、安全员等需持证上岗，项目经理必须持有与工程项目规模级别相一致或高于工程项目规模级别的项目经理证书。

9. [ ] 绩效考核制度是施工企业人力资源管理制度中一项重要制度考核内容，应包括工作业绩、工作能力和工作态度三个维度。

10. [ ]《工程建设施工企业质量管理规范》要求施工企业在采购前应对原材料、构配件和设备的供方进行评价和选择，对监测设备采购，只要有出厂合格证或鉴定合格证书就可以了。

11. [ ] 施工企业培训需求分析可采用问卷调查表法、绩效分析法、面谈法、观察法、员工自我填报法、主管提报法等方法进行。

12. [ ] 施工企业应根据质量方针制定质量目标，质量目标中只需明确工程质量应达到的水平。

13. [ ] 通过笔试、面试是施工企业对培训效果评价的唯一方法。

14. [ ]《工程建设施工企业质量管理规范》10.3 节规定了“施工设计”的要求，因此，对所有施工企业均不能删减。

15. [ ] 对突发事件的应急措施是环境和职业健康安全管理体系的要求，因此对项目质量管理策划时可不予考虑。

16. [ ] 我国现行法规要求，施工项目的施工准备阶段除技术准备外，对施工现场还应达到“三通一平”的要求。

17. [ ] 项目经理部应对施工过程质量进行控制，包括对不稳定和能力不足的施工过程、突发事件实施监控。

18. [ ] 施工企业应对各管理层次的法律、法规和标准规范的执行情况进行检查。

19. [ ] 质量管理创新仅指发明创造，而学习或引进他人先进技术和方法以及群众性合理化建议与小改小革活动不属于质量管理创新范畴。

20. [ ] 统计事故、损失和投诉是主动性监视方法。(S)

21. [ ] 事件的概念包含了事故。(S)

22. [ ] 遵守法规和其他要求是组织职业安全健康和环境管理体系的基本要求。(ES)

23. [ ] 安全生产责任制是组织各项安全生产规章制度的核心。(S)

24. [ ] 施工现场职业健康安全环境发生重大变化后，不需要与员工协商，只要项目经理决定处理就行。(S)

25. [ ] 管理评审是确保体系的持续符合性、有效性、充分性。(ES)

26. [ ] ISO14001 标准 OHSMS 审核规范对组织的环境表现及职业安全健康绩效没有提出绝对要求。(ES)

27. [ ] “三同时”制度是指建设项目中的劳动安全卫生与环境保护设施必须符合国家规定的标准，必须与主体工程同时设计，同时施工，同时验收。(ES)

28. [ ] 在我方施工的工程/劳务分包队伍的安全生产、劳动保护应由他们自己管理，我方无权干涉。(S)

29. [ ] 建立和实施 OHSMS 和 EMS 管理体系会加重组织的法律责任。(ES)

30. [ ] 不同地区的两个组织，只要施工资质相同并且生产同种产品，他们评价重大职业安全健康风险和重大环境因素风险的尺度应该是一致的。(ES)

31. [ ] 对危险因素进行风险评价时，应考虑事故发生的可能性与可能的后果。(S)

32. [ ] 所有重要环境因素和重大危害因素都必须列入目标、指标进行管理。(ES)

33. [ ] 组织的职业安全健康与环境管理体系不涉及工会组织。(ES)

34. [ ] 职业安全健康管理体系的成功实施主要依靠组织的安全职能部门。(S)

35. [ ] 环境因素与危害因素识别只需考虑作业场所内组织内部的设施和人员的活动。(ES)

36. [ ] 职业安全健康与环境方针是组织职业安全健康与环境保护行为原则与宗旨的描述，它为体系的发展提供了奋斗方向。(ES)

37. [ ] 末端治理和个体防护是环境污染和事故预防的主要手段。(ES)

38. [ ] 地方标准发布后，辖区内一切单位可执行地方标准，亦可执行国家标准。(ES)

二、单选题(每题的备选答案中，只有一个最符合题意)

1. 投标过程中，施工企业超出招标文件要求的各种承诺属(　　)。

a. 发包方明示的要求

b. 发包方未明示、但应满足的要求

c. 与工程施工、验收和保修等有关的法律、法规、标准和规范的要求

d. 其他要求

2. 施工企业制订的质量目标中，应明确(　　)应达到的水平。

a. 质量管理　　　　b. 工程质量

c. 服务质量　　　　d. 质量管理和工程质量

3. 施工单位在施工过程中发现设计文件和图纸有差错的，应当及时提出意见和建议，须经(　　)批准后实施。

a. 总监理工程师

b. 建设单位建设项目负责人

c. 原设计单位

d. 监理工程师批准后由原设计单位提供变更的图纸和说明

4. 实行施工总承包的，建筑工程(　　)的施工必须由总承包单位自行完成。

a. 基础工程　　　　b. 主体工程

c. 装饰工程　　　　d. 安装工程

5. 甲、乙、丙三家为同一专业的承包单位，甲、乙、丙的资质等级依次为一级、二级、三级。当三家单位实行联合共同承包时，应按(　　)的业务许可范围承揽工程。

a. 甲　　　　b. 乙

c. 丙　　　　d. 甲或丙

6. 施工企业应收集(　　)的满意情况的信息，并明确这些信息搜集的职责、渠道、方式及利用这些信息的方法。

a. 工程建设有关方　　　　b. 发包单位

c. 建设单位　　　　d. 用户

7. 针对产品的监视和测量，施工企业应建立并实施(　　)制度。

a. 施工质量检查　　　　b. 质量问题处理

c. 试验、检测管理　　　　d. 质量事故责任追究

8. 施工企业最高管理者组织的管理评审对质量管理体系的评价内容中下述(　　)的说法是欠妥的。

a. 质量管理体系的适宜性、充分性、有效性

b. 质量管理体系的符合性

c. 施工和服务质量满足要求的程度

d. 潜在问题的预测

9. 施工企业对项目施工策划输出的文件可以是(　　)。

a. 施工组织设计

b. 质量计划

c. 施工方案

d. 包括施工组织设计、质量计划在内的多种文件

10. 当检测设备所使用的计算机软件进行修改、升级或检测设备、对象，条件，要求等发生变化时，应对软件进行(　　)。

a. 进行修改　　b. 升级

c. 进行调整　　d. 再确认

11. 施工单位发生生产安全事故，由(　　)负责上报事故。

a. 总包单位　　b. 分包单位

c. 业主　　d. 监理单位

12. 参加内审的审核员的专业资格、工作经历应符合相关要求，并经(　　)。

a. 专业资格的考核　　b. 工作经历的审查

c. 认可的机构培训合格　　d. 能力评价合格

13. 施工企业“发现并处理分包管理中的问题；重新确定、批准合格分包方；修订分包管理制度等”属对分包管理的(　　)内容。

a. 策划　　b. 实施

c. 监控　　d. 改进

14. 总承包单位和分包单位就分包工程对建设单位(　　)。

a. 承担连带责任　　b. 承担分包单位的责任

c. 承担法律责任　　d. 承担验收责任

15. (　　)不属于工程项目交付后施工企业的服务范畴。

a. 保修　　b. 非保修范围内的维修

c. 装饰装修　　d. 合同约定的其他服务

16. 对分包方的评价内容应包括(　　)。

a. 经营许可和资质证明　　b. 专业能力

c. 人员结构和素质　　d. 技术、质量、安全、施工管理的保证能力

17. 施工企业对工程项目的服务应包括(　　)。

a. 保修　　b. 非保修范围内的维修

c. 合同约定的其他服务　　d. 以上全是

18. 根据《建设工程质量管理条例》的规定，以下对施工单位质量责任和义务不正确的表述是(　　)。

a. 施工单位应当按照国家有关规定办理工程质量监督手续

b. 施工单位施工人员对涉及结构安全的试块、试件以及有关材料，应当在建设单位或者工程监理单位监督下现场取样，并送具有相应资质等级的质量检测单位进行检测

c. 施工单位不得超越其资质等级许可的范围承揽工程

d. 施工单位不得转包或者违法分包工程

19. 建设工程发生质量事故后，有关单位应当在(　　)h 内向当地建设行政主管部门和其他有关部门报告。

a. 6h　　b. 12h

c. 24h　　d. 36h

20. 建设工程承包单位在向建设单位提交工程竣工验收报告时，应当向建设单位出具质量保修书。质量保修书中应当明确建设工程的(　　)。

a. 保修范围　　b. 保修期限

c. 保修责任　　d. 以上全是

21. 环境与职业安全健康方针应(　　)。(ES)

a. 为公众所获取

b. 包括对持续改进和污染及事故预防的承诺

c. 形成文件

d. a+b+c

22. 组织应确定并获取(　　)法律和其他要求。(ES)

a. 适用的　　b. 所有的

c. 可行的　　d. 必要的

23. 淮河、海河、辽河流域、太湖、滇池、巢湖为(　　)控制区。(E)

a. 酸雨　　b. 二氧化硫

c. NO　　d. a+b

24. 4.5.1 监测和测量的内容包括(　　)。(ES)

a. 环境与职业安全健康绩效　　b. 目标、指标

c. 应急准备和响应　　d. a+b

25. (　　)是职业安全健康管理体系的核心内容。(S)

a. 职业安全健康管理体系方针

b. 法规和其他要求

c. 目标

d. 对危害辨识，风险评价和风险控制的策划

26. 风险控制与污染预防策划时原则上应首先(　　)。(ES)

a. 降低风险与污染　　b. 末端治理

c. 消除危害与污染源　　d. 采用机器人

27. 贯彻 OHSMS 审核规范的组织所关心的对象是(　　)。(S)

a. 产品　　b. 过程

c. 环境　　d. 人

28. 管理方案应包括(　　)。(ES)

a. b+c+d　　b. 职责和权限

c. 方法　　d. 时间表

29. 应急准备和响应工作的内容有(　　)。(ES)

a. 应急计划　　b. a+c

c. 应急设备　　d. 内部审核

30. 重要环境因素是指(　　)。(E)

a. 能产生重大环境影响的环境因素

b. 能产生重大环境污染的环境因素

c. 难于控制的环境因素

d. a+b+c

31. 新工人上岗前三级安全教育是指(　　)。(S)

a. 工厂、车间、班组　　b. 师傅、工厂、班组

c. 岗位、车间、师傅　　d. 领导、车间领导、技术人员

32. 建筑施工场界噪声限值，哪一项为正确值(　　)。

a. 土石方(昼间) 55dB　　b. 打桩 (夜间) 55dB

c. 结构 (夜间) 55dB　　d. 装修 (昼间) 55dB

33. 企业职业安全健康的第一责任人是(　　)。(S)

a. 每个员工　　b. 管理者代表

c. 企业法定代表人　　d. 工会

34. 内审依据的文件是(　　)。(ES)

a. OHSMS 与 EMS 标准　　b. 法律、法规和其他要求

c. 组织的管理体系文件　　d. a+b+c

35. 审核员应具备(　　)工作知识。(ES)

a. 审核技巧　　b. 组织适用的法律、法规

c. 有关审核现场或过程的专门知识　　d. 所有上述答案

36. 进行危害辨识应(　　)。(S)

a. 考虑组织常规和非常规活动　　b. 考虑所有进入作业场所的人员的活动

c. 考虑作业场所的所有设施　　d. 所有上述答案

37. 审核准则是(　　)。(ES)

a. GB/T24004/28001 标准

b. 相关的法律、法规和其他要求

c. 组织的手册、程序文件和作业指导书

d. a+b+c

38. 对重要环境因素/重大危险源控制的途径是(　　)。(ES)

a. 目标和指标　　b. 4.4.6 运行控制

c. 4.4.7 应急响应和准备　　d. a+b+c

39. 环境管理体系控制的内容不包括(　　)。(E)

a. 水、气、渣的排放　　b. 抢险救灾

c. 节水省电　　d. 以上全不对

40. 信息交流(　　)。(ES)

a. 是影响相关方的重要方式　　b. 只涉及组织内部

c. 只涉及组织外部　　d. 必须以书面形式进行

三、简答题

(一) 质量管理体系 GB/T 50430—2007/GB/T 19001—2008

1. 什么叫质量管理创新并说明它包括的主要类型。

2. 请说明质量目标的涵义与作用。

3. 施工企业应确定并配备质量管理体系运行所需的资源应包括哪些？

4. 某施工企业欲从A物资经销商处购买B钢厂生产的一批建筑钢材，请问：

(1) 应对哪个供方进行评价？评价内容应包括哪些？

(2) 应与谁签订采购合同？合同内容应包括哪些？

5. 简述单位工程竣工验收的主要程序。

6.《工程建设施工企业质量管理规范》要求“施工企业应在必要时对供应方进行再评价”，请说明对供方再次评价应包括哪些内容。

7. 什么是8项质量管理原则？它与GB/T 50430—2007/GB/T 19001—2008标准有何关系？

8. 什么是不合格品？它与质量事故的区别在哪里？对不合格品控制的目的是什么？如何正确处置已发现的不合格品？

9. 请说明：纠正、纠正措施、预防措施之间的区别？

10. 设计和开发的评审目的是什么？需在哪些设计开发的阶段进行？如何进行？

11. 什么是“特殊过程”？请结合本组织产品举例说明有哪些“特殊过程”及应如何控制？

12. 什么是持续改进？请说明与质量管理创新之间的关系？

13. 简述对质量事故的处理程序。

14. 请说明：内部审核的目的和性质。

(二) 环境管理体系GB/T 24001—2004//健康安全管理体系GB/T 28001—2011

1. 组织在建立OHSMS和EMS目标时，应满足哪些方面要求？

2. 环境因素识别应考虑的3种时态、3种状态和8种类型是什么？

3. GB/T 28001—2011职业健康安全管理体系标准要求按什么顺序考虑降低风险？

4. 全球环境问题严重性表现在哪几个方面？

5. 如何正确理解GB/T 24001—2004标准4.3.2中“b确定这些要求如何应用于环境因素”？

6. 对重要环境因素/重大危险源的评价准则各应如何规定？

7. 何谓“可以控制的”、“能够施加影响的”环境因素？

8. 组织当发生紧急事件/事故时应如何应对？

9. 什么是危险源？什么是风险？两者之间关系是什么？

10. E/S管理方案至少应包括哪些方面内容？

11. 请举例说明什么是主动绩效监测、被动绩效监测？

12. 应急程序(预案)应包括哪些主要内容？

13. 请说明E/S管理体系“三级监控机制”所包括的主要内容？

(三) 一体化管理体系

1. 什么是一体化管理体系？其主要特点有哪些？

2. 对一体化管理体系审核的主要技巧和方法有哪些？

3. 对一体化管理体系评价有哪几种方法?

四、案例题

(依据题中提供的情景，请指出不符合相对应的《工程建设施工企业质量管理规范》50430—2007/或认证管理体系《标准》。如，GB/T 19001—2008、GB/T 24001—2004、GB/T 28001—2011 的条款号，并说明理由)。

(一) 质量管理体系 GB/T 50430—2007//GB/T 19001—2008

1. 审核员现场审核时发现，各个部门都拥有电脑，并且公司有统一电子信息系统，如生产计划部门安排生产计划时从电脑系统中查仓库的库存品数量，采购从电脑系统中查采购物资回公司质量部门检验的结果，各部门日常工作联系都是通过内部网络，人力资源部门利用电脑系统建立人事档案等，但公司的 IT 信息主管部门没有纳入质量管理体系，问及如何进行 IT 信息系统管理，谈到有部门联系电脑有问题，就协助处理，故该部门没有对 IT 网络采取切实有效的管理，存在电脑系统瘫痪、资料外泄等隐患。

2. 审核员对某省歌舞剧院及综合楼工程项目部的现场检查发现，主楼 6 层正进行散热器安装作业，询问作业人员了解到，未进行散热器打压试验。检查水暖管道安装分项技术交底记录发现，未对采暖系统打压及散热器打压活动及相关试验参数进行交底，同时也提供不出相应的打压试验记录。

3. 审核员对某公司器材设备部现场审核中只查到了 2011 年度公司“合格物资供方名册”，未查到对所列供方评价的证据。部门领导解释说，管理制度文件有修订，修订后改为项目部评价，公司汇总结果并监控。但在 2 号、3 号楼工程项目部审核时却发现，对商品混凝土供方(某物资集团有限公司)、水泥供方(某水泥集团有限公司)和钢材供方等均未提供出经评价合格的客观证据。

4. 审核员对某省工业大学图书馆工程项目部工程项目施工策划输出文件“施工组织设计”发现存有如下不足：

(1) 未明确本项目关键与特殊过程，缺少对特殊过程能力预先确认活动的策划；

(2) 未对结构混凝土冬期施工应采取的措施提出要求；

(3) 也缺少对证实产品和过程满足要求所需记录的策划。

5. 审核员问技术科长，上半年公司的顾客满意度是多少，科长说我们部门不负责顾客满意度的调查，也没有人告诉我们顾客满意度是多少。

6. 公司《质量手册 》中规定，要对安装合同进行评审。但审核员在查看合同评审记录时，发现编号为 2169 和 2170 两份电梯安装合同没有评审记录。经营科长解释说，这是最普通的民用电梯，以前都评审过，只是工期和价格有变化，其余要求都一样。这时在场的陪同人员说：“材料科采购材料时，都进行了合同评审，肯定有记录”。

7. 审核员在检查 3 号住宅楼的施工验收资料时发现，施工日志记载该工程二层钢筋工程是 5 月 25 日绑扎的，模板是 5 月 28 日安装完毕的，混凝土是 6 月 2 日浇筑的，而分项工程检验评定表上的日期是：钢筋是 6 月 2 日，模板是 5 月 28 日，混凝土是 6 月 2 日检验评定的，评定结果均为优良。

8. 审核员在技术质量部查纠正、预防措施实施情况，部门人员提供了项目部上报的纠正措施记录 2 份。查其中 2009 年 5 月 10 日的纠正措施记录：不合格事实记载，某建筑

2 层①～②轴间的二次结构砌体砂浆饱满度不够；原因分析是操作者责任心不强，赶工忽视了质量；纠正措施是返工，由责任人重新砌筑；验证是已重新砌筑达到要求。

9. 在总经办检查今年公司管理评审情况：总经理主持评审会议，输入了体系运行情况，但在管理评审报告和记录中均没有对公司质量方针、质量目标的适宜性进行评审的描述。对本次管理评审提出了三项改进要求，规定有关部门在 15 天内提出实施措施计划上报经理办，时间已过，总经办未能提供有关资料。

10. 审核高层公寓施工图设计项目时发现，设计输入文件中没有地质勘察报告，结构负责人解释说："我们一直向甲方索取，但至今也没提供，由于工期紧，我们只好参照邻近建筑的地质勘察报告做设计，待提供正式的地质勘察报告后，再进行复核，如果有问题再处理。"审核员表示理解，没再继续查下去。

11. 某住宅楼项目采用地热管采暖的新工艺施工，询问负责人有没有施工方案，是否对有关人员进行了技术交底。负责人回答：没编制专项方案，但进行了口头交底。随后在审核中发现了一份总监下达的监理通知，主要内容为：查项目地热施工不符合设计要求，要求项目部立即返工。

12. 在铁路既有线施工现场审核时，审核员查阅线路铺轨技术交底，交底人仅为工长一人，进一步查对路基、铺渣等其他作业技术交底时，领工员说："有一项技术交底就行了。"

13. 在铁路桥涵施工现场审核时，审核员索要混凝土塌落度记录。现场施工人员说："由于现场使用的是商品混凝土，所以没有对塌落度做记录。"

14. 某住宅楼工程项目部施工组织设计的冬期施工措施中要求进入冬期后仅进行室内装饰。由于工期要求很紧，为了确保第二年 5 月 1 日前交竣工目标，在冬期施工中对 1～5 层外墙面砖进行了粘贴，为防止受冻，在水泥砂浆中添加了防冻剂等措施。结果在第二年春天发现大面积饰面砖出现空鼓、部分已脱落。

15. 现场审核了解到，2008 年 6 月 29 日公司主责部门完成了对某大厦工程 C50 级商品混凝土配合比设计开发任务，但却查不到对设计开发的适当阶段进行了有效评审的客观证据。

16. 审核员在现场巡视移动式现场混凝土搅拌站控制室时发现，2009 年 8 月 7 日生产的 C30 级混凝土配料中计算机显示的粉煤灰计量误差值达到－8.7%，超过规定允许误差值［±2%］－6.7%，主管领导解释说："早知这个问题，由于计量器结构变形，每次配料时多加些"。审核员在现场审核中未能查到对上述计量值表达不准的问题采取了有效纠正措施的客观证据。

（二）环境管理体系 GB/T 24001—2004//健康安全管理体系/GB/T 28001—2011

1. 某公司程序规定所有柴油桶必须贮存在有围堰的区域内，审核发现有 3 个柴油桶放置在贮存区域外。（GB/T 24001—2004）

2. 某工地夜间施工浇灌混凝土噪声超标，附近居民多次提出意见，项目经理说这件事要等到管理者代表出差回来后再解决。（GB/T 24001—2004）

3. 在混凝土搅拌站发现外加剂、油料敞口堆放，包装上无产品说明，供应厂家将有关资料交给了搅拌站的有关部门，工人说这些材料无害，只是觉得眼睛有点痛。

（GB/T 28001—2011）

4. 现场巡视发现，某飞机加工中心三跨厂房的中跨运行有用于装卸物料的 5t 天车，而北附跨西半区设有外单位的“Q400 飞机机加工中心”生产场地，其人员频繁进出于幕墙加工中心车间及天车下，存有明显安全隐患。现场审核中却查不到对上述安全隐患的控制要求，通报了该相关方的客观证据。（GB/T 28001）

5. 现场审核发现，某 12 号楼工程项目部 2008 年 4 月 1 日发生的机械设备伤亡事故上报给当地建设行政主管部门的时间是 2008 年 4 月 10 日，作为主管部门对外信息交流不及时，不符合《生产和安全事故调查和处理条例》（国务院第 493 号令）第四条和第九条规定的时效要求。（GB/T 28001）

6. 查监理部策划的环境目标及管理方案发现，对施工总包单位重要环境因素运行准则遵循情况的监控职责未落实到具体监理岗位，也未规定每项措施的完成时间。（GB/T 24001）

7. 现场巡视发现某 2 号、3 号楼工程项目部在运行准则遵循方面存在如下不足：

（1）生活区生活垃圾收集装置未密封，垃圾池已满，未及时清运；

（2）员工食堂未设隔油池；

（3）新进来的 6 桶油漆露天堆放；

（4）宿舍区、场区库房、木材堆放场等重点防火部位的消防设施配备不足等。（GB/T 24001）

8. 现场审核发现，公司制订的防止坍塌、触电等职业健康安全管理方案中，方案措施缺少针对性，也未明确每项措施的管理责任和完成时间，这不符合方案策划的有关要求。（GB/T 28001）

9. 现场审核与巡视发现，6409 厂职工 54 号住宅楼工程项目部在运行准则遵循方面存有如下不足：

（1）双排落地式钢管脚手架部分基础地段未夯实、支垫下缺垫板，个别立杆有悬空现象，北立面剪力撑和部分连墙杆设置不满足施工方案要求；

（2）物料提升机的龙门架体与墙体连接及四、五层卸料平台拦护和防护门安装不符合 JGJ 59—99 标准要求；

（3）正在从事六层外墙抹灰作业部位的脚手板未满铺等，存有安全隐患。（GB/T 28001）

10. 检查公司质安部出示的危险源识别与风险评价记录发现存在如下不足：

（1）对部分危险源评价欠合理，对下述明显违反法规和其他要求的危险源未评价为重大危险源，如：临时用电中“非电工操作”、“保护零线作负荷线”、“固定式设备未执行一机、一闸、一箱、一漏”等；

（2）输出的重大危险源清单中，与评价过程结果不对应，不少重大风险被遗漏且未合理归类。（GB/T 28001）

（3）查某省歌舞剧院及综合楼工程项目部钢管式双排外脚手架搭设安全技术交底书发现，交底内容中缺少施工方案中规定的下述技术参数要求，如：立杆纵横间距、大横杆间距、连墙杆上下及水平间距以及剪刀撑设置要求等。（GB/T 28001）

11. 检查公司环境因素调查评价记录及其输出清单发现存有如下不足：

（1）对“市政公用工程施工总承包”产品、活动和服务范围内潜在的环境因素识别欠充分；

（2）对部分环境因素评价欠合理，如未能将施工过程中的“切割机、电钻、混凝土振捣器”等主要噪声源的噪声排放以及“废油漆桶、废旧灯管废弃等”法规有严格要求的排放评价为重要环境因素；

（3）输出的重要环境因素清单中缺少如钢材、水泥等主要原材料消耗等。（GB/T 24001）

12. 现场审核了解到，2007 年 12 月 3 日 8：00 点至 4 日 6：00 点连续浇筑基础底板 C35，S8 级商品混凝土 895m^3，未查到夜间连续施工前报告并经上级主管部门批准且公告了当地居民的客观证据；也未查到对其他重要环境因素排放结果是否符合适用法规和其他要求的评价证据。（GB/T 24001）

五、审核技能题

（一）依据 GB/T 50430—2007《规范》、GB/T 19001—2008、GB/T 24001—2004、GB/T 28001—2011 标准及“四标”一体化管理体系审核要求，编写一个对工程建设施工企业下列过程审核的检查表：

（1）对人力资源管理过程的审核检查表。

（2）对分包管理过程的审核检查表。

（3）对发包方提供建筑材料、构配件和设备管理过程的审核检查表。

（4）对工程项目部审核检查表。

（5）对建筑材料、构配件和设备管理过程的审核检查表。

（6）对监测设备管理过程的审核检查表。

（7）对施工质量检查与验收管理过程的审核检查表。

（8）对质量问题处理及质量事故责任追究管理过程的审核检查表。

（9）请写出对 E/S4.4.7 主责部门的检查表。

（二）内审不符合项报告的编写

假定你是审核员，依据下述情景，开写一份内审不符合项报告：

1. 东方建筑工程有限公司新世纪广场工程项目部采用移动式混凝土搅拌站配制现浇结构混凝土，通过泵车输送到浇筑部位。2010 年 8 月 15 日审核员在李四陪同下去混凝土搅拌站查看基础底板 C30，p8 级混凝土配料中碎石计量，型号为 J—CD50，厂内编号为 DL—1324 的电子称无校准标识。询问现场施工工长，工长解释说“由于时间长，标识破损掉了，具体校准时间我也记不清了。”于是审核员将该电子称的型号和编号记录下来，返回项目办查看有关记录，发现该电子称是 2009 年 5 月购入并安装使用的，安装验收时做了校准，校准日期是 2009 年 5 月 15 日，之后未查到再次校准的记录。

2. 审核员在供应处长的陪同下来到废弃物处置场，发现角落里堆放着几个塑料大桶，且有泄漏现象。询问此事，供应处长说是废弃的化学品，暂存于此。审核员接着问谁负责管理。处长回答到，他们只负责可回收利用废弃物，如废钢材、水泥包装袋等，废弃化学品不归他们管，好像应由行政处管理。当审核员追踪到行政处时，行政处长回答他们只负责生活垃圾。审核员只好找到管理者代表，管理者代表说还没有想好应由谁负责。

3. 审核员在某地质勘查项目现场，询问钻探作业运行情况，机长说：机组每日三班由班组长领班作业，每班情况都做了记录。审核员查看当班记录发现，在上一班的记录中，简易水文观测栏没有填写数据，在倾角和方位角测量一栏虽然填写了数据，但无记录人签字。机长解释说："水位观测当班做了，我在场看到，临时记到一页纸上，忘记填写记录。倾角、方位角测量，每个作业班是谁测量的都知道，就忽略了签名。"